PUBLIC CRISIS MANAGEMENT

公共危机管理

褚祝杰　何志勇　谢元博◎主编

清华大学出版社
北京

本书封面贴有清华大学出版社防伪标签，无标签者不得销售。
版权所有，侵权必究。举报：010-62782989，beiqinquan@tup.tsinghua.edu.cn。

图书在版编目（CIP）数据

公共危机管理 / 褚祝杰, 何志勇, 谢元博主编.
北京 ：清华大学出版社, 2024. 10. -- ISBN 978-7-302-67539-6
Ⅰ. D035.29
中国国家版本馆 CIP 数据核字第 2024WE7914 号

责任编辑：陆浥晨
封面设计：李召霞
责任校对：宋玉莲
责任印制：丛怀宇

出版发行：清华大学出版社
    网　　址：https://www.tup.com.cn，https://www.wqxuetang.com
    地　　址：北京清华大学学研大厦 A 座　　邮　　编：100084
    社 总 机：010-83470000　　邮　　购：010-62786544
    投稿与读者服务：010-62776969，c-service@tup.tsinghua.edu.cn
    质 量 反 馈：010-62772015，zhiliang@tup.tsinghua.edu.cn
    课 件 下 载：https://www.tup.com.cn，010-83470332
印 装 者：三河市天利华印刷装订有限公司
经　　销：全国新华书店
开　　本：185mm×260mm　　印　张：17.5　　字　数：425 千字
版　　次：2024 年 11 月第 1 版　　印　次：2024 年 11 月第 1 次印刷
定　　价：59.00 元

产品编号：102558-01

前　言

改革开放以来，中国工业化进程的迅猛发展不仅带来了经济的繁荣，也伴随着日益复杂多样的公共危机事件。中国公共危机管理的发展历程可追溯至20世纪80年代，1988年《中华人民共和国突发事件应对法（试行）》的颁布标志着中国公共危机管理法治建设的初步形成。该法律为后续公共危机管理实践提供了法律依据。2003年的SARS疫情和2008年的汶川大地震等重大公共危机事件，进一步推动了中国在公共危机管理领域的制度创新与实践探索。这些公共危机事件不仅考验了政府的应急响应能力，也为完善公共危机管理体系提供了宝贵的经验。

随着中国经济的持续增长和国际地位的提升，公共危机管理的复杂性和挑战性也在不断增加。尽管中国政府在公共危机管理机制和体制建设方面取得了显著进展，但面对新型和复杂的公共危机事件，仍需不断深化对公共危机管理基本规律的理解和探索。正如古语所言："思所以危则安矣，思所以乱则治矣，思所以亡则存矣"。在新的时代背景下，公共危机管理研究者需要致力于深入研究公共危机管理的基本规律，为实践提供理论指导和策略参考。这不仅是学术研究的需要，也是应对未来挑战的必然选择。

本书共设置了十四章的教学内容，系统阐述了公共危机管理的基础知识、管理过程与管理实践。其中，第一章至第四章，以危机为引，从认识危机到了解公共危机，再到学习公共危机管理，并介绍了公共危机管理的体制与组织体系，其教学目的是让读者深入认识公共危机并掌握公共危机管理的基础知识；第五章至第九章，整体性地介绍了公共危机管理的过程，覆盖了预防、预警、准备、救援、决策、善后、重建以及评估等基本内容，其教学目标是通过过程性学习，使读者掌握公共危机管理的各个环节与应对策略；第十章至第十三章，系统论述了公共危机管理过程中所涉及的重要因素，主要包括公共危机中的舆情、沟通、信息与法治，其教学要点在于使读者学习并理解公共危机管理中重要因素的特点和要求；第十四章，基于全球化背景，以国际视角具体地介绍了国际先进的公共危机管理经验，并挖掘我国在国际化公共危机管理的合作实践与危机应对策略。

本书的编写体例，依据作者从事公共危机管理教学的实践经验与众多学生的需求反馈设计而成，系统地阐述了公共危机管理的基本概念、理论与方法，尽可能反映该领域的前沿成果。其主要模块有：课程引导、学习目标、章节正体、本章小结、关键术语与复习思考题，同时，在正体的每一节与每一章结尾辅以对应案例，供读者围绕特定事件进行思考。

在编著过程中，我们参阅了大量中外文献，吸收了众多中外学者的研究成果，在行文中不能一一注出，在此，我们向所有贡献者致以真诚的感谢。同时，由于编者能力所限，不足之处敬请广大读者批评指正。

最后，希望本书能够引导读者与我们一起思考公共危机管理理论与实践上的问题，不断前行，永不止步！

目 录

第一章　导论 ··· 1
　　第一节　公共危机管理学科特点 ··· 1
　　第二节　公共危机管理的研究意义 ··· 7

第二章　公共危机管理概论 ·· 9
　　第一节　公共危机概述 ·· 10
　　第二节　公共危机管理内涵 ··· 15
　　第三节　公共危机管理的基本原则 ·· 19
　　第四节　公共危机管理的基本特征 ·· 23
　　本章小结 ·· 25
　　关键术语 ·· 25
　　复习思考题 ·· 25

第三章　公共危机管理体制 ··· 27
　　第一节　公共危机管理体制类型 ·· 28
　　第二节　我国公共危机管理体制 ·· 33
　　第三节　国外公共危机管理体制 ·· 35
　　本章小结 ·· 41
　　关键术语 ·· 41
　　复习思考题 ·· 41

第四章　公共危机管理组织体系 ·· 42
　　第一节　公共危机管理组织的设计 ·· 43
　　第二节　公共危机管理组织的架构 ·· 48
　　第三节　公共危机管理组织的工作内容 ····································· 51
　　第四节　公共危机管理组织的职能 ·· 53
　　本章小结 ·· 61
　　关键术语 ·· 61
　　复习思考题 ·· 61

第五章　公共危机的事前管理·································63
第一节　公共危机预防管理·································63
第二节　公共危机预警管理·································74
第三节　公共危机预先准备·································83
本章小结·································87
关键术语·································88
复习思考题·································88

第六章　公共危机的现场管理·································89
第一节　公共危机现场管理概述·································90
第二节　公共危机现场环境分析·································96
第三节　公共危机现场安排·································99
第四节　公共危机现场控制·································105
本章小结·································107
关键术语·································108
复习思考题·································108

第七章　公共危机的决策管理·································109
第一节　公共危机决策的含义·································109
第二节　公共危机决策权责划分·································113
第三节　公共危机决策模式·································118
第四节　公共危机决策机制构建·································120
本章小结·································125
关键术语·································125
复习思考题·································125

第八章　公共危机的善后与重建·································127
第一节　公共危机善后处置·································128
第二节　公共危机恢复重建·································134
本章小结·································144
关键术语·································144
复习思考题·································144

第九章　公共危机的舆情管理·································145
第一节　公共危机舆情概述·································146
第二节　公共危机舆情监控·································152
第三节　公共危机舆情评估·································157
第四节　公共危机舆情引导策略·································163

本章小结···172
　　关键术语···172
　　复习思考题···172

第十章　公共危机的沟通管理···································173
　　第一节　公共危机沟通管理概述·····························174
　　第二节　公共危机沟通管理机制建设·························180
　　第三节　公共危机沟通管理策略·····························185
　　第四节　公共危机沟通中的媒体管理·························189
　　本章小结···195
　　关键术语···195
　　复习思考题···195

第十一章　公共危机的信息管理·································197
　　第一节　公共危机信息管理概述·····························198
　　第二节　公共危机信息管理系统·····························202
　　第三节　公共危机信息管理的国际经验·······················214
　　本章小结···220
　　关键术语···220
　　复习思考题···220

第十二章　公共危机管理的调查评估与评价·······················221
　　第一节　公共危机管理调查评估概述·························222
　　第二节　公共危机管理评价·································227
　　第三节　公共危机管理的调查评估与评价的流程···············233
　　本章小结···236
　　关键术语···236
　　复习思考题···236

第十三章　公共危机管理法治建设·······························238
　　第一节　公共危机管理法治的基本理论·······················238
　　第二节　我国公共危机管理法制建设的现状···················243
　　第三节　国外公共危机管理的法制化·························248
　　本章小结···252
　　关键术语···252
　　复习思考题···252

第十四章　公共危机管理的国际合作 ... 253
 第一节　公共危机管理的国际合作概况 ... 253
 第二节　公共危机管理的国际合作形式 ... 259
 第三节　我国公共危机管理的国际合作 ... 263
 本章小结 ... 265
 关键术语 ... 265
 复习思考题 ... 265

参考文献 ... 267

第一章　导　　论

> **课程引导**
>
> **风险社会来临**
>
> 　　1986年，德国著名社会学家乌尔里希·贝克在《风险社会》（Risk Society）一书中首次提出风险社会的概念。贝克指出，马克思和韦伯意义上的工业社会或阶级社会的概念围绕的一个中心论题是：在一个匮乏的社会中，社会性地生产出来的财富是如何以一种社会性的不平等，但同时也是"合法"的方式被分配的。而风险社会则建立在对如下问题的解决基础之上：作为现代化一部分的系统性地生产出来的风险和危害怎样才能被避免、最小化或引导？
>
> 　　几乎与贝克提出"风险社会"的概念同步，从20世纪80年代开始，越来越多的事件和事实似乎表明：我们正在进入一个贝克所预设的"风险社会"。全球化不仅是经济全球化、金融全球化、文化全球化、技术全球化，同时也是一种风险的全球化。在全球化的大背景下，人类社会面临着比以往任何时候都更多的风险，如大规模失业的风险、贫富分化加剧的风险、生态风险等，不一而足。风险管控不当，危机事件就会大量爆发。常见危机如下。
>
> 　　地震、飓风、暴雨、洪水、泥石流、干旱……
> 　　车祸、空难、矿难、爆炸、火灾……
> 　　禽流感、口蹄疫、疯牛病、埃博拉、艾滋病……
> 　　恐怖袭击、病毒邮件、投毒放火……
> 　　经济危机、金融危机、市场泡沫破裂……
> 　　现实中的"路怒族"、流言飞语、聚众闹事……
>
> 　　资料来源：芭芭拉·亚当，等.风险社会及其超越：社会学理论的关键议题.北京：北京出版社，2005.

学习目标

　　了解公共危机管理学的含义、兴起、现状与未来发展；了解公共危机管理学的研究对象；理解公共危机管理学研究的主要内容；理解学习公共危机管理学的意义。

第一节　公共危机管理学科特点

　　从古至今，危机与人类发展的历史常相伴随，无处不在，无时不有。人类在与各种危机的抗争和较量中不断成长、不断进步。面对各种危机，尽管代价巨大，人类仍持续前行，留给我们的既是与危机共处的经验与教训，更是宝贵财富。

　　现代社会，人类开始自觉地、有意识地对危机进行管理。随着理论与实践的相互促进，危机管理已从私密部门走向公共领域,并已经成了一门学科。公共危机管理也逐渐演变为危机管理中的焦点之一。

一、公共危机管理的兴起

(一)公共危机管理的起源

公共危机管理的起源,从西方世界来看,公共危机管理作为一门科学已经有一百年的发展历史。西方关于公共危机管理最早可以追溯到第二次世界大战之后,那时苏联出现了严重的通货膨胀,在这之后其他国家也发生了经济萧条,在国家处于一种混乱状态之下,危机管理开始被重视起来。此时,危机管理被运用到解决企业危机中去,但是这时候的危机管理仍处于起步阶段,危机管理仅仅是停留在一些简单的危机应对方面,还不够成熟。

我国的危机管理起源于人们对于社会、生活及万事万物的朴素认识,如"安而不忘危,存而不忘亡,治而不忘乱""思所以危则安矣,思所以乱则治矣,思所以亡则存矣""亡羊补牢,犹未为晚""祸兮,福之所倚,福兮,祸之所伏"等。我国将公共危机管理的研究提升到系统理论的高度迟于西方国家,真正开始是"9·11"恐怖事件和"非典"之后,这两大危机事件受到了全球的关注,我国政府和学术界开始重视公共危机管理。部分学者将中国行政管理学会专门成立公共危机管理课题组开始,作为我国兴起公共危机管理研究热潮的标志。

(二)公共危机管理的发展历程

关于公共危机的发展历程,我们从西方和中国两个视角展开。首先,西方的公共危机管理的发展历程比较复杂。

20世纪60年代,美国学者首先提出了危机管理的概念,它是政治学、经济管理、公共事务管理等多个学科碰撞融合而成的。最初的危机管理主要集中于自然灾害的研究,因为当时社会还没有过度分化,只是自然灾害比较频发,社会主要应对的问题就是自然灾害带来的影响。关于危机管理的研究著作,比较早的是赫尔曼的《国际危机:行为研究视角》,对公共危机的处理给出了较为系统的分析。危机管理研究的一个重要转折点就是古巴导弹危机事件。由于此次事件的影响较大,受到国际社会的广泛关注,危机管理进入了管理学的研究范畴,公共危机被作为专门的学科来进行研究。各国政府都相继设立了有关部门专门对公共危机进行制度化研究,但主要还是聚焦于政治领域。

20世纪70年代,政治局势不稳定,战事不断,并且一些国家还处于工业化发展进程中,社会公共领域受到重点关注,危机管理不再只局限于自然灾害领域,而是向公共危机管理领域发展,于是公共危机管理和企业危机管理就成了既独立又相互融合的学科分支。

20世纪80年代后,经济发展迅速,随着企业竞争的不断加大,企业危机管理受到了学者的重视。危机管理领域具有代表性的学者主要有史蒂芬·菲克、罗森塔尔等。他们出版了一些有影响力的著作:史蒂芬·菲克主编的《危机管理:对付突发事件的计划》和乌里尔·罗森塔尔编著的《应对危机管理:灾难、暴乱与恐怖行为管理》。

20世纪90年代后,经济全球化使得危机管理又出现了新高峰。1997年的亚洲金融危机、"9·11"事件和2003年的全球禽流感危机事件,将危机管理领域扩展到了政治、经济、社会和公共领域，危机管理研究的跨学科趋势越来越明显。西方学者对危机管理的研究不断深入，如亚历山大·乔治编写的《避免战争：危机管理问题》主要对国际危机管理进行了细致的研究。危机管理成为一门新兴学科。其中，美国在20世纪90年代设立了由总统直接管理的联邦紧急事务管理局。

从西方公共危机管理的发展历程可以看出，它不断将政治学、管理学、统计学、社会学等多种学科融合在一起，运用到公共危机管理领域中去，逐步形成了一套体系比较完备的公共危机管理体制，并且在发展过程中还从单一解决政治危机转向处理越来越多的公共领域危机，更多地为公共利益服务，体现出了公共危机的现代特点。

总体来看，西方公共危机管理在不断完善的过程中，已经从最初着眼于自然灾害问题不断延伸到解决社会各个领域的公共危机问题。由于公共危机涵盖的领域比较广泛，有经济、社会、政治等多个领域，所以公共危机管理已经不再是简单的危机应对过程，而是一个系统的管理过程。西方的公共危机管理的发展在领域和范畴上已经比较广泛，但是在管理的系统和过程上还亟待完善。

我国公共危机管理最早是研究政治领域的问题。潘光的《当代国际危机研究》是我国第一部关于危机的著作。胡平编著的《国际冲突分析和危机管理研究》对危机处理和管理作了进一步研究。2001年"9·11"恐怖事件对我国公共危机管理及相关研究产生了巨大的冲击。这一事件之后，公共危机管理在我国受到了众多学者的关注，并产生了大量学术研究成果，如北京太平洋国际战略研究所出版的《应对危机：美国国家安全决策机制》、刘长敏主编的《危机应对的全球视角——各国危机应对机制与实践比较研究》等，这一时期我国关于公共危机研究主要是以借鉴国外经验为主。

20世纪90年代，我国危机管理的研究重心逐渐从国际危机管理向国内公共危机管理转变，较早研究国内公共危机管理的是魏加宁发表的论文《危机与危机管理》，以及许文惠和张成福主编的《危机状态下的政府管理》。这些著作的出版标志着我国由国际危机管理转向了国内公共危机管理。2003年的"非典"事件更加速了我国对公共危机管理的研究，这时可控型公共危机成了研究重点。随着近几年卫生安全和自然灾害不断发生，各个城市都开始建立公共危机管理机构，体现了我国公共危机管理的不断发展。2020年初暴发的新冠疫情使我国全社会进入了一种全国、全民、全方位的危机常态化管理状态，基于这种波及全人类、史无前例的危机，我国建立了覆盖政府、企业事业单位、社区及民众个人的公共危机管理系统，在应对疫情、降低危害、保护人民生命财产安全等方面取得了举世瞩目的成绩。

从我国公共危机管理发展的历程来看，我国公共危机管理的研究起步较晚，最初是建立在借鉴国外经验之上的，研究领域也比较局限，主要集中在政治、自然灾害等领域。不过随着时代的发展，我国公共危机管理的研究也持续向更多领域拓展。

二、公共危机管理的现状和未来发展

（一）公共危机管理的现状

国外公共危机管理起步比较早，在公共危机管理体制建设上也相对完备。国外关于公共危机管理研究现状主要呈现以下特点。

（1）拥有专门的公共危机管理机构。公共危机的有效应对需要专门并且独立的公共危机管理机构，对危机管理进行整体协调。美国在1979年成立了美国联邦紧急事务署，它就是美国联邦政府处理紧急事务的最高管理机构。同样，在自然灾害多发区的日本也拥有完善的危机管理机制，一旦发生突发事件就能很快做出反应，将损失降低到最小。

（2）完善的公共危机管理法律体系。完善的法律体系是有效处理公共危机事件的保证。2005年，美国制订了新的国家应急反应计划；2001年，日本制定了《恐怖对策特别措施法》。这些法律能够有效协调各部门的职责和关系，使各部门在危机处理中能够分工合作，以最快的速度处理危机事件。

（3）注重危机管理的预警和反馈。很多危机事件的发生其实是可以预测的，并且可以提前预警，从而减少不必要的损失。美国和日本及部分欧洲国家目前已具有较为先进的预警设施，危机预警已受到充分的重视。欧、美、日等发达国家还十分重视危机后的反馈，每次危机后的重建，都始于经验和教训的反思，并经过科学研究，建立更加完备的预警体系。

总体来看，发达国家的公共危机管理体制已经较为完备，不论是从危机预警到危机处理，再到最后的信息反馈都是比较严密有效的。但是，随着时代发展，危机也在不断地升级。更多时候，危机会突破重重防护，影响人们的正常生活。所以就目前的形势来看，关于公共危机管理的研究依然需要与时俱进，持续完善。

我国的公共危机管理已经取得了长足进步，从2003年的"非典"疫情、2008年的汶川地震到2020年开始的新冠疫情等危机处理来看，我国的公共危机管理水平得到了显著提升，并取得了丰硕的成果。公共危机管理中的舆情管理、资源配置、人员分配、资金筹措、体系建设等均取得了重大进步，并且获得了良好的危机管理效果。同时，我国的公共危机管理不仅仅局限于政府层面，已经发展为涵盖政府、企业、民众的多维管理体系。

（二）公共危机管理的未来发展趋势

信息传播是公共危机管理的重要环节，不管是危机发生之前、发生之时、发生之后，都需要有及时准确的信息交流，才能根据准确信息进行危机分析，实施应对措施。如今是信息高速发展的时代，利用网络进行公共危机管理是十分重要的。公共危机的信息传播管理可以说是大势所趋，主要表现为以下几点。

（1）利用网络宣传提升公共危机管理意识。如今的网络力量已经远远超越任何一种传媒工具，所以充分利用权威部门的微博、公众号等新媒体力量，对公共危机管理加以宣传，不仅可以让政府部门对公共危机管理加以重视，还可以带动人民群众积极参与公共危机管理，充分发挥公众的力量及时解决危机、化解危机。

（2）充分利用大数据和人工智能等技术进行危机分析和处理。凭借大数据、人工智能等数字技术进行危机监控、预警，并且对公共危机进行实时分析，及时提出应对机制，并且及时查找出危机发生原因，从根源上解决危机，使危机处理更加迅速，所以未来的公共危机管理会更加现代化和高速化。

（3）利用新媒体进行全球公共危机管理。现代社会正处于经济全球化高速发展时期，这是新媒体带来的便利。利用新媒体进行全球公共危机管理，能使全球各地依托新媒体快速进行危机交流，找出解决办法，以最快的速度抑制危机的发生。即使是某一地区发生危机事件，也能够通过网络快速传递相关信息，进而通知其他地区及时采取预防措施，或者共同研究解决方法，以最快的速度对公共危机加以控制。

（4）利用移动互联网进行公共危机管理监管。公共危机管理机制的完善是十分重要的，但是在管理机制背后需要有力的监管机制，才能使公共危机管理实施得更加顺畅。一旦发生危机事件，利用移动互联网可以进行外部监管，这样可以充分发挥社会的外部监管作用。凭借严密的监督管理，各个相关部门尽快投入到公共危机处理过程中去，在有序和严密的组织下，高效快速地解决危机事件，节约时间并降低损失。

三、公共危机管理的研究内容

（一）公共危机管理的研究对象

危机管理包含两个方面的内容：一是要说明危机管理的目的；二是要说明危机管理要采取的行动。这种目的和行动具体到公共管理研究对象中就包括公共危机管理的预警、控制和处理、善后、评估、参与、沟通、法律制度建设等。

1. 公共危机管理的预警

预警是公共危机管理的首要阶段，建立预警机制能提高组织在面对危机时的快速反应能力，减少危机带来的损失。公共危机预警是指根据有关危机现象过去和现在的数据、情报和资料，运用逻辑推理和科学预测的方法、技术，对某些危机现象出现的约束性条件、未来发展趋势和演变规律等做出估计与推断，并发出确切的警示信号或信息，使政府和民众提前了解危机发展状态，以便及时采取应对策略，防止或消除不利后果的一系列活动。预警系统的建立是为了尽早地发现将要发生的危机，建立一套与危机密切相关的预警信号，这样就可以对危机征兆、危机风险源进行监测，并在危机来临前发出预警，采取相应的行动。

2. 公共危机管理的控制和处理

预警主要发生在危机的酝酿和潜伏阶段，而控制和处理面对的则是危机爆发阶段。在公共危机管理中，管理者可能有了很好的应对计划，但是也存在由于危机的发展与原来预测不同，原来的应对计划不适于当前状况，危机管理者难以按计划应对危机，此时控制与处理在危机管理过程中就变得尤为重要，所以，一个完整的危机管理过程就必须包含危机应对控制与处理。控制和处理是公共危机管理中的关键环节，控制与处理的好坏直接关系到公共危机管理的效果和社会影响。

3. 公共危机管理的善后

公共危机管理的善后的主要任务：一方面是以危机问题解决为契机，系统地解决与危机相关的、可能再次导致危机事件发生的各种问题，巩固危机管理成果；另一方面是从危机管理中获益，总结经验教训，进行必要的组织变革。当重大危机事件致使社会公众利益受损时，组织机构除了要采取相应措施尽快恢复社会秩序，还要给予公众一定的精神补偿和物质补偿，同时对公众进行心理疏导，减少公众心理震荡，提升政府公信力。危机善后的具体工作一般包括机构正常运转、资料记录与保存、事故调查、清算损失、补偿损失、稳定人心等。

4. 公共危机管理的评估

公共危机管理的评估是对危机管理组织运行过程、运行内容及运行结果进行评估的活动，是公共危机管理的重要组成部分，也是提高公共危机管理水平的必要环节。传统的公共危机管理把效率作为其工作的核心内容之一，其关注点在于政府如何管理好自身内部运行机制。全面评估不仅注重公共危机管理的内部运行，更关注公共部门与社会、公民的关系。公共危机管理工作是一个涉及面广、持续时间长、难以以数量性指标衡量的工作，其工作质量水平的高低关系到人民生命财产安全，因此，全面评估符合公共危机管理的质量导向要求。

5. 公共危机管理的参与

随着社会的不断进步，公共管理的理论和实践发生了深刻变化，治理理论、新公共服务理论、公民社会理论也蓬勃发展。在实践和理论的双重影响下，我国政府改革也逐渐由"官制型政府"向"服务型政府"转变，从"全能型政府"向"有限政府"转变，倡导全社会参与治理。目前，我国已形成了以政府为主导，非政府组织、公民、营利性组织等非政府主体共同进行公共危机管理的治理结构。所以，培育和吸引各种社会力量参与危机管理已经成为公共危机管理的客观要求和现实选择。

6. 公共危机管理的沟通

公共危机管理的沟通是指在公共危机管理过程中对外输送与公共危机相关信息，并通过一定媒介，让各种信息在不同主体之间互相传递和交流。在公共危机管理中，沟通效能决定着公共危机管理效率。所以，公共危机管理过程中要以最快速度、最小成本、最高效率去有效沟通，将危机事件造成的损失降到最低。

7. 公共危机管理的法律法规建设

为避免对国家主权和公民权利造成损害，公共危机管理要在法治行政许可范围内进行。为此，各国制定了各种各样的法律法规。这些法律法规是公共危机管理的法律基础，其核心是防止政府滥用职权。所以，法律法规建设是公共危机管理既有效又合法的保障，对其进行完善是公共危机管理的一项重要内容。

（二）公共危机管理研究的层级

公共危机管理的研究通常在三个层级展开。

1. 个体或微观层级

运用社会心理学成果与方法，对公共危机涉及的个体成员及其集团或社会阶层，尤其是社会冲突组织与领导者的价值观和行为进行分析。这类研究试图回答在特定历史条件下，社会个体成员或他们所栖息的社会集团或阶层的动机、期望、政治态度与政治认同感、家庭背景、文化背景、社会分层、个体的性格气质等因素，对其参与社会冲突的倾向与程度的影响，从而描述出在特定时期、特定社会中，参与公共危机管理个体成员的行为特征。

2. 一国或国内危机层级

这是公共危机理论研究的主体层级。根据发生的范围，危机又被划分为局部性危机和国家性（制度性）危机两种类型，学术界主要以后者作为研究对象。这一层级研究主要试图解决的问题包括：冲突与危机爆发的原因、条件、时机；国家使用政治强制力的合法性以及实施强制力的方法与程度控制；社会危机对一国社会的冲击与危害（后果）以及社会的整合与重建；现代国家体制下社会危机管理体制与机制的建立等重大问题。在这一层面研究中，政治学、历史学、社会学、经济学及系统分析等多种学科的知识与方法得到广泛运用，研究具有明显的动态特征。同时，对于一国政府建立完善危机管理体制与机制，防范危机发生，以及面临危机时决策与政策的选择，具有很强的现实指导意义，研究成果通常具有较强的可操作性。

3. 国际危机研究

相对个体研究而言，国际危机研究又称为宏观研究，这是危机研究最早开始的领域，即研究国家间的利益冲突，导致国家间的对峙或战争状态的原因，决定国际体系危机程度的条件与因素，解决或化解国际冲突的途径与方法。在后"冷战"时期，除这些传统研究课题，学术界开始关注国内危机与国际危机的关系，现代国际组织在化解国际危机中的作用。现行国际经济秩序、军备扩张、多极化发展、大国军事格局与国际危机的关系等一系列重大国际政治现实问题。

第二节 公共危机管理的研究意义

在现代社会，加强公共危机管理研究，具有为冲突和危机状态下的政府治理提供指导的重大现实意义。

（一）加强公共危机管理研究是政府提高公共危机事件处理能力的需要

当代危机冲突理论认为，没有一个社会系统已经整合到十分完美的水平。特别是，包括群体性突发事件在内的社会系统中的冲突仍是普遍存在的。因此，有效地处理危机，维护社会秩序，是任何一国政府都不可避免的重要问题，也是政府的首要职责和必备行政能力之一。作为一个合格、称职的政府，迫切需要从公共危机管理研究中，探索如何预防、应对公共危机的方法。因此，加强公共危机管理研究是政府提高公共危机事件处理能力的需要。

（二）加强公共危机管理研究，重塑政府形象，提高其公信力

政府作为公共事务的管理者，有责任、有义务并且要有能力处理突发性危机事件。政府处理危机事件的效率和效果直接体现了政府治理水平，也直接关系到政府的整体形象和公信力。与此同时，在全球一体化和开放的背景下，世界已经成为一个"地球村"，信息技术的发展和传播手段的多元化都对政府危机管理职能提出严峻挑战，也直接关系到一国的国际形象。同时，危机也为政府提供了许多机会，除了在危机发生前、发生中给政府提供采取预防、控制等正面积极措施显示能力，树立良好形象，提高公众对政府的信任度和支持度之外，危机发生往往会暴露现有制度和机制不足之处，政府可以从危机处理中吸取

教训，找到自身弱点和不足，并尽快加以改善，从而使政府执政能力进一步提高，政权也更加稳固。

（三）公共危机管理研究直接关系到社会的稳定和国家政权的存亡

随着区域之间相互联系的增强和相互依存度的提高，一旦公共危机在某一个区域爆发，就有可能产生多米诺骨牌式的连锁反应。这大大增加了区域风险和危机来源，也加速了风险和危机的"蝴蝶效应"，扩大了风险与危机的破坏强度和潜在后果。

如果政府不能有效地防范和控制公共危机的发生，或是及时摆脱公共危机所带来的困境，那么，政府将失去社会发展目标实现的基础条件，甚至将危及政府统治权力本身。在这样的时代背景下，加强公共危机管理研究，直接关系到政府的合法性基础，关系到人民的安危福祉，也直接影响着各国政治、经济的稳定和发展。

总之，公共危机管理实践呼唤公共危机管理科学化，即加强公共危机管理的科学化研究。

第二章　公共危机管理概论

课程引导

苏丹撤侨

鉴于苏丹安全局势持续恶化，中国国防部新闻发言人于2023年4月27日凌晨宣布，为保护中国在苏丹人员生命财产安全，根据统一部署，中国军队已于北京时间4月26日派海军舰艇赴苏丹接运撤离中国在苏人员。

这次苏丹紧急撤离任务，不仅是中国海军继2011年利比亚撤离行动和2015年也门撤离行动后，第三次执行海外紧急撤离任务，也是中国第二次动用军舰直接靠泊外国港口执行撤离任务，呈现出"三快""三难"和"三利"的三大特点。同时，这表明中国海军担负撤侨任务已经成为新常态。

根据统一部署，当地时间4月26日，中国海军南宁舰、微山湖舰紧急赴苏丹港，执行接运撤离中国在苏丹人员任务。根据此前两次撤侨经历，此次任务舰艇由中国海军第43批护航编队舰艇执行。

26日上午，南宁舰、微山湖舰提前抵达苏丹港。停靠码头后，随舰官兵立即按计划展开接运撤离行动各项准备工作，在码头划设安全警戒区，设立集结、登记、安检和登舰等区域，随舰特战队员全副武装对现场实施警戒。

26日16时40分许，搭载首批随舰撤离人员的大巴车队拖着扬起的尘土安全抵达码头。准备撤离的人员在中国驻苏丹大使馆工作人员和海军官兵引导下，在码头进行登记和安检后登舰，撤离过程安全、有序。两艘军舰抵达沙特吉达港完成人员转接后，再次迅即奔赴苏丹港，执行后续接运任务。

"亲爱的同胞们，大家辛苦了！请大家放心，我们来了，大家安全了！"27日，一则中国军舰赴苏丹撤侨的现场视频在社交媒体广泛传播。视频中，编队指挥员的亲切问候让连日奔波的撤离人员感受到久违的安宁。现场人群不约而同激动地挥舞起手中的五星红旗，高喊"祖国万岁！"不少刚从战乱区撤离的中国同胞流下了激动的泪水。

一位曾执行过撤侨任务的人士表示，与2015年也门撤侨行动一样，两次军事行动都面临危险环境，所靠泊港口国家也都发生战乱。但与上次相比，此次执行任务舰艇需要从亚丁湾经曼德海峡进入红海抵达苏丹港口，航行距离更远，需要两三天的航行，证明此次行动谋划快、准备快、行动快。该人士还提到，此次行动有"三难"：危机突发、危机重重、协调困难。面对苏丹国内不断恶化的局势，军舰靠泊港口需要外交部、国防部等部门和中国驻苏丹大使馆与当地协调，难度可想而知。同时，此次撤侨行动有"三利"：有利于检验海军遂行非战争军事行动的各种能力、有利于中国海军积累经验，进一步提高遂行紧急任务的军事能力，也有利于中国海军为国际社会提供越来越多的公共安全产品。

据中国外交部发言人介绍，截至27日，已有1300多名中国公民安全转移，有的已搭乘中国军舰、船只离开苏丹，有的正在离开途中。中国外交部官员提到，中国是苏丹内部冲突爆发以来有组织撤离人员最多的国家。

资料来源：中国海军火速赴苏丹撤侨，网友感叹：这就是现实版〈万里归途〉！，http://www.news.cn/mil/2023-04-28/c_1212172362.htm. 2023-04-28，存在部分删改.

学习目标

了解公共危机的具体概念、特征与分类方法和具体类型；系统地学习公共危机管理的内涵，包括公共危机管理的概念与理论基础；掌握公共危机管理的多维度原则；理解公共危机管理的基本特征，整体构建公共危机及其管理的认知框架。

第一节　公共危机概述

"公共危机"是与"一般危机"相对应的专业术语，强调的是其影响范围广大，或者对一个社会系统的基本价值观和行为准则架构产生严重威胁，需要以政府部门为主体的公共部门在时间压力极大和不确定性极高的情况下做出关键性决策。鉴于此，我们需要明确公共危机的准确定义，明晰公共危机的特点及类别，对公共危机形成整体认知。

一、公共危机的定义

所谓公共危机，是一种比一般危机更为特殊的危机状态。"公共"的字面解释是属于全社会的、公有公用的。在西方，"公共"一词起源于古希腊，它具有两重含义：①具备公共精神和公共意识，是衡量一个男性公民是否成熟并可以参加公共事务的标志；②人与人之间在交往中相互关心和照顾的一种状态。随着时代发展，"公共"一词一度演变成"政府或政治的同义词"。我国有学者认为，"在公共管理领域，公共危机通常是指由于深层的社会问题、制度问题和体制问题的长期积累，在某些偶然事件的激发下而产生的对于整个社会的正常生产生活秩序及基本价值体系具有严重威胁的严重危害性的事件"。也有学者认为，"所谓的公共危机，是指那些突然发生的、关乎公共利益的、对于组织的生存与发展具有重大影响的，急需管理者快速应对的事件"。还有学者认为，"公共危机就是一个事件突然发生对大众正常的生活、工作及生命财产构成威胁的状态"，或指"由于内部和外部的高度不确定的变化因素，对社会公共利益和安全产生严重威胁的一种危险情况和紧急状态，那么，能够引起这种危险情况和紧急状态的事件就是公共危机事件"。部分学者指出，公共危机是指"政府或其他社会组织通过监测、预警、预控、应急处理、评估、恢复等措施，防止可能发生的危机，处理已经发生的危机，以减少损失，甚至将危险转化为机会，保护公民的人身和财产安全，维护社会和国家的安全和稳定"。简而言之，公共危机就是指全社会共有的、需要共同面对的危机。

总而言之，公共危机是一种高度不确定的情境，与公共利益密切相关，通常以重大突发事件为标志，对社会系统的核心价值与运行功能提出严峻挑战，要求危机管理者在巨大时间压力与心理压力下，在短时间内尽可能做出正确的决策。

二、公共危机的特点

公共危机作为一种不期而至的威胁，挑战着我们的想象力，超出了我们所掌控的资源。

它们使一个社会系统的核心价值或生活维系功能受到威胁，使社会及其领导者面临考验，强迫他们在高度不确定和极其紧急的情况下采取补救性行动。一般而言，公共危机有以下六个方面基本特征。

（一）威胁性

公共危机的威胁性是指，相对于政府的常规性决策环境而言，危机事件往往处于一种非常态的社会情境，是各种不利情况、严重威胁、不确定性的高度积聚。公共危机事件的发生、发展和升级势必对政府或社会系统的基本价值和行为准则架构产生严重威胁，并产生很大的负面影响和消极作用，其影响和涉及的主体具有社会威胁性。

公共危机的威胁性容易给公众带来极大程度的混乱和惊恐，也容易造成决策失误，并造成极大的损失。对于公共部门而言，危机爆发之后，不仅会破坏社会当前正常的生产经营秩序，而且会损坏可持续发展的基础，对未来发展造成十分不利的影响。

（二）突发性

公共危机的突发性是指，公共危机的产生和发展具有不确定性、不可预知性和不可控性，在一定程度上难识别和难应对，进而导致危机突发和难防难控的局面。

公共危机的突发性易导致严重后果：一是毫无防备或防御不足的突发状况易导致应对失误、人员死伤和财产损失；二是猝不及防的公共危机事件容易引发受灾群众的恐慌；三是得不到有效控制的突发危机易招致群众的质疑和问责，造成各个层次的负面影响。

（三）公共性

公共危机的公共性是指，公共危机的发生过程和后果不仅对个体利益产生影响，还可能涉及一定规模或范围的群体利益和公共利益。公共危机的影响是在社会层面的，公共危机的发生必定会使得社会秩序发生一定程度的失序，所以需要危机管理相关部门及时做出正确决策。如果处理得当就可以将危机转变为一个机遇，促进社会发展；如果处理不当，就会进一步加剧危机，使结果进一步恶化。

公共危机的公共性导致公共危机与一般危机相比，后果可能更加恶劣，具体表现为：一是损害更多个体或群体的合法权益；二是破坏公共规则、公共秩序、公共环境；三是公共管理者或责任方因整改不力、监管不严等失责行为导致政府公信力受损。

（四）复杂性

公共危机的复杂性是指，公共危机的来源、发展、演变等方面均涉及多个部门、多种因素，而且呈现动态演化特征，发展规律和机理复杂多变，这使得公共危机防范和应对难度远高于一般危机。

公共危机的来源具有复杂性，体现在以下几点。

①多样化特征。自然或社会因素、技术或管理因素、个体或群体因素、主观或客观因素均可能引发公共危机。

②交互融合特征。多维度、多层次、多主体的社会因素不断交互融合，使一般危机演变成公共危机。

③固化和突变共存特征。某些危机源在客观环境中长期存在，由于外部条件改变使其

发生突变，进而触发新的公共危机。

公共危机的传播和发展具有复杂性，存在多重"传导渗透效应"。

①地域性的传导渗透。公共危机可能在不同国家、地区之间形成传导。

②人际化的传导渗透。涉及公共卫生或意识形态类的公共危机可能在特定群体中通过接触或交流"传染"。

③关联性的传导渗透。涉及安全生产类的公共危机可能在具有关联性的项目间进行传播，导致风险升级与恶化。

④突围式的传导渗透。公共危机可能打破有形的安全保卫或无形的"防火墙"而出现渗透或传导。

⑤连锁反应的传导渗透。包括触发关联性的危机爆发、引发以往危机的重现等。

（五）全球性

公共危机的全球性是指，信息技术迅猛发展下的全球一体化，使得现代公共危机的性质具有超国家属性或全球化属性。在全球一体化情况下，危机的原因和结果往往都是世界性的，发生在一国国内的危机，其传播和影响也常常表现为全球化规律。

具体而言，公共危机的全球性主要表现在以下几点。

①公共危机扩散和蔓延的全球化。全球化时代人们之间的密切交流使危机可能在地理上迅速扩散，并超越国界。

②公共危机影响的全球化。一国发生的危机事件很可能给全球经济、政治等方面造成连锁性冲击，产生涟漪效应或连锁反应。

③公共危机应对的全球化。危机的超国家属性决定了危机要由全人类共同面对，例如，全球变暖危机，对其进行有效控制关系到全人类共同的安全和利益。有效应对危机事件需要国家之间的合作和国际组织的参与。

（六）媒体化

公共危机的媒体化是指，在信息时代，媒体传播完成了由被动接受、主动搜索、定向投喂的三个阶段进化，传播的速度、广度均达到了前所未有的水平。媒体在公共危机中扮演着一个特殊的角色，在一定程度上已具有颠倒乾坤的能力。

公共危机包含着人们主观评判的因素，而媒体又左右着公众的情感，可以说，今天的很多现象都是"媒介化的结果"。此外，媒体还加剧了危机的国际传染性。现代媒体可报道世界各地发生的危机，缩短了危机发生地与外部广大公众之间的距离。在媒介化影像及文字的冲击下，危机发生地的焦虑和情感被全世界分享。面对远方的危机，人们也容易感到巨大的集体压力，有时甚至会产生模仿行为，从而把危机从他国引到本国。

三、公共危机的类型

目前，社会各界对公共危机的界定并不一致，因此，学者们对公共危机类型的划分方式也不尽相同。我们依据多样化的标准，对公共危机的类型进行划分，以便探索不同类型危机的发生、演进规律。具体而言，有以下五种划分方式。

（一）依据危机的诱因分类

根据公共危机发生的诱因可以将公共危机划分为外生型危机、内生型危机和内外双生型危机三种类型。

1. 外生型危机

外生型危机是指公共危机的发生是由外部某些不确定因素导致的，主要是指危机事件的起因源于外生因素，具有一定的不可预测性，并且外在因素是比较复杂多变的，所以外生型危机事件的发生具有突发性和不可预测规律。

2. 内生型危机

内生型危机是指公共危机的发生源于内部某些不确定因素，主要是指危机事件的起因于内生因素，内生因素有时是可以预测和避免的，但是在一定情况下也会发生不可阻止的危机事件，所以需要加强对内部因素进行有效的预测、预防，避免内生型危机的发生。

3. 内外双生型危机

一般情况下，内外双生型危机事件的发生比较普遍，因为公共危机的发生往往是由于多种复杂因素造成的。第一种可能是由内部因素首先引起后，再由外部因素加剧危机的发展；第二种是起源于外部因素，再由内部混乱加剧危机的发展；第三种是由内外因素同时导致危机的发生，并使得危机进一步加剧。内外双生型危机与前两种危机比较，较为复杂，需要对其进行深入的调查、精准的监测、理出诱因，才能从根本上解决危机。

（二）按主体领域分类

从公共危机主体所属领域来说，公共危机可以分为政治性危机、社会性危机、经济性危机、生产性危机和自然性危机五种类型。

1. 政治性危机

政治性危机是指由政治问题引起的大规模的政治抗议，或是政治高层发生的公开分裂。政治性危机会导致整个国家的政治生活处于混乱状态，如果处理不当会造成难以预料的后果。

2. 社会性危机

社会性危机就是社会问题的急性发作，属于一种突发性的、持续时间比社会问题短的一种危机。社会性危机是会对个人或者社会群体造成一定伤害，并且影响范围广、破坏力强。短期的社会性危机如果不能得到妥善处理，容易留下后遗症，成为长久的社会问题。

3. 经济性危机

经济性危机是指一个或多个国民经济，或整个世界经济在一段较长的时间内不断收缩（负的经济增长率），导致失业增加、通货膨胀、生产萎缩等问题的经济层面危机。经济危机是资本主义经济发展过程中周期爆发的生产相对过剩的危机，也是经济周期中的衰退阶段。

4. 生产性危机

生产性危机是指在生产过程中产生的突发性危机。生产过程中可能导致产品质量问题和生产事故，属于一种人为因素导致的危机。例如，因化学工厂、核电工厂等生产部门的不规范操作所引发的危机，其危害性也是难以估量的。

5. 自然性危机

自然性危机是指由自然因素导致的危机事件。例如，自然灾害中的地震、台风、火山爆发等，这些可预测和不可预测的危机事件往往给人类带来直接的伤害，一旦防患不当，或者紧急处理不到位，会严重威胁民众的生命和财产安全。

（三）按造成的后果分类

从公共危机造成的后果来说，公共危机可以分为有形损失危机和无形损失危机两种。

1. 有形损失危机

有形损失危机是指直接带来人员伤亡或重大财产损失的危机，如火灾、爆炸、原材料或产品在运输中出现交通事故等直接造成的人员伤亡和财产损失，其特点如下。

①危机发生与造成的损失是同步的。
②危机造成的损失能够评估。
③危机造成的损失难以挽回，只能采取其他措施补救。
④危机的发生容易引起额外的无形损失。

2. 无形损失危机

无形损失危机是指危机的发生严重地损害了组织形象，如不采取紧急有效的措施，随着时间的推移，组织形象会越来越差，最终将使组织蒙受更大的有形损失，其特点如下。

①危机始发阶段，损失不明显，容易被忽视。
②如果危机发生后任其持续和发展，其损失将是巨大的。
③危机造成的损失是慢性的，可以通过采取相应的措施来挽救。
④危机的处理通常要与新闻媒体多沟通。

（四）按发展速度分类

按照公共危机自身的发展速度来说，公共危机可以分为龙卷风型危机、导泻型危机、长投影型危机和文火型危机四种类型。

1. 龙卷风型危机

龙卷风型危机的发生与结束都极为迅速，通常持续时间相对较短。比较典型的是劫持飞机或劫持人质类型的恐怖危机。一般认为，面对此类危机事件，即使行动失败也比不采取行动要好，事件突然发生后很快就会平息，不会给社会带来长久影响。

2. 导泻型危机

导泻型危机表现为潜在威胁逐渐发展酝酿，但爆发后会迅速结束。这种危机通常需要经过一个长期的、逐渐演进的过程，但结束速度较快。它要求危机管理者要防微杜渐，避免危机与冲突突破临界点。导泻型危机的典型案例是美国得克萨斯州发生的大卫教派邪教危机。大卫教派在此之前已经存在很长时间，逐渐走向非法教派，在发生对峙和对抗后，大多数教徒葬身火海，危机结束。

3. 长投影型危机

长投影型危机通常表现为突然爆发，且危机后续影响深远，长时间不能平息。长投影型危机的形成有两种原因：①未能充分理解危机；②未能妥当处理危机。2020年于全世界范围内暴发的新冠疫情便属于此种危机，疫情的暴发极为迅速，在全世界范围内都造成了广泛且持续的负面影响。

4. 文火型危机

文火型危机开始缓慢，逐渐升级，甚至没有爆发的过程，同样结束也很缓慢。比较典型的文火型危机是越南战争。美国决策者持续向越南增兵，企图赢得战争，投入战争的沉没成本逐渐增大。待新一任总统上台后，决策者开始纠错，美国军队才开始从越南抽身，但是，撤军过程所耗费的时间、财力、物力、人力都是巨大的，给美国社会带来了深远影响。

（五）按发生方式分类

从公共危机发生方式来说，公共危机可以分为渗透性危机、定期性危机和突发性危机三种类型。

1. 渗透性危机

渗透性危机是指表面看起来一切都很正常，但危机正在慢慢地潜伏酝酿，只有部分知情人士能够感觉到的危机。如果在组织内部发生渗透性危机，却又缺乏正常、良好的沟通渠道，那么组织管理人员可能会无法觉察到危机的发生。

2. 定期性危机

定期性危机是指牵扯部分组织人员的、按照时间间隔发生的危机。组织内部可以通过定期培训组织成员、学习专业危机处理知识、定期演习危机应对预案、展示危机事件的严重后果等方式，重视及避免定期性危机。西方国家的政治性危机往往具有定期性特点，原因在于选举的周期性。

3. 突发性危机

突发性危机是指无法预测爆发时间的危机。公共部门通常需要制订公共危机应对计划和建立相应应急机制，决策者要科学合理决策，动员相关人员及时处理危机事件，做好善后处理及科学评估、反馈学习等后续工作，不断积累经验和技能，以防范类似危机再次发生。

第二节 公共危机管理内涵

公共危机管理是公共管理的一种特殊形式，是公共管理中应对危机状态的一种形式，是在长期实践中形成的一门学科。

一、公共危机管理的概念

21世纪初的"9·11"恐怖袭击事件与"非典"危机引起了我国政府对公共危机管理

的重视，推动了国内真正意义上现代公共危机管理理论研究的进步与发展。关于公共危机管理的定义，我国众多学者从多个角度给出了阐释：第一种观点认为公共危机管理是政府针对当下或潜在的公共危机，在其发展的各个阶段，通过采取有效的应对措施进行有组织、有计划的持续动态管理，以期降低或消除公共危机的影响；第二种观点认为公共危机管理应该是一种有组织、有计划、持续的动态过程，政府和其他社会组织通过风险评估、预警、准备、反应、评估、恢复、检测、总结等措施，针对潜在的或当前的危机，在危机发生的不同阶段采取一系列的控制行为，以达到减轻损失，甚至将危险化为机遇，维护公共安全，保护公民的人身权和财产权的管理活动；第三种观点认为，公共危机管理可以概括为政府为主导的公共管理机构，以保障公共安全为目标，通过采取一系列必要措施，例如预防、预警、预控等来防范化解危机，或者通过危机应急管理、危机恢复补偿等措施减少危机损失，避免危机扩大和升级，使社会秩序恢复正常，保持社会稳定的一整套管理体系。

综上所述，公共危机管理是指政府和其他社会公共组织等危机管理主体，以公共危机为目标，通过监测、预警、预控来防止公共危机发生，或者通过控制、应急处置、评估、恢复和补偿等措施减少危机损失，避免危机扩大和升级，使社会恢复正常秩序的一整套管理体系与运作过程。公共危机管理是公共管理的一种特殊状态和特殊形式。

公共危机管理，既是一门学科，也是一类实务。从公共管理学科角度看，公共危机管理是一门研究危机为什么会发生，采取什么样的步骤或方式可以避免这些危机的发生，一旦危机发生，如何控制危机的发展和消除危机影响的学科。从公共管理实务角度看，公共危机管理是政府通过监测、预警、预防、应急处理、评估、恢复等措施，防止可能发生的危机，处理已经发生的危机，从而减轻损失甚至将危险转化为机遇，保护公民的生命财产安全，维护社会稳定，确保国家安全。

二、公共危机管理的理论基础

关于危机管理理论，国外学者们做了大量研究，诸如1998年约翰·J.伯内特提出了危机管理模型；罗伯特·希斯提出了危机管理的壳层结构模型；弗朗西斯·J.马拉提出了危机公关模型。这三个模型分别表明战略管理、危机管理结构、危机信息沟通都是影响危机管理的重要因素。

近年来，国内学者们对公共危机管理的研究已经整合了管理学、公共关系学、国际政治学、心理学、传播学、法学等多学科门类的知识，渐渐形成了一套综合性的跨学科理论体系。

基于公共危机事件生命周期的认识，学者们总结出"过程"的观点，对众多的公共危机管理阶段划分理论进行归纳，提出三阶段、四阶段、五阶段及六阶段的观点。

很多学者推崇经典的三阶段模型，即将公共危机管理划分为危机前、危机中与危机后三个阶段。

四阶段模型有不同的提法，Rosenthal提出的PPRR模型将危机管理分为预防（prevention）、准备（preparation）、反应（response）和恢复（recovery）四个阶段；美国联邦安全委员会将其修改为缓和（mitigation）、预防（preparation）、反应（response）、恢复（recovery）的 MPRR 模型；Robert Heath 提出 4R 模型，即缩减（reduction）、预备（readiness）、反应（response）和恢复（recovery）。

五阶段模型的代表有 Mitroff（1994）提出的 M 模型，将危机管理划分为信号侦测、探测预防、控制损害、恢复及学习五个阶段；国内学者薛澜等则将公共危机管理划分为危机预警及准备、识别危机、隔离危机、管理危机及危机后处理五个阶段。五阶段模型的代表学者 Augustine 更是将危机管理细分为危机避免、准备、确认、控制、解决及获利六个阶段。

对比这些模型可以发现，三阶段模型具有良好的兼容性，可与其他模型阶段相对应，其他阶段的模型可看作是对三阶段模型中某个阶段的精细划分（表 2-1），如 M 模型中的侦测与预防属于危机发生前的准备工作，控制危机损害的所有活动则属于危机阶段，恢复与学习是危机后阶段需开展的工作。

表 2-1 公共危机管理阶段模型

三阶段模型	四阶段模型			五阶段模型		六阶段模型
	PPRR 模型	MPRR 模型	4R 模型	M 模型	薛澜模型	
危机前	预防准备	缓和预防	缩减预备	侦查预防	预警准备	避免
					识别	准备
					隔离	确认
危机中	反应	反应	反应	控制	管理	控制
						解决
危机后	恢复	恢复	恢复	恢复	危机后处理	获利
				学习		

基于系统学理论，学者们还提出了"系统"的观点。该观点是基于公共危机管理是以政府为主导的多元化管理机制的认知，政府需要以系统的观点统筹全部人力、财力、物力，妥善处理危机信息收集、危机决策、利益相关者诉求等事务，巧妙运用集权与分权，保证决策效率的同时注意激励各应急参与者方的积极性。

基于这种理念，刘霞等在 Robert Heath 的危机管理框架结构（crisis management shell structure，CMSS）的基础上提出公共危机管理系统架构（public crisis management shell system，PCMSS）（图 2-1）。PCMSS 由右侧信息部分与左侧决策部分构成，将公共危机的

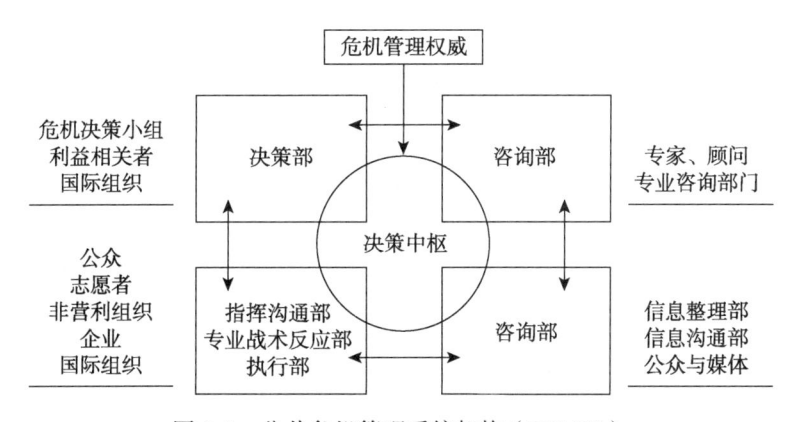

图 2-1 公共危机管理系统架构（PCMSS）

应急管理部门划分为信息部、咨询部、决策部与执行部等相关子系统，并由一个独立、权威的决策中枢来组织协调、整合控制各系统，以高效有序地应对公共危机；同时，将公众、志愿者、非营利组织、企业、国际组织、专家/职业咨询部门和利益相关者分阶段融入公共危机管理的全过程，兼顾了及时决策与民主参与，让管理系统拥有更好的弹性、更适应动态变化的危机管理态势。

"认识"的观点是基于公共危机管理部门运用各种传播媒介来管理社会公众对部门及所面临危机的衡量与看法，增强公众对主管部门的信任以及对解决危机的信心，让社会各界齐心协力共同应对公共危机。

罗伯特·希斯对公共危机管理范围的界定（图2-2）体现了公共危机社会认知管理的内涵。在图2-2中，左右两侧分别代表危机管理的信息沟通活动与行为构成，上下两部分分别是指以消除生理影响为主的危机管理应对初级阶段与以精神管理为主的危机恢复阶段；反应与恢复管理的重点是公众认知，必须全面分析各利益相关群体关于公共危机的认知结构与心理，才能提高公共危机管理的针对性与有效性。由于公共危机事件的管理效果主要受危机情境、利害关系人的参与度、政府控制力、媒体及公众五方面因素的影响，政府、媒体与公众构成了影响公共危机管理的三大基本力量，对公众反应与心理、媒体传播特征及政府行为的认知则成为公共危机社会认知管理的基本内容。

图 2-2 公共危机管理中的认知管理

三、公共危机管理的相关概念辨析

（一）公共危机与公共部门危机管理

公共部门危机管理与公共危机管理这两个概念的主要区别：公共部门危机管理是指公共部门对危机的管理，包括两个层面上的含义——公共部门对与自身矛盾有关的内部危机的管理活动，以及对国际、国内的外部公共危机的管理活动，这两个层面上的含义与政府危机管理概念的含义是一致的；而公共危机管理则是指对公共危机的管理，其管理主体既包括政府部门、非政府组织，也包括企业等私人部门，甚至也可以将公民个人涵盖在内。一个有效的公共危机管理体制，应该是政府、社会组织、企业、个人有机合作共同完成的，其中，公众不是单纯的被管理者，而是公共危机管理结构中很重要的环节。

（二）公共危机管理与风险管理

风险管理是研究风险发生规律和风险控制技术的一门科学，是通过风险识别、风险衡量、风险评估、风险控制等方式,对风险实施有效控制和妥善处理损失的过程。风险管理侧重于在风险事故发生前防患于未然,其核心是降低风险事故造成的损失。其中,风险识别是为了减少风险事故的发生,风险衡量是为了预测风险事故可能造成的损失,风险控制则是为了降低风险事故可能造成的损失。风险管理实际是公共危机管理活动的向前延伸。风险管理的对象是风险,其主要特性是对不确定性和可能性的管理,它是公共危机管理的向前延伸和关口,或者说风险管理属于公共危机管理的预防环节与核心内容之一,是公共危机管理关口前移的重点。

(三)公共危机管理与企业危机管理

公共危机管理与企业危机管理的不同主要表现为:宗旨不同,公共危机管理的宗旨是维护公共安全,而企业危机管理的宗旨,是在保证企业生存和发展的基础上,考虑公众的利益。诸多企业危机案例结果显示,企业危机常常是触发公共危机的原因,诸如强生公司泰诺药片中毒事件、可口可乐中毒事件等企业危机都引发了公共危机。

(四)公共危机管理与寻机化管理

寻机化管理是相对于常规管理而言的,要求组织管理的方法和技术视环境变迁而改进和创新,以权变的思想指导企业活动,而不拘泥于某一种管理模式。它与公共危机管理的相同之处是:要树立危机意识,将组织生存危机作为刺激组织发展的一种契机。寻机化管理与危机管理也有相似之处。在预测组织发展风险的前提下,寻找机遇,采用正确的管理途径和方法,取得生产经营的业绩。可见,寻机化管理的实质是权变式的管理,而公共危机管理也特别需要这种"权变"思想来做指导。

(五)公共危机管理与政府危机管理

政府作为既定区域范围内公共事务的管理者,控制和应对自己管辖范围内发生的危机事件或其升级扩大导致的公共危机称为政府危机管理。政府危机管理与公共危机管理没有实质上的区别,只是范围的大小不同,政府危机管理可以视作公共危机管理的一部分。

(六)公共危机管理与国家安全管理

公共危机管理的范围包括战争危机、恐怖危机、骚乱危机和灾害危机。而国家安全管理主要涉及战争危机,影响特别大、后果特别严重的恐怖危机,诸如"9·11"恐怖袭击这样大型的、严重影响民生安全与国家稳定的恐怖事件才涉及国家安全管理,而公共危机管理,既要确保公共安全,又要维护国家安全。

第三节 公共危机管理的基本原则

公共危机管理的目标是保护公众生命和财产安全,维护国家安全和环境安全、社会秩序。总体来看,公共危机管理由于涉及人、事、物等各个方面,需要在对人、对事和对物等方面坚持必要的原则。

一、对人原则

（一）生命第一原则

公民的生命是最可贵的。不论是危机事件或危机状态的受害人、其他被影响人，还是参与危机处置的人，在公共危机管理过程中首先要采取措施保护相关人员生命不受威胁。人的生命权是人与生俱来的权利，对人的生命权的尊重，是人类社会的一条基本公理，也是"以人为本"思想的原初之意，在公共危机管理过程中应将其列在首位。

（二）勇于承担原则

主动承担责任是公共组织长远发展、持续提升所必备的品质。主要表现在四个方面：一是对危机相关受害者负责；二是对公共利益负责；三是对事实负责，坚持实事求是妥善解决危机的根本原则；四是从物质与感情上给予受害人及利益相关人以补偿，尤其是感情补偿与心理疏导，是非常重要但也最容易忽略的部分。

（三）高度集权原则

公共组织应确保公共危机管理机构具有高度权威性，并尽可能不受外界因素干扰。集权管理有利于从整体上把握组织面临的全部危机，从而将危机处置策略与转型调整等策略统一起来。在当前危机事件普遍实行分类和分级管理的情况下，不同的危机管理部门最终都要直接向高层的首席风险官和危机管理者负责，实现危机的集中管理。

（四）坦诚沟通原则

危机发生后，公共部门要高度重视信息的传递发布工作，并在组织内外部进行积极、坦诚、有效的沟通公关，充分体现出积极主动应对危机的社会责任感，为妥善处理危机创造良好的内外氛围和环境，提升危机处置措施的效率和效果。

在危机状态之下，所有管理人员都应力图通过价值观、共同愿景，以及应对方法的学习和宣传教育，实现组织内部、组织外部、组织内外不同个体及群体意见的协调一致，凝聚共识，推动全员参与、全民参与，最终形成合力对危机进行科学高效管理。

（五）以人为本原则

在公共危机管理过程中应坚持把人作为管理的核心，把人的需求作为第一需求，把人作为危机管理的核心要素和关键抓手，应将人的因素贯穿公共危机管理的预防、监测、处置、反馈等全过程，把人的感受作为评价公共危机管理效果的核心标准，坚持将公众利益放在首位，坚持以维护人的生命和财产安全，确保人民的健康、安全生存为核心原则。

二、对事原则

（一）灵活处理原则

灵活处理是指公共危机应对重在随机应变，要根据公共危机状况与现有条件及时有效地阻断和隔离公共危机事件，防止公共危机事态的进一步蔓延。公共危机管理者要用创造性或创新性的方法迎接危机的挑战。当预设方法不足以应对公共危机情境时，更需要管理者及时且有效的灵活处理手段。许多公共危机都是管理者以前从未遇到过的，这就需要考验公共危机管理者灵活处置危机的能力。

（二）实事求是原则

实事求是原则要求公共危机应对人员保持一定的耐心和积极性，不能因为公共危机早晚会自行消灭而心存侥幸，心生怠惰，坚持以客观事实为依据，以真实规律为准绳。公共危机管理人员必须正视危险，客观地探查公共危机事件的来龙去脉，科学评估其可能引发的影响，还要善于从中总结应对规律，按规律办事。在所有公共危机事件当中，总有一些公共危机是频发的、常见的，总有一些矛盾是主要的、明显的，应当善于抓住其中较为主要的重要事件、关键问题，达到从根本上减弱、控制公共危机的目的。

（三）预防为主原则

预防为主原则表明公共危机管理重在预防，公共危机发生之后所造成的损失远远大于因公共危机防范而产生的成本。危机发生带来的近期影响即时可见，但其远期影响往往难以预测，因此"未雨绸缪"胜过"亡羊补牢"。如果危机的苗头已经出现，则要密切关注其发展变化、可能引发的连锁反应，保持当前注意力与未来关注点、主要问题与次要问题的平衡，防止顾此失彼，避免危机的扩大及蔓延。

（四）分级管理原则

分级管理原则有两层含义：一是对危机本身的分级管理，即按照战争、恐怖事件、动乱等灾害程度的不同分为不同等级；二是按照行政管理等级进行划分，有中央和地方政府不同层次的管理。按照政府行政管理等级，可将公共危机管理划分为中央公共危机管理及各级地方公共危机管理。一般而言，按照时间的先后顺序，应该是先由地方政府危机管理，后由中央政府危机管理；先有层次比较低的地方政府危机管理，后有层次比较高的地方政府危机管理。

（五）安全适度原则

安全适度是指在危机事件的应对中，抢救生命与保障人们的基本生存条件，是处理危机和开展救援工作的首要任务。因此，必须以确保受害人员和受灾人员的安全为基本前提。同时，还应该最大限度地保护参与处置突发事件的应急人员，其中包括士兵和警察等的生命安全。当然，在保证人员生命安全的基础上，还应该尽力保障国家和人民群众的财产安全。危机处理难免会不同程度地破坏社会的稳定和人民的生命财产安全，因此，我们谨慎、适度地行使危机管理权，以期将这种破坏和利益损失降到最低。

三、人与事的系统性原则

（一）居安思危，未雨绸缪

公共危机管理中的居安思危，未雨绸缪包含两个层面的含义：一是平时要做好预防工作，通过预警、预控和预测，防止危机事件发生；二是随时做好应对危机的准备，通过采取防控措施，将无法防止、无法避免的危机事件所造成的损失降到最低。因此，预防为主，除了努力防止危机事件发生，还包括对无法预防的公共危机，通过采取防控处置措施，降低危机的危害程度，最大限度地减少危机造成的损失。

这一原则要求公共管理人员和普通民众树立危机意识，积极预防，常备不懈。一方面，是针对作为救灾"桥梁"工具的"物"和作为救助物资的"物"：一是加强应急系统技术设施的完善，包括应急指挥中心的构建和应急系统网络的构建，使之成为组织行为相互联系的媒介，确保受害区域和外界信息畅通无阻；二是应加强应急物资物流体系的建设，包括建立应急物资储备体系、建立应急物资储备平台、加强应急物流资源的储备管理、建立应急物流信息平台、加强应急物流非常规通道建设等，保障救灾物资能够及时运送到受灾区域。另一方面，针对作为"受灾财物"的"物"，要加强财产保险和保护防护体系的建立完善，以期规避和最大限度减少危机造成的财产损失。

（二）统一指挥，灵活协调

统一指挥，灵活协调，是为了把个体和分散的人力、物力整合起来，从而发挥出整体的最大优势。一方面，针对作为救助物资的"物"而言，要求锁定目标、综合考虑，全面、客观地估计可供调度的资源，锁定所能处理的危机范围和目标要求。在危机处理中，面面俱到的目标要求往往并不可取，尤其是在需要进行破坏性消防、紧急避险等利益衡量和取舍的情况下，如果依然强调要求目标的全面性，其结果往往导致危机升级和扩展。因此必须有顾全大局和衡量利益的价值判断能力，才能促使危机降级，使损害降到最低。另一方面，由于危机管理主体及所辖部门工作性质不同、职责不同，各自的利益取向也会有差异，需要进行协调，依据实际情况灵活变动，从而有效地开展危机管理，保全大局。

（三）快速反应，协同应对

快速反应，协同应对，是因为危机事件通常来势凶猛，发展变化迅速，具有突发性、破坏性与危害性等特征，而且往往无章可循，无先例可参考，危机中还存在信息不畅、不对称等问题，其发展演变与后果一般都具有很强的不确定性，很难预料。危机初始阶段如能快速反应，及时有效地处置，危机事件就能得到有效的遏制，社会秩序就不至于遭到严重破坏，民众也不会有太多的恐慌，这样就能把握整个危机事件处置的主动权。否则，就可能被危机"牵着鼻子走"，势如决堤，一溃千里，酿成严重后果。因此，危机事情一旦发生，时间显得尤为重要，应争分夺秒，缩短反应链条，快速反应，争取主动。这就要求我们必须立即采取紧急处置措施，抓住主要矛盾，集中优势资源，迅速控制事件中的关键因素，及时控制事态的发展，减少危机的损害。

（四）非常规处置，注意善后

非常规处置，注意善后，是指公共危机管理可以在紧急状态下采取非常规的管理程序和非常规措施，应对危机事件。一是对公共财物、特殊贵重物品首先注意抢救和保护；二是可以在特殊状态下因更大的公共利益目标对公民财物加以征用；三是对于危机中因抢救、保护、征用财物而受损者，应当给予事后补偿，以鼓励其扶危助困精神和行为。

当然，公共危机管理总体来说还要坚持依法行事的宗旨，尤其是国家制定的应急预案和各类突发事件应对方案，不能超越法律的范围任意采取措施。即使公共危机管理机构采取的行政强制、行政征用等特殊措施,也都必须依照最高立法机关制定的紧急状态法律进行。国家突发公共事件应急预案中已经对公共危机管理的原则作了明确规定。

(五)依靠科技,专业管理

依靠科技,专业管理,必须充分发挥专家队伍和专业人员的作用,提高应对危机事件的科技水平和指挥能力。例如,在扑救重大火灾时,需要征询消防方面专家的意见;在抗洪抢险中,需要征求水利方面专家的意见;在处理群体性事件中,要有熟悉本地情况、与当事群众有一定感情基础的干部参与。有了相关领域专家的支持,危机处理就可能事半功倍。没有专家技术上的指导和支持,公共危机管理不仅效率低下,而且可能延误最佳应对时间,造成处置被动甚至难以收拾的局面。尤其是一些特定领域的危机事件,如果缺乏技术支持,很可能导致衍生、次生危机的发生,造成更加严重的后果。

第四节 公共危机管理的基本特征

公共危机管理不同于普通危机管理,其管理对象为公共危机,具有公共产品属性,涉及面广,主体结构复杂,主客体之间叠加,涉及社会各层面的利益与安全,因此表现出了自身独有的特征与属性。

一、外部特征

(一)公共产品性

公共产品性是指公共危机管理以保持社会秩序、保障社会安全、维护社会稳定、提供公共产品为目标。任何一种组织形态在经过危机之后,都可能面临着三种截然不同的结局。第一,由于无法承受危机的沉重打击或没有应对危机的准备和能力,组织在危机中全面崩溃,不复存在;第二,组织在危机中虽然存活下来,但是由于没有及时采取适当、有效的危机管理对策,尤其是没有及时想办法得到公众的理解和支持,在危机后,组织形象严重受损,它在社会中原有的威信和地位受到影响;第三,在危机中,组织不仅经受住了危机带来的种种压力,而且由于采取了积极、有效的管理措施和危机问题的解决对策,组织进一步巩固了自己的社会地位和竞争优势,在公众心目中的良好形象也进一步提高。

(二)预先防害性

预先防害性是指因为公共危机事件会产生重大的危害后果,才产生了公共危机管理的预防性。危机事件按照引发的主要是人为因素还是自然因素,可以分为由于人为因素引发的公共危机事件和由于自然因素引发的公共危机事件,以及由于两者交互作用而引发的公共危机事件。

公共危机管理的预先防害性表明,对危机事件的预防,除了理念,关键在于管理体制及机制,有一个综合管理的体制,有一个运转高效的机制,就能有效地做好危机事件的预防工作。

（三）依法强制性

依法强制性是指公共危机管理以法律和行政手段为主，辅之以经济手段。公共危机管理遵循的是公共管理的原则，依法行政。尽管在特殊时间和紧急情况下，可以采取一些非常手段，但是，也必须符合紧急状态法律的要求，绝不能因为是危机时刻，公共危机管理人员就可以肆意妄为，超越法律。公共危机管理主要依靠行使公共权力进行，而公共权力的行使，常常是刚柔相济，强制性和非强制性并行。所谓公共权力的强制性，是指社会成员必须绝对服从的权力，这既是人类社会文明进化的结果，又是公共权力实现对社会进行有效控制的必要条件。所谓公共权力的非强制性，是指通过说明、教化、引导而使之服从的权力。强制性公共权力的价值，主要体现在有能力限制那些非合作的反社会的行为，并保持对全体社会成员所具有的普遍约束力。运用强制性权力，是公共权力主体在公共管理中的主要手段。由于公共危机管理是要应对紧急的、危害性大的事件，因此，强制性公共权力就显得更为重要。公共危机管理者既受到法律约束，同时又可以法律手段规范和约束管理对象。

（四）国际传递性

公共危机管理具有国际性，是指公共危机管理涉及国际纠纷处理、国际合作、国际援助等。危机事件按照所涉及、影响的公民或者领土，可分为国内的和国际的。国际危机事件，属于国际危机管理，公共危机管理自然具有国际性的特征。国内危机事件，其实也涉及国际合作、国际援助等，政府对危机事件的管理，也能够体现国际性特征。

如今全球化脚步已经在逐渐加快，是经济贸易的全球化，也是民族文化的全球化。随着信息技术的不断进步，我们已经进入了网络时代，是信息、经济、文化全方位的全球化。一个国家或者地区的危机的"蝴蝶效应"所带来的全球影响是比较严重的，如亚洲金融危机。一个国家或者地区的公共危机在一定条件下有可能会上升为全球危机。在如今的全球性的网络信息时代，公共危机管理已经具备深度的国际性。

二、内部特征

（一）主体整合性

主体整合性是指公共危机管理主要是政府的职责，各级政府在公共危机管理中扮演着十分重要的角色。但是，有效的危机管理需要政府、公民社会、企业、国际社会和国际组织之间的协作伙伴关系，其原因在于危机是没有边界的；受危机影响的是各种利益相关者；危机应对需要调动各种资源。公共危机管理主体的整合性强调的是一种统一领导、分工协作、利益共享、责任共担的危机管理机制。尤其在全球化时代，一个国家或地区出现的危机，不可避免地会产生国际化的影响，危机的扩散性决定了它关系到全人类共同的安全和利益，需要全人类共同面对。具体来说，就是需要国家和地区间的紧密合作，也包括国际组织的参与。

（二）处置时效性

处置时效性是由于危机具有突发性、紧急性的明显特征，这就使得公共危机管理必须讲求时效。时间就是生命，时间就是效益，危机处置更是如此。一方面，危机发生初期（具体时间须视危机性质和规模而定）是处置危机的关键期，时间越长，处置的难度越大；另一方面，危机发生后可能产生扩散，出现次生危机或衍生危机，危机的损失和负面影响会加大。因此，有效的危机管理必须在尽可能短的时间内将危机处置得当。具体来看，危机管理者应当机立断，迅速决策，抓紧落实，并与利害关系者及时开展沟通，从而迅速控制局势和事态的发展。总之，要力争做到危机不扩大、不升级、不蔓延，能否做到这一点，是判断危机处置成功与否的重要标准。

（三）不确定性

不确定性是指尽管危机事件的爆发有其必然性，但在何时何地、采取何种方式、达到何种规模、造成何种影响，是存在偶然性的，这种偶然性就是危机事件作为管理对象的不确定性。由于管理对象的不确定性，导致公共危机管理部门难以准确预测危机发生的时间、地点、强度和规模。无论任何人、任何机构都无法做出准确的预测。

由于预测的不确定性，难以对即将发生的危机事件采取确定的措施，以防止危机事件的发生。一些危机事件，如灾害导致的危机事件，因为难以预测，也就难以预控；一些危机事件，如战争事件、恐怖事件和骚乱事件，即使能够预测，但因为引发危机事件的原因不能解决，或者引发危机事件的彼方主体的行为不受此方主体的意愿控制，因而也难以进行预控。

（四）可监督性

可监督性是由于公共危机管理是一种非营利社会活动，也是政府的重要职能之一，因此公共危机管理所消耗的资源主要是公共的，所需要的经费主要来自国家财政收入，属于公共财政的范畴。相关制度规则要求公共危机管理的公职人员合理合规使用资金、物资，公开化相关管理活动，并接受纳税人的监督。在公共危机管理中，如果公共管理机构接受了营利机构和非营利机构的捐赠，需要接受公众特别是捐赠人的监督，用好每一分钱，使其发挥最大效益。

本章小结

本章首先概述了公共危机的内涵，主要包括公共危机的定义、特点与类型；其次，在对公共危机的理解基础上，分别具体阐述了在公共危机管理过程中对人、对事、对物方面的基本原则；最后，对公共危机管理的多种特征进行了分析与总结。

关键术语

公共危机内涵　公共危机管理　公共危机管理理论　概念辨析
公共危机管理基本原则　公共危机管理基本特征　内部特征　外部特征

复习思考题

1. 何谓公共危机？公共危机与一般危机有何区别？
2. 探讨公共危机的类别有何意义？
3. 公共危机的内涵与特性是什么？
4. 公共危机管理的基本内涵是什么？

5. 公共危机管理的原则主要体现在什么方面？
6. 探讨公共危机管理者应该基于特性做哪些方面的努力？
7. 公共危机管理的特征有几个方面？具体表现有哪些？

第三章　公共危机管理体制

课程引导

国家减灾委首席专家王昂生曾提出：减灾应纳入"大部制"

中国政府救援应急体系的运转在 2008 年汶川大地震中表现出三个特点：一是动作迅速，从中央到地方，反应都很迅速；二是机构很多，几乎所有的部委都发动起来了；三是民间组织被发动起来配合政府工作。

正因为参与部门多，协调工作非常复杂，这使救灾效率大打折扣。从世界范围来看，综合减灾的概念已经深入人心。中国也应该组建一个保护 14 亿多人的减灾体系。整体看来，这个体系包括三个部分：行政力量、科技力量和人才培养，理顺条块分割，统一机构是最重要的一环。

在当时，中国根据具体灾种设立具体防灾部门，但缺乏一个超越各部门之上的综合防灾机构。尽管形式上国家减灾委员会有 30 多个部委成员参加，但它主要是一个协调机构，没有钱，没有人，也没有权力。国务院应急办公室设在国务院办公厅下面，级别很高，权力也比以前大，但仅有 25 人左右，与国务院总值班室其实是一套班子，其实质上仅相当于一个中转机构。

虽然后来中国的"大部制"已初步建成，但在灾难方面仍是"九龙治灾"：国务院应急办公室、中国气象局、水利部、国家海洋局、中国地震局、民政部、农业部[①]、林业局、环保总局，现在都是各自为政。地震局根据震级发出警报，民政部则根据受损情况报灾害级别，两者报的灾害级别甚至不一样。问题出现了，就由一个部门牵头组建一个临时机构开始救援。但一个灾害往往引发出多种隐患，需要有统一的综合防灾减灾体制和权威的统一防灾机构负责统筹协调各个部门。

因此，专家曾提出应考虑成立一个"减灾部"，将有关灾害的部委联网形成中央灾害信息系统，与各省市联网形成国家灾情信息管理系统；充分应用国家通信、卫星及遥感共用系统，汇集与灾害相关的气象、海洋、水文、地震、遥感、灾情等诸多资料或信息；开展重大灾害的预测评估、辅助决策和紧急救援等工作，形成现代综合减灾系统。

目前，与减灾有关的部门人员从中央到地方有好几十万人，我们应该把这几十万人集中起来，组成一张大的减灾网。而这几十万人不能像现在这样只考虑某一个灾害，而要考虑所有的灾害，平时要对他们进行训练，将其打造成一支常备的减灾队伍，当灾难发生时能够很快启动。

资料来源：国家减灾委首席专家：减灾应纳入"大部制"[EB/OL]. (2008-06-05). http://www.henan.gov.cn/ztzl/system/2009/03/05/010122510.shtml.

学习目标

理解公共危机管理体制的含义，了解公共危机管理体制的类型；通晓我国公共危机管

---

① 现农业农村部。

理体制的特点，掌握我国公共危机管理体制面临的问题；明晰国外公共危机管理体制；领会国内外公共危机管理体制不同之处。

第一节 公共危机管理体制类型

体制是管理活动的载体，管理活动需要有一套相对固定的体系和制度模式，才可能做到有章可循。提供公共安全服务，保护公民的生命、财产安全，是现代服务型政府所必须承担的一项基本职能，所以公共危机管理是政府的一项重要职能。政府作为公共服务的提供者、公共政策的制定者、公共事务的管理者及公共权力的行使者，在公共危机管理中处于核心地位。能否科学应对公共危机，一直是判断各级政府执政能力的关键标准之一。在公共危机管理过程中，政府不仅要组织动员各种力量和资源共同参与，还要对各种组织机构和人员进行统一指挥、调度，有序地处理公共危机，因此公共危机管理体制也就显得尤为重要。

一、公共危机管理体制的含义

何为体制？根据《辞海》的定义，体制是国家机关、企事业单位在机构设置、领导隶属关系和管理权限划分等方面的体系、制度、方法、形式的总称。而《现代汉语词典（第7版）》的定义则是"国家、国家机关、企业、事业单位等的组织制度"。据此而知，体制是特定主体内部的组织制度。对政府而言，体制通常是指政府的组织结构形式及其职能配置模式，是政府组织为达成某种目标而做的一种制度设计，体现了政府发挥作用的基本方向和职责范围。在形式上，它体现为具有不同职责权限的政府机构所组成的静态框架结构。

公共危机管理体制主要是公共危机管理机构的设置与职责权限，是公共危机应对的制度化体系，是一个涉及公共危机管理组织目标、组织结构、职责分工、运行机制及制度规范的有机整体。公共危机管理体制有广义和狭义之分。广义的公共危机管理体制是指包括政府部门、非政府部门、企业甚至公民个人在内的各类主体在公共危机应对和处理中所形成的关系模式。其中，政府部门在公共危机管理中处于核心地位。狭义的公共危机管理体制是指国家和政府机关在进行公共危机管理中所采用或形成的关于机构设置、权责划分及运行机制等各种制度的总和，也被称为政府公共危机管理体制。政府公共危机管理体制强调政府为完成法定的应对公共危机的任务而建立起来的、具有确定功能的公共危机管理组织结构和行政职能。完善的公共危机管理体制有助于整合各类社会资源，为公共危机管理活动提供组织保障，是政府各部门间高效协调和有序运作的前提和基础。

从公共危机管理体制的功能来看，主要体现在两个方面。一是公共危机管理活动的组织保障。公共危机应对需要许多机构的分工与协作。一个合理的公共危机管理体制能够使各级各类机构明确分工、相互协调、有序运作，使各级政府及其所属部门能够各司其位，各尽其职，为规范公共危机管理行为提供组织保证，确保公共危机管理活动的正常进行，同时，还可以降低行政成本，提高政府在公共危机管理中的效率。二是有助于整合社会资源。公共危机往往涉及社会多元主体的利益。健全的公共危机管理体制合理界定了政府与社会组织、公民、企业及媒体等主体在公共危机管理中的合作关系，积极发挥民间社会资源的作用，使各方在互信基础上，相互沟通，彼此合作，共同预防和应对危机。

公共危机管理体制建设所要解决的核心问题，归纳起来有三个：一是要明确指挥关系，按照统一指挥、分工协作、协调行动的要求，建立一个规格高、有权威的公共危机管理指挥机构，合理划分各相关机构的职责，明确指挥机构和公共危机管理各相关机构之间的纵向关系，以及各机构之间的横向关系；二是要明确管理流程，合理设定一整套公共危机管理响应程序，形成运转高效、反应快速、规范有序的公共危机行动管理；三是要明确管理责任，通过组织整合、资源整合、信息整合和行动整合，形成公共危机管理的统一责任。

公共危机管理体制的内容主要包含组织结构、职责分工与运行机制三个方面。其中，组织结构是公共危机管理体制的基础和载体；职责分工体现着公共危机管理部门进行公共危机管理活动的基本方向和主要作用；运行机制决定着公共危机管理的效率和效果。组织结构、职责分工、运行机制三位一体，推动着公共危机管理体制有序运转，从而实现公共危机管理的既定目标。公共危机管理的组织结构是指公共危机管理部门内部各组成部分为实现公共危机管理目标而进行分工协作，在职能范围、责任、权力等方面所形成的结构体系。它既包括实施公共危机管理的机构设置，也包括各级各类部门在职责履行中形成的各种关系。公共危机管理的组织结构包括横向结构和纵向结构。纵向结构即指组织内部的上下级指挥与服从体系。横向结构是在水平分工的基础上形成的，指同一水平上的各个部门在公共危机管理的分工协作中所形成的关系体系。公共危机管理组织体系应以减少层次、提高效率和节约资源为目标，理顺各部门间的职能划分，一方面要全面覆盖公共安全的需求，另一方面要尽可能避免多重管理的现象发生，防止职能的过分重叠与交叉。公共危机管理的职责分工，即公共危机管理各部门在公共危机管理的过程中所承担的职能和责任的划分，主要是同一级部门内部的危机管理各子系统之间的职责分工和不同层级部门之间的责权划分。部门在经过职权划分之后建立的运行机制，促进组成单位相互配合，相互支持，协调一致地运转，形成一个有机整体。

公共危机管理体制建设应该遵循的原则主要有以下几点。①以人为本、以防为主。必须把保护和挽救公民生命安全放在第一位。坚持生命第一，因为人的生命权益是人最根本的权益，坚持以人为本，这既是出发点，又是落脚点。以防为主，坚持常抓不懈，防患于未然，完善包括应急预案、宣教演练、保障体系等在内的整个预防体系，减少和避免危机发生。因为最成功的公共危机应对就是防止危机发生。②权责明确、依法行政。各职能部门必须分工负责、协同合作，做到权责明晰。不断制定和完善有关法律和行政法规，使公共危机管理工作规范化、制度化、法治化。事实证明，公共危机管理不能只依靠经验，更重要的是应当依靠法治。③指挥统一、运转协调。以建立统一指挥、反应灵敏、协调有序、运转高效的公共危机管理机制为目标，注重领导体制和运行机制建设，坚持科学决策、统一领导、统一指挥，做到通力合作、运转协调，保障社会安全，稳定社会秩序。④资源整合、信息共享。加强各类资源整合，强化资源储备，确保公共危机发生时，物资资源、人力资源和财力资源等能迅速到位。在信息资源方面实现信息共享与互联互通，使有限资源发挥最大效益。⑤坚持循序渐进。在分清轻重缓急的基础上，制定公共危机管理体制建设的近期、中期和长期目标，制订发展计划，每年抓一个或者几个重点，使之逐步完善。

在公共危机管理体制与日常行政管理体制的关系上，公共危机管理体制与日常管理体制有共性的一面：它们都是建立在一定机构设置的实体之上，并进行职能的区分和界定。公共危机呈现出强破坏性、高度不确定性以及时间紧迫性，这又使公共危机管理体制呈现出不同于一般管理体制的独特性，即一旦公共危机事件出现，必须及时、有效地救助或控制，预防次生、衍生事件发生，以减少人员伤亡、财产损失，防止公共危机扩散。为此，公共危机管理的组织机构设置，必须具备能够快速、高效、广泛地整合资源的特殊功能。

二、公共危机管理体制的类型

公共危机管理体制的类型，主要包括国家层面的公共危机管理体制和地方层面的公共危机管理体制两大部分。

（一）国家层面的公共危机管理体制

世界各国对公共危机管理的强调和重视，首先体现在国家层面的体制设计上。纵观各国中央或联邦政府对公共危机管理体制的构建，基本上是行政首脑担任最高领导、统一的协调咨询机构、分工合作的组织框架、日常专门的公共危机管理机构等（图3-1）。各职能部门通过统一领导、横向协调、专业分工，共同维系国家层面的公共危机管理体制的日常运转。

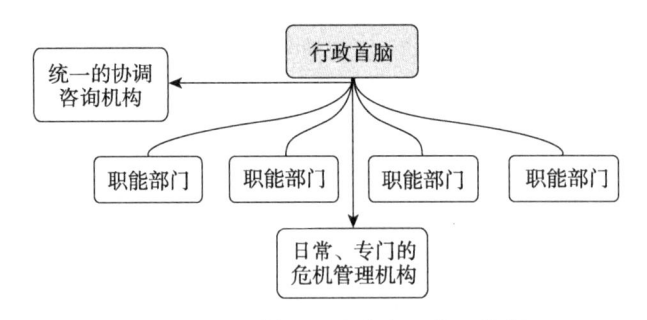

图 3-1 国家层面的公共危机管理体制

1. 行政首脑担任最高领导

世界各国中央或联邦政府的公共危机管理体制都是以本国政体为基础，把公共危机管理作为政府职能的重要内容之一。政府的行政首脑担任最高领导，全面领导国家的公共危机管理工作，例如美国总统、俄罗斯总统、日本首相和澳大利亚总理等。日常公共危机管理委托直接下属的管理机构，重大危机事件仍然由行政首脑担任最高指挥官和最终决策者，对重大危机事件进行决策，对关键性资源进行指挥调动和处理。这确保了应对重大危机事件时的公共危机决策效率和重要资源的快速调配。

2. 统一的协调咨询机构

鉴于公共危机管理的复杂性，世界各国中央或联邦政府通常组建专门机构，进行跨部门的协调和指挥，并为行政首脑提供决策辅助和咨询，同时还兼有宏观的信息中心和最高协调中枢的功能。例如，美国的国家安全委员会（NSC）和国土安全委员会（HSC）是美国国家层面的多机构协调联合体，为总统就国际和国内安全问题与公共危机管理提供咨询和协助。NSC 的成员包括总统、副总统、国务卿和国防部长等，参谋长联席会议主席、中央情报局局长也可列席参加，委员会日常工作由总统国家安全事务助理负责。HSC 的成员则包括与国土安全有关的各联邦部门和机构的代表，日常工作由总统国土安全助理负责。总统国家安全事务助理和国土安全助理在总统的直接领导下，通过 NSC 和 HSC 分别负责国际和国内危机事件的跨机构协调工作。那些超越各部管辖范围的政策路线能够在 NSC 和 HSC 系统形成决议，从而获得更高的地位和执行力。

3. 分工合作的组织框架

公共危机的诱因呈现分散化、复杂化的发展态势，影响和涉及面也日趋广泛。因此，公共危机管理无法由一个部门单独应对，而必须由相关部门分工负责、协同配合。从实际情况来看，世界各国中央或联邦政府公共危机管理体制的基本框架均由与公共危机有关的职能部门组成，各司其职、各负其责、形成合力，共同推动国家层面重大危机事件的应对和解决。例如，法国的公共危机管理涉及国防部，内务部，建设、交通与居住部，就业与团结部，区域规划与环境部等。其中，就业与团结部下辖的药品安全局、食品安全局、兽医药品局，区域规划与环境部下辖的水资源局、环境和能源控制局、放射性废弃物管理局等机构均承担各自的公共危机管理职能。

在公共危机管理的组织框架中，所有相关机构的角色和职责都以制度化的形式得以确认，从而为国家层面的公共危机管理提供了坚实的组织与资源保障。以美国为例，美国政府采用功能性方法，整合联邦部门和机构及美国红十字会的职责形成 15 个应急支持功能，对应每个功能都指定了协调机构、牵头机构和支持机构，以有效提供支持、资源和服务。其中，协调机构负责事前策划，与牵头机构、支持机构保持联系，并定期组织召开本功能相关机构的协调会；牵头机构作为功能的执行主体，负责提供人员，并尽可能获取足够的应急资源；支持机构应牵头机构要求，提供人员、装备、技术和信息等方面的支持。

4. 日常专门的公共危机管理机构

很多国家在中央或联邦政府机构体系中都设有日常专门的公共危机管理机构，有部一级的设置，下设司局，在区域内设有各个分部，实行垂直管理。在隶属关系上，公共危机管理机构一般遵照效率原则，直接对行政首脑负责，配备充足的编制、行政经费和专项预算。一方面，日常专门的公共危机管理机构可以实现综合协调，整合各方面资源，统一指挥，快速响应，避免当危机事件的发生涉及多个职能部门或超出地方政府处置能力时，因沟通不便而导致资源配置低效和行动迟缓；另一方面，它可以保证公共危机管理过程的连续性，将公共危机管理纳入常态管理，避免临时应急组织只是被动地响应公共危机事件而对公共危机发生前的预防及事后的恢复等工作不力的缺点。例如，俄罗斯政府执行公共危机管理的专门机构是联邦民防、紧急情况与消除自然灾害后果部（简称紧急情况部），负责俄罗斯的民防事业和发生紧急情况时向受害者提供紧急救助。紧急情况部下辖联邦紧急状态行动指挥中心，该中心内设民防与灾害管理研究所和救援培训中心，并分设八个区域紧急状态行动指挥中心及八支专业救援队伍，救援队伍建设实现了救援力量主体的专职化、专业化和军事化。紧急情况部的统一信息网可以自动接收来自联邦、各地区和各联邦部委的信息，并与总统办公厅、联邦政府和其他国家高层机构相互协作。通常情况下，紧急情况的信息上报到总统，总统召开联邦安全会议制定决策，应急行动部门执行决策，投入紧急事件应对工作。紧急情况部的监测和预测机构，负责对可能发生的紧急情况进行预测并采取预防措施。紧急情况部的紧急情况保险公司，还可在发生紧急情况时向国民提供保险服务。

（二）地方层面的公共危机管理体制

由于多数公共危机事件的范围和影响有限，加之对公共危机响应时效性的要求，公共危机管理普遍采取属地管理为主的模式。在公共危机事件发生后，公共危机响应一般由事发地政府负责进行，中央或联邦政府一般不负责指挥，也很少介入地方指挥系统。这使得公共危机管理更多地注重和依赖于地方。

从国际经验来看，地方层面的公共危机管理体制主要包括：行政首脑担任最高领导、直属行政首脑的决策协调机构、网格化的地方公共危机管理系统、一体化的应急指挥中枢等（图 3-2）。

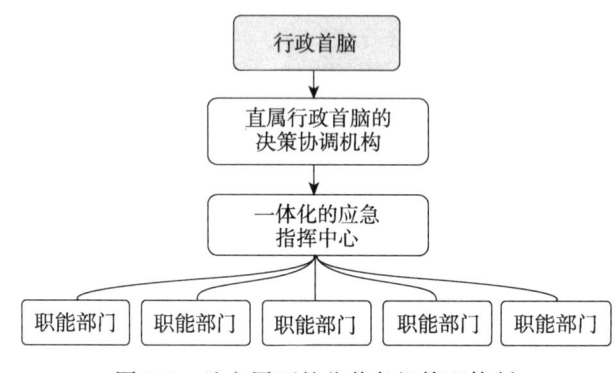

图 3-2 地方层面的公共危机管理体制

1. 行政首脑担任最高领导

在地方层面，无论州（省）还是县、市范围内，均由各级政府的行政首脑负责公共危机管理全方位的领导。以美国为例，美国是一个联邦制国家，有 50 个州政府和 8.7 万多个地方政府。市域范围内的公共危机管理工作的最高指挥官是该市市长，市长有权任命或撤销下属，调配工作任务与资源，并及时向州政府求助。州长是该州范围内公共危机管理的最高负责人，甚至有权调动国民警卫队参与公共危机处置。对州政府无法应对的公共危机事件，州长可以要求总统宣布该州进入紧急状态，并向总统要求国会拨予资金予以帮助。在我国，各地方政府制定的突发公共事件应急预案也明确规定，省长、市长等行政首脑为管辖区域内公共危机管理工作的最高领导。

2. 直属行政首脑的决策协调机构

对可能发生的公共危机事件进行统一决策和沟通协调，各国的地方政府均成立了直属行政首脑的综合性决策协调机构。由于国情不同，该机构的具体形式不尽相同，基本上都包括委员会、办公室、小组等。决策协调机构的职能为协调相关职能部门的公共危机管理活动，辅助本地区行政首脑及时科学地进行公共危机决策。例如，纽约市危机管理办公室是纽约市进行公共危机管理的最高决策协调机构。在市长的直接领导下，公共危机管理办公室负责收集、传递和管理各类公共危机事件信息，进行公共危机规划；在公共危机事件发生后，与纽约市警察局、消防局、医疗服务机构、私营部门及非营利组织等通力合作，有效地调动所有资源，协调各方各司其职、各负其责。

3. 网格化的公共危机管理系统

地方政府均设有以处理各种公共危机事件为主要职责的机构，如警察局、消防局、卫生局、环保局等。由于公共危机事件涉及的专业性日益增强，因此无法依靠某一个部门单独应对和解决公共危机，而必须将所有相关职能部门整合一体，形成一张严实的公共危机管理网络，通过对职责的分配和规定，有条不紊地应对各类可能出现的公共危机事件。

4. 一体化的公共危机指挥中枢

西方国家在地方层面一般设有一体化的公共危机指挥中枢，作为地方政府危机管理系统的心脏，实际指挥和协调公共危机事件中涉及的众多部门和机构。从组织结构上看，公共危机指挥中枢的最高负责人多是地方政府的行政首脑，而警察、消防、环保等相关职能部门均在公共危机指挥中枢设有席位和常设代表。以我国为例，有些地方政府已建立一体化的公共危机指挥中枢，一般命名为应急指挥中心。常见的情况是，应急指挥中心与突发公共危机事件应急管理委员会办公室（简称应急办）挂同一块牌子，设在政府办公厅（室）。应急指挥中心备有指挥场所和相应的设备设施，作为突发公共危机事件发生时的指挥平台。

第二节 我国公共危机管理体制

我国公共危机管理体制仍处在一个不断发展的阶段。与其他国家相比，无论是公共危机管理体制的特点，还是公共危机管理体制面临的问题，都有着截然不同的本质区别。

一、我国公共危机管理体制的特点

（一）党和政府主导

在公共危机管理工作中，党对公共危机管理工作的领导，主要是政治领导、思想领导和组织领导，具体的公共危机管理工作由国家公共管理的主体政府来承担，并实行行政首长负责制。我国的公共危机管理机构是以行政领导人为核心组成的，由行政领导人负责具体的公共危机管理工作。

（二）发挥专家作用，提供智力支持

每一类公共危机的管理都需要较高的专业知识做支撑。公共危机管理需要在尽可能短的时间内做出决策，行政领导不可能对每一类公共危机都拥有很精深的专业知识，公共危机决策就必须依靠相关方面专家的参与，由他们来提供专业技术和智力支持。专家参与，发挥专业技术和智力支撑作用，也是我国公共危机管理体制的制度要求。

（三）社会协同

公共危机对社会公众的利益造成威胁或危害，要把其危害降低到最小限度，就需

要社会公众的积极参与和配合,才能取得最佳效果。社会和民间拥有广泛的社会资源,这是公共危机管理所需要的宝贵资源,充分发挥这些资源的作用,在有的时候甚至是公共危机管理取得成功的关键因素。随着现代社会的发展,各种社会团体、企事业单位以及志愿者组织,包括一些国际性志愿者组织的力量也越来越强大,他们往往拥有很强的专业救援物资和队伍,而这些力量都可以有效地补充政府公共危机应对的疏漏和不足。社会力量的参与不仅可以极大地调动社会和公民参与公共危机管理的热情,还可以节约政府所使用的公共资源和降低政府公共危机管理的成本,提升政府公共危机管理的效率。

二、我国公共危机管理体制面临的问题

(一)公共危机管理体制缺乏相应的政策和法律支持

当然,我国也制定了一些相应的法律。但是,它们或多或少都存在一些缺陷或不足。例如,1997年全国人大审议通过、1998年3月实施的《中华人民共和国防震减灾法》是侧重于防范性的法律,2008年修订后扩展到地震监测预报、地震灾害预防、地震应急救援、地震灾后过渡性安置和恢复重建等防震减灾活动。防震减灾工作,实行预防为主、防御与救助相结合的方针。又如,2007年全国人大审议通过并实施的《中华人民共和国突发事件应对法》无法应对像汶川大地震这样的重大自然灾害。因此,在面对重大的公共危机时,国家在社会人力、物力动员,以及控制并最终消除公共危机方面难以有效开展工作。

(二)公共危机管理体制中的组织机构欠缺

我国公共危机管理体制下的机构组织仍存在一定的不足,具体为以下两个方面。一是缺乏公共危机管理的常设机构。我国现有的公共危机管理体系,主要依赖于各级政府现有行政机构,经常是出现公共危机时就成立一个指挥部或领导小组,因此具有浓厚的临时色彩,并且这些机构往往是相互独立的,缺乏统一协调性。当公共危机发生后,应对很仓促,效果也不明显。二是缺乏非政府组织的参与。目前,我国公共危机管理体制不够成熟,其重要表现就是缺乏非政府组织的参与,不能有效发挥非政府组织的作用。

(三)公共危机管理体制中的部门间协同性有待增强

公共危机的诱发因素及其产生的影响都是多元的、复合的。因此,公共危机管理是一项系统工作,要求政府内部各职能部门之间、事件影响范围内的同级政府间要进行有效的沟通协调,形成协调联动关系。

长期以来,我国危机应对体制是以纵向单灾种为主,各部门内部上下指挥较为畅通,独立完成任务能力强。但部门之间协调不足,协同较差;权责配置不明晰,职责交叉和管理脱节现象并存;通信信息、救援队伍、救灾设备等方面存在着部门分割、低水平建设的问题,影响了国家财政投入的有效性。此外,在专业化部门管理与属地化区域管理之间同样存在着严重的协调不足问题,即通常所说的"条块分割"。这些都对公共危机管理体制作用的有效发挥构成了极大的障碍。

（四）公共危机管理体制构建中的社会参与不足

由于政府一直主导甚至垄断社会公共事务管理，往往忽视社会力量的参与，公众没有参与社会公共事务管理的传统、习惯，缺乏有效的参与体制、机制等相关制度安排，这就使得政府与社会力量之间在公共危机管理体制构建过程中不能进行有效的合作。

不同于过去计划经济时代的单位体制，市场经济更强调个人本位。现代社会分工越来越细致、利益追求更趋多元化、公众权利意识逐渐觉醒，这些都使得政府通常难以通过公共危机发生之后的临时动员、指示甚至命令，有效调动社会公众参与公共危机管理的积极性。只有在公共危机管理体制中事先明确政府与社会力量的各自权责，建立起共同应对公共危机的体制安排，二者才能有效合作。这不仅有利于降低事发后彼此协调的外部交易成本，还能够保证社会参与的质量。

第三节　国外公共危机管理体制

在国外，一些国家的公共危机管理体制经过较长时期的发展，已经较为完善，并形成了一套行之有效的针对公共危机管理的措施及应对策略。世界上许多国家把建立适合本国国情的公共危机管理体制作为完善公共危机应对策略的关键。

国外的公共危机管理体制有很多模式。例如，美国的"行政首长领导，中央协调，地方负责"模式；英国的"中央政府负责协调，提供指导，地方负责应对"模式；俄罗斯的"国家首脑为核心，联席会议为平台，相应部门为主力"模式；日本的"行政首脑指挥，综合机构协调联络，中央会议制定对策，地方政府具体实施"模式。为了更详细了解国外的公共危机管理体制，我们简要介绍美国、英国、俄罗斯、日本等几个国家的公共危机管理体制。

一、美国的公共危机管理体制

美国在1908年成立了以联邦调查局为主体的公共危机管理体制，在1947年成立了以国家安全委员会为主体的综合性公共危机管理体制，在1979年成立了联邦紧急事态管理局，这是一个直接向总统负责、报告并处理国家灾情的独立政府机构。2003年，美国成立了独立、专门、综合性的"捆绑式联邦应急机构"——国土安全部，合并了海岸警卫队、运输安全局、秘书保卫处等40多个联邦机构，接管了联邦与州、地方政府的协调职责。国土安全部每年向州政府拨款22亿美元用以建立全社会综合性的应急管理系统。国土安全部主要是预防美国境内的恐怖袭击，降低美国对于恐怖主义的脆弱性，减少潜在攻击和自然灾害的损失，这样就形成了以总统直接领导的国家安全委员会为决策指挥中心，应急性危机决策特别小组为行动指挥，国务院、国防部、司法部（包括其下属的联邦调查局和移民局）、国土安全部、美军北方司令部等相关部门分工负责，中央情报局等情报机构为跨部门协调组织，受国会监督的综合性的国家危机管理体制。美国的这套公共危机管理体制构筑在整体治理能力的基础上，通过法治化的手段，将完备的公共危机应对计划、高效的核心协调机构、全面的公共危机应对网络和成熟的社会应对能力包容在体系中。

美国的公共危机管理体制是以总统为核心，以国家安全委员会为决策中枢，国务院、国防部、司法部（及其下属的联邦调查局和移民局）等有关部委分工负责，中央情报局等跨部委独立机构负责协调，临时性公共危机决策特别小组发挥关键作用，国会负责监督的综合性、动态性组织体系。

美国公共危机管理体制的基本结构包括美国国家安全委员会、危机决策小组、中央情报局、国务院、国防部、白宫办公室、联邦调查局、移民局和国土安全部等。国家安全委员会是美国国家安全管理的一个重要组成部分。国家安全委员会是美国国家安全与公共危机管理的最高决策机构，1947年成立至今，一直支配着美国的国家安全决策。国家安全委员会不仅负责国内公共危机管理，而且负责国际危机管理；中央情报局的主要职责是向总统和国家安全委员会提供有关公共危机事件的情报和对策建议；国务院一般负责对外代表美国政府进行危机谈判，对内向总统和国家安全委员会汇报国际危机形势，提供对策建议；国防部在公共危机管理中主要负责军事情报的收集、分析与汇报、执行公共危机管理过程的相关行动，并负责对外军事谈判；白宫办公室是总统的私人政治智囊，是国家安全委员会情报汇总与分析中心，为总统、国家安全事务助理和国家安全委员会其他成员及时提供情报和信息保障，白宫办公室的另一项任务是负责总统与外国元首的热线联络，这在国际危机事态的处理中发挥着极其重要的作用；联邦调查局是美国国内公共危机管理机制中的"龙头老大"；联邦紧急事态管理局是一个直接向总统负责、报告并处理国家灾情的独立政府机构；国土安全部主要负责分析情报，将政府情报部门收集来的信息进行综合分析，其主要职责是负责美国本土安全。

美国公共危机管理体制根据不同时期的实际情况多次做出重大调整，不断走向完善，实现了制度化和法治化，充分发挥了社会各界的力量，促使其公共危机应对能力不断提高，有效减少了公共危机造成的损失。

二、英国的公共危机管理体制

英国的公共危机管理体系是分权式的：中央政府负责协调，提供指导；地方政府具体负责应对危机事件。尽管各种公共危机事件的规模或复杂程度不尽相同，但大多数都由地方进行处置，中央政府很少参与。地方机构通常是最初的公共危机事件响应者，承担公共危机管理的主要职责。一般而言，警察是地方公共危机事件响应行动的执行人，他们在公共危机应对过程中扮演着不可替代的角色。

但是，其中也有特例。在动物疾病与疫情等危机事件处置过程中，警察部门并非主要的响应机构。公共危机管理需要通过地方政府的办公室来进行。不仅如此，如果公共危机事件的影响超出地方政府应对的能力范围，各种公共危机服务部门、各类机构就都要被动员起来、形成合力，目的是尽快控制住公共危机事件的演进局势。

在英国，公共危机响应者被分为两类。

第一类是占据公共危机管理核心地位的组织，主要包括公共危机服务部门（警察、交警、消防、医疗救护、海上及海岸安全等）、地方当局（大城市的区、郡中的县或区、港口卫生部门等）、医疗机构（急救、卫生保护等部门）、政府机构（环保部门）。它们在公共危机管理中的主要职责有以下几点。

①评估公共危机事件发生的风险并为公共危机应急规划提供信息。

②实施公共危机应急预案。

③实施细致持续性公共危机管理安排。

④实施相关制度，向社会公众提供国民保护事务信息，在公共危机事件来临时向公众发出预警，提出行动建议。

⑤与其他地方响应者合作，增强协调性，提高效率。

⑥向企业和志愿组织提供有关组织持续性管理的建议。

第二类主要是合作性组织，起到辅助性作用，它们与第一类公共危机响应者合作并共享信息。这些合作性组织主要包括公共设施部门（如供水、排水、供电、供气、通信等部门）、运输部门（如铁路、机场、海港、公路等）、战略卫生部门以及专门负责卫生与安全的政府机构。虽然这类组织很少参与公共危机应急规划，但是当公共危机事件涉及本部门时，它们也要参与应对与处置。以上的两类组织主要是通过"地方弹性论坛"在地方层面实现合作与协调。

当公共危机事件造成更大的影响与人员伤亡时，英国中央政府就会参与、协调。当然，中央政府的协调和响应也是通过主责政府部门（Lead Government Department，LGD）来进行的。中央政府一旦发出指令，内阁紧急应变小组（Cabinet Office Briefing Rooms，COBR）就会及时启动，支持主责政府部门的协调与决策。

在英国的公共危机管理体制中，最为重要的三个组织如下所述。

1. 国民紧急事务秘书处

国民紧急事务秘书处（Ciril Contingencies Secretariat，CCS）主要是支持国民紧急事务委员会应对恐怖主义与自然灾害，设在内阁办公室内部。自成立以来，国民紧急事务秘书处就是英国主要的公共危机管理组织。

CCS 的核心目标是通过识别挑战、评估与管理公共危机事件、为未来的风险制定预案，提高公共危机应急准备和响应能力，增加应对公共危机事件和灾害的弹性。

CCS 的角色是在国民紧急事务委员会的领导下，形成跨部门、跨机构的合作与协调中心，使英国能够成功地应对公共危机挑战并从中恢复，而不是具体地管理所有公共危机事件。

CCS 介入公共危机管理后，将通知相关部门的高层官员，告知其应急战略决策。如果公共危机范围广泛、任何一个部门都不能响应或无法确定主责政府部门时，CCS 将立即指定一个部门作为主责政府部门。但是，如果危机事件是因为恐怖袭击所导致的，那么，初始阶段的领导权就归内务部恐怖主义与保护局（Home Office Terrorism and Protection Unit）。在大灾发生后的紧急情况下，CCS 与主责政府部门合作，负责以下事务。

①进行需求评估，并支持需求的满足。

②设定最坏的情况，为公共危机事件的升级、后期保障及撤退制定预案。

③确保中心及其他相关单位获得信息，做好参与准备。

④确定管理响应的组织、节奏、程序和数据流，特别是促进部门资源及公共信息系统的提升。

⑤与可以提供专业建议及信息的部门保持联系，决定是否或何时向主席建议召开 CCC 会议。

CCS 与主责政府部门保持关系，并在以下方面提供支持。

①制定预案。
②与其他部门合作。
③提高决策能力。
④开发预警系统。
⑤与其他核心部门共享信息。
⑥发展管理与专业技能，完善预案。
⑦检验既有预案。
⑧持续性地完善预案。

2. 主责政府部门

LGD 是根据公共危机事件情境类别进行认定的。CCS 根据职责来制定 LGD 名录。在紧急状态下，如果主责政府部门模糊，国民紧急事务办公室的领导就要作出决定，指定最适合的部门承担这一责任。

3. 内阁紧急应变小组

COBR 是英国政府的主要公共危机管理机构，在国家级的公共危机事件发生时，予以启动、激活。它位于白厅内，在特殊的安全室内举行会议，参加人员包括首相、情报官员、国防部等部门的高层官员及其他大臣、伦敦市市长等要员、主责政府部门的代表等。COBR 会议将持续到紧急状态平息，会议内容包括分析主要问题，提出解决建议，以对公共危机情况进行有效应对。会议室配备必要的通信工具，可以迅速、有效地向相关部门传递信息。会议通常由首相或内政大臣主持，但也可以根据公共危机事件规模、性质的不同而有所变化。

需要特别指出的是，当英国遭受严重公共危机侵袭时，政府可以行使紧急权力。但是，由于紧急权力会对社会公众的基本权利与自由造成限制，为了防止紧急权力的滥用，英国政府对紧急权力行使的条件进行了严格限制。紧急权力的行使必须满足以下要求。

①严重性。公共危机事件即将发生或正在发生，并且对人的身体、环境或安全造成了严重的威胁或损害。
②必要性。现有权力不足以应对公共危机，不得不行使紧急权力。
③比例性。紧急权力必须与公共危机事件的影响相称。

此外，英国政府还规定，紧急权力的行使不能用来实现以下目的：限制罢工或其他与工业有关的行动、实施军事政变、改变刑事程序以及违反《人权法案》。

三、俄罗斯的公共危机管理体制

1986 年 4 月发生的切尔诺贝利核电站事故以及政府在公共危机应对中暴露出的严重问题对苏联解体在一定程度上起了催化作用。1991 年年底苏联解体，国内社会制度发生剧变，进而导致了急剧的政治动荡、经济金融危机、民族冲突和内战，以及北约东扩所带来的巨大外部压力。俄罗斯在近 20 年的公共危机应对中，逐步建立起了总统直接领导，以联邦安全会议为决策机关，包括联邦安全局、国防部、紧急情况部、外交部、联邦通信与情报署等权力执行部门在内的执行机关，既分工又相互协调的公共危机管理体制。

俄罗斯的公共危机管理体制的特点。①以总统为核心，并有一个由总统直接领导的、跨部委的公共危机决策中心，即 1992 年成立的联邦安全会议。俄罗斯总统是公共危机管理体制的核心，起着至关重要的作用，可以说是总统强力型公共危机管理体制。因为总统不仅是国家元首和三军统帅，而且拥有立法提案权等多种权力，并直接领导国防部、内务部、紧急情况部、外交部、对外情报局、联邦安全局和联邦政府通信与情报署等强力部门。联邦安全会议统一指挥和协调各部委行动，其内部设置了宪法安全、国际安全、独联体合作、军事安全、信息安全、生态安全、居民保健、动员准备、社会安全、反犯罪和反腐败等跨部门委员会，其职能涵盖了从国家安全情报的收集与分析、对公共危机的预测、制定应对公共危机的预案，到形成实际决策、协调行动、决策效果评估等公共危机管理决策过程的全部环节。②政府职能部门齐全，并且形成了既分工负责又相互协作、有机结合的完整体系。政府一方面通过公共危机管理决策机构的纵向决策和指挥，另一方面通过相关机构情报部门的横向信息沟通，加强各职能机构在公共危机管理中的协调，从而构成了既分工又相互协作的有机结合公共危机管理体制。③建立了专业化的民防抢险救援职能机构。这种机构既是公共危机管理体制体系中一个重要的行政职能部门，又是专业化程度、技术装备水平都很高的救援行动队伍。④注重防范和打击恐怖主义。制定专门的法律，扩大公共危机管理体制的反恐权力，增设打击恐怖主义的专门机关，统一指挥协调反恐行动。⑤制定紧急状态法和相关的法律法规，提升公共危机管理体制的法治化水平。2001年5月30日，普京签署了《俄罗斯联邦紧急状态法》，规定了国家实施紧急状态的程序、方式和措施，并对紧急状态的定义、实施紧急状态的适用范围做了更为明确、具体的规定。

俄罗斯以总统为核心，以联邦安全会议为决策中枢，政府各部门分工合作、相互协调的公共危机管理体制的优势表现为：一是强有力的领导和强制性特征，这与苏联解体后俄罗斯近20年来的国情变化紧密联系在一起；二是快速高效，特别是在应对恐怖事件中非常突出。总体说来，俄罗斯的公共危机管理体制是在管理和处置频繁发生的公共危机事件中构建并不断加以完善的。在公共危机事件处理过程中，俄罗斯政府及其相关职能行政部门会尽快确定能及时向公众发布有关政府信息的主流媒体，并在阻止"有害"、失真信息传播的同时，主动与媒体进行合作，建立和保障与媒体之间交流渠道的通畅，增加公共危机事件处理工作的透明度。联邦总统及其相关职能部门的负责人也都通过发表电视讲话或接受主流媒体记者的采访，以及定期或不定期召开的新闻发布会，及时公布或披露相关信息，以增强国民信心，缓和他们的紧张恐惧心理，稳定社会情绪。

四、日本的公共危机管理体制

日本是一个典型的多灾国家，受地震、台风、暴雨和火山爆发的影响很大。日本的公共危机管理体制的发展大体经历了以单项灾种管理为主的防灾减灾管理体制、对多项灾种的综合防灾管理体制，以及以加强内阁功能为主的新型综合性危机管理体制三个阶段。日本的危机管理体制从20世纪50年代以来逐步发展，从最初的防灾减灾管理体制逐步演变为首相直接领导的公共危机管理体制，建立起一套从中央到地方的公共危机管理体系。日本政府从国家安全、社会治安、自然灾害等不同方面，建立了以内阁首相为危机管理最高指挥官的公共危机管理体系，负责全国的公共危机管理。1996年5月，日本政府在首相官邸下一层建立内阁危机管理中心，指挥应对公共危机，而在其他有关政府部门设有负责公共危机管理的处室。该中心的情报室实行24小时五班制，与警察厅、消防厅、海上保安厅、防卫厅、气象厅的紧急传真直接连接，同时与国土厅的无线通信网络连接。一旦发生紧急事态，一般内阁会议决议成立对策本部，如果是比较重大的问题或事态，首相亲任部长，坐镇指挥。在公共危机管理体制中，内阁首相为最高指挥官，通过安全保障会议、阁僚会议、中央防灾会议等决策机构制定公共危机对策，由警察厅、防卫厅、海上保安厅、消防厅等各省厅、部门根据具体情况予以配合，同时根据公共危机种类的不同，启动不同的公共危机管理部门。安全保障会议主要承担日本国家安全危机管理的职责，下设专门对策委员会，为决策提供相关建议。以首相为会长的中央防灾会议负责应对全国的自然灾害，其成员除首相和负责防灾的国土交通大臣之外，还有其他内阁成员及公共机构的负责人等。此外，政府还设立了紧急召集对策小组，防止发生大规模自然灾害时指挥人员不到岗而出现混乱局面。1998年4月，日本政府在内阁设立内阁危机管理监。日本的公共危机管理体制是一个以法律为依托，内阁总理大臣为最高指挥官，内阁官房负责整体协调和联络，通过安全保障会议、中央防灾会议及相关省厅负责人紧急协议等决策机构制定危机对策，由国土厅、气象厅、防卫厅和消防厅等部门负责具体实施的组织制度，在公共危机管理上拥有自己的独特优势。

日本的公共危机管理体制的特点主要体现在：它拥有一套专门应对公共危机事件的法律体系；重视公共危机预防在整个公共危机管理体制中的作用；注重国民危机预防意识的培养；不断提高政府在公共危机事件处置过程中的综合协调和快速反应能力；应对公共危机事件的物资储备充实，硬件设施科技化；提倡在公共危机管理中各方共同参与合作。

五、国外公共危机管理体制经验总结

西方发达国家一般依靠机构运作平台、国家政策平台和社会保障平台等三大平台以建设全国性的公共危机管理体制。

1. 全国性的机构运作平台

全国性的机构运作平台包括机构设置、跨部门运作、职能协调、员工招聘、人事监管、技能培训等相关方面，是综合性的公共危机管理工程。

2. 国家政策平台

国家政策平台主要是针对突发事件要实现政府各部门的政策口径统一，相互协调补充；形成制度化的政策平台，注意连贯性；既要提升快速反应能力，也要遵循政策的渐进规律。

3. 社会保障平台

社会保障平台对于绝大多数普通公民而言是抵御公共危机最有效的防线，主要体现在三方面：医疗保障，针对公共危机事件的特征调整医疗救助的优惠方案，减免贫困人员、农村人口的相关医疗费用；救济保障，直接补助急需的相应物资、器械的对象；保险保障，增加突发事件的险种，适当放宽理赔的标准。

研究表明，西方发达国家危机管理体制的共同特点和趋势可以概括为以下几点。

（1）行政首长担任最高领导，全面领导国家的公共危机管理工作。日常管理委托给直接下属的公共危机管理机构，重大紧急事件仍然由担任最高指挥官和最终决策者的行政首长来进行决策,并对关键性资源进行指挥调动和处理。

(2)危机管理委员会或联席会议辅助决策。行政首长对于跨部门的综合性决策和指挥,通常依靠公共危机管理委员会或联席会议,提供决策辅助和咨询,危机管理委员会还兼有宏观的信息中心和最高协调中枢的功能。

(3)常设的危机管理机构处理日常事务。常设的公共危机管理机构的工作一般可分为两类,一是负责日常的危机管理工作;二是紧急状态下的具体协调工作。概括地讲,就是全面负责对公共危机事件的管理,包括准备、阻止、回应、重建和缓解。

(4)地方政府为操作主体,实施具体的公共危机管理任务,强调多方协作,社区、公民团体、志愿者组织等乃至家庭都是公共危机管理的重要力量。

(5)强调全过程的公共危机管理,突出预防的重要性。

(6)建立健全公共危机管理的法律和制度,实施标准化的公共危机管理。

本章小结

本章首先从整体上概述了公共危机管理体制的含义和类型;其次,从我国的视角出发,论述了国内公共危机管理体制的三大特点和目前存在的主要问题;再次,从美国、英国、俄罗斯、日本等几个国家的角度介绍了国外的公共危机管理体制;最后,根据以上内容对国外公共危机管理体制的经验进行了总结。

关键术语

体制　　公共危机管理体制　　国家层面的危机管理体制
地方层面的危机管理体制　　条块分割　　社会参与　　政府主导　　专家参与

复习思考题

1. 为什么要建立公共危机管理体制?
2. 公共危机管理体制有哪些主要功能?
3. 公共危机管理体制建设应该遵循哪些原则?
4. 我国公共危机管理体制有哪些特点?
5. 我国公共危机管理体制存在哪些问题?
6. 对比世界各主要国家的危机管理体制,有哪些值得我们借鉴的地方?

第四章　公共危机管理组织体系

课程引导

抗震救灾：青年志愿服务事业发展的里程碑

2008年5月12日汶川大地震之于中国，关乎伤痛，也关乎成长。

灾区志愿者工作有序开展

汶川特大地震发生的第二天，团德阳市委志愿者指挥中心被迫搬了几次家。

5月12日下午，震后的德阳市紧急启动应急措施，下午5时，紧急招募志愿者的消息就通过电台向全市发布。当晚，团市委门口临时撑起的一把大伞下，人群慢慢聚集起来，雨中，志愿者招募工作持续了一整夜。

第二天，团市委志愿者指挥中心拥满了前来报名的市民。转移到市委！可没过多久，人群就将市委大楼包围。再搬！直到市政府门前的大坝子也被要求参与救援服务的市民挤满，指挥中心最终在能够容纳两万人的体育场落了脚。

许多家长带着小孩子过来，孩子们要做志愿者！这显然不符合志愿者年龄规定，但孩子们的热情不容打击。权衡再三，团委最后建议家长带着孩子们去捡垃圾、清洁街道，保障灾区环境卫生。

"最起码的一点，要尊重所有志愿者，我们要为志愿者提供力所能及的服务。"刘震说。

竭尽所能为志愿者服务

在抗震救灾一线，为志愿者和受助者做好服务对接是团委工作的重点之一。

"很多志愿者来了，有的人不知道自己能提供哪些服务，有的人不知道哪里需要服务，团委必须保证供需信息的准确传达。"何升元说。

北京某热水器公司的职员崔伟至今仍同何升元保持着密切的联系，他说："如果不是团委帮忙，我们在灾区捐助、安装热水器的愿望可能就泡汤了。"大约半个月前，他所在的公司想在德阳灾区临时安置点安装太阳能热水器，让受灾群众洗上热水澡。他找了许多人，都被拒绝了。最后，他找到了团市委。了解情况后，何升元马上和相关部门主管领导协商，并亲自去各乡镇的群众安置点考察情况。

在后方，为前线志愿者提供后勤保障也是团委工作的重点之一。

这次抗震救灾，团北京市委先后组织了2000余名团员青年和奥运志愿者奔赴前线。刘震介绍，"我们为一线志愿者提供后援服务。现在，数以万计的各类人员到灾区参与工作。那么他们的家庭会遇到各种困难，我们就组织人员把他们的后方安顿好，也是我们一个很好的就地解决服务的工作。"

在中央国家机关，各部委的相关工作人员满怀志愿服务热情赶赴一线参与抢险救援工作，大部分奋战在一线的工作人员是青年。"回来后，很多人心理上受不了，除了身体疲倦，心理上也受到了折磨。"吴海英说，他们正在组织心理学专家辅导从前线回来的团员青年。

资料来源：王烨捷，张欣. 抗震救灾：青年志愿服务事业发展的里程碑. 中国青年报，2008-06-10.

学习目标

了解公共危机管理组织设计中的要素与要点，学习组织设计的发展趋势；系统性地掌握公共危机管理组织结构的部门结构与形势；学习公共危机管理组织过程；理解并掌握公共危机管理组织职能工作。

第一节　公共危机管理组织的设计

公共危机管理组织体系主要是指主管国家安全事务、直接负责公共危机防范、公共危机监测和公共危机控制的主要职能部门或机构依据决策指挥中心的方针和政策，具体主管或执行某一方面的公共危机管理事务的体系。公共危机管理职能部门由于承担着大量日常的危机预防和突发性危机快速应对的责任，成为公共危机管理体制中的骨干和中坚力量，相当于公共危机管理的直接行动力量。

西方发达国家都比较重视公共危机管理职能部门的建设：一方面，它们充分重视各职能部门的信息、通信工作，及时排除矛盾纠纷；另一方面，它们致力于消除科层制的种种弊端，加强各职能部门间的协调、沟通和联系，以便能够快速应对危机事件，分析预警危机事件下一步发展的可能性。

一、公共危机管理组织的组成要素

公共危机管理组织是基本的危机管理单元。公共危机管理组织可能是一个独立的部门、部门的一部分，甚至是一个人。在实践中，公共危机管理组织可能具有不同的称谓，如民防办公室、危机管理办公室、国土安全办公室等。在中小城市或公共危机风险相对较小的地方，公共危机管理组织设置可能相对简单；而在大城市或公共危机局势较为严峻的地方，公共危机管理组织设置就较为复杂，甚至需要设立委员会等辅助机构来帮助制定和实施公共危机管理政策。

公共危机管理组织基本要素包括职位描述、人员配置、工作计划和财政预算等。

（一）职位描述

公共危机管理组织中的每个职位都要有职位描述，以此界定不同职位的职责权限。职位描述包括职位所要求的教育背景、工作经历和培训情况等明确的资格条件。对于公共危机管理组织领导者而言，清晰的职位描述尤为重要。在通常情况下，领导者是公共危机管理或公共安全领域的专家，具有领导组织内部日常工作的能力。领导者应当知道自己为谁负责，谁向自己负责，明确这一上下级关系与汇报程序。此外，领导者还需要与警察、消防、医疗救护、公共事业等横向的相关部门保持良好的工作关系，以获得足够支持。

（二）人员配置

公共危机管理组织需要配备秘书、书记员等行政人员和分析师等专业人员。所有人员都需要职位描述,包括姓名、上级、职能、责任、任职资格等。组织应当支持工作人员开展联络活动、草拟计划、提供数据、安排会议并及时记录等工作。为做好组织内部的绩效评估,组织应当每年对工作人员开展一次工作检查,制定新的绩效目标并加以培训。

在某些情况下,组织预算不足以支持每位工作人员有效开展工作。因此,组织需要一些编外人员参与其中。这些编外人员由于掌握着各种技能,如计算机、通信技术等,因而同样有助于组织目标的实现。对编外人员也要定期进行绩效考核,以提升整体组织能力。

(三)工作计划

公共危机管理组织每年都要制订工作计划,以指导下一年度的工作。年度目标应当涵盖工作职责的各个方面,如脆弱性分析、灾难疏缓、危机准备、灾后恢复和危机教育等。目标设定后,组织应当评估自身达成目标的能力,这一评估将显示组织达成各目标的难易程度,并据此着手提升相应的能力。由于资金有限,可能在当年有效提升能力方面存在着一些困难。因此,组织需要拟订针对这一能力的若干年发展计划,一般期限为五年。以年度为单位设定短期目标,体现阶段性目标就显得更为重要了。

(四)财政预算

公共危机管理组织的财政预算需要在财政年度内对预期开支进行分类,并明确每一类资金的具体数额。典型的财政预算包括人员薪金、设备费、电话费、差旅费、材料费等。财政预算还应预留出一定的应急资金,以待处置突发事件之用。公共危机管理组织必须保证支出不超出财政预算的范围,这对于常规的、持续性的开支并非难事,因为它是固定的。例如,设备维修费可以签约,电话费和差旅费可以适当削减等。相比之下,由于突发事件的规模、持续时间和影响都难以预料,应急资金更难以预计,但是通过研究过去的记录或其他组织的经验也能够为合理预算提供借鉴和启示。

在进行财政预算准备时,必须证明财政预算条款的合理性。当出现新的开支需求时,应在财政预算申请的同时附以书面的财政预算陈述,并说明理由。在借鉴上一年度开支的同时,必须根据下一年度的工作计划和通货膨胀情况进行相应调整。另外,公共危机管理组织应当制定月度的财政预算报告,若超出财政预算,则应设法缩减赤字。很多公共危机管理组织采取削减差旅费和培训费的办法削减赤字。值得关注的是,培训费呈直线下降趋势并不利于公共危机管理组织的长期、良性发展,应考虑其他更为有效的方法来减少开支和赤字。

二、公共危机管理组织的设计要点

公共危机管理组织可以是消防、警察等专司应急的部门,也包括卫生医疗、公用事业、环保、土地、水利、工会、红十字会等所有与公共危机管理有关的职能部门。如何从源头建立有效的公共危机管理组织,需要从以下几个方面着手。

(一)设计和建立组织结构

具有普遍意义的公共危机管理组织包括领导正职、领导副职、秘书长、信息官和下设各部门。领导正职负责主持会议,全面代表整个组织;领导副职负责管理组织的内部事务,并在正职缺席时代理正职;秘书长负责安排会议事宜和记录工作;信息官负责处理所有信息工作，包括危机信息、计划信息、活动信息、预算信息等。

当组织内部分工明确且具体时，组织的有效性会大大提高。因此，公共危机管理组织也应适当设立业务部门。典型的业务部门包括危机分析部门、计划与培训部门、疏缓与恢复部门、公众教育与对外联络部门、行政事务部门等。

1. 危机分析部门

危机分析部门负责识别公共危机管理组织及管辖区域的公共危机风险，分析公共危机管理组织及管辖区域的脆弱性，判断公共危机的第一波冲击后可能出现的次生、衍生危机，确认学校、医院、监狱等人员流动性较低的高风险单位等。

2. 计划与培训部门

计划与培训部门负责制订公共危机管理计划，针对危机响应人员进行培训（包括常规响应和特殊响应的能力培训）通过各种途径为培训寻求资源，开展危机演练以检验公共危机管理计划，与主要的危机响应机构建立联系等。

3. 疏缓与恢复部门

疏缓与恢复部门负责开展各种疏缓活动以降低公共危机管理组织及管辖区域的脆弱性，预先制订危机后的恢复计划，与公用事业、土地、建筑、社区等机构建立联系等。

4. 公众教育与对外联络部门

公众教育与对外联络部门负责与媒体和公众进行沟通，解释组织的态度与行为，编写通俗易懂的公共危机宣传材料并向公众发放，开展针对公众的宣传与教育活动等。

5. 行政事务部门

行政事务部门负责制定明确的、可执行的公共危机管理组织年度目标，寻求资源支持、经手开支，就组织事务使内部成员集中思想、统一认识等。

（二）评估危机风险和自身的抗风险能力

只有明确公共危机管理组织面临的危机风险和自身的抗风险能力，做到知己知彼，才能有针对性地制订公共危机管理计划。它包括危机风险评估、组织脆弱性评估、危机回应能力评估和危机意识评估等。

1. 危机风险评估

危机风险评估是指对公共危机管理组织及管辖区域可能面临的各类公共危机及其威胁程度进行评估。在通常情况下，是根据公共危机各类型的以往数据和经验，按照危机影响、次数和频度对其进行打分并排序，从而明确威胁较大的公共危机类型，并加以重点防范和准备。

2. 组织脆弱性评估

组织脆弱性评估是指评估公共危机管理组织及管辖区域的物质状况，包括地理位置、地理特征、面积大小、建筑物类型、土地利用、土壤类型等；评估经济社会发展状况，包括区域 GDP、人均 GDP、从事的主要经济活动、犯罪率等；评估人口状况，包括区域人口总数，老人、小孩、残疾人等弱势群体数量，社会流动人口数量等；评估公共危机重点防范区域，如重要机构、化工厂、仓库、交通要道等。

3. 危机回应能力评估

危机回应能力评估是指对公共危机管理组织现有的危机回应能力作出判断，在此基础上予以改善和提高。它可细化为各类资源的动员与调配能力，如医疗设施（医院、诊所、药房、医生、医疗设备等）、通信设备（电视、公用电话、广播等）、交通工具（巴士、卡车、三轮车、自行车等）、供水设施（储水罐、钻井机、水泵、公共水站等）、供电设施（发电厂、临时发电机等）、卫生设施（公共厕所、公共浴室、垃圾回收站等）、搜救设备（起重机、推土机、刀锯、绳索、梯子等）、临时避难所（学校、礼堂等）等。公共危机管理组织将这些信息汇集成一个详细的资源目录，以备使用。

4. 危机意识评估

危机意识评估在于把握公共危机管理组织及民众对于公共危机的态度和认知，了解管辖区域内各个群体的期望，以此为参考制订公共危机管理计划。这可以通过调查问卷的方式进行，但是要注意调查的全面性。

危机风险评估和信息采集等过程必须对外公开，以获得民众的支持与配合。对于文化程度有限的民众，也应通过简单图表等通俗易懂的形式向其说明。

（三）制订公共危机管理计划

公共危机管理计划就是在对公共危机发生后的情况进行充分设想的基础上，对公共危机管理工作制定详细的方案。每个公共危机管理组织都应制订公共危机管理计划，这是为了指导未来的公共危机管理工作，因此必须密切联系实际，并在日常演练中不断完善，而决不能纸上谈兵。具体来说，公共危机管理计划包括响应计划、恢复计划和疏缓计划等。

公共危机管理计划的制订一般是由计划与培训部门负责。在计划制订过程中，必须保证计划制订者具有合格的能力和实际经验；应充分吸纳专业力量，尊重相关专家的意见，以保证计划的专业性。计划应包括基本计划、附件和具体的危机附录等内容。

在计划初稿拟定后，还要进行检查、修改和完善。特别是，计划任务与实际能力的不匹配，甚至不同计划间的冲突都要进行调整。履行组织内部的程序后，还要在管辖区域内面向民众征求意见。征求意见要留有足够的讨论时间，并适时召开至少一次征求意见会，允许公众自由参加和提出意见。

随后，形成计划的最终稿。当然，这一最终稿也是相对的。公共危机管理计划的制订不可能是一劳永逸，而是要根据客观情况的变化不断进行修正。一般来说，两个因素会推动公共危机管理计划的修正：一是在公共危机后，尤其是重大公共危机后根据经验教训修订计划；二是更为主动地、通过公共危机演练发现计划的漏洞与不足，进行修改和完善。

（四）寻求资源支持

资源是落实公共危机管理计划的关键。缺乏资源，公共危机管理计划便沦为空谈。资源的种类包括人力资源、财政资源、物质资源、科技资源等。

1. 人力资源

人为万物之本，人力资源主导和操控其他一切资源，因而是最为首要的资源。公共危机管理组织首先应充分利用组织内部人员，建立并完善录用、考核、晋升、奖惩等人力资源管理制度，调动内部员工的工作积极性；还应将志愿者纳入组织的活动范围，探索有效运用志愿者的机制和方法；在专业性较强的领域，应大力借助专家力量，平时就可建立专家库和智囊团，以便在面临危机事件时获取专业支持。

2. 财政资源

财政资源也是公共危机管理资源支持的重要组成部分。毋庸置疑，政府是公共危机管理资金投入的主要来源，公共危机管理经费一般被纳入国家预算体系；与此同时，也应拓展资金来源的其他渠道，如企业捐助、公益募捐等。在获取资金的同时，还要建立和完善配套的管理制度和审计制度，以保证资金的最佳使用。

3. 物质资源

物质资源是公共危机管理得以实施的基本物质条件。而公共危机发生往往伴随着物资短缺，这是回应和解决公共危机的瓶颈所在。公共危机管理组织在平时就应储备一些必需物资，建立资源目录，并加强储备管理；同时，应注重发挥市场机制作用，通过订单、协议、契约等标准化程序向私营部门采购；也可实施鼓励政策，对重要物资的生产和流通企业提供奖励性补贴，使其保持适度库存规模以备应急之需。

4. 科技资源

在现代社会，有效预防和处置公共危机对科技的依赖性越来越大，对科技资源的要求不断提高。公共危机管理组织应加大科技资源的投入，并加强与科技部门、科研机构和大专院校的合作，以有效提高公共危机管理的科技含量。

（五）营造组织文化

组织文化是组织内部成员共有的价值观和信仰体系。由于是在组织长期的生存和发展中所形成的，组织文化与组织传统相互交织，在组织成员之间持续传播并不断得以强化，使成员形成一种思维和行为习惯，从而对成员的观念、思想和行为产生深刻影响。

正因为文化堪称组织的灵魂，组织文化是提高组织有效性的重要环节。要建立有效的公共危机管理组织，终归要建立有效的公共危机管理组织文化。通过文化建设，把各部门及成员的思想和行为统一到现有的组织目标、原则和活动上来，增强组织内部的凝聚力和向心力，使个人目标推动共同目标的实现，所有这些都将提高整个公共危机管理组织运作的有效性。

要建立有效的组织文化，需要明确公共危机管理组织认同的价值行为；识别每个成员的优势和劣势；满足成员的不同需要；给成员足够时间去完成工作；给员工一定的独立性和施展空间；强调组织共享与协调；对个人业绩与进步及时予以肯定和奖励；强化组织荣誉感等。

三、公共危机管理组织的发展趋势

公共危机管理组织的未来发展趋势是学术界长久以来的热点问题，其原因在于对传统公共危机管理组织形式的反思和变革。公共危机管理组织的未来设计依然以传统行政组织形式为基础，并且适度地借鉴和引用社会领域的相关手段及现代科技方法进行局部改进，这是大规模复杂社会环境下应对公共危机的必然要求。在此基础上，公共危机管理组织的局部结构变革主要有以下三种趋势。

（一）扁平化趋势

压缩管理层级，实现分权扁平化结构是未来公共危机管理组织层级的设计趋势，这有利于管理效能的提升，也是现代公共危机管理组织转变的必然要求。未来应减少纵向管理层级，同时适度扩大横向的公共危机管理、决策部门数量，从而实现扁平化管理组织改革、提高公共危机管理效能。

（二）虚拟化趋势

一方面，现代信息技术的应用及伴随的电子政府建设，使具象的公共危机管理部门日益呈现出抽象化的特征；另一方面，公共危机管理组织单主体管理向多主体治理的转变使其职能边界呈现收缩态势，公共组织与社会的边界变得更加模糊，从而使公共危机管理组织的虚拟化趋势日益明显。但必须注意的是，公共危机管理组织的虚拟化趋势是有限度的，不会无限制发展下去，大规模的公共危机管理需要强有力的公共组织。

（三）开放化趋势

传统的公共危机管理"眼光向内"的封闭化组织设计思路将不断转向"眼光向外"的有机式组织设计，如"企业家政府"思路的借鉴、公私伙伴关系的建构等，都使公共危机管理组织日益呈现开放化的趋势，其特征主要体现为：①更利于解决不稳定条件下的非常规任务；②更具有流动式的网络结构特征；③信息更能够传达到组织的任何地方，而不只是上层垄断。

第二节　公共危机管理组织的架构

具备健全的公共危机管理组织架构，是公共危机管理体制和机制成熟的重要标志。组织架构是公共危机事件的应急平台和公共危机管理运行的组织载体，组织架构建设是公共危机管理能力建设的前提和基础。

一、公共危机管理组织部门

（一）决策部门

公共危机决策部门在公共危机管理中居于核心地位，在正常情况下，它体现了国家最高政治精英层的战略和危机应变能力。它可以是常设机构，也可以是临时性机构。危机应对(危机决策)对许多国家具有极大的现实重要性，对所有国家则具有潜在的至关重要性。公共危机越是普遍或致命，有效的危机应对就越显得关键。公共危机中做出的决策非常重要，而且大多数不可逆转。决策部门的主要职责是保证国家安全，制定危机防范、危机状态控制的目标和原则、选择危机对抗行动和对抗方案等。由此可见，决策部门不仅是政府应对公共危机战略的制定者，同时也是公共危机管理的决策者和指挥者。

（二）主管部门

公共危机主管部门承担着大量日常的危机预防和应对突发事件的责任，是公共危机管理体制中的中坚力量。由于主管部门的特殊地位,决定了各国政府都非常重视这一部门的建设。当公共危机来临时,主管部门要加强各职能部门的协调、沟通和联系,排除矛盾纠纷,消除种种弊端,迅速应对危机事件,分析、预警危机事态下进一步发展的可能性。

(三)后勤部门

后勤部门并没有公共危机管理的直接职能,而是协同公共危机主管部门做好危机应对工作,为公共危机管理过程中所需的各种服务提供有力的后勤保障。目前而言,承担公共危机管理的后勤部门的组织和机构主要包括以下行业和部门:交通、通信、信息、商业、物资支持、卫生和医疗服务、救援、财政、银行、保险公司、审计部门等。

(四)信息与危机感应(预警)部门

信息与危机预警部门的建立意义重大,但动用的组织资源并不多。信息与危机预警部门可以包括组织的部分或全部的与公共危机有关的信息资料。这一部门要能采集到危机预警所需要的信息;能准确地预警公共危机,既不会对未发生的公共危机发出错误的预警信号,也不会忽视公共危机发生的征兆。公共危机警报必须要被接受警报的人接收到,并能使接受者正确地理解。各种公共危机警报之间不能相互干扰,避免影响公共危机警报的接收效果。

(五)参谋与咨询部门

当公共危机发生时,就需要公共危机决策部门做出快速、准确的决策,要做到这一点,决策部门得到的信息就要及时、有效。信息的有效度及完备程度不仅有赖于公共危机管理职能组织体系和辅助部门的信息来源,而且必须依赖于政府甚至民间的信息、参谋咨询系统的工作和服务。只有这样,才能形成危机决策过程中不同角色之间的良性互动关系,发挥公共危机管理者的积极作用,形成公共危机管理中不同层面、不同部门决策者之间的分工和协作。

(六)监控部门

公共危机过后,政府及其他组织必须设立第三方性质的独立监控机构。监控部门在行使职权时需要有一个独立于行政之外的司法体系和独立调查制度,具有相对的独立性和相当的权威性,以公开甄别危机事件的诱因。同时,监控部门有权将调查报告连同有关建议向新闻界公布、以寻求社会舆论力量的支持,给监督对象以压力,使其依法办事。

二、公共危机管理组织形式

公共危机管理组织就是一部高速运转的机器,其任务是在危机状况下不断提出或实施处置措施及救援任务,因此,在公共危机管理组织结构设计的核心思想上强调规范性。公共危机管理组织的经典结构主要有以下几种类型。

(一)直线制结构

直线制结构是一种垂直领导的结构形式。直接与上下级之间的部门或人员发生人事上的(管人必然管事,下同)领导关系;平级之间的部门或人员不发生人事上的领导关系;

上级部门或人员在其管辖范围内全权处理各种危机事务，危机状态中的全部信息将沿着垂直线上下传递。

（二）职能制结构

职能制结构形式是人事上的水平领导方式。它在公共危机管理组织内部各个层次上设立专业领域的职能部门或职能主管。在职责范围之内，对其他平级的部门或主管(主要是决策部门或决策主管)进行人事上的领导；在职责范围之外，对其他平级的部门或主管不存在人事上的领导关系。

职能制结构的优点包括：①专业化管理；②适应复杂性工作。职能制结构的缺点是人事上的多头领导和横向联系差。

（三）直线职能制结构

直线职能制结构是对直线制与职能制的扬弃，在保持直线制组织结构的原则上，增加了在职责范围内对其他平级部门（主要是决策部门）进行业务上的领导的职能部门或职能主管，但不能对其他平级部门做出人事上的领导。

直线职能制的优点：①兼具直线制与职能制的优点；②垂直的人事领导与横向的业务领导结合。直线职能制的缺点：①垂直领导可能排斥横向领导；②横向多头业务领导。

（四）矩阵制结构

在直线职能制结构的基础上，再增设横向人事上的领导系统，形成人事上的垂直领导和横向领导并重的双重职权关系的组织矩阵，是为完成公共危机处置中某一重要的特定任务而临时构建的组织结构，是公共危机管理组织内部的局部结构而非整体结构。

矩阵制结构的优点：①救援资源整合效果好；②部门横向联系效率高；③成员的个人专业素质能够充分展现。矩阵制结构的缺点：①成员受双重人事及事务领导，有时会无所适从；②由于是临时机构，成员可能会存在临时心理。

（五）流程型组织结构

流程型组织设计的基本出发点是由公共危机管理的流程决定的，而不是公共危机管理组织决定。流程型组织将所有的公共危机管理活动都视为一个流程，注重它的连续性，强调全流程的应对管理取代个别部门或个别活动的管理，打破职能部门本位主义的思考方式，将公共危机管理流程中涉及的下一个部门视为处置对象，以最终实现组织对外公共危机管理效果的优质高效。在公共危机管理组织中，流程型组织结构主要是受新公共管理理论体系中的"企业家政府"理论影响，将危机事件内外的应对对象视为顾客，致力于增强危机应对处置的针对性与高效性。流程型组织是行政组织的局部结构而非整体结构。

流程型组织结构的优点：①资源整合；②横向联系；③效果导向。流程型组织结构的缺点：①核心流程识别困难；②给传统组织设计等带来较大挑战。

（六）网络型组织结构

网络型组织结构也叫 N 型组织结构，是一种较新的公共危机管理组织结构形式。网络型组织是一种以契约为结合基础的动态联结体，它通常拥有一个核心组织以负责统筹协调与其他组织间的关系与活动。网络型组织的契约与流程型组织的契约主要区别为：前者是公共部门从外界引进危机处置措施，后者是向外界提供危机处置措施。

网络型组织结构的优点是提高行政效率，降低管理成本。网络型组织结构的缺点是对合作单位的控制性较差，失控风险较大。

第三节 公共危机管理组织的工作内容

公共危机管理组织的主要工作内容包含三个部分：专途物资管理、信息网络建立和多重部门协调。公共危机管理组织的工作状况将决定公共危机的应对效能、解决程度与后续影响。

一、专途物资管理

公共危机发生后，专途物资管理工作非常重要，公共危机管理的成功与否很大程度上与专途物资管理工作是否到位有密切的联系。公共危机管理需要资源，而公共危机管理所需的资源是紧缺的，保证及时和有效地供给资源，并合理地分配有限的资源，是公共危机管理者有效开展公共危机管理工作的关键。公共危机管理中的专途物资管理工作需要完成以下三项任务。

（1）获取和储备资源。公共危机管理组织中的物资管理部门通常会为预防危机事件的发生储备相应的物资。公共危机爆发时，这些资源可以迅速地被公共危机管理人员启用，但是这些资源常常难以满足危机反应的需要，这时，公共危机管理组织中的物资管理部门就要通过相应的渠道获取更多的资源以满足公共危机当时需要和公共危机继续应对的需要。在公共危机中，资源获取和储备决策不是一个静态过程，而是一个动态过程。随着危机事件的处理，公共危机管理组织中的物资管理部门不断地重复上述的决策过程，以使资源获取和储备跟上公共危机应对的需要。

（2）配置资源。在公共危机中物资管理部门虽然会尽力获取危机事件所需资源，但由于时间紧迫，在较短的时间内，要获取公共危机事件所需的大量资源是非常困难的，有时也是不可能的。在资源不足的情况下，合理地配置资源就显得非常重要，合理的资源配置有时能在很大程度上弥补资源不足的缺陷。公共危机管理组织中的物资管理部门在进行资源配置时，应综合考虑公共危机的重要方面和资源的主要功能，使资源在公共危机事件中产生最大的综合使用效果。

（3）提供资源。公共危机管理组织中的物资管理部门获取资源并决定资源的配置后，要将资源提供给公共危机管理者使用，才能产生实际作用。从资源存储地到危机现场有一定的地理距离，物资管理部门要想尽快地将资源提供给公共危机管理人员使用，就要缩短资源的传递时间，排除资源传递中遇到的各种障碍，减少资源传递过程中的失误。

二、信息网络建立

信息网络在当今社会的组织活动中起着越来越重要的作用，特别是公共危机来临时，它的作用不可低估。当公共危机发生时，公共危机管理组织需要尽快确定信息通报网络管理的主要职能机构，有一个或几个的部门负责与媒体沟通，保证信息畅通。其职能主要体现在三个方面：一是对内职能，即决定哪些信息需要向媒体发布；二是对外职能，即如何与媒体进行沟通，将需要向媒体传递的信息准确地向媒体传递，并监视媒体是否将公共危机管理组织希望传递的信息准确地公布出去，如果出现了偏差，就要采取相应的行动；三是协调职能，即对信息的对外发布进行公共危机管理组织内部的协调，并与媒体进行外部协调。与媒体沟通过程中，公共危机管理者也需要协调与媒体的关系，协调双方在沟通过程中产生的误解，协调公共危机管理组织与媒体之间的矛盾。

近几年，网络媒体的发展呈现出新特点：一是网络媒体传递的信息更加深入、细微，许多传统媒体不能得到的信息和不能报道的信息会通过网络媒体传播；二是对网络媒体的法规约束比传统媒体少，对网络媒体的管理尚处在不断探索的阶段，因而对网络媒体的管理是不完善的，还存在着很多问题；三是网络媒体信息传播的速度更快；四是网络媒体信息传播的范围更广。网络媒体的这些特点说明非常微小的信息都有可能被迅速地向世界各地传递，网络媒体的信息放大作用更为明显，这使公共危机管理面临新挑战。网络媒体的存在要求公共危机管理组织重视网络媒体的作用，研究网络媒体特点和对公共危机管理组织的影响。

三、多部门协调

当公共危机爆发时，由于参与公共危机管理人员和力量来自各个方面，不仅包括交通、通信、消防、信息、搜救、食品、公共设施、公众救护、物资支持、医疗服务和政府其他部门的人员，还包括军队、武装警察官兵等，有的时候甚至还需要志愿人员参加。因此，在公共危机管理中协同一致的运作显得尤为重要。危机事件的不可回避性及紧迫性，要求在危机事件发生后，公共危机管理组织内的不同职能部门之间要实现协同运作，明晰政府职能部门与机构的相关职能，优化整合各种社会资源，发挥整体功效，最大限度地减少危机事件造成的损失。

公共危机管理组织内的不同职能部门协同工作一般包括：①协调参加处置危机事件的人员和后勤工作；②负责传达上级关于危机管理的命令；③组织收集掌握危机事件的发生原因、性质及其发展趋势，并向上级报告；④负责对肇事者或恐怖分子的控制或拘捕工作；⑤组织危机事件所需人员的配备工作，特别是在危机事件应对过程中，要包括熟悉地形、具有处理技术和人事管理能力的各种专业人员；⑥建立信息中心，及时发布灾情，妥善处理好与新闻媒体的关系，做好和公众的沟通工作；⑦组织好危机事件善后处理工作；⑧指派专业人员撰写各种报告材料，并提交给上级主管部门。

在国际性公共危机越来越多的情况下，世界上很多国家的政府也在加强全球合作，广泛寻求国际合作伙伴。为此，很多国家都建立了最高国家安全决策机构和危机应对专门机构。实际上，即使没有建立这类高级别的专门公共危机管理组织机构，很多国家政府在重要部门也都设立了由行政首长直接主管并负责协调国家综合力量的部门或委员会。尽管在形式上这些机构有所不同，但在其组织内都囊括和涵盖了包括国家安全和危机的界定、预警、智囊参谋、决策和执行等机制和相应的部门，以及体制内的人、财、物也都有相当充分的保障。特别是美国，不仅在国家层面上建立了美国国家安全委员会，而且还建立了常设性的危机管理综合协调部门——美国联邦紧急事务管理署。

第四节 公共危机管理组织的职能

公共危机管理组织系统主要包括五个运作中心，即指挥决策中心、现场指挥中心、支持保障中心、媒体管理中心和信息管理中心。公共危机管理组织系统内的每个中心都是相对独立的工作机构，但在执行任务时，每个中心都有其各自的职能和职责，它们之间相互联系、相互协调，呈现系统性的运作状态。

一、指挥决策中心

（一）职能

指挥决策中心要求有相对固定的机构成员，主要成员要定期接受必要培训，其他成员可以分散在社会各部门，平时在各自部门从事自己的工作，一旦危机事件发生，应急救援工作开始，他们必须立刻聚集，组成一个公共危机指挥决策中心，赶赴事故现场参与应急行动。同时，公共危机指挥决策中心必须有相应的配置并有专人管理，以保证危机事件应急期间能获得工作所需的一切设备和资源。

公共危机指挥决策中心的机构成员可统称为危机管理者，成员数量及其职责分配可视不同地区和不同危机事件状况而定。该中心是一个灵活机动的机构，可根据具体事件情况确定相对应的成员结构。

在危机救援系统中，公共危机指挥决策中心主要是在危机事件行动中协调信息，提供对策，处理危机后支持及履行其他管理职责，是行动全面统筹的中心。公共危机指挥决策中心能够保证整个救援行动有条不紊地进行，减少因救援不及时或救援组织工作秩序紊乱而造成的额外人员伤亡和财产损失。

（二）职责

公共危机指挥决策中心管理者的主要职责是在进行救援行动时负责检查现场资源，并按照应对计划合理部署行动，确保紧急情况下人员的安全，保持信息管理中心、现场指挥中心和媒体管理中心的协调运作，并根据现场的具体情况和行动进展做出相应策略。具体说来，其职责大致包括以下几项。

（1）协调公共危机管理组织系统其他各中心的具体组成以及各自的任务和功能。

（2）分配和检查危机管理者应负的责任并确定所需人数。

（3）在事故现场，与事故指挥者和支持保障中心、信息管理中心建立并保持必要的通讯联系，做好突发情况的应急准备。

（4）搜集有利于事故调查的相关信息，用于编写政府工作报告和涉及法律事务的必要文件。

（5）草拟递交政府部门的事故报告，并向媒体中心提供用于与新闻媒体接触所需的信息。

（6）确保危机管理的施行，监督危机管理行动的有效性并启动所有适当的程序和应对措施。

（7）检查并控制事故现场范围内的资源供应状况，确保有充足的物质资源并支持人员参与事故救援行动。

（8）与危机现场人员保持联系，并告知中心对危机事故状况的评定结果。

（9）决定行动期间是否需要关闭事故周围的设施并确保决定的执行。

（10）检查和批准通过媒体中心向新闻界和公众发布的有关公共危机事件的消息，并决定是否举行新闻发布会。

（11）决定是否批准正式或非正式的与政府、社区、社会组织互相提供帮助的协议。

（12）当出现人员伤亡时，负责通知伤员的家属并提供物质和精神上的帮助。

（三）配置

公共危机指挥决策中心作为公共危机的最高管理机构，必须有一定的配置和装备作为支持，并保证配置的有效性和及时更新，一旦发生公共危机事件，所有配置必须能立刻投入使用。配置可分为两大类型：软配置（文件资料类）和硬配置（各种装备类）。

（1）软配置。公共危机指挥决策中心的必备软配置包括以下内容：针对不同危机事件类型而制订的各类应急计划；以往危机事件的报告和检查表；公路交通、工厂、城镇、乡村等的地图和图表；物质安全数据；社会信息材料。

由于应急救援系统中设立了信息管理中心，专门负责各种信息的搜集、整理和存储工作，因此，公共危机指挥决策中心所需的信息均可从信息管理中心获得。

（2）硬配置。硬配置主要是指在公共危机管理过程中，公共危机指挥决策中心所必需的具体装备应根据所承担的不同救援任务进行选择。硬配置一般包括：计算机管理系统、扫描仪、动力系统、投影仪、车载电话或移动电话、电视和监控摄像机、传真机、钟表或其他计时仪器、无线电、用于书写的工具和材料、收录机等。

以上列举的是公共危机指挥决策中心所必需的一般配备。随着时代进步和科技发展，这些配备都应及时更新并保证其处于良好的使用状态，且应指定专人负责，并定期检查和维修。

（四）运作注意事项

公共危机指挥决策中心成立以后，为了使其工作更加高效无误并保证公共危机管理行动的顺利完成，需要注意下列事项。

（1）在事故现场，公共危机指挥决策中心的位置应设在安全区内，但不能离危险区太远，具体位置应视当时的事故情况和气象条件而定，并设置备用位置。

（2）在非事故期间，成立公共危机指挥决策中心的同时应保证一辆备用的应急指挥车辆，在主要应急指挥车辆发生故障时备用车辆可以立刻投入使用而不至于耽误救援工作。

（3）培训现场危机管理者时，必须有其后备人员的培训，一旦发生事故而危机管理者无法投入工作时，负责调度的人员应该立刻通知后备危机管理者投入工作。

（4）危机管理者在接到通知后，必须在最短时间内到达事故现场，直接进入公共危机指挥决策中心并与事故指挥者联系，协调对事故的处置。

二、现场指挥中心

（一）职能

公共危机现场指挥中心是与指挥决策中心相对应的现场指挥机构。该中心与指挥决策中心的不同之处在于它偏重于事故现场的应急救援指挥和管理工作。它的职责主要是在事故应急中负责在事故现场制定和实施正确、有效的事故现场应急对策，确保应急救援任务的顺利完成。现场指挥中心是整个现场救援工作的指挥者和管理者，是事故现场指挥部及其工作人员的工作区域，也是战术策略的制定中心。通过对事故的评价设计战术和对策，调用资源确保对策的实施，保持与指挥决策中心管理者的联系，完成对事故的现场应急行动。

（二）职责

公共危机现场指挥中心是一个负责现场应急管理和调度工作的机构，其机构成员可统称为事故指挥者，他们的责任就是在公共危机事件发生后对事故现场进行控制，其具体职责为以下几点。

（1）根据事故情况，负责作出人员疏散决定，并根据事故救援工作的实际进展随时进行最有效的应急救援决策。

（2）负责事故现场范围资源的利用，在确保安全地完成任务的前提下从经济角度考虑资源的消耗，争取花费最少的时间和资源。

（3）负责与指挥中心的联系，检查发布给各大新闻中心的全部有关事故现场信息和报道。

（4）负责协调和控制与所有队员的联系，以便指派他们执行具体任务。

（5）负责识别危险物质和现存的危险状况，并对事故现场区域进行分析，确定危险品的最大暴露极限浓度、危险物质的处理程序，以及是否采用新技术。

（6）确定事故现场的危险区、缓冲区和安全区，确保未经许可人员不能进入危险区。

（7）根据最大暴露极限，控制进入事故现场危险区的队员人数以及执行现场应急任务的总人数。

（8）确保参与的应对人员的个人防护设备能有效防护在救援中可能遇到的危险。

（9）决定是否执行事故现场恢复程序以及宣布现场应对行动的结束。

（10）协调和开展事故现场的净化和恢复工作，确保来自支持保障中心的队员能借助准备好的设备提供帮助和营救。

（11）负责检查所采取的每一步行动是否对人员的生命和健康构成威胁，有权修改、推迟或终止被认为有威胁的行动。

（12）当现场应急结束后，确定事故是否存在对人体、环境等的潜在危险并采取必要的净化措施。

（13）行动结束以后，进行事故现场行动的总结并向政府部门书面报告。

（三）工作程序

在通常情况下，公共危机现场指挥中心可以是一辆装备完善的指挥车，同时，为了确保现场应急工作能够有条不紊地进行，公共危机现场指挥中心有一个相对固定、适用于任何类型公共危机应急的现场工作程序。

（1）危机初始评估。公共危机指挥者根据从危机信息源所获得的危机信息进行危险性评估，并以危险性评估为基础决定应该采取的对策。

（2）危险物质的现场探测。在获得了相关的公共危机数据和信息以后，公共危机指挥者就应该进行公共危机具体状况的探测，以确认公共危机的类型和程度。

（3）危机控制区域的划分。公共危机指挥者在决定进行现场救援工作以前，必须根据危机后果分析模型和受影响程度的不同，将危机现场划分为高度危险区（危机发生处）、危险区、缓冲区和安全区。这些区域的划分，主要是依据以下一些因素：对生命的影响、对危机现场内重要设施的损坏、对环境的影响、应急工作的开展是否便利等。此外，上述区域的大小、地点、范围等方面的确定都应该依赖于公共危机的类型、危险物质的特性、气象条件、地形地势和其他因素。

（4）实施应急行动。公共危机指挥者通知应急队员根据应急计划的每个行动细节执行应急操作，若无特殊理由，公共危机指挥者不得擅自更改所决定的应急步骤。

（5）危机现场的净化和恢复。危机行动的后期工作是对在公共危机事件中受到污染的设备和人员的净化，以及对危机现场的清理和恢复等，此举是为了降低公共危机的影响和保证资源的有效性，以便投入下次公共危机管理行动。净化主要是为了防止危险物质的蔓延，以及消除其对人体健康可能带来的威胁。危机的恢复工作主要是指在现场救援阶段结束后的善后工作，包括安抚伤员家属、受损设备的重新购置、危机调查、相关法律事务的解决等。

三、支持保障中心

（一）职能

在整个公共危机管理系统中有应急前方力量的存在，也就必然有后方力量作支持，以提供前方应急所需的物质和人力资源，并保证公共危机管理行动不会因为后方支持不力或不及时而造成耽搁，甚至可能影响到伤员的营救和事故现场的控制等，所以，建立一个完善的公共危机支持保障中心是十分必要也是极其重要的。它的存在不仅保证了资源的充足供应，也节约了由于盲目购置设备和添置人员而浪费的财政资金，同时通过众多部门的参与也提高了整个社会的安全意识。

公共危机支持保障中心是作为公共危机事件应急的后方力量而存在的，该机构的成员来自各个部门并在各自不同的部门接受专业培训。一旦发生公共危机事件，支持保障中心成员立刻进入备战状态，等候现场指挥中心的调遣，以赶赴现场开展救援工作。支持保障中心的成员分为两种类型：技术支持人员（包括采购人员、安全和健康人员、公共关系管理人员、环境管理人员、警戒人员和法律人员等）和医疗支持人员。其中，部分支持人员所需的专业配备（如消防工具、医疗器械等）可由其所在部门提供，这样不仅提高了设备的利用效率，还节约了财政资金。

（二）各成员的职责

1. 技术支持人员

技术支持人员是支持保障中心的重要组成人员，他们来自各个部门、各个层级。

（1）采购人员。采购人员的主要职责是确保危机事故中有充足的资源供应。其具体职责包括：资源的准备——危机事件发生前与各资源销售商签订采购协议；在危机事件应急过程中负责提供各种额外或临时需要的物资和器械；参与危机事件后期的净化工作，并负责通知危险品的接收方由于事故而可能导致的延期发货。

（2）安全人员。安全和健康人员的职责是负责评价危机事件对现场附近人员和周围社区人员可能造成的生命威胁和健康影响程度，并协助公共危机管理者确保所有事故现场及附近的人员都能得到及时安全的疏散。因此，安全人员可作为现场指挥中心的协调者参与管理活动。

（3）警戒人员。公共危机事件发生后，为了保证危机事件救援行动的顺利进行，警戒人员必须在接到通知以后立刻赶赴现场担任警戒工作。在执行任务期间，警戒人员必须遵守一个前提，即所进行的警戒活动不得干扰救援行动。

（4）法律人员。公共危机的前、中、后期都涉及相应的法律责任，法律人员所担负的职责就是分清这些法律责任和解决相关的法律问题。在危机事件发生前，法律人员主要解决的是公共危机管理组织和机构之间签订相互帮助协议的法律问题；在事故中和事故后，它们主要解决的是危机事件涉及的财产损失、人员伤害赔偿、事故责任承担等方面的法律问题。法律人员应收集真实的数据和信息，依据有关法律规定和条文作出正确处理。

2. 医疗支持人员

为了减轻危机事件中人员的伤亡，特别是由于治疗救助不及时而引起的永久性器官损伤和死亡，在危机事件全过程中必须配备专门的医疗队伍，以提供及时有效的救助，该队伍人员统称为医疗支持人员。所有医疗支持人员都必须接受严格的专业培训，且应选择具有丰富的救助经验的人员担任负责人，负责人员调配和监督实施具体的救助措施，以保证做到在最短时间内救助最多的伤员。危机事件发生后，医疗支持人员应根据接到的通知，针对不同的危险品可能造成的伤害，备齐相应的治疗药物和器械，尽快地赶赴危机现场。

（三）工作原则

在公共危机管理过程中，支持保障中心应重点把握以下原则。

（1）时间性原则。公共危机事件往往具有突发性、震撼性等特征，必须把握时机，争取在最短时间内投入必要的保障力量控制公共危机事件恶化发展趋势。如果在保障面前反应迟钝、优柔寡断，势必丧失抢救时机，造成被动局面。

（2）效率性原则。支持保障中心需要配备优秀精良的各方力量全力以赴支持公共危机全过程管理，以期实现公共危机管理目标。同时，支持保障中心也应要求在工作时既要注重社会效益，又要注重经济效益，使用尽可能少的人、财、物，达到高效保障的目的。

（3）机动协同性原则。支持保障中心必须具有较强的机动灵活性，要求编组灵活，运转协调，指挥得力，职责明确。

（4）科学性原则。支持保障中心要尊重公共危机事件的客观规律，利用现代科技手段，避免蛮干和盲干。在确保安全的前提下，根据实际能力，以经济价值为标准，确定保障力量与资源分配，确保公共危机管理目标的实现。

四、媒体管理中心

（一）职能

当今世界，随着科技的进步和发展，各种通信工具相继问世，为人们的生活带来了极大便利。与此同时，人们也逐渐开始注重和追求更高的生存质量和安全舒适的生活环境。各种新闻媒介的出现更是增强了人们的这一意识，媒体的宣传、报道和曝光使得人们要求增加各种社会事件透明度的呼声越来越高，对于涉及人民生命财产的事故更是如此。因此，任何一个较大的公共危机事件都有可能引起媒体的注意。如果没有专门的机构来处理与媒体的关系，则可能会导致媒体报道失真，破坏危机事件责任单位在公众心目中的形象，甚至引起公众恐慌。为了避免上述情形的出现，成立媒体管理中心并让其负责与媒体的接触及其他相关事务是十分迫切的，也是十分必要的。

媒体管理中心是公共危机管理组织通过各种新闻媒体与公众接触的纽带，经媒体将有关危机事件的信息，如事故的起因、已经和可能造成的影响、工作进展等向公众公布，解释危机事件真相，可以消除公众的恐慌心理。

（二）职责

媒体管理中心成员来自公共关系管理人员，他们必须是接受过专业培训的公关人员，且了解各种新闻媒体和媒体管理中心的运作，有足够的知识和能力以及充分的准备负责与媒体接触，回答他们可能提出的问题，以提供最新的真实信息为工作准则，向公众解释事故真相，并注意维护本组织的公众形象。

媒体管理中心成员的职责具体包括组织赶赴事故现场的媒体进入媒体管理中心进行有序的工作，防止因媒体的干扰而引起现场救援的混乱，接受新闻媒体采访，召开新闻发布会，刊登启事等。为了更好地回答媒体可能提出的问题，媒体管理中心成员需要事先准备好一个信息包，储放媒体可能提出问题的答案。信息包中的所有信息都是真实的，并且须及时补充和更新，避免因信息错误或组织工作不力而给媒体留下不好印象和引起公众不满。

（三）媒体管理中心的设计

媒体管理中心的设计主要包括中心的位置和规模及中心的配置这两个主要方面。设计的合理与否直接影响媒体管理中心的工作效率和危机事件责任单位的公众形象，因此，设计者必须要全面考虑。

（1）媒体管理中心的位置和规模。根据公共危机指挥者所划分的危机现场区域，设计者将媒体管理中心的位置确定在安全区内，并且为了防止该中心活动干扰行动，媒体管理中心必须远离同在安全区的现场指挥中心。媒体管理中心的规模应根据危机事件影响的大小以及可能招致的媒体关注程度的不同而进行相应调整，但必须有足够的空间容纳所有到访的新闻媒体人员，并为他们提供所需的工作配备和舒适的工作环境。媒体管理中心成员的数目要随着中心规模的改变而有所增减。此外,在选择媒体管理中心的位置时还应该注意下列事项。

①媒体管理中心所在位置必须远离事故危险区,以便于新闻媒体人员的出入并能保证他们的人身安全。

②媒体管理中心还必须远离现场救援设施所在区域,以免妨碍救援的正常进行。

③在通常情况下,可选择行政机关大楼或一些培训中心和学校作为理想的媒体管理中心位置所在地,因为它们通常位于安全地带且容易获得,如果一时无法寻找到这类理想地点,也可以选择一些饭馆、餐厅作为临时的媒体管理中心。

(2)媒体管理中心的配置。为了保证有一个安全舒适的工作环境,媒体管理中心与现场指挥中心一样需要安装良好的通风系统、应急动力供应系统、消防装置、报警装置等。媒体管理中心还应配备休息室以便工作人员进行必要的休息和调整。媒体管理中心的配置包括资料信息类的软配置和各种硬配置,具体包括以下内容。

①软配置。由于媒体管理中心的接触对象是各种新闻媒介,是广大的公众,因此,媒体管理中心必须拥有充足的信息资料作为支持,并保证所发布信息的真实性、时效性和准确性。媒体管理中心的主要信息来源包括应急指挥中心、事故现场指挥中心和信息管理中心。

软配置主要包括:事故应急计划和现场的应急状况描述,以及来自上述各中心的有关行动进展的最新消息;事故所涉及的危险品的理化性质的相关资料;公共信息,如事故现场的背景信息、各种设施的简介等;各类新闻媒体的背景资料;发布的每一条事故新闻的复印件;召开新闻发布会的会议记录等。

②硬配置。媒体管理中心的硬配置是指新闻媒体人员工作所需要的各种办公设备和装置。主要包括计算机、电话、传真机、插座、灯光及音响系统、幻灯机、复印机、电视和摄像系统、录音和播音系统、桌椅、钟表、应急动力供应系统等。

(四)工作的原则与方法

由于媒体管理中心是危机事件责任单位与新闻媒体和公众间的桥梁,该中心运作出现失误,会影响危机事件真相的报道、破坏危机事件责任单位在公众心中的形象,引起公众对危机事件的过度关注和恐慌,所以,媒体管理中心成员在工作时必须遵循下列工作原则和方法。

(1)必须保证发布危机事件信息的准确性和信息来源的可靠性,并指派有经验的公共关系管理人员担任新闻发言人,负责危机信息的发布。

(2)媒体管理中心应该针对媒体可能提出的问题,事先准备好回答的材料,列出媒体和公众最为关注的信息;事件的性质及可能造成的影响;公众应该采取的防护和预防措施;事件中的人员伤亡情况(如伤员数量、伤害程度、伤员姓名等);现场救援工作的具体情形及将持续的时间等。

(3)若需要召开新闻发布会,则必须申报管理部门获得批准以后才可以召开。新闻发布会的所有有关危机事件信息必须经法律和相关管理部门的审查,以确保信息的准确性并做好必要的保密工作。为保证发布信息的一致性和连贯性,在新闻发布会上最好有一个固定的发言人。该发言人必须熟悉危机事件状况和相关的法律条文。此外,发布会上的信息必须与政府部门所公布的危机事件信息相一致，以免引起公众质疑。

（4）为避免干扰现场救援行动和保护媒体人员的安全，应该由警戒人员专门护送媒体人员和外来新闻工作者进入媒体管理中心。

（5）媒体管理中心成员在与各大新闻媒介进行接触时必须注意以下工作细节：尊重事实，确保给新闻媒体提供准确无误的信息，不要试图掩盖事件真相；提前准备好如何回答可能被提问的问题，并将所需的信息组织成要点备用；必须规范言行，时刻提醒自己，自己的言行都有可能被媒体记录，避免因个人言行而破坏整个媒体管理中心的形象乃至影响整体的声誉；对待记者和公众应该真诚，不要欺骗他们；根据危机事件真相解释清楚每一个被提问的问题，回答应有重点地阐述自己所掌握的信息并保证回答内容的客观性，不能妄加主观臆断；如果回答不够充分，则应该注意在回答时不要出现大的纰漏；在接受记者采访时应适当地赞扬在危机事件应对中有突出表现的队员；应尽可能对媒体采取开放友好的态度，耐心解答他们的任何提问；避免在回答记者提问时说谎、开玩笑，使用带威胁性的语句阻止他们进行记录或阻止他们提出一些窘迫的问题等；避免在回答问题时过多地强调危机事件的消极影响以及过多地使用行话和专业术语；避免过分强调任何个人的错误或疏忽；避免在未得到确切信息之前，随意估计危机事件造成的经济损失以及对危机事件责任单位造成的影响，并将这种估计结果向新闻界公布。

五、信息管理中心

（一）职能

信息管理中心是公共危机管理系统的五个功能中心之一，是公共危机管理组织中的支持机构，为其他中心提供它们所需的各类信息，以便指导它们制定管理行动和应急计划。

在公共危机管理组织中，要建立一个信息管理中心必须具备以下基本条件，即先进的信息管理技术、完善的信息管理设备和专业的信息管理人员。建立为公共危机管理服务的信息管理中心，除了应该具备上述基本条件，还必须特别强调信息的及时性、有效性和可靠性。因为公共危机管理的目的是减少公共危机事件可能造成的人员伤亡和财产损失，如果所使用的信息是错误的或者是过时的，将有可能造成不必要的资源浪费，加剧公共危机的危害性后果，甚至可能导致灾难性后果的发生。

（二）工作原则

1. 信息多渠道验证原则

由于信息贯穿整个公共危机管理过程，所以必须坚持信息的多渠道验证原则。多渠道验证原则包括三个基本内容。

（1）政府内部的多渠道信息验证。针对特定的公共危机事件类型，各级政府和政府的各个职能部门都应有权向决策层上达信息，要抛弃单一渠道方式，采用多渠道方式，防止地方政府对于危机事件相关信息的扭曲。

（2）开放新闻媒体、非政府组织和个人公开上达信息的渠道，多个外部信息渠道彼此互相校验，防止决策层对内部信息的过分依赖。

（3）针对不同危机事件，社会和政府的各个主体以不同的方式和角度反映来确保内外信息的彼此校验过程。

2. 信息畅通原则

信息畅通、反应敏捷是信息管理中心需要坚持的一个重要原则。公共危机管理部门内部的信息渠道畅通，对于公共危机管理中的正确决策以及采取有力措施意义重大。其实，信息畅通还有另外一个含义，即有关公共危机的信息对于社会大众也需要做到畅通，保证公民的知情权，以便于他们自己在危急关头做出准确的判断和决策，从而采取有效的措施。

（三）配置

（1）人员配置。由于不同地区的经济水平各异以及所面临的具体问题不同，信息管理中心的配置也会相应地有所变化，从而导致所需人员各异。信息管理中心的主要工作人员包括计算机专业人员和信息专业人员，他们要相互合作，以便有效地完成信息收集、整理、存储和调用等任务。

（2）计算机配置。信息管理中心的数据繁多、结构复杂、表现形式多样，包含基本的属性数据及图形表示数据、文字、表格、空间拓扑数据等，且信息管理中心对数据安全性和几何精度要求相当高，所以其计算机的配置必须相当先进，以满足上述要求。

（四）注意事项

信息管理中心的主要任务是为整个公共危机管理系统提供一切所需的信息，为了保证管理活动的顺利进行，在工作中必须注意下列事项。

（1）中心内的信息管理工作必须由相应的、接受过培训的专业人员负责。

（2）中心内的计算机系统必须及时更新，确保系统数据的安全性和时效性。

（3）对于在紧急情况现场要使用的信息（如地图等）的详细程度和水平必须在与负责人协商后制定，以免过于复杂，不利于各种人员开展工作。

（4）由于信息管理中心需要收集各类信息，因此必须与社会各部门建立良好的合作关系以保证充足的信息来源和渠道。

本章小结

本章首先概述了公共危机管理组织设计方案，详细介绍了有效的危机管理组织的组成要素与设计。其次，论述了公共危机管理组织的架构，具体包括公共危机管理组织部门及形式。最后，介绍了公共危机管理组织的职能。

关键术语

公共危机管理组织　组织设计　组织部门　组织形式　组织职能
指挥决策中心　现场指挥中心　支持保障中心　媒体管理中心　信息管理中心

复习思考题

1. 如何设计并构建有效的公共危机管理组织体系？
2. 公共危机组织设计中的要素与要点包括哪些？
3. 公共危机管理组织系统主要包括哪几部分？
4. 公共危机管理组织包括哪些形式？

5. 公共危机管理的现场指挥中心有哪些职责？
6. 公共危机管理的指挥决策中心在运作时有哪些注意事项？
7. 公共危机管理的媒体管理中心成员在工作时应遵循哪些工作原则？

第五章　公共危机的事前管理

课程引导

扁鹊见蔡桓公——不治已病治未病

扁鹊见蔡桓公，立有间，扁鹊曰："君有疾在腠理，不治将恐深。"桓侯曰："寡人无疾。"扁鹊出，桓侯曰："医之好治不病以为功。"

居十日，扁鹊复见曰："君之病在肌肤，不治将益深。"桓侯不应。扁鹊出，桓侯又不悦。

居十日，扁鹊复见曰："君子病在肠胃，不治将益深。"桓侯又不应。扁鹊出，桓侯又不悦。

居十日，扁鹊望桓侯而还走。桓侯故使人问之，扁鹊曰："疾在腠理，汤熨（中医用布包热药敷患处）之所及也；在肌肤，针石（中医用针或石针刺穴位）之所及也；在肠胃，火齐（中医汤药名，火齐汤）之所及也；在骨髓，司命之所属，无奈何也。今在骨髓，臣是以无请也。"

居五日，桓公体痛，使人索扁鹊，已逃秦矣，桓侯遂死。

学习目标

了解公共危机的事前管理内容，包括公共危机的预防管理、预警管理与预先准备；学习公共危机预防管理的内涵与意义，并理解管理中的任务、策略与流程；掌握公共危机预警管理的相关内容；学习并理解预先准备的内涵，实现公共危机事件"预防为主、平战结合"的学习目标。

第一节　公共危机预防管理

成功且有效的公共危机管理必须是先发式的，而非反应式的管理。防范公共危机胜于处理公共危机，公共危机防范是成本最为低廉的危机管理方式。在公共危机管理中，能及早地识别出或意识到公共危机的存在并采取措施将之消弭于无形，是最高明的危机管理方式。

一、公共危机预防管理的内涵

英国著名危机管理专家迈克尔·里杰斯特有句名言：预防是解决危机最好的方法。这已被各国处理公共危机的实践所证明。劳伦斯·巴顿在《组织危机管理》一书中反复强调，危机管理中预防第一，因为预防可以将危机扼杀在摇篮之中，减少已发生危机的损失。戴维·奥斯本和特德·盖布勒指出，公共危机管理的目的是使用少量钱预防，而不是花大量钱治疗。公共危机预防比单纯的某一特定突发事件的解决显得更为重要，这是因为如果能够在突发事件未发生之前就及时将其产生的根源消除，那么不仅能够有效保障稳定的社会秩序，还可以节约大量的人力、物力、财力。与公共危机管理过程中其他阶段相比，公共危机预防是一种既经济又简便的方法，起到了事半功倍的效果。

预防的本义是预先防止，是指预先避免或阻止公共危机的发生。当然，在很多情况下，完全避免和阻止公共危机是不可能的，此种情形下，防灾任务转变成了减灾任务。于是，在实践中，有时防灾和减灾术语经常在不经意间被交替使用。《联合国国际减灾战略术语》将公共危机预防（防灾）界定为：全面防止致灾因子和相关灾害的不利影响。预防或防灾表达的是通过事先采取行动，完全避免潜在不利影响的概念和意愿。例如，消除洪水风险的水坝和堤岸，土地使用中规定不许在高风险地带建立定居点，以及在任何可能发生地震的时候确保重要建筑不毁和功能不失的防震工程设计等。

美国应急管理署认为，公共危机预防是指避免危机事件发生或干预以阻止危机事件发生的行动，是保护生命和财产的行动。它应用情报和其他活动信息展开行动，这些行动包括：威慑与加强检查；改进监督和安全措施；通过调查确定威胁的全部性质和来源；公共卫生和农业监测的试验过程；免疫接种、隔离或检疫；酌情执行旨在制止、抢占、阻挠或破坏的非法活动并逮捕潜在肇事者的具体执法行动。

总的来说，公共危机预防管理是指阻止或者避免危机的发生，其主要目标是在危害发生前准确预测和防止潜在的公共危机；对于那些无法从根本上阻止或者避免的公共危机，为了降低公共危机爆发的概率或者减少公共危机可能造成的危害，所有的组织都需要为可能发生的公共危机提前做好准备。

二、公共危机预防管理的意义

冰冻三尺，非一日之寒。公共危机预防管理的核心是防微杜渐，意义也在防微杜渐。面对复杂多变的当今世界，加强公共危机预防管理，防范和避免公共危机发生，对提高政府公共危机管理水平，减少公共危机给群众生命财产带来的危害，保障社会稳定和经济社会的健康发展，无疑具有重大意义。

（一）培养增强危机防范意识

意识，是人脑对客观事物的反映，是思维主体对信息进行处理后的产物，是一种认知、感知的处理活动。意识的产生需要能量，是一个不断累积的过程。危机管理意识，是人们对危机信息进行处理后的产物，是人们对危机事件感知、认知的一种处理活动。只有不断地给予公共危机的相关信息，通过不断地感知与认知，人们才能不断地累积危机的相关信息，进而不断地提高对危机的认识，不断增强危机意识。

在信息化、全球化时代，我们所处的社会环境更为复杂，诱发危机的因素不断增多，面临的各类危机事件也越来越多，各类危机发生的可能性日渐增大。因此，必须培养和增强危机意识。那么，危机意识如何培养？途径无非三个：一是在危机事件的经历中获得；二是在日常的危机预防管理中获取；三是在危机相关理论知识的学习中获得。公共危机预防管理作为一种常态性工作，要求时时处处都必须加以预防。所以，公共危机预防管理是最为重要的，也是最常态化的危机意识培养渠道。公共危机预防管理不仅能让人们通过危机管理理论知识学习、应急预案制定、自救互救和逃生技能培训等公共危机管理，增强自身的危机意识，而且危机预防中的应急预案演练、模拟实战演习等实践锻炼，可以让人们身临其境、直接感受、加深理解，进而增强认知、增强意识。

（二）有效遏制危机事件发生

公共危机是一种导致社会偏离正常轨道的非均衡状态，会对公共安全和社会稳定造成重大影响。传统的危机管理，偏重于危机爆发后的应急处置与恢复重建。事实上，预防、避免公共危机发生是公共危机管理的起点与立足点，也是最理想、最高明、最有效的管理。因为危机应急处置毕竟是一种被动的、回应性的行为，它给民众所带来的危害和损失客观上已经产生。因此，公共危机管理的目标指向是最大限度地预防和减少公共危机，保障国家安全、维护社会稳定、保护群众生命财产安全、降低社会风险与危害，为社会提供一个安全稳定的环境。公共危机管理这一目标的实现，有赖于良性运行的公共危机管理体系，这个体系不仅仅是公共危机发生后的处理系统，还包括危机发生前的预控、预防系统。不仅要及时地应对处置各类突发性危机事件，而且要对隐藏、潜伏的公共危机发生源进行有效的预控、预防，以避免危机事件的发生。因此，公共危机预防把公共危机管理的重点放在危机事发前，着眼于避免、控制公共危机的发生。政府通过公共危机预防管理，充分调动各种因素，采取多种手段，构建全程的、全面整合的公共危机预防体系，最大限度地消除公共危机的诱因，就能有效地遏制或避免公共危机的发生，就能最大限度地保障人民的生命财产安全和国家、社会的长治久安。

（三）提前弱化危机叠加效应

美国《纽约时报》记者托马斯·弗里德曼在《世界是平的》一书里为我们展示了一个被推平了的"平坦世界"。在这个平坦世界里，竞争平台被推平，无论您是否愿意参与，都已经被摆到这个舞台上。在这个舞台上，不断加剧的竞争在促进世界科技经济快速发展的同时，也将这个世界变成一个对危机因子十分敏感的共振系统。发生在任何一个国家、任何一个角落的危机事件，都可能在极短的时间内迅速波及其他国家，并通过正反馈作用强化公共危机的程度。正如美国气象学家爱德华·洛伦兹所说：一只蝴蝶在巴西轻拍翅膀，可以导致一个月后得克萨斯州的一场龙卷风。

面对这个"平坦世界"与越来越严峻的各类公共危机挑战，人类必须加强公共危机预防管理。在公共危机爆发前，通过对公共危机初始诱因的控制和防范，有效地控制或减弱危机因子叠加作用而形成的共振效应，避免、舒缓公共危机的连锁反应，从而避免或缩减公共危机诱因形成的叠加效应，避免危机的发生或减轻公共危机的危害。

（四）积极释放社会潜在压力

当前，随着政治、经济、社会和文化各领域改革的纵深推进，利益分化和利益格局的调整，一些人心理失衡，相对剥夺感增强，对社会的不满情绪加剧。

公共危机预防管理立足于事前防范，政府及其有关部门通过健全完善社会保障、群众利益诉求表达等机制，适时加强社会成员心理冲突和压力的疏导、舒缓，及时缓解、化解不合理的社会压力，减少和消除公共危机的诱因，积极有效地释放社会心理中的潜在社会压力，就能有效地避免因社会压力引发的公共危机。

（五）不断提高危机处置水平

公共危机一旦发生，就需要政府组织立刻去应对处置。但是，同样是危机处理，不同的政府组织，其处理水平和处置效果是不一样的。公共危机处置水平的高低、效果的好坏，是由多方面、多种因素决定的，诸如处置人员、管理经费、物质设施、组织机构、信息管理、应对策略等。

公共危机预防管理是一种未雨绸缪的危机管理准备工作，它通过危机教育培训，健全公共危机管理组织机构，制定预案和对策，做好物质技术和经费等保障，并通过对公共危机技术、信息监测系统长期和持续不断的监测与诊断，获取充足的公共危机信息，为公共危机处理打下良好的基础。这些举措对提高公共危机处理水平是极为重要的。因此，加强公共危机预防管理，有利于提高政府公共危机处理水平。

（六）促进人类可持续发展

可持续发展概念的明确提出，最早可以追溯到1980年由世界自然保护联盟（IUCN）、联合国环境规划署、野生动物基金会共同发表的《世界自然保护大纲》。1987年，以布伦特兰夫人为首的世界环境与发展委员会发表了报告《我们共同的未来》。这份报告正式使用了可持续发展概念，既要满足现代人的需要，也不损害后代人需要的能力。公共危机预防管理有利于我们与自然之间形成合作共生的关系，有利于人类的可持续发展。联合国第二次世界减灾大会审议并通过了《兵库行动框架》和《兵库宣言》，强调在应对公共危机预防问题时，要明确减灾、可持续发展及消除贫困等行动之间的内在关系，明确政府、区域组织和国际组织，包括志愿人员在内的民间团体、私营部门和科技界共同协作在减灾中的重要作用，要求从各个层面营造减少灾害风险的良好气氛，倡导人类社会与自然灾害风险并存。

三、公共危机预防管理的特点

公共危机预防是一种超前管理，是现代公共危机管理的重要原则，其目标指向不仅在于防止危机生成，而且要千方百计地遏制、消除危机爆发的诱因，将其控制、消除在萌芽状态。因此，公共危机预防具有指向的超前性、范围的延展性、管理的常态性和效果的溢出性等特点。

（一）指向具有超前性

超前性是指政府在公共危机管理中，通过实施有效的预防管理，及时发现公共危机的倾向性、苗头性问题，使尚在孕育、萌芽状态的危机诱因得以消除，从而防止或避免公共危机的发生。公共危机预防管理力求对可能发生的公共危机，做出准确的预测，所关注的不是爆发后的公共危机，而是发生前的公共危机监测和预控。

公共危机预防的超前性，来自公共危机形成所具有的过程性或周期性。公共危机与世界上的万事万物一样，都有其孕育、发生、发展直至消亡的过程，都有其自身的内在规律，即我们通常说的危机生命周期。公共危机管理就是根据公共危机的生命周期而展开。虽然理论界和实务界在公共危机分期上有不同的观点与划分方法，但无论怎么划分，都有一个共同特点,都承认公共危机发生有其征兆,都有一个从渐进到突变的过程,都有一个预防、预控的阶段。公共危机预防正是基于这种理念,把公共危机管理的着眼点、着力点放在公共危机爆发前,对公共危机实施超前管理。

(二)管理具有常态性

"常将有日思无日,莫待无时思有时",重在"常",也贵在"常"。这个"思",讲究长期、长久,强调要作长期的准备,做长久的打算;"安而不忘危,存而不忘亡,治而不忘乱",存、安、治,指的都是一种常态,亡、危、乱,指的都是非常态,强调的是在常态中,要想到非常态,在常态中预防非常态问题的发生。立足点是常态,强调预防,同时强调预防要讲究"长"与"常",意思很明了,也很直白,告诫我们预防工作要常抓不懈、长治久安。

从公共危机管理来看,危机处置与危机事件一样,都是一种非常态,危机处置是危机事件发生后的一种被动回应性行为,是针对已发生的危机事件的应急行动。只有危机事件爆发了,才有危机处置行动;危机事件没有爆发,不存在危机处置活动;危机事件平息了,危机处置也相继结束。但公共危机预防不同,公共危机预防是针对危机爆发的可能性,而采取的一种主动性的防御应对活动。由于公共危机爆发的可能性是常态的,诱发公共危机的因素也是常态的,随时随地都可能发生公共危机,时时处处都存在公共危机的诱发因素。所以,相应的危机预防自然也必须是常态性的。因此,公共危机预防具有常态性的特点。

(三)范围具有延展性

经济学上有个概念叫合成谬误,意思是说,从局部上看,一件事这么做是对的,但是放在一个大系统当中,可能就不对了。比如"网络审判"现象。最近几年,一些社会热点问题,之所以很快在网络上形成一股"群哄"力量,就是因为群体思维下从众行为的合成谬误。对于社会热点问题,只要有一个人在网上发帖,便能迅速引起强烈反响,有些案件相关部门还在调查中,但跟帖的网友通常都"一边倒",每位网友一个人虽然只说几句话,但合成的力量却是巨大的。

所以,公共危机预防管理在其管理范围上,由一般的日常管理,延伸、扩展到防止、控制合成谬误的发生,其管理范围具有扩展、延伸的特点。

四、公共危机预防管理的策略

公共危机预防的职能在于:提前对可能引起公共危机的各种诱因采取措施或对难以避免的公共危机做好准备,全部或部分地清除危机爆发的诱因,尽最大可能避免危机暴发或减少危机爆发后的危害程度。对于不同种类的潜在公共危机,公共危机预防可以从以下几种策略中选择一种最适用的策略。

(一)排除策略

有些公共危机爆发的诱因属于可控制因素,如果管理得当,管理者可以事先清除危机爆发的这些诱因,将公共危机彻底排除。排除策略是最理想的公共危机预防策略,可以完全消除潜在公共危机的危害。

排除策略的主要措施有以下几点。

1. 远离危害程度大的风险

远离危害程度较大的风险，可以使危机发生的概率变为零，公共危机不再发生。例如，对于航空公司而言，明确规定在什么样的气候条件下飞机不能起飞，就能有效排除飞机失事的危险；移走易燃易爆危险品，排除生产场所的隐患。

2. 实施零缺陷管理

追求零缺陷、努力提高工作标准是排除公共危机的有效手段。制度不完善、要求不严格、无章可循、有章不循等原因所造成的管理不善是许多公共危机爆发的根源。而零缺陷管理则致力于消除公共危机管理的各种弊端，要求管理者和员工都将以做好自己的事情为目标，以达到零缺陷为境界，有助于避免众多的内部管理不善而引发公共危机。

3. 设计良好的防范机制

将可能引发某种公共危机的诱因逐一列出，并针对不同诱因有针对性地设计相应防范措施，将公共危机诱因分别清除，可以达到有效防控公共危机的目的。在很多情况下，如果忽视小问题或小错误，不及时予以解决，小问题或小错误往往成为大公共危机的导火索，触发大公共危机。因此，对可能导致公共危机的全部诱因都予以足够重视，防微杜渐，则会有效地避免公共危机发生。

（二）缓解策略

缓解策略是指在公共危机诱因不能完全被排除的情况下，通过各种措施，将公共危机诱因控制在一定的限度和范围之内，尽可能减轻公共危机暴发后的直接危害程度，使公共危机的长期影响降到最低。例如，在建筑物内设置防火墙，就是缓解策略的典型运用。由于难以做到完全排除火灾发生的隐患，在一幢高大的建筑物内，使用防火材料将整幢建筑物分隔为若干个独立的空间。一旦发生火灾，由于防火墙的分隔，火灾被控制在较小的空间范围内，使其难以向其他空间蔓延，减轻火灾所造成的损失。

（三）转移策略

如果公共危机诱因无法排除或者缓解，或者公共危机诱因的排除或缓解具有不经济性，可以采取转移策略，将自身所面临的相应风险转移给其他机构或个人。转移策略的常见实施途径通常有以下几种。

1. 保险

引发公共危机的风险也可以通过保险来实现转移，通常可以通过保险进行转移的公共危机风险必须具备以下特性：第一，该风险只有损失可能而无获利机会；第二，非故意性，该风险并非故意行为所致；第三，该风险具有偶然性，可能发生，也可能不发生，发生的时间、地点、损失程度等无法确切知道；第四，该风险一旦发生，带来的损失重大，且损失可以客观衡量。

2. 责任免除协议

现代医院体系的行医规则中，在对病人进行手术之前，往往需要病人家属签字，以保证一旦出现意外或由于现代医学水平的限制出现问题时，医院或医生不承担责任。这种病人家属签字的做法，实质上具有责任免除协议的性质，通过履行这一手续，医院将手术可能造成的危险转由病人及其家属承担。对于组织而言,事先签订责任免除协议,可以避免部分公共危机的发生。

(四)防备策略

所谓有备无患,对于那些无法排除、缓解或转移的公共危机诱因,为了降低公共危机一旦暴发的危害程度,有效的措施是对公共危机的爆发提前做好准备。尤其是对于那些不可抗力引发的公共危机而言,防备策略十分有效。

培养危机意识、开展危机教育等侧重于从人力资源方面对公共危机的爆发进行防备;建立公共危机管理小组、明确危机管理小组及其成员的职责、规定公共危机期间的沟通方式侧重于从组织结构方面对公共危机的爆发做好准备;制定公共危机管理预案侧重于从规章制度方面对公共危机的爆发做好准备。此外,还应为危机的爆发建立备选处置方案,储备相应的物资资源及足够的资金。

(五)消减策略

有的公共危机可以回避,有的则不可回避;有的可以转移,有的则不可转移,或者只能部分转移;有些风险通过回避或转移是有利的,有些则是不经济的。对那些无法回避、转移,或者转移不经济的公共危机,就要接受并采取有力措施。降低公共危机发生的概率,需要做好以下工作。

1. 消除或减少危机风险源

要消除公共危机风险源,重点在于要针对不同类型的公共危机事件,采取有针对性的预防性措施,尽量抑制住风险源以将风险消灭在萌芽之中。例如,火灾的预防就要在控制易燃易爆物质、电路的排查维修等方面采取措施。防止煤矿瓦斯爆炸、渗水等需要随时检查煤矿中的环境状况,加强煤矿安全检查等。总之,未雨绸缪是预防和控制公共危机最基本的方式。

2. 改变或改善环境

任何公共危机的发生都是在一定的环境中形成的。环境有自然环境和人造环境两个方面。人们对自然环境在短期内难以施加影响,但是在一个较长时间里,还是能够改善自然环境的。例如,通过长期的生态环境保护可以减少泥石流、山体塌方、道路塌方等引发的灾害。又如,人类可以通过控制大气污染,减缓温室效应的产生。对一些在短期内难以改变的自然环境,人类可以采取规避的办法。例如,在大雾天气,应该避免飞行,关闭高速公路,禁止出海等。

3. 要避免发生连锁反应

公共危机的大小与环境关系密切。一般来说,所发生的公共危机与周围环境关联性越大,公共危机扩散的危险也会越大;反之,所发生的公共危机与周围环境关联性不大,公共危机扩散的风险就会相对较小。因此,在进行公共危机预防中,要高度重视危机风险与周围环境的这种关联性,要尽可能降低它们之间的关联性,避免发生连锁反应。

五、公共危机预防管理的流程

（一）设立危机管理团队

在组织内设立公共危机管理团队是完全应该且必需的。因为公共危机类型繁多，一个有效的公共危机管理网应该包括决策层负责人及组织各部门的主管或优秀人才，还可外聘专家等。公共危机所涉及和所扩散到的领域复杂多样，需要多学科、多部门的合作与协同，因此，公共危机管理团队应该由多学科、跨部门的专业人才组成，是一个跨部门的组织。根据斯蒂文·芬克的建议，先建立由最高管理层成员、公关部部长、保卫部部长、法律顾问等构成的危机管理小组的核心层；再根据公共危机的不同类型，增加公共危机管理团队成员。每个团队成员应赋予相应的权力，团队内部应进行细致的分工。这些成员在组织常态化时除了做好本职工作，还承担着防范和预警公共危机的职能，组织一旦出现公共危机，他们就应该在高级管理人员的组织和协调下快速起到处理公共危机的作用。当组织出现公共危机时，高层管理人员应该具有快速直接调用相关专业人员的权利和能力。

公共危机管理团队在组织内属于常设机构，负责处理未来可能发生的公共危机事件。其职责包括制订危机管理计划、实施公共危机管理计划、处理计划外的公共危机等。危机管理团队在彻底研究组织所面临的风险之后开始制订危机管理计划。为此，公共危机管理团队需要收集不同种类的信息资料，以及潜在危机预警和预防危机行动所需的资料。当公共危机真正来临时，公共危机管理团队就将公共危机管理计划付诸实施。当情形发生变化时，公共危机管理团队必须及时调整，处理危机管理计划以外的紧急状况，因地制宜、实事求是地加以应对和处置。例如，美国南加州大学危机管理团队的成员就包括校长、教务长、行政资深副校长、学校法律顾问及学校其他高级官员。一旦发生公共危机，这个团队就立刻行动，其职责包括根据收集的信息制定危机应对策略，并通过学校的公关部门与有关机构和人士进行沟通。在这个团队下面还设有一个危机处理小组，由学校各个部门的主管组成，如学校的保安部主任、后勤部主任、设施管理部主任等。这个危机处理小组根据危机管理团队制定的政策进行具体操作，排列行动计划，收集有关信息并加以评估，同时向危机管理团队提供建议。这个危机处理小组还包括一些辅助成员，如学校里负责学生活动的主管、学校信息部门的主管、财务部门的主管等。

（二）制订危机管理计划

虽然预先识别公共危机并将公共危机"扼杀"于无形是成本最低的公共危机管理方式，但是，任何一个组织即便防范措施做得再好，也不能保证万无一失，确保公共危机绝对不会发生。因此，未雨绸缪，超前决策，精心策划出全面的危机管理计划，以便公共危机真的来临时能够从容面对。所谓危机管理计划就是针对公共危机发生前后的所有可能的情况与因素、危机发展阶段，进行全面、翔实和有条理性的想象与归整，并形成可理解的文件资料。

为减少不确定性和判断失误，事前进行信息收集与评估、反复推敲得出的危机管理计划，则不失为混乱情况中的脱困手册和蓝图。因为：①有了计划之后，可以区别危机事件中各个因素的轻重缓急与处理的先后顺序；②计划可以减少不确定的状况与不确定的因素；③计划可以唤起及时的行动；④计划赋予决策者信心，在危机爆发时刻，这种准备与信心，必然有助于决策者做出正确的决策。总之，危机管理计划的制订可以帮助公共危机管理者在危急时刻有条不紊地处理公共危机。

危机管理计划基本上描述的是组织在有效管理公共危机方面将要采取的步骤，并为每一领域确定具体人员的责任，重点是报告和沟通，以保证组织的主要人员了解他们各自的角色和责任。危机管理计划也指出了组织最重要的利益相关者有哪些，并描述了与每一位利益相关者进行接触、监控和咨询的方式。

危机管理计划与一般计划之间最大的区别：一般人们在制订计划后就要努力实施它，而危机管理计划在制订之后，人们并不希望它有实施的机会，并且在现实中确实有许多危机管理计划并没有实施。这就使得有些管理者存在侥幸心理，不愿意花费人力、物力、财力来思考和制订危机管理计划。此外，危机管理计划要有弹性。危机管理计划旨在给公共危机管理者提供对付公共危机的通用方法，并非一个危机管理的完全手册，很难穷尽所有公共危机，也难以穷尽公共危机的所有细节。危机管理计划的条款不能规定得太死，应有较强的灵活性。这样，只要有一个危机管理计划，并有效地规定了危机管理的原则、程序、资源保障、分工关系，就能够在特定公共危机爆发时发挥作用。通常，危机管理计划包括以下内容。

（1）确定危机事件。为确定公共危机事件，危机管理人员通常所要做的是：列出组织可能面临的所有公共危机清单，将这些公共危机分类；评估每一个公共危机发生的可能性与冲击度，以确定公共危机的危险度，根据危险性大小对潜在公共危机进行排列，在此基础上再依据轻重缓急原则制定反危机措施。

（2）设立危机管理目标。公共危机管理的基本目标是尽早发现危机，将危机消灭于萌芽状态；一旦公共危机爆发，将公共危机所造成的损失降为最小，并尽可能地变危机为转机。

（3）建立危机处理小组。设立公共危机处理小组是实施公共危机管理的组织保障。在公共危机管理计划中应明确公共危机处理小组的人员构成及其相应职责。

（4）制定危机备选方案。危机处理小组必须细致地考虑各种可能发生的紧急情况，制定相应的危机备选方案。

（5）拟订危机行动计划。危机行动计划要确定组织在紧急状态下的行动方案，既包括危机预防，又包括处理不可避免的公共危机所涉及的具体内容、步骤和实施人员。危机行动计划有两类：一是全部计划，就是全面地考虑每一种公共危机可能出现的种种状况，有针对性地提出相应的行动方案；二是部分计划，是指对某种事先估计到要发生的公共危机制订计划。

（6）制订危机沟通计划。一个完备的危机沟通计划应包括：发言人，必须具备良好的语言沟通能力、机敏的反应能力和能在巨大压力下工作的心理素质；危机处理中心，中心的各种通信设备必须完备且保证运作正常；对内、对外沟通策略，应确定对外信息沟通的渠道和统一口径、明确新闻发布会举办的时机和方式、确定新闻资料规范、注明不宜外露信息的范围等事宜。

（7）明确利益相关者的关系和职责。一般而言，利益相关者是指与组织在利益上、权利上或所有权上关系密切的任何人或团体。对于公共部门来说，利益相关者既包括内部员工，也包括中央政府、地方政府、社区、新闻媒体、国际组织、公共服务的接受者等。在与各种利益相关者建立良好关系时,要做到两点,即经常的双向性沟通和言行一致。

(三)重视危机管理科普宣传培训与演练

公共危机管理科普宣教培育着公共危机管理的预防文化,因此,危机管理科普宣教是公共危机管理的基础和前提。加强危机管理科普宣教体系建设意义重大,必须防止公共危机管理中重视政府应急能力建设而忽视全民危机管理科普宣教体系的倾向。危机管理科普宣教是将公共危机管理的知识、智慧、能力有效传递给人的活动,以提高人们危机意识与能力为目的,对公众、领导者、危机管理者、救援者和志愿者等群体与个人开展危机意识、知识、技能与心理等方面的科普宣教培训活动与行为。

危机管理科普宣教,是一项政府与社会公众共同参与的系统工程,具体是指公共危机知识的宣传、普及和技能的训练、应用。危机管理科普宣教培训与演练作为公共危机管理工作的重要内容,是针对公共危机事件所做的预防和准备,并在这个预防与准备的过程中培养政府和公众的危机意识,以及应对各类公共危机事件的思想和技能准备。危机管理演练主要包括公共危机模拟演练和媒体训练。危机模拟演练是检验组织危机预防准备工作成效的重要方式。媒体训练主要是指训练公共危机管理发言人与新闻媒体进行有效沟通。

1. 加强危机管理科普宣教能力建设

公共危机管理科普宣传,应以公共危机知识普及为重点,提高公众的预防、避险、自救,互救和减灾等能力。按照公共危机前、危机中、危机后的不同情况,分类宣传、普及公共危机知识。公共危机前教育以了解危机事件的种类、特点和危害为重点,掌握预防的基本技能;公共危机中教育以自救、互救知识为重点,普及基本逃生手段和防护措施,告知公众在公共危机事发后第一时间如何迅速做出反应,如何开展自救、互救;公共危机后教育以经历过危机事件的公众为重点,抚平其心理创伤,恢复正常社会生产、生活秩序。通过介绍国内外应对危机事件的正反两方面案例,剖析公众在遭遇危机事件时,临危不乱、灵活运用自救互救知识配合政府救援、减少人员伤亡的正确做法,增强公众"思则有备,有备无患"的忧患意识和法治意识,提高公众应对危机事件的综合素质。同时,通过总结分析案例中使用的处置手段、采取的应对措施等,进一步提高应对和处置危机事件的能力和水平。

应积极配合新闻媒体,主动开展科普宣教工作。采取群众喜闻乐见、寓教于乐的方式,利用广播、电视、报刊、网络等多种媒体,细分受众层次,尽可能使用通俗语言,简明扼要,多体裁、多角度、有针对性地进行宣传报道,将科普宣教工作的网络和触角延伸进社区、农村、企业、学校和家庭,在真正取得实效上下功夫。

2. 重构与完善基层社区危机管理科普宣教体系,健全基层社区危机管理知识教育体系

社区是社会生活的基本组织单位,作为各类公共危机事件的承载体,社区不仅要在第一时间直接面对公共危机,更要在第一时间处置危机,所以基层社区危机管理科普宣教体系在整个社会全民危机管理科普宣教体系中,无疑处于基础性的、关乎全局的核心地位。基层社区公共危机管理科普宣教体系的重构与完善,已经成为公共危机管理工作的重中之

重。社区要尽快改变目前局限于纪念日或活动日的"点缀式"危机管理科普宣教的现状，做到基层社区危机管理科普宣教的常态化，将危机管理科普宣教寓于基层社区居民的日常生活之中。

通过建立基层社区危机管理科普宣教的常态教育模式，构建基层社区危机管理科普宣教的长效机制，建成覆盖全社区、全方位、全层次、全过程的基层社区危机管理科普宣教体系，从而普及预防、避险、自救、互救、减灾等公共危机防护知识，增强基层社区居民的公共安全意识和社会责任意识，提高基层社区居民应对危机事件的综合素质和处置能力。

3. 探索并创新基层社区居民参与形式、常态化的危机管理科普宣教体系

常态化的危机管理科普宣教体系要真正取得实效，必须发动基层社区居民参与公共危机管理科普宣教，形成全民动员、预防为主、全社区参与危机处置的全员参与局面。必要的危机知识、良好的危机意识和危机心理是基层社区居民有效参与危机处置的前提条件和基础，而基层社区居民参与公共危机应对情景仿真教育与演练是提升危机处置能力的基础手段。可以通过创建学习型社区，描绘与展望危机处置的社区共同愿景来激发民众的参与意愿，探索社区居民主动式、常态化的危机管理科普宣教模式。

以学习为纽带的基层社区居民主动式、常态化的危机管理科普宣教模式，其立足点是通过学习、讨论和感悟，形成社区居民应急处置的共同愿景，以共同的愿景来教育引导居民的社会责任意识和发动民众主动参与公共危机处置行动。由于社区是居民生活的共同家园，所以社区本地化的感受和地方性的知识更容易让居民产生直接的感知和认同。社区共同愿景就是以此为基础，在居民的共同学习和互动中建立的。经由学习形成的社区共同愿景，能够教育引导居民在危机处置中达成共识，展开合作，从而铸就居民的共同价值观，并为居民提供参与社区危机处置的坚强支撑。

4. 构建组织隐性危机防范系统

组织公共危机的有效防范需要组织全员化、系统化的防范，这需要一个贯穿于组织始终的隐性危机防范系统。组织隐性危机防范系统更强调系统性和整体性配合。组织隐性危机防范系统经常被忽略的是组织的危机防范文化和组织高层决策中的危机意识，而最难做好的是组织日常危机防范制度。

组织危机文化是危机防范的制度基础，它在危机防范中最难觉察到，但它又能时时起到危机防范的作用。组织日常防范制度是不容忽视的也是最难做好的。组织高层在决策时不但要有敏锐的危机意识，对公共危机的科学评估，同时又能与时俱进。过于谨慎的政策本身就是最大的风险。组织的决策层要找到这两者的平衡点。组织制度的安排也要体现这种平衡。对于中层管理，组织要有应对公共危机的备案和计划，定期进行组织脆弱性分析，出现问题能及时处理；危机处置的模拟训练、危机管理培训及组织危机文化的灌输也很有必要。基层主要是建立危机防范的日常管理制度。

> **专栏 5.1**
>
> 德、法、美的国家危机演练实践
>
> **一、德国战略危机管理演练实践**
>
> 德国认为行政层面的应急演练尤其适用检验合作程序、现有预案,完善指挥部结构和协调机制。2002 年,德国政府提出保护公民新战略,决定开展战略危机管理演练,参演人员主要是联邦部际危机指挥部、政治-行政指挥部、跨行业和跨领域的管理机构与企业危机管理组织,目的是提高危机情况下的综合应对能力,在公共与私营组织间建立综合协调和决策机制,并于 2009 年制定《国家战略危机管理演练指南》。该演练组织实施工作由德国内政部负责,具体事宜由联邦公民保护与灾难救助局及德国危机管理、应急规划及民事保护学院承担,设立演练指导委员会、项目总体组与相关分组、参演单位工作组、IT 技术支持组、演练导调组等。演练框架文件作为战略危机管理演练的核心基础文件、由项目总体组负责准备,提交演练指导委员会批准,说明整个演练周期的关键要点与要求。
>
> **二、法国官员危机管理训练实践**
>
> 法国 2004 年度的国防和国家安全报告中强调开展政府相关官员共同培训项目的重要性,认为应自上而下改进有关危机管理指导体系的培训,重点是确保每个人都使用相同语言,对危机有相同认识。受内政部委托,法国国家安全与司法学院自 2007 年开始面向地方政府和安全部门高级官员开展危机管理培训,重点面向危机管理决策者,侧重于危机状态下涉及多个政府部门的战略决策过程。
>
> **三、美国应急管理**
>
> 《美国国土安全演练和评价计划》提出有关演练规划与演练项目管理的基本原则和通用方法,该计划中提出交流研讨、专题研讨、桌面演练、计算机模拟推演、操练、功能演练和全面演练七种演练类型,提出应坚持基于能力和目标的驱动,按递进方式规划演练项目,逐渐增加演练规模、范围和复杂性。显然该计划并不专门指导应急管理人员演练。美国现行做法是把决策者、指挥员和应急管理人员的演练纳入整个应急准备体系,列在特定演练规划中。以"网络风暴"演练为例。该系列演练由美国国土安全部负责,侧重于考察国家、政府部门、公私机构等在关键基础设施遭受网络攻击情境下的协同应急能力,加强联邦与州、地方及国际合作伙伴的关系,发展关键基础设施领域的公私伙伴关系。

第二节 公共危机预警管理

公共危机预警管理致力于从根本上防止公共危机的形成、爆发,是一种对公共危机进行超前管理的运行体系。在公共危机演变的不同阶段中,在可能产生公共危机的源头上设置警情指标,对可能引起公共危机的各种要素及其所呈现出来的危机信号和危机征兆随时进行严密的动态监测,对其发展趋势、可能发生的危机类型及其危害程度做出科学合理的评估，并按危机程度向有关部门发出危机警报。

一、公共危机预警管理的内涵

所谓公共危机预警，就是根据有关公共危机现象过去和现在的数据、情报和资料，用逻辑推理和科学预测的方法、技术，对某些公共危机现象出现的约束性条件、未来发展趋势和演变规律等做出估计与推断，并发出确切的警示信号或信息，使政府和民众提前了解公共危机发展的状态，以便及时采取应对策略，防止或消除不利后果的一系列活动。

从内容上看，公共危机预警主要包括"预"（预测）和"警"（警示）两个组成部分。其中，"预"指的是特定部门以先进的信息技术平台，通过预测和仿真等技术收集、整合、处理相关信息，预测某一类危机事件的发展动态。从信息流程来看，"预"以由外而内为主，内外互动；其作用对象也主要为特定的部门机构。"警"指的是根据预测结果，通过公共媒体、政府内部信息渠道等，及时对特定的目标人群发布警示信息，从而把公共危机可能给特定部门和潜在的受众群体造成的损失降至最低。当然，"预"和"警"之间相互联系，协调配合，形成了一个完整的运作流程，从而有效地发挥危机预警的应有功能。

公共危机预警管理是指，公共危机管理主体和决策部门，根据风险评估结果或危机监测信息，发布有关危机暴发的警报，以提醒相关主体开展提前或实时的应急响应、危机处置、安全防护、救援逃生等应对措施，来规避风险、减少损失。公共危机预警的作用在于通过向相关主体发布预警、触发响应，促使其开展前置性的危机应对或实时的应急处置。对于内外的不同主体，危机预警发挥不同的作用。对内部的部门及其人员的危机预警，即内部预警，用于提醒相关部门和人员提前或及时启动应急预案和响应措施，保障人民群众的生命与财产损失；内部预警应保持情报机构、行动部门等相互之间充分的信息共享与沟通联络，实现情报价值最大化和预警响应行动的无缝衔接。对外部的人民群众的危机预警，即外部预警，用于提醒相关群众或社会组织重视公共危机，配合做好公共危机发生之前的风险防范或规避等相关工作，并在公共危机发生时有意识地开展自救互助、紧急逃生；外部预警应尽可能提升危机预警的精细化和人性化，便于外部群众的理解和配合。

总之，公共危机预警管理是全部公共危机管理过程的重要且首要组成部分，是组织管理支撑体系中重要的分支系统，这一系统对公共危机管理的技术性、科学性、综合性要求更高。公共危机预警管理作为公共危机管理的第一道防线，已成为公共危机管理的重中之重。进行科学的公共危机预警管理需要坚实的理论支撑，需要明确的预警指标导向，需要完备高效的预警组织机构，需要严格的预警管理要求。

二、公共危机预警管理的要素

公共危机预警的核心要素包括预警的主体和对象、内容和形式、平台和渠道、调整和反馈。将核心要素串联起来形成公共危机预警的基本流程：在信息收集与报送、信息分析与研判等危机决策的基础上，预警主体针对马上要发生、必然会发生或已经在发生的公共危机事件，形成预警信息，通过一定的平台和渠道，针对受影响区域和人群，通过发出警报、通报、提醒等方式发布预警，提醒危机响应和自救互助，并在后续根据情况变化和预警反馈对公共危机管理做适时调整。

（一）预警的主体和对象

公共危机预警的主体为公共危机管理的相关部门及其人员；接收对象为可能受到危机影响、须通过预警来提醒其做好准备或做出响应的所有相关主体，既包括政府也包括群众，既包括组织也包括个体。

预警发布主体是各级政府及其相关部门；同时根据分类管理原则，负责某类或某项公共危机事件的管理部门一般负责此类或此项公共危机的专项预警工作。

预警接收对象，一般是可能预警受到公共危机影响的人群、组织、地区，既包括需要处置和应对该公共危机的政府部门和人员，也包括受其影响的人民群众和社会组织。

根据《中华人民共和国突发事件应对法》，在我国，由县级以上地方各级人民政府发布危机预警，可以预警的突发公共危机事件即将发生或者发生的可能性增大时，县级以上地方各级人民政府应当根据有关法律、行政法规和国务院规定的权限和程序，发布相应级别的警报，决定并宣布有关地区进入预警期。

（二）预警的内容和形式

公共危机预警信息的设置遵循准确、简练、易懂、易操作原则，预警的内容一般包括危机事件的类别、预警级别、发布时间、起始时间、影响或可能影响的范围、警示事项、应对措施、发布机关、咨询方式等；预警的表现形式一般包括信号、文字、声音、图像、视频等。对于某些预警研究相对成熟的领域，预警的内容以标准规范或约定俗成的预警信号图标的形式呈现。例如，突发气象灾害预警信号图标由代表气象灾害种类的图形符号、文字、代表预警信号颜色的图案等组成。

（三）预警的平台和渠道

公共危机预警发布的平台和渠道是指预警信息对内对外发布的技术平台和通信渠道，决定了预警信息发布的覆盖面、精准度、时效性。当前我国基本建立起"分类管理、分级预警、平台共享、规范发布"的公共危机预警信息发布平台，并初步形成"横到边、纵到底"危机事件预警信息发布系统。一方面，以电子政务网为纽带，实现国家预警发布系统与相关部门间的横向连通，实现"横到边"；另一方面，平台以移动互联网和卫星通信为基础，实现了国家、省、市三级预警发布管理平台和县级发布终端的纵向贯通，实现"纵到底"。

公共危机预警发布渠道是危机预警的终端和下游。技术角度的预警发布渠道是面向预警受众群体的终端设备；管理角度的预警发布渠道是让发布主体能够发布、接收对象能够接收的方式方法；操作角度的预警发布渠道是人民群众能够接收到信息的各类通信工具和手段，主要包括信息员口头宣传、手机短信、微信、政府公众账号、官方网站、官方微博、广播、电视、报纸、楼宇电视、高音喇叭、传真、邮件等。

（四）预警的调整和反馈

公共危机预警应根据公共危机状况和事态发展，按照有关法律规定，适时调整、取消或重发。有事实证明不可能发生公共危机事件或者危险已经解除的，发布警报的人民政府应当立即宣布解除警报，终止预警期，并解除已经采取的有关措施。

公共危机预警的调整离不开精准的预警信息反馈。信息反馈是对预警信息的跟踪监测，能够实时了解和掌握公共危机发生发展的情况，及时调整预警，减少预警失误、预警不当、预警过度等带来的生命和财产损失，以及负面的社会影响。

我国的国家危机事件预警信息发布系统现已开发反馈评估等子系统，具有实时接收各类预警发布情况反馈的功能，可实现预警信息发布覆盖面、成功率、及时性、社会效益、媒体舆论等指标的收集统计和分析评估，从而为各预警发布单位实时反馈预警发布情况和效果。

三、公共危机预警管理的内容

公共危机预警管理的主体是政府各行业主管部门，对象是所有可能发生公共危机的领域及其相应行业管理状态评估两个方面。

（1）公共危机预警管理的主体是政府各行业主管部门。目前，公共危机预警管理主要由政府各行业主管部门承担，采用分行业、分部门的公共危机预警管理机制，进行公共危机前的系统监测、识别和预警预控工作。为此，政府各行业主管部门建立社会危机分类管理监测预警与评估机制，成立公共危机预警管理的专门机构，负责公共危机的预警管理与评估职能；协同建立层级制的危机预防管理系统，实行综合管理，协调各专业或行业预警管理与评估工作和社会资源配置工作。

（2）公共危机预警管理的对象是所有可能发生公共危机的领域及其相应行业管理状态评估两个方面。可能发生公共危机的领域包括社会稳定、公共卫生、生产等领域，这些领域的危机预警管理更多的是由各行业或专业的预警预控管理部门执行；在下属行业管理状态的监测与评估方面，包括可能发生公共危机的预警预控体系的功能、组织结构和人员配备等以及功能发挥有效性等方面的评估，由直属于各级政府的专业预警管理机构来执行，以监督和控制下属的预警管理机构。公共危机预警管理系统的建立与运行具有以下功能：①对公共危机可能发生领域的监测功能，监测各级政府管辖区域内社会可能面临和已经面临的不利对象的变动状况；②对公共危机可能发生领域的识别与评价功能，根据发生公共危机的可能性及后果的危害性，对监测的结果进行识别和评价，判断发生公共危机的可能状态；③对公共危机的预先控制功能，监测、识别和评价之后进行相应的诊断，判断是否要采取相应的预控对策，以及如何采取相应的对策，可建立相应的预案对策体系，进行及早预防和预先控制。

根据公共危机预警管理系统的功能，公共危机预警管理的活动内容应由预警分析与预控对策两大任务构成。预警分析是指对诱发危机事件的各种现象进行识别、分析与评价，并由此做出警示的管理活动。预控对策是根据预警分析的输出信息，对危机诱因的早期征兆进行及时纠正、规避与控制的管理活动。

（1）预警分析包括危机监测、识别和诊断。公共危机监测是预警管理与评估活动的前提；通过对监测信息的分析，识别社会活动领域中可能发生公共危机的主要诱因或致错因素，对已被识别的致错诱因进行综合分析诊断，以明确哪个致错因素（现象）是主要的危险源。

（2）预控对策的活动内容主要包括组织准备、日常监控、预控实施三个环节。

①组织准备的目的在于为预控对策活动和整个预警管理与评估活动提供有效的组织

保障。组织准备有两个特定任务：一是规定预警管理与评估系统的组织结构（机构、职能设定）和运行方式；二是为公共危机发生后进行公共危机管理提供组织训练与对策准备，即预案对策库。

②日常监控是指对预警分析活动所确定的公共危机诱因进行专门监控的管理活动。它有两个主要任务：日常对策和危机模拟。日常对策，即对可能发生的公共危机进行避防与纠正，并使社会秩序恢复到正常状态；公共危机模拟，即对发生公共危机后的紧急救援和对有可能陷入更大灾害的公共危机状态的假设与模拟活动，为未来一旦进入危机状态做好对策准备。

③预控实施是指公共危机发生后所采取的紧急预控对策的实施活动。

四、公共危机预警管理的系统

公共危机预警管理的子系统主要有：预警信息搜集子系统（信息收集）→预警信息分析和评估子系统（信息甄别、处理）→公共危机预测子系统（风险识别、分析）→公共危机预警指标子系统（指标确立、维护）→公共危机预控对策子系统（预警信号、预控方案），最终归集于预警中心进行相应的指挥决策。

（一）预警信息搜集子系统

信息是公共危机预警管理的关键，应搜集外部环境信息和内部信息，以便准确、及时地预测到危机发生的征兆，进而采取有效的措施规避和控制公共危机。为此，应建立高度灵敏、准确的信息监测系统，及时收集相关信息。

（二）预警信息分析和评估子系统

预警信息分析和评估主要是对危机事件环境进行分析。环境分析是指对可能或已经引起公共危机的经济、文化、社会等环境因素的了解、评价和预测。预警信息分析和评估子系统要求确保预警信息的真实性、可靠性；要求确认公共危机的利益相关群体，并分析他们的认知态度、行为方式等特点；要求评估公共危机的严重程度。通过预警信息分析和评估，掌握客观环境的发展趋势和动态，了解与危机事件发生有关的微观动向，从而敏锐地察觉环境的各种变化，保证当环境出现不利的因素时，能及时、有效地采取措施，趋利避害。组织要及时识别、评价组织中的薄弱环节以及外界环境中的不确定性因素，观察、捕捉组织出现公共危机前的征兆。由于几乎所有的公共危机发生前都会有不同程度的征兆，所以组织应当及时捕捉到这些征兆，及早进行必要的防范，努力确保组织的薄弱环节不会转变为公共危机，并对其可能造成的危害进行评估。

（三）公共危机预测子系统

科学预测是预警管理与评估的前提。公共危机预测子系统主要是通过电子政务网络平台对社会安全状态进行分类管理，对可能发生公共危机的各种因素和危机表象进行监测，从而预测公共危机的演变、发展和趋势，为公共危机管理者进行危机控制和管理提供科学决策的依据。公共危机监测的职能是通过对危机诱因、危机征兆的严密观察，收集整理反映公共危机迹象的各种信息和信号。具体而言，包括以下三个方面。

（1）对组织各方面的风险、威胁进行识别和分析。

（2）对每一种风险进行分类，并决定如何管理各类风险，从而准确地预测各种风险和机遇。

（3）对已经确认的每一种风险、威胁和危险的大小及发生概率进行评价，建立各类风险管理的优先次序，以有限的资源、时间和资金来管理最严重的一种或某几种风险。

（四）公共危机预警指标子系统

公共危机预警指标子系统确定能有效反映危机程度与特征的危机预警指标，并加以随时更新和维护。公共危机预警指标是指导预警的各类参数，它与危机状态密切相关，通过对这些指标的分析，可以发现公共危机的迹象。预警需要准确的结果，要将不确定性降到最低，因此预警指标不能有大量的不确定性因素，必须便于收集、测量和计算。预警指标应当选取那些对未来变化有影响的因素，必须找出关键指标。

在选择公共危机预警指标时，一是看指标能否有效地反映公共危机的程度与特征；二是能从指标数值的历史变动规律与特点中，得到预警指标的边界区间。

根据各个指标对公共危机总体预警的重要性，指标可分为特级预警指标、一级预警指标和二级预警指标，把各指标加权汇总得到预警总指数。

（五）公共危机预控对策子系统

公共危机的严重社会威胁性，要求公共危机管理者预先制定危机预控对策方案，把公共危机消灭在萌芽状态。公共危机预控对策方案的步骤如下所述。

（1）提出预测的目标和事物发展的阶段及时间等一系列问题。

（2）汇集整理与问题相关的背景情况及其他方面有价值的信息。

（3）从结果的可靠性和工作的时效性出发，正确选择预测方法，主要有回归分析法、时间序列分析法、模型法、直观预测法等。

（4）制定公共危机的预控对策方案。

（5）不断进行公共危机预控对策方案的评价和调整，使其优化。此外，还需要加强全社会的公共危机预警管理意识教育，树立公共危机防范意识，增强公共危机预警管理技能。

公共危机意识是危机预警的起点。公共危机预警意识应从公共危机预警管理意识教育、危机应对情景训练、危机专业知识教育、危机案例教育等方面培养政府工作人员的公共危机预警管理能力。同时，通过教育和培训，使普通民众掌握一定的自我保护方法，增强他们的心理承受能力和危机应变能力。

五、公共危机预警管理的制度

公共危机预警管理制度是公共危机预警管理机制的前哨，是公共危机事件爆发前控制事态的组织和技术体系。公共危机预警管理制度是防范和解决社会矛盾的基础，是社会稳定和发展的指示器。我们应该将公共危机预警管理制度设计纳入国民经济和社会中长期规划的主要内容之中。我们应在国民经济和社会中长期规划中，明确公共危机预警管理机制设计的主要内容，例如：需要对哪些公共危机建立预警评估机制，这要在分析目前和今后一个时期公共危机因素的基础上进行；评估这些公共危机风险源、危机征兆、危机征兆与危机发生之间的关系，需要组织国内外专家和可能受到影响的地区、部门的有关人员一起参加评估；根据评估结果确定危机监测的内容和指标，并确定危机预警的临界点；确定建立什么样的公共危机预警系统，采取什么样的技术、设备、体制、组织、程序，需要为可能发生的公共危机准备什么样的资源等；建立公共危机预警系统的组织体系，配备必要的人力、物力和财力来支持这个系统的正常运行，并发挥积极作用；与可能遭受公共危机的部门和地区建立密切关系，争取它们的支持和配合，等等。

政府应当按照公共危机的不同类别，确立所有危机事件可能发生的量化指标体系，进行实时监控，并在此基础上完善科学、合理的分级预警机制。政府部门根据不同级别的预警，确立相应的行动方案。公共危机预警管理工作应突出危机预防和筹备工作，主要运行制度如下所述。

（一）实行预警信息发布制度，建立健全公共危机汇报制度

需要明确：公共危机预警信息的界定和分类，预警信息包括公共危机事件的类别、预警级别、起始时间、可能影响范围、警示事项、应采取的措施和发布机关等；各层级汇报各类公共危机信息的时间期限；特大公共危机的特殊汇报方式；责任追究细则。要建立健全公共危机事件的预警指数和等级标准，我们必须制定综合预警体系建设的技术标准，充分利用现代化的技术监测手段，特别加强交通、公共卫生、安全生产、气象、市政、环保、地震、森林火灾等专业部门的数字化监测基础设施建设，强化专业预警预报信息系统建设。

（二）实行分级预警制度，筹建全国范围的公共危机公告制度

西方发达国家政府预警系统一般都强调对公共危机进行分级预警管理，对不同程度的公共危机实行不同级别的认定并采取相应的对策。例如，美国防恐的经验是设立国土安全警戒体系（homeland security advisory system，HSAS），建立一套五级国家威胁预警系统（表5-1），威胁由低到高分别是：低，绿色标示，表示遭到恐怖袭击的风险低；警戒，蓝色标示，表示存在一定的恐怖袭击危险；较高，黄色标示，表示存在较高的恐怖袭击的风险；很高，橙色标示，表示遭到恐怖袭击的风险很高；严重，红色标示，表示极容易遭到恐怖袭击。该警戒体系由美国国土安全部升降安全级别，并在全国公告，有效地起到了全国预警的作用。

表 5-1 美国五级国家威胁预警系统

颜色	威胁程度	采取的行动
红	严重	动员紧急救护队，并布置工作人员评估紧急需要
橙	很高	地方、州和联邦机构开展协调工作，加强在公众实践中的安全工作
黄	较高	加强对重要地方的监视活动和对威胁的评估工作
蓝	警戒	检查紧急程序，通知公民所要采取的必要措施
绿	低	保持安全培训和准备状态

资料来源：郭济. 政府应急管理实务. 北京：中共中央党校出版社，2004：108-109.

借鉴国际经验，在对突发公共危机事件进行分级管理的基础上，我国也建立了一套四级国家威胁预警系统。依据突发事件可能造成的危害程度、波及范围、影响力大小、人员及财产损失等情况，我国将突发事件由高到低划分为特别重大（Ⅰ级）、重大（Ⅱ级）、较

大（Ⅲ级）、一般（Ⅳ级）四个级别。在对突发公共危机事件进行分级管理的基础上，建立了一套四级国家威胁预警系统。依据突发事件即将造成的危害程度、发展情况和紧迫性等因素，由低到高划分为一般（Ⅳ级）、较重（Ⅲ级）、严重（Ⅱ级）、特别严重（Ⅰ级）四个预警级别，并分别采用蓝色、黄色、橙色和红色来加以表示。

（三）建立预警责任追究制度，建设配套的公共危机评估系统

公共危机评估系统有三个关键环节：①公共危机评估指标体系的建构，即选定可以作为公共危机防范工作的评估指标，形成科学、实际可行的指标体系；②制定定期考核的机制，维持一定程度的待命状况；③实施有效的绩效管理，有效地推广先进、鞭策后进。

六、公共危机预警管理的过程

公共危机预警管理的过程主要包括信息监测、信息发布、不同级别的预警措施及预警的调整与解除等。

（一）信息监测

加强监测制度建设，建立健全监测网络和体系，是提高政府信息收集能力，及时做好公共危机预警工作，有效预防与减少公共危机的发生，控制、减轻、消除公共危机引发的严重社会危害的基础。

一方面要根据公共危机的特点，建立健全基础信息库。所谓公共危机基础信息库，是指应对公共危机所必备的有关危险源、隐患、资源、避难场所、专家咨询、预案等基础信息的数据库。建立完备、可共享的基础信息库是公共危机管理、监控和辅助决策必不可少的支柱。目前，我国公共危机的基础信息调查还比较薄弱，信息不完整、家底不清的现象还普遍存在，信息侵害现象也比较严重。建立健全基础信息库，各级政府开展各类隐患、风险源、资源分布情况的调查并登记建档，为各类公共危机的监测预警和隐患治理提供基础信息。要统一数据库建设标准，实现基础信息的整合和资源共享，提高信息的使用效率。

另一方面要完善监测网络、划分监测区域，确定监测点，明确监测基础，提供必要的设备、设施，配备专职或者兼职人员，对可能发生的公共危机进行监测。这是对监测网络系统建设的规定。无论是完善哪一类公共危机的监测系统，都要加大监测设施、设备建设，配备专职或者兼职的监测人员。

（二）信息发布

全面、准确地收集、传递、处理和发布公共危机预警信息对公共危机管理意义重大。一方面，有利于处置机构对公共危机事件发展进行科学分析和最终做出准确判断，从而采取有效措施将公共危机消灭在萌芽状态，或者为公共危机发生后具体应对工作的展开赢得宝贵的准备时间；另一方面，有利于社会公众知晓公共危机的发展态势，以便及时采取有效防护措施以避免损失，并做好有关自救、他救准备。

公共危机预警信息的发布、报告和通报工作，是建立健全公共危机预警制度的关键性环节。要建立严格的信息发布制度，从以下两个方面加以完善：一方面要完善预警信息发布标准，对可能发生和可以预警的公共危机进行预警，规范预警标识，制定相应的发布标

准，同时明确规定相关政府、主要负责单位、协作单位应当履行的职责和义务；另一方面要建立广泛的预警信息发布渠道，充分利用广播、电视、报纸、电话手机、街区显示屏和互联网等多种形式发布预警信息，确保广大人民群众能够在第一时间内掌握预警信息，使他们有机会采取有效防范措施，达到减少人员伤亡和财产损失的目的，同时还要确定预警信息的发布主体，信息的发布要有权威性和连续性，这是由公共危机发展的动态性特点决定的。作为预警信息发布主体的有关政府要及时发布、更新有关公共危机的信息，让公众随时了解事态的发展变化，以便主动参与和配合政府的公共危机管理工作。因此，当预警的公共危机即将发生或者发生的可能性增大时，有关政府应当依法发布相应级别的警报，决定并宣布有关地区进入预警期，同时向上一级政府、当地驻军和可能受到危害的毗邻或者相关地区的政府工作报告或通报。

（三）不同级别的预警措施

公共危机即将发生时，有关政府应当根据公共危机发生的紧急程度、发展态势和可能造成的危害程度，发布相应的预警级别。正常情况下，预警分为一、二、三、四级四个预警层级。其中三、四级预警是比较低的预警级别。发布三、四级预警级别后，预警工作的作用主要是及时、全面地收集、交流有关公共危机的信息，并在组织综合评估和分析判断的基础上，对公共危机可能出现的趋势和问题，由政府及有关部门发布警报，决定和宣布进入预警期，并及时采取相应的预警措施，有效消除产生公共危机的各种因素，尽量避免公共危机的发生。发布三、四级警报后，政府采取的主要是一些预防、警示、劝导性措施，目的在于尽可能避免公共危机的发生，或者是提前做好充分准备，将损失减至最小。

发布一、二级预警级别后，政府的应对措施主要是实施具体的防范性、保护性措施，具体来说，要求有关救援队伍、负有特定职责的人员进入待命状态，动员后备人员做好参加救援工作的准备工作；调集所需物资、设备、设施、工具，准备所需场所，并检查其能否正常使用；采取必要措施，加强对核心机关、部门、重要基础设施、生命线工程等的安全防护；向其他地方政府预先发出提供支援的请求；根据可能发生的公共危机的性质、严重程度、影响大小等因素，制定具体的预案；及时关闭有关场所，转移有关人员、财产，尽量减少损失；及时向社会发布采取特定措施防止、避免或者减轻损害的建议、劝告或者指示等。

（四）预警的调整和解除

很多公共危机具有不可预测性，当紧急情势发生转变时，行政机关的应对行为应当适时做出调整并让公众知晓，这不仅是公共危机管理的需要，也是降低公共危机管理成本、保护行政相对人权益的措施之一。有关应对部门应当根据公共危机状态的发展态势分别规定相应的措施，并根据公共危机的发展变化情况进行适时调整。总体来说，在公共危机预警阶段，预警级别的确定、警报的宣布、预警期的开始和终止、有关措施的采取和维系，都要与紧急危险等级及相应的紧急危险阶段保持一致。即使是具有极其严重社会危害的最高级别的公共危机，也有不同的发展阶段，并不需要在每一个阶段都采取同样严厉的应对措施。因此，一旦公共危机的事态发展出现了变化，以及有事实证明不可能发生公共危机或者危险已经解除的，发布危机警报的人民政府应当适时调整预警级别并重新发布，并立即宣布解除相应的预警警报或者终止预警期，解除已经采取的有关措施。这既是有效应对公共危机、提高行政机关应对能力的要求，也是坚持应急法治原则和维护公民权利的需要。

第三节 公共危机预先准备

预先准备是公共危机管理的重要环节。预先准备意味着公共危机管理者在公共危机爆发之前采取措施，降低公共危机影响地区与人群的脆弱性，以减轻公共危机的有害影响。预先准备通常是指需要确定、组织、调动一定人员、资金、设备以有效减缓公共危机潜在危害的公共危机管理活动。

一、公共危机预先准备的内涵

预先准备是公共危机管理的重要基础。联合国难民署在其危机管理框架中，将应急综合准备定义为制订计划与采取一定行动，以确保拥有应对预期危机的足够资源与具备配置资源的能力，通过预防性的行为使危机负面影响最小化的过程。美国《国家危机准备指导方案》将危机预先准备界定为，为建立、维持和推进现有的能力而采取的一系列活动，重在预防、应对和修复危机事态。

从危机的减缓、准备、响应、恢复的应对逻辑来说，预先准备是危机减缓活动后开展的应对危机爆发前的管理行为。我国学者张成福认为，公共危机预先准备是危机管理者在公共危机发生之前，通过积累可用资源与提升危机处理能力，降低个人、组织与社会的脆弱性，降低危机与灾难可能造成的损害程度，最终达到就绪状态。也有学者认为，公共危机预先准备是一系列用于支持和加强对紧急事件或灾难响应的活动、程序和系统。美国联邦应急管理署将应急准备定义为，旨在从备灾、减灾、灾后应对社区需要及有效恢复工作等方面帮助市民、社区、各级政府以及专业应急工作者的一系列领导、训练、准备、演练支持、技术和财政援助等活动。我国学者闪淳昌和薛澜认为：预先准备是指为了有效开展突发事件应对活动，保障应急管理体系正常运行所需要的应急预案、城乡规划、应急队伍、经费、物资、设施、信息、科技等各类保障性资源的综合，是针对可能发生的突发事件，为迅速、有序地开展应急行动而预先进行的组织准备和应急保障工作。由此可见，预先准备既包括灾害发生之前所做的抢险救援物资设备、避险场所、资金、医药、食物、饮用水、人员、技术等方面的储备，也包括建立指挥机构、通信保障、应急预案的编制和抢险救援的演习等活动。也有学者认为，狭义上，预先准备主要包括应急预案、组织与人力资源、物质资源配备、持续培训、应急演练和评审改进这六项工作内容，其中应急预案是应急准备系统运行的基础性平台，应急准备的其他几项工作也是通过应急预案来组织推进和实施的，正是这些应急准备活动的运行为应急预案的持续更新和完善提供了依据。

本质上说，公共危机预先准备就是包括预案编制、组织、装备、培训及演练的一系列行动，该行动是围绕预案编制展开的，通过组织、装备和培训将人、财、物统一到预案上来，通过演练来检验预案的有效性，并实施有效的评价与改进，提升公共危机应对能力。

二、公共危机预先准备的特点

结合公共危机预先准备定义可以看出，减缓、预防、备灾三者之间既有区别又有联系。三者都关注和强调危机事件发生前的活动，目的都是降低危机事件的风险，彼此之间难以明确界定。相对而言，预防更加强调消除引发危机事件的隐患，避免或减少危机事件发生的概率；减缓和应急准备都更加强调防止危机事件升级或扩大，最大限度降低和减少危机事件造成的损失和影响。更进一步，减缓试图通过灾前行动来减轻危机事件的客观影响。例如，让家园远离漫滩区，让桥梁抵挡地震，创建和加强建筑规范以保护财产不受飓风破坏等；而预先准备更侧重危机事前管理的功能，更好地应对危机事件，降低危机事件的主观影响。正因为如此，有些研究人员将公共危机准备看作公共危机减缓的一部分。例如，联合国开发计划署认为公共危机减缓包括危机准备和危机预防两方面，也有研究人员将公共危机准备作为公共危机响应的一部分。

从公共危机管理的实践来看，许多国家和机构都将预先准备作为一个独立的环节与危机减缓、响应和恢复并列。与危机减缓相比，公共危机预先准备具有短期性和微观性，强调对即将发生的公共危机做好预警、应对计划和各项微观防范行动，最大限度地降低各种可能的损失，而危机减缓更强调危机应对的长期战略、政策设计、结构性措施和宏观防范行为，以降低公共危机的影响；与公共危机预防相比，公共危机预先准备并不以降低危机发生可能性为目的，而是强调增强社会抵御危机能力的提升，而公共危机预防更多的是强调降低或阻止公共危机发生的可能性及其影响；与公共危机响应相比，公共危机预先准备是危机事前活动，也是公共危机响应的基础，准备越充分，响应越有效，反之亦然，而危机响应属于危机事中活动，更多的是强调应对公共危机的即时性和反应性行动。

三、公共危机预先准备的内容

（一）队伍

1. 队伍的层级、种类

队伍的层级、种类涉及组建来源、专业性，层级归属三个问题。组建部门可以是政府、行政部门，公益组织等；可以在国家、地方、社区甚至跨区域等不同层面组织专业或业余（一般要经过训练成为专业人员）应急队伍。

（1）综合性救援队伍。县级以上政府应当整合资源，建立或者确定的综合性救援队伍。

（2）专业救援队伍。政府有关部门可以根据实际设立专业救援队伍。

（3）成年志愿者组成的救援队伍。县级以上人民政府及其有关部门可以建立由成年志愿者组成的救援队伍。

（4）单位救援队伍。单位建立的由本单位职工组成的专职或兼职救援队伍。

2. 队伍的性质、构成、保障

（1）性质。针对公共危机事件性质，根据不同行业领域，重点分布在医疗、地震、传染病防控、灾难事故救援、公共设施抢修等领域。

（2）构成。成员由各行业内部精英人士选拔而出，经过科学筛选程序。

（3）保障。政府部门、单位应当为专业救援人员购买人身意外伤害保险，配备必要的防护装备和器材，减少救援人员的人身风险。

（二）物资

1. 物资生产储运体系

一要开发应急产业，通过建设专门的应急产业装备体系，研发生产专业应急装备供国家急需和民间使用；二是开辟物流通道，交通运输部门需要为物资的运输开设专门的物资救援"绿色通道"。

2. 物资储备制度

一是要设立系统、安全的物资储备库；二是要完善物资种类，定期维护、检测、更新。物资种类包括紧急救援装备、生活用品、医疗用品、防疫用品等。具体提供通信、煤、油、电、水、气、热、帐篷、被褥、卧具、衣物、食物、基本药物、照明等，确保灾区群众有饭吃、有水喝、有衣穿、有住处、有病能得到及时医治。

（三）设施

1. 设施种类

①交通设施，如道路、舟桥、运输车辆、通勤车辆、救援飞机等；②通信设施，如电话、手机、对讲机、收音机、通信应急车、应急卫星等；③能源设施，如发电机、电池、电瓶、照明灯具、石油等；④医疗卫生设施，如伤员用具、医疗用品、诊疗设备、防疫消毒设施等；⑤居住设施，如帐篷、简易板房等；⑥指挥设施，如指挥车、应急指挥系统等；⑦警戒设施，如隔离栅栏、警戒线等。

2. 提供方式

提供方式包括征调、租借、购买、捐赠、紧急生产等多种方式，有赖于特种设备行业的扶持。

（四）科技与研究

（1）开展公共安全科学研究，提供公共危机管理理论。通过高校、研究所等建立专门的研究机构进行，也可以通过成立专业学会、协会和国际组织促进专门的交流和科学研究进程。

（2）加大公共安全和应急处置技术研发，改进技术装备和平台，既要发挥高校和科研院所的作用，也要联合企业，发挥企业的技术和工程及生产优势。

（五）资金与保险

公共危机预先管理需要多种形式保障救援资金以保证公共事件应急准备和救援工作所需资金。对受公共事件影响较大的行业、企事业单位和个人要及时研究提出相应的补偿或救助政策，并对公共事件财政应急保障资金的使用和效果进行监管和评估。鼓励公民、法人或者社会组织（包括国际组织）等按照相关法律法规有关规定进行捐赠和援助。

四、公共危机预先准备的保障

公共危机预先准备的保障是指落实用于满足公共危机管理和应急处置全流程工作顺利进行的人、物、技术、制度等一系列保障性资源与支持应急机构和人员如何履行职责、应急预警能否发挥作用,最终靠的是相应的综合应急保障能否到位和落实。做好综合保障,应急综合准备工作才算真的"落地",才可能"有用"。公共危机管理部门应按照职责分工和相关预案,做好九个方面的综合保障工作,具体包括以下几点。

(一)人力资源

常态时,要加强人员的业务培训和演练,建立联动协调机制;动员社会团体、企事业单位以及志愿者等各种社会力量参与救援工作;加强基层公众危机能力建设等。危机状态中,要确保应急救援的专业队伍和骨干力量切实发挥作用。

专栏 5.2

人才培养的目标和分类

人才培养是应急综合准备的核心,最终任务是培养出符合客观需求、高素质、专业化的具备综合防灾减灾和应急处置能力的人才队伍,在监测预警、应急决策、应急指挥、应急救援、现场处置、信息发布、舆情应对、风险沟通等方面履行职责、发挥作用。

一般情况下,人才培养分为专业人才培养和社会人才培养两类。

一是专业人才培养包括培养国家应急救援队伍和地方应急救援队伍及解放军、武警部队在内的各种应急救援力量,应急指挥人员培训包括应急救援专业训练和应急预案实施、媒体应对、风险防范等方面的专题培训。

二是社会人才培养主要是对基层单位、社会组织、企事业单位的志愿者进行灾害常识、基础救援、医疗救护等方面的培训教育,社区减灾培训是由民政部门在社区范围内开展的防灾减灾培训。

(二)财力保障

常态时,要鼓励自然人、法人或者其他组织(包括国际组织),按照有关法律法规的规定进行捐赠和援助。危机状态中,要保证突发公共事件所需的财政应急保障资金;对受公共事件影响较大的行业、企事业单位和个人,要及时研究提出相应的补偿救助政策,可以设立由公共部门主导运营管理的公共危机事件专项基金会,专项用于危机状态中的资金保障。

(三)物资和基本生活保障

常态时,要根据有关法律、法规和应急预案的规定,做好物资储备工作,加强危机物资保障体系建设,完善物资储备库体系,建立物资储备标准,健全物资储备管理制度。危机状态中,要建立健全危机物资生产、储备、调度及紧急配送体系,保障及时供应,并加强对物资储备的监督管理和补充更新,确保郊区群众有饭吃、有水喝、有衣穿、有住处、有病治。

（四）科技支撑和技术保障

常态时，要积极开展公共安全领域的科学研究，加大公共安全监测、预测、预警、预防和应急处置技术的研发投入，改进技术装备，建立健全公共安全技术平台，提高我国公共安全科技水平。危态中，要充分发挥智能监测预警系统，政府综合平台体系、部门专业平台、地理信息可视化展示系统等技术手段和设施设备的作用。

（五）医疗卫生保障

常态时，要加强突发急性传染病防控队伍建设，推进国家紧急医学救援基地和区域紧急医学救援中心建设，健全各级紧急医学救援队伍。危机状态中，要组建医疗卫生应急专业技术队伍，根据需要及时赴现场开展医疗救治和疾病防控，及时为受灾地区提供卫生医疗物资设备，组织动员红十字会等社会卫生力量参与医疗卫生救助工作。

（六）交通运输保障

常态时，要完善铁路、公路、水路、民航等运力储备，加强灾害多发易发地区航空应急服务基地建设，并建立健全应急物流体系。危态中，要保证紧急情况下交通工具的优先安排、优先调度、优先放行，确保运输安全畅通；要依法建立紧急情况下的社会交通运输工具的征用程序，确保抢险救灾物资和人员能够及时、安全送达。

（七）治安维护和秩序保障

常态时，要加强公安特警队伍建设，强化防暴制暴、攻击防护等装备配备，提高公安特警应急处突、反恐维稳能力。危机状态中，要加强对重点地区、重点场所、重点人群、重要物资和设备的安全保护，依法严厉打击违法犯罪活动，必要时依法采取有效管制措施，控制事态，维护社会秩序等。

（八）通信保障

常态时，要建立健全应急通信、应急广播电视保障工作体系，完善公用通信网，建立有线与无线相结合、基础电信网络与机动通信系统相配套的应急通信系统，确保危态中的应急通信畅通。

（九）公共设施保障和次生灾害防范

常态时，要强化城市公共安全风险管理，做好房屋建筑、城市桥梁、轨道交通、地下综合管廊和管线、大型游乐设施等风险评估：安全监管、设施建设。危态中，要按照职责分工，分别负责煤、电、油、气、水的供给，以及废水、废气、固体废弃物等有害物质的监测和处理。

本章小结

本章对公共危机管理中心的事前管理内容：预防管理、预警系统、应急准备进行了系统的阐述。首先，介绍了预防管理的内涵、类型、过程、体系；其次，论述了预警管理的内涵、要素、内容、系统、制度、过程；最后，对预先准备的内涵、特点、内容、保障等进行了总结与分析。

关键术语

事前管理　公共危机预防管理　公共危机预警管理　公共危机预警系统　危机防范系统　机制设计　公共危机预先准备　全面保障　预先保障

复习思考题

1. 何谓公共危机预防？公共危机预防管理的主要内容有什么？
2. 公共危机管理的预防流程如何操作？试举例说明。
3. 何谓危机管理科普宣教？如何加强危机管理科普宣教能力建设？
4. 公共危机预警系统的含义与主要内容有哪些？
5. 如何理解公共危机预警系统的流程？
6. 公共危机预警系统的流程具体表现过程有什么？
7. 公共危机应急准备的内容与要素有什么？
8. 公共危机应急准备的保障内容都有什么方面？

第六章 公共危机的现场管理

课程引导

兰州石化工厂爆炸事故的处置

2010年1月7日17时30分,位于兰州市西固区北部钟家河的中石油兰州石化公司303厂316烃类罐区发生爆炸着火事故。爆炸由液化气、轻烃爆燃引起。经过初步分析,事故原因是裂解碳四球罐泄漏,导致现场可燃气体浓度达到爆炸极限,可燃气体产生静电后引发爆炸着火。

18时许,甘肃省委书记陆浩、省长徐守盛赶赴现场。18时50分许,陆浩等进入事故现场,详细询问人员伤亡、事故原因、处置等情况,在听取消防部门和企业负责人汇报后,就如何进一步处理事故、断源、计算燃烧时间,监测环境和水质等提出意见,要求采取一切有效措施,抢救受伤人员,控制火势蔓延,迅速摸清事发现场操作人员情况,严密监控事故对大气、水体及周围环境的影响,及时向社会发布事故有关情况,同时向中石油集团总部报告。

当日22时40分,甘肃省政府召开新闻发布会,相关部门介绍了事故情况。根据当时掌握的最新情况,兰州石化公司"1·7"事故造成5人失踪,1人重伤,5人轻伤,9人留院观察。

爆炸发生后,中石油兰州石化公司立即启动了三级防控预案。迅速召集石化消防支队所有消防员赶赴现场抢险,并使用消防水枪从6个角度扑灭大火。甘肃省消防总队接到报警后,迅速启动应急预案,同时调集兰州、白银2个支队、11个执勤中队、37台消防车及全省唯一的消防坦克、284名消防官兵奔赴火场。由于冬季干燥多风,灭火面临着一定的困难。此外,公安、卫生安监、环保等部门也组织力量,赶赴救援现场。中国石油天然气集团公司召开紧急会议,部署现场抢险救援和防护工作,提出:要采取果断有效措施严格控制事故发展,坚决避免次生事故发生;要按生产运行和抢险处置两条线做好工作安排;要严密做好现场环境监测;全力以赴救治伤员,做好各项善后工作。

甘肃省和兰州市两级环保部门在接到报告后,立即启动应急机制,检测车赶赴现场,对空气和消防水的流量进行了监测。甘肃省环保局负责人称,事故现场环境中未发现有毒有害物质,距事故现场800米处空气中粉尘超标8倍,消防水进入应急缓冲池,未对黄河水造成污染。

接到报警后,240名干警立即赶赴现场,设置警戒线,疏散群众,现场受伤者被送到兰州石化总医院接受治疗。交警部门对兰州石化公司石油化工厂周边的交通实施管制,疏导车辆分流行驶。公安部门在事发现场实施警戒,防止发生次生事故。

在现场,54个罐体中,起火的5个大型储罐全部装满轻烃(类似于家庭用液化气),其他罐内也均为易燃易爆的化学物质,地面上的流淌火正迅速向其他罐体蔓延。为有效控制火灾,兰州石化公司的技术人员迅速关闭了所有通往罐区的阀门,断绝可燃性物质继续输入到罐区。在听取兰州石化公司的专家对现场情况的分析后，救援人员初步判断，在短时间内不可能彻底扑灭明火，较为可行的办法只能是移走现场的罐车，断绝所有燃烧源，用水枪对起火点附近的其他罐体进行持续不断的冷却，将起火点和其他罐区隔离开来，在确保安全的情况下让残存的易燃物质燃烧干净。

于是，救援人员现场切断相关物料，与周边罐体隔离冷却，采取控制性燃烧措施。同时加大消防力度，保证消防水量充足，确保消防污水全部排入缓冲池。此外，有关部门千方百计做好伤员施救，妥善安置门窗受损的20余名居民。

不仅如此，甘肃省政府还通过手机短信与社会公众进行沟通，避免了不必要的社会恐慌。短信的内容如下："1月7日17时30分许，位于兰州市西固区的兰州石化公司石油化工厂316罐区爆炸着火。由于该事故是由轻烃爆炸引起，据环保部门监测报告，没有有毒气体排出；目前，消防用水全部进入隔离缓冲池，经检测对水体没有污染。事故原因和现场人员伤亡情况正在调查中。甘肃省人民政府办公厅2010年1月7日。"截至当日23时，甘肃移动公司已向兰州市居民发出100多万条这样的信息。

事后，兰州石化公司成立了专门的善后工作组，首先做好伤亡职工家属的安抚工作，深入了解他们家庭的困难，合理安排安置好来访家属的食宿，保证职工家属的情绪稳定。人保财险甘肃分公司启动了快速理赔程序，积极配合政府职能部门做好善后工作。

资料来源：王宏伟. 公共危机与应急管理：原理与案例. 北京：中国人民大学出版社，2015：124-126.

学习目标

了解公共危机现场管理的目标与相关内容；掌握对公共危机状态下现场环境的分析方法与过程；了解公共危机现场管理的工作安排与任务内容；了解公共危机现场控制的内容。

第一节　公共危机现场管理概述

公共危机现场管理是公共危机管理的一个重要环节，现场管理在一定程度上决定了公共危机管理的效率和质量。科学合理的现场管理不仅能大大降低公共危机造成的损失，也是一个国家或地区的政府部门公共危机管理能力的重要体现。

一、公共危机现场管理的含义

现场管理的概念来自生产管理，生产过程中的现场管理是指包括人（工人和管理人员）、机（设备、工具、工位器具）、料（原材料）、法（加工、检测方法）、环（环境）、信（信息）等进行合理有效的计划、组织、协调、控制和检测，使其处于良好的结合状态。其核心要素包括：人员（包括数量、岗位、技能、资格等）、机器（包括检查、验收、保养、维护、校准等）、材料（包括品质、成本等）、方法（包括生产流程、工艺、作业技术、操作标准等）、环境（包括作业、施工的环境等）、信息（包括作业过程中的信息传递和人员交流）。

据此，公共危机现场管理就是聚焦于公共危机事件发生后，为了有效地控制危机事件所造成的社会影响，减少危机事件对人民群众生命安全和财产安全造成的威胁，而对危机事件现场所进行的一系列的管理活动。

从管理对象上来看，公共危机现场管理的管理对象侧重于危机事件现场救灾人员与受灾群众的管理指挥、信息控制、物资调度、财务安排等。与通常情况下的指挥调度不同，在危机事件发生的大背景下，指挥调度往往不能发挥其在一般情况下的及时性和有效性。例如，在通常情况下，人员指挥只需考虑管理学中的相关理论和实际经验即可，但是在危机事件发生情况下，现场人员的生命安全往往处在一定威胁之中，为管理增加了极大的难度。另外，公共危机现场管理所涉及的人员往往不局限于危机事件发生时的现场人员，也包括了来自其他地区的救助人员、机动人员，同时可能还包含了来自各行各业的专家学者、政府官员、记者、群众等社会人员，涉及的人员复杂度较高，现场管理面临着极大的挑战。总的来说，公共危机现场管理更像是一门从现场管理中延伸出来的一门学科，其结合了危机事件的特征与特点。

从管理效果上看，公共危机现场管理一方面要能够及时控制现场情况，方便后续其他管理活动有序进行。例如，控制住现场的人员、秩序、物资等，从而保证救灾、补助、重建等工作的顺利展开。另一个方面要降低危机事件现场损失，包括人员伤亡和财产损失。在一定意义上，衡量公共危机现场管理效果的判定依据是危机事件所造成的损失情况。值得注意的是，许多公共危机现场管理者认为只有抢险救灾的工作重要，而现场控制的工作并不重要。实际上，如果现场控制工作没有做到位，那么往往容易出现新的"危机事件"或次生危害，进一步影响公共危机管理工作。例如，火灾发生后，不仅要进行现场人员的救援工作，还需要摸清其他可能的着火点、高温点，防止火情再次出现。

自古以来，针对公共危机现场管理的研究，人类一直都没有停止过。在我国的古代文献中，有关我国人民抗击自然灾害的记录屡见不鲜。从最早的大禹治水，到各朝各代不断发生的水灾、旱灾，到2008年的汶川大地震，再到2020年抗击新冠疫情。可以说，一部五千年的中华文明史，也是一部我国人民抗击各种危机事件的奋斗史，我国政府和人民在应对公共危机现场管理方面有着持续而深入的认识。而西方国家对抗击自然灾害、抗击疾病活动的记录起步虽然较晚，但是得益于其自然科学和人文科学上的发展，尤其是在管理学领域的成熟，已经逐步建立起一套较为完善的且能够有效应对公共危机现场管理的体系。

二、公共危机现场管理的目标

不同类型的公共危机有不同的现场特征，因而在进行现场管理时采取的措施和侧重点都有所不同。但是，不论何种公共危机，进行现场管理的总体目标是相同的。所有的现场管理都应围绕着这些目标展开。

（一）控制事态蔓延扩大

由于公共危机的不确定性和连带性，如果在危机事件爆发后没有采取正确的措施进行干预和控制，危机事件所造成的损害后果将会蔓延扩大至更大的范围，甚至引发其他类型的公共危机，造成更深层次的社会影响。公共危机爆发瞬间造成的人员伤亡和物质损毁已经是一种客观存在，最有效、最及时的现场管理也无法挽回这些损失；相反，现场管理的失误可能会进一步加重损失的程度。因此，控制危机事态蔓延扩大是现场管理的首要目标。控制事态蔓延扩大需要充分把握公共危机的发展规律，分析现场情况，准确预测危机事件发展蔓延方向，只有这样，才能对症下药，有的放矢。

（二）维护现场秩序，控制违法犯罪

公共危机事件发生后，现场环境往往会有巨大改变，需要对受害者展开及时救援工作。维护现场秩序是进行应急处置的重要保证。但是，随着大量的救援人员、媒体工作人员、受害者家属、政府官员等涌入现场，现场人员众多，处置工作千头万绪。即使建立了完善合理的处置协调体制，配备了训练有素的处置人员，由于公共危机事件的灾难性和不确定性，部门之间的现场协调配合也很难在短时间内达到预期水准。加之各种外部因素与处置机构之间的摩擦，往往会导致现场秩序的进一步恶化，甚至会引发新的公共危机。

此外，不法分子可能利用现场混乱趁机浑水摸鱼，偷盗或哄抢现场物品，一些别有用心的人甚至会破坏重要的基础设施，加重公共危机造成的损害后果。

（三）为恢复秩序创造条件

公共危机的发生破坏了特定范围内正常的社会秩序和工作秩序，给受害者的生理和心理造成了严重的伤害。进行公共危机管理的最终目标是将由于公共危机造成的秩序混乱恢复到常态。在进行现场管理时应有意识地恢复秩序，创造精神方面和物质方面的条件，特别注意避免由于处置措施的不当而增加秩序恢复的难度。

（四）保护现场与证据不被破坏

按照一般程序，公共危机的现场处置工作结束之后，或在应急处置过程的适当时机，调查工作就需要介入，以分析公共危机的原因与性质，发现、收集有关的证据，并追究相关人员的责任，从而总结经验教训，避免公共危机的重复发生。因此，在进行现场管理时，必须注意对现场进行有效的保护，以便日后开展调查工作。现场管理所采取的一切措施都要有利于日后对危机事件的调查。

保护现场不仅有利于危机事后的原因、性质调查，而且也是保证危机处置工作有序开展和善后恢复的重要措施。公共危机现场不仅保留着能够反映危机事件发生原因的主要证据，而且保留有受害者的尸体及各种遗留物品。救援人员的大量涌入和各种救援工作的开展都会对现场造成一定程度的破坏，在采取破拆措施或翻动现场物品前要进行必要的记录和标记。同时，要注意某些别有用心的人趁乱故意销毁或更改现场证据。

保护现场证据的方法主要有区域控制法、遮盖控制法、以物围圈法、定位控制法等。区域控制法是在不破坏现场的前提下，在现场外围对整个现场环境进行总体观察，确定重点区域、重点地带、危险区域、危险地带。区域控制应遵循以下原则：先重点区域，后一般区域；先危险区域，后安全区域；先中心区域，后外围区域。具体实施区域控制时，一般应当在现场专业处置人员的指导下进行，由事发单位或事发地的公安机关指派专门人员具体实施；对于影响范围较大、性质较为严重的公共危机现场，还应当由穿着制服的警察实施区域控制。

遮盖控制法就是采用干净的塑料布、帆布、草席等物品，对重要现场、重要物证、重要区域进行遮盖，以利于后续工作的开展。在公共危机现场，有些物证的时效性要求往往

比较高，天气因素的变化可能会影响取证的真实性；有时由于现场比较复杂，破坏严重，再加以处置人员不足，不能立即对现场进行勘查、处置。因此，需要用遮盖物对相关物证进行遮盖，以起到防风、防雨、防日晒，以及防止无关人员随意触动的作用。应当注意的是，除非万不得已，一般尽量不要使用遮盖控制法，防止遮盖物沾染某些微量物证，影响取证以及后续的化学、物理分析结果。

以物围圈法就是使用一些不污染环境、阻燃阻爆的物体对现场中心地带周围进行围圈，以维持现场的正常秩序，防止现场重要物证被破坏以及危害扩大。如果现场比较复杂，还可以采用分区域、分地段的方式进行。

有些公共危机现场由于死伤人员较多，采取上述几种方法，可能会给事发地的正常生活和工作秩序带来一定的负面影响，这就需要对现场特定死伤人员、特定物体、特定物证、特定方位、特定建筑等采取定点标注的控制方法，使现场有关人员对整体事件现场能够一目了然，做到定量和定性相结合，有利于下一步工作的开展。定位控制一般可以根据现场大小、破坏程度等情况，首先按区域、方位对现场进行区域划分，可以有形划分，也可以无形划分，如长条形、矩形、圆形、螺旋形等形式；然后在每个划分区域指派若干现场处置人员，用色彩鲜艳的小旗对死伤人员、重要物体、重要物证、重要痕迹定点标注；最后根据现场管理的需要，在此基础上开展下一步的工作。这也是欧美国家在处置重大公共危机现场管理过程中常采用的一种方法。

三、公共危机现场管理的特点

（一）紧急性

紧急性特征是指公共危机事件在发生之后，如果没有外部力量的及时有效介入，随着时间的推移，危机事件的破坏性将加大。为此，这就要求公共危机现场管理工作能够尽快、有效地开展，及时遏制公共危机的蔓延态势、抢救公共危机事件现场的生命财产。以自然灾害事件为例，其在发生之后，往往会伴随着房屋破损、区域生产停滞，严重的有可能演变成一个社会性问题，甚至产生更高层级的金融与经济问题。而这类现象持续的时间越长，对当地经济与社会发展造成的影响越大。因此，公共危机现场管理往往要求各级政府尽快着手救援工作，快速处理好各种事情，使危机事件由紧急应对状态快速过渡到恢复重建状态。

（二）系统性

系统性特征是指公共危机现场管理的范围包含了对场内外人员、物资、资金、信息等全方位的综合管理，是一项十分复杂的管理活动。具体来说，公共危机现场管理首先涉及物资的筹集与分配。任何危机事件的平息在一定程度上都是资源投入的结果。物资管理与调度就涉及资金、场地、人员的调度与管理。同时，为更好地协调人员管理，也应当对信息、舆情进行影响与干预。公共危机现场管理中的每一项都与其他部分相互关联，相互影响的，这对管理者或最高决策者提出了很高要求。此外，公共危机现场管理工作涉及方方面面的专业知识，作为管理者或最高决策者，如何将这种复杂的专业知识有机、高效地结合、运用在现场管理工作之中，同时考虑到各方面的统筹工作安排，也是公共危机现场管理系统性的重要表现。

（三）阶段性

阶段性特征是指公共危机现场管理具有明显的时间上的特征区分，在危机事件发生后的第一时间以灾情控制为主要工作内容，等待灾情控制工作结束之后主要工作就会变为抢险救灾等工作。这是因为，公共危机事件出现后，危机事件的初期酝酿与产生不会瞬间明确，往往随着时间的推进分成不同的阶段，这就要求公共危机现象管理也要相应地分为几个阶段进行。公共危机现场管理从时间上来看，包含应急处置、救援等阶段，其中每一个阶段又包含了更详细、更具体的阶段。同时，公共危机现场管理每向前推进一个阶段，也标志着现场管理的核心任务发生了变化，现场管理的主要工作目标和内容也随之发生了变化。因此，公共危机现场管理本身带有强烈的阶段性特征。

（四）公共性

公共性特征是指公共危机现场管理工作的开始、进行、结束都是在公共危机管理者的密切监督和关心之下进行。同时，公共危机现场管理的工作结果也切实影响着公众利益。此外，任何一个国家的公共危机现场管理工作的最终责任主体都是其政府部门。政府部门在现场管理过程中，往往以公共利益为优先考虑的内容。因此，公共危机现场管理具有很强的公共管理特征。在生命与财产同时受到威胁时，往往以生命作为优先保障目标；在个体财产与公众集体财产同时受到威胁时，往往以集体财产为优先保障目标。最后，在公共危机现场管理过程中所使用的管理手段也必须能够为广大公众所接受和认可，这与私人领域的管理工作不同。让公共危机现场管理工作暴露在公众讨论之中，会加大公共危机现场管理工作的难度。

四、公共危机现场管理的原则

（一）以人为本原则

公共危机现场管理的各项工作应当保证现场人员的生命安全。在公共危机事件发展时，现场管理者总是努力采取正确行为，但是因为现场情势常常难以把控，管理者或最高决策者有时并不十分确定所选择方案可能产生的具体后果。为此，选择的方案有可能会造成现场人员的人身伤害。例如，在救援现场除了可能有大量的财产需要保护，还可能面临被困人员需要援救，以及处置人员有巨大安全风险等挑战，这就使现场管理者，尤其是最高决策者，面临艰难抉择，不敢轻易确定要采取何种方案或措施。在某种程度上，这种决策困境实际上折射了现场管理者或最高决策者所秉持的社会价值与人文理念。在这种情况下，现场管理者或最高决策者必须要做出价值判断（选择），需要分析危机事件可能影响的是哪些利益相关者或可能产生的后果。尤其需要注意的是，救援人员在现场救人的同时要确保自身安全，应是现场管理者或最高决策者必须优先考虑的问题。从现代安全理念角度来看，危机事件现场必须按照一切救援决策和行动以确保救援人员安全为前提，绝不允许由于片面追求救援进度而牺牲救援人员安全的事情发生。美国、英国、澳大利亚、加拿大、日本等国在危机事件现场处置中都出台了救援人员的保护规程或准则。

（二）现场稳定原则

公共危机现场管理的最终目的就是要保护现场安全稳定。公共危机事件发生后，现场情势的稳定性是绝不能忽视的。以毒性化学物质危机事件为例，大致可分为火灾、外泄及外部火灾等三种类型，在减小毒化物对环境的影响时，要重点考虑现场情势的稳定性。在通常情况下，现场管理的简单流程是：发生火灾的危险化学品的应急处置应以其可燃特性与爆炸的可能性为主要安全考虑因素，应急处置步骤为先降温、隔离、灭火、人员撤离，再测漏、止漏、围堵、除污；毒化物外泄时，现场处置步骤则为稀释、堵隔、止漏、除污；外部火灾现场处置则为灭火、测漏、止漏、排空、除污。从一些毒性化学物质的现场处置来看，在"以人为本"原则下，止漏、预防灾情持续扩大成为现场管理的目标。需要注意的是，在这些操作中，要注意确保现场情势的稳定性，充分考虑衍生、次生危害。例如，在现场情势不明的情况下，不能贸然灭火，急于降温降压或开展财产保护措施。

（三）科学指导原则

公共危机现场管理需要遵循科学指导原则。科学指导原则是指公共危机现场管理的各项工作都要遵循科学理论要求，尽量避免主观的、无依据的或者经验性的判断。科学技术是推动公共危机现场管理进步的首要驱动因素。以自然灾害事件为例，现代科学技术的发达程度已经使人类能够准确地监测预报各类自然灾害的发生，尤其是在气象和生物灾害领域，能够有效降低公共危机现场管理的难度。现代科学技术在自然灾害的预防、准备、应对和善后处理等各阶段的运用能够大大提高效率，节约人力、物力资源，尽快实现防治、控制和消除自然灾害影响的目标。另外，公共危机现场管理对专业性、技术性的要求都很高，不能科学准确地掌握各类信息，不能制定科学、可行的行动规划和危机应对预案，政府的决策势必带有很大的随机性、任意性和盲目性，从而导致行政权力在运行上的随意，损害公民的合法权利。为此，在公共危机现场管理中，坚持科学指导原则除了要求注重科学技术的运用，还要求现场管理者或最高决策者尊重法律法规，按程序和要求办事。

（四）整体利益原则

公共危机现场管理需要遵循整体利益原则。整体利益原则是指公共危机现场管理工作中少数个体的利益与整体救助的利益发生冲突时，少数群体应当服从整体利益。在公共危机现场管理的全过程中，难免会出现局部利益与整体利益的冲突，尤其是危机事件发生的早期阶段，由于情况紧急、复杂，这种利益的冲突与矛盾更是不可避免的。当现场管理者或最高决策者行使权力时，就需要从整体利益出发，坚持局部利益服从整体利益。整体利益原则的合理性在于，坚持局部利益服从整体利益最终是为了实现社会利益的最大化，这既为现场管理者或最高决策者的行为提供了指导，又为某些牺牲局部利益的行为提供了合法基础，具有双重意义。整体利益原则要求当需要牺牲个人利益、局部利益以最大限度保护整体利益时，个人、局部必须服从现场管理者或最高决策者的命令，配合现场管理者或最高决策者的行动，牺牲个人、局部利益，保护整体利益。当然，这并不意味着在任何情况下都必须以牺牲个人、局部利益为代价，现场管理者或最高决策者有义务把行动保持在一个合理的限度内，将对个人、局部利益的损害降到最低，避免给个人、局部利益带来不必要的损害。

（五）信息公开原则

公共危机现场管理需要遵循信息公开原则。在公共危机现场管理中，由于事发突然，相关信息没有充足的披露渠道，因此社会上难免会出现多种不实信息传言或者多种与正确信息冲突的状况，造成社会及舆论上的巨大冲突，给现场管理增加了困难。因此，为了应对公共危机现场管理中出现的新挑战，稳定现场管理相关人员的情绪，我们要尽量满足社会公众的知情权。在不涉及国家机密、个人隐私的情况下做到信息透明、信息公开。不仅如此，我们在公共危机现场管理中还要积极地对社会公众的舆论进行监控，了解老百姓的所思、所想、所愿；同时，对舆情进行有效的引导。在公共危机现场管理过程之中，往往涉及重大财务安排、资产运作，而清晰、明确、合理的信息公开，可以有效限制相关人员的不合理行为，引导现场管理人员合理、合法地开展现场管理工作。

（六）无歧视原则

根据风险社会的相关理论，风险社会与传统社会的一个重要区别在于，风险社会分配的不是财富，而是风险。一些人可以利用自身的优势将风险转嫁给其他人。例如，发达国家将一些能耗高、污染高的工业转移到发展中国家。反映在公共危机现场管理方面就表现为对弱势群体的歧视。但是，从全球化角度看，风险转嫁只是暂时的、表面的，这是由风险社会的本质所决定的，而且，这种转嫁可能引发新的风险。因此，在进行公共危机现场管理时，要遵循无歧视原则，对所有的受害者，无论其性别、民族、种族、宗教信仰、身份、社会地位，都应得到相同的待遇。这是关注社会弱势群体、执法为民的具体体现，也是构建和谐社会的具体内容。

案例导读

第二节　公共危机现场环境分析

在公共危机管理活动中，公共危机现场管理的绩效，不仅取决于管理者或最高决策者的努力，还受公共危机现场管理内外部的各种环境因素的影响。公共危机现场管理的环境分析是非常重要的。对于公共危机现场管理而言，环境首先包括自然环境、社会环境、事件环境（事件自身的特殊背景环境）等三个方面。由于篇幅所限，本章主要聚焦事件环境。对于事件环境而言，我们将其区分为事件内部环境和事件外部环境两个部分进行分析。

一、环境分析流程

（一）了解环境情况

由于环境的客观性、多变性、复杂性，公共危机现场管理者或最高决策者要随时随地利用各种渠道与方法去认识、了解、掌握环境情况，认真地研究环境变化的规律，预测环境变化的趋势及其可能对公共危机现场管理产生的影响。在通常情况下，了解、认识和掌握环境变化是比较困难的，这就要求公共危机现场管理者或最高决策者花大量的时间和精力收集各种信息，掌握第一手资料，从中了解涉及的各种环境因素状况，明晰哪些是对现场管理有利的，哪些会影响现场管理目标实现，为现场控制提供依据。

（二）进行科学分析

在了解和掌握各种环境因素的基础上，公共危机现场管理者或最高决策者运用分析工具（如 SWOT 分析法、波士顿矩阵等）对环境因素进行科学分析和预测，确定各环境因素对公共危机现场管理有什么影响，影响有多大、影响路径是什么等问题。特别是，公共危机现场管理者或最高决策者要区分出影响现场管理最主要、最关键、最基本的环境因素是哪些。

（三）快速做出反应

公共危机现场管理者或最高决策者充分利用环境因素对现场管理有利，并努力使其继续朝着这个方向发展。对于不利于现场管理的环境因素，公共危机现场管理者或最高决策者一方面可通过内部改革使现场管理与环境因素相适应；另一方面可努力通过现场管理行为去影响环境，并使其朝着有利于现场管理的方向转化。

二、内部环境

公共危机现场管理的内部环境主要是组织的人力资源、物质资源、资金保障和文化素养。

（一）人力资源

就公共危机现场管理的人力资源而言，它的重要任务是实现对现场工作人员的管理，通过对现场工作人员的现场组织、指导和调节，去调动他们的积极性。而调动现场工作人员的积极性关键在于满足每个人的需求。因此，公共危机管理者或最高决策者应该对现场工作人员的需求进行深入研究，处理好他们在公共危机现场中的各种利益关系，认真研究应满足哪些现场工作人员的需要，满足他们的哪些需要，以及如何满足他们的需要等问题。特别需要注意的是，公共危机管理者或最高决策者一方面要重视满足现场工作人员的合理需要，另一方面要善于引导他们，有意识地调节、控制其需要。只有这样才能使他们认同现场管理工作，从而激发他们努力工作的动机，这对于实现公共危机现场管理的目的是极其重要的。

公共危机现场管理中的人力资源环境因素必须从战略层面走向操作层面，以资产的观点看待现场工作人员的工作成果，以投资的观点看待现场工作人员的培训开发和薪酬福利，从环境视角出发设计一个有利于现场工作的人力资源管理系统，并进一步将其转化为高的顾客忠诚度和公共危机现场管理的组织价值，将公共危机现场管理的战略实现过程统一，为现场工作人员价值和顾客价值的实现进行无缝衔接。

（二）物资资源

公共危机现场管理的物资资源是对公共危机现场管理存在与发展过程中所必需的各种物质资料的供应、保管、合理使用等各项管理工作的总称。任何一个公共危机现场管理都离不开一定的物质资料支持。公共危机现场管理的物质资料包括现场防护物资、现场救助物资、现场清理物资、现场工程设备和材料物资等。对于不同的公共危机事件，危机现场的物资虽然有很大不同，对公共危机进行现场管理的方式也会存在一定差异，但都是以物质资料为基础。

对公共危机现场管理而言，在一定时期内，物资资源总是有限的，在危机事件发生伊始，物资资源往往都是短缺的。物资资源短缺状况直接决定着公共危机管理者或最高决策者的决策行为，间接地决定着现场管理的效果。因此，公共危机管理者或最高决策者在现场管理过程中一定要量力而行，量入为出以免衍生出次生灾害。

（三）资金保障

资金作为财政资源的一般体现，是公共危机现场管理中的一种重要资源，也是公共危机现场管理组织所需要的基础性资源。资金有一个形成、消耗和再生的过程。一方面，公共危机现场管理的许多资源最终都是要用货币来计量和衡量；另一方面，公共危机现场管理的服务活动也有赖于资金的支持，公共危机现场管理活动的效果和效率最终都要反映到资金结果中。从广义上说，资金属于物质资源的一种，但是与物质资源可以及时地投入现场使用不同，资金往往更侧重于对物质的管理调配而无法直接地投入现场救援。与物质资源相比，资金更能解决物质在时间上的分配问题，决定着危机重建恢复阶段的投入产出比。

资金保障是公共危机现场管理所必须考虑的一个非常重要的内部环境因素。公共危机现场管理者或最高决策者应根据公共危机现场管理的目标和危机事件的现状对所需资金进行筹集、投放，以及对整个过程进行效益核算。只有管好、用好资金，才能现场处理好危机事件中的人和物。

（四）文化素养

公共危机现场管理文化对公共危机现场管理有着重大影响，不良的公共危机现场管理文化会影响公共危机现场管理组织目标的实现。通常情况下，成功的公共危机现场管理，无论是公共危机管理者或最高决策者，还是现场工作人员，都有着良好的文化素养。而失败的公共危机现场管理，其相关人员的文化素养或多或少需要提升。例如，公共危机现场管理组织内部成员若没有一种共同的使命感，没有一种团结向上的精神，这个公共危机现场管理就会变成一盘散沙。因此，公共危机管理者或最高决策者对内部环境的管理，首先是要加强对现场成员的教育，倡导良好的文化形成。

由于不同的国家和民族、不同的地域、不同的时代背景、不同的行业特点，以及现场管理组织本身的使命不同，每个危机事件现场管理所拥有的资源和所处的环境均不同，导致其文化也不同，就是说任何公共危机现场管理的文化都有其鲜明的个性。为此，公共危机管理者或最高决策者需要密切关注文化素养。

三、外部环境

公共危机现场管理的外部环境主要包括政治法律环境和科技环境。

（一）政治法律环境

政治法律环境是指总的政治形势，它涉及社会制度，政治结构，执政党的路线、方针、政策和国家法律、法规等，它们都对公共危机现场管理产生重大影响。针对任何危机事件而言，危机事件发生所在国家或地区的政局与社会稳定状况往往是公共危机现场管理能否顺利开展救援恢复活动的基础条件之一。内战、罢工以及周边地区的武装冲突都会影响现场管理活动的开展。一国的政治制度也影响着公共危机现场管理，它决定着现场管理的制度构建与组织框架，进而影响现场管理活动的展开方式；执政党的路线、方针、政策又影响和制约着公共危机现场管理活动的进行。此外，法律是用来调整法人之间的关系的，法律的变化可能直接鼓励和限制某些公共危机现场管理活动的展开。

目前，世界上很多国家针对公共危机现场管理出台了很多法律法规，对现场管理的影响和约束在不断加强。西方国家一贯强调依法治国，对现场行为的管理和控制，也主要是通过法律手段落实的。虽然，政治法律环境状况对社会性的公共危机现场管理来说是不可控的，带有明显的强制性和约束力，但是，对各类公共危机现场管理组织和活动的态度则决定了各个现场管理者或最高决策者可以做什么、不可以做什么。只有适应这些环境要求，使自己的行为符合国家的路线、方针、政策、法律和法规的要求，公共危机现场管理才可以有效进行。

（二）科技环境

科技环境主要是指公共危机现场管理所处的社会环境中的科技要素以及与该要素直接相关的各种社会现象的总和。其中包括新技术、新设备、新材料、新工艺的开发和采用，以及以此为基础形成的公共危机现场管理方式的改变与国家科技政策的制定等内容。近20年来，外部环境中变化最为迅速的就是技术。最典型的一个例子就是个人电脑。在计算机界有著名的"摩尔法则"，即计算机的计算能力每六个月增加一倍，价格下降一半。计算机的普及大大改变了人们的工作方式。计算机在制造企业的运用，让我们看到无纸化设计、无人化生产的现代企业模式；在银行业的运用，让我们以最快、最方便的方式处理各种账务往来，包括国际商务票据结算、个人信用消费结算等；在商业领域的运用，让我们享受到连锁店通过集中储运、取得营业规模的优势而带来的成本降低的好处。

在这些突飞猛进的技术中，对公共危机现场管理影响最大的首推信息技术。信息技术改变了公共危机现场管理内部人与人之间的交流方式，大大减少了管理层次，使公共危机现场管理的组织结构越来越朝扁平化方向发展，提高了公共危机现场管理的效率。同时，基于互联网的信息技术也改变了公共危机现场管理组织之间的关系，因为一切都可以通过互联网和电话传输。科技为公共危机现场管理提供了方便快捷的信息沟通，更为重要的是，为公共危机现场管理节省了宝贵的时间。

第三节 公共危机现场安排

公共危机现场管理需要根据公共危机的类型、特点与规模做出紧急安排。尽管不同的公共危机所需的现场安排不同，但大多数都包括设置警戒线、人力资源组织与协调、物资设备的调集、人员安全疏散、受害人救助与处理、重要目标与设施的保护等。具体现场安排如图6-1所示。

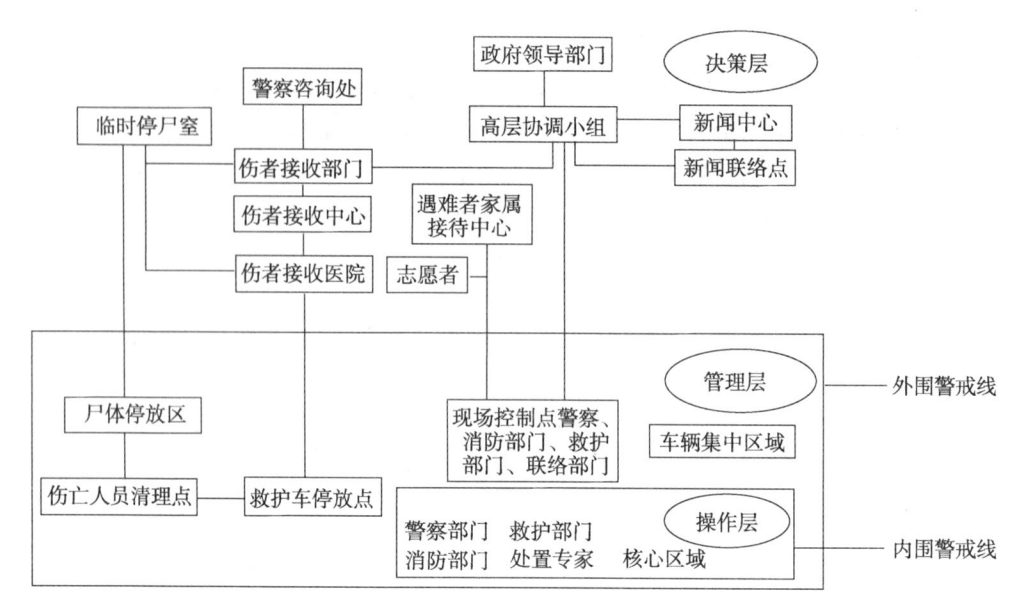

图 6-1 公共危机安全现场安排示意图

一、设置警戒线

为保证公共危机现场管理工作的顺利开展及事后的原因调查，很多公共危机事件现场都要设立不同范围的警戒线。根据公共危机的性质、规模、特点等不同情况或需要，应在危机事件现场或其他相关场所，安排警察，或安保人员，或企业事业单位的保卫人员，或武装警察等人员实施警戒保护，防止非应急处置人员与其他无关人员随意进出现场，干扰现场管理工作的正常进行。设置警戒线一方面是为了保证现场管理工作的顺利进行，使现场工作人员在心理上有一种安全感，同时避免外来的未知因素给现场安全带来威胁；另一方面也可以避免现场可能存在的各种危险源危及周围无关人员的安全。

在警戒线的设置范围上，应坚持宜大不宜小，保留必要的警戒冗余度以阻止现场内外人、物、信息的大规模无序流动。在实践中，各国普遍的做法是设置两层以上的警戒线，由内向外、由高密度向低密度布置警戒人员。对于范围较大的公共危机事件现场，应从其核心现场开始，向外设置多层警戒线。

内围警戒线要圈定危机事件的核心区域，根据现场的具体情况，划定危机事件发生和产生破坏影响的集中区域。在核心区域内，一般只允许医疗救护人员、警察、消防人员、应急专家或专业人员进入，方便现场管理人员组织开展各项工作。内围警戒线范围的确定要考虑两个因素：现场危险源的威胁范围和与公共危机原因调查相关的证据散落的范围。现场可能会发生二次灾害，通过内围警戒线的设立，尽量减少处于危险范围中的人员，以降低公共危机的二次伤害。

外围警戒线的划定以满足救援处置工作的需求为主要考虑因素，为保证安全，大量的应急救援工作是在两层警戒线之间开展的。在有的公共危机事件现场，参与现场管理的人员可能成百上千，来自数十个不同的部门和组织，参与的各种车辆、设备也需要安排必要的停放位置和足够的活动空间，因此，外围警戒线是现场管理工作顺利开展的必要空间，无关人员，包括媒体工作人员一般不应进入此区域。在某些公共危机事件中还设立第三层警戒线，即在核心区和处置区之间设置缓冲区，作为二线处置力量的集结区域或现场指挥部所在地。

二、人力资源的组织与协调

公共危机现场管理往往需要大量的人力资源。随着各国突发公共事件应急预案体系的建立，已逐渐摆脱了过去盲目反应的局面，大大避免了人力资源组织的混乱。根据应急预案，不同危机事件由不同的部门牵头负责，并由相关部门予以协调和支持。各个部门分工协作，具有较为明确的任务和职责。在危机事件发生后，由牵头部门组织各部门处置人员赶赴现场并开展工作，并在现场的出入通道设置引导和联络人员，安排处置的后续人员。各处置组织的带队领导应组成现场指挥部，统一协调指挥现场的人员与其他资源。

在人员集结过程中，没有一定的模式，但是有一些原则值得遵循。第一，人员集结要方便处置工作，核心处置力量和现场急需的专业处置力量要接近现场；第二，人员集结要有序可循，不能造成混乱，人员集结的位置和规模不能对现场内外交通造成堵塞。

三、物资设备的调集

公共危机现场管理需要大量的专业设备和工具。专用设备、工具与车辆一般由各专业救援队伍提供，对于一些特殊和所需数量较多而现场数量不足的设备、工具与车辆可以通过媒体向社会征募，同时也可以向有关方面请求支援。各专业部门根据自身救援业务的需求，采取平战结合的原则，配备现场救援和工程抢险装备和器材，建立相应的维护、保养和调用等制度，保障各种危机事件的抢险和救援。大型现场救援和工程抢险装备应由政府应急委员会办公室（或类似职能部门）与相关企业签订应急保障服务协议，采取政府资助、合同、委托等方式，每年由政府提供一定的设备维护、保养补助费用，在紧急情况下，市应急委员会办公室可代表当地政府直接调用。专用设备、工具与车辆达到现场后，应按照救援工作的优先次序安排停放位置，对于随时须投入使用的设备、车辆应停放于中心现场，对于其他辅助支援车辆应停放于离现场稍远的指定位置，以免影响现场车辆设备的调度。

四、人员安全疏散

在公共危机事件发生时，根据安全第一的原则，首先应考虑将现场人员疏散至安全区域，以免造成更大的人员伤亡。无论何种公共危机，在决定是否组织疏散人员的过程中需要考虑以下几点。

①是否会对群众的生命健康造成危害，特别是要考虑是否存在潜在危险性。
②危机事件的危害范围是否会扩大或者蔓延。
③是否会对环境造成破坏性的影响。

根据公共危机事件的类型和危害程度，人员疏散可分为两种：一种是临时紧急疏散；另一种是远距离或相对允许时间较长的疏散。临时紧急疏散常见于火灾、爆炸、有毒物质泄漏等危机事件中。临时紧急疏散的最大允许疏散时间一般只有十几分钟，否则人员就会有生命危险。当现场危机解除之后，即可考虑人员返回现场。远距离疏散常见于有毒物质的大面积泄漏与扩散、放射性物质泄漏事件和自然灾害等情况。由于现场的有害因素可能在较长时间内存在，远距离疏散不仅表现在疏散的距离较远，而且人员离开现场的时间可能长达数天，甚至数年，有的可能是永久性的疏散，没有重新返回的可能。例如，在苏联切尔诺贝利核泄漏事故中，由于事故核心区域的放射性指标严重超标，从核心区疏散出的10多万名群众至今没有返回。无论是临时紧急疏散还是远距离疏散，都必须有事先制定的疏散规划，以便在进行疏散时能开展有效的疏散指挥和引导。

五、受害人救助与处理

公共危机现场安排的一项重要内容是对受害者的救助和分类处理，包括现场搜救、死亡人员的法医学处理、受伤人员的现场救护及其他受害者的救助等。在大多数危机现场，都存在人员被埋、被困以及受伤死亡等情况。在现场做出紧急安排时，对不同类型的受害者均须做出妥善处理。死亡人员的法医学处理对受害者家属的善后抚恤至关重要，受伤人员的现场救护则可以最大限度地挽救受伤者的生命，为将来的康复奠定基础。而且，对受害者的现场救助与处理还可为危机事件原因分析与认定提供重要依据。

（一）现场搜救

进行公共危机现场管理时，除了及时组织能够自行离开的被困人员有秩序地疏散至安全区域，还须开展现场搜救，尽快确定被困人员的数量和大致位置，以便为挽救其生命赢得宝贵的时间。在开展现场搜救时，应根据相关记录和幸存者的描述确定被困人员的数量，并以此为依据安排适当数量的搜救和医疗急救人员。为确定被困者的位置，可通过人工喊话、敲击、搜救，以及采用各种生命探测仪器，如红外线探测仪、测声定位仪、光学目视定位仪、无线电测向定位仪等方法进行判断。在施救过程中，应对支撑物和埋压物进行区分，尽量保护支撑物，在接近被困者时要避免使用利器，防止对被困者造成不必要的损失。如果施救困难，则应尽量使封闭空间与外界空气流通，以便新鲜空气进入。被困者被困时间较长时，可将水、食物、药品等传递给被困者，并安排专人与之谈话，强化其求生意识，防止其意识模糊而昏迷。

（二）死亡人员的法医学处理

死亡人员的法医学处理，即对死亡人员进行个体识别和鉴定，确定死者身份及死亡原因，以便家属认领尸体及开展其他善后工作。在有大量人员死亡的情况下，死亡人员的法医学处理不仅直接影响到现场管理工作的进程，而且其准确性对善后处理与对受害人精神心理方面的康复也有重要影响。

法医要将收集到的尸体进行初步检验，确定其是否死亡，观察尸体所处方位、推测死亡时间，初步检查致死迹象，发现并收集各种与尸体有关的物证和检材，以获取对死因、危机性质的大致印象，同时为遇难者的身份认定工作做准备。

（1）对破碎尸体进行复原。对无明显致命伤的受检者进行检验后，对明显属于同一人的破碎尸体进行复原；对不能认定为同一人的破碎尸体，按尸块来处理。

（2）进行尸体编码。对较为完整的尸体，进行编码后，进行原始状态拍照。要注意的是，尸体编号一旦确定，以后与这具尸体有关的所有物品检材都必须与尸体编码一致。

（3）遗物编号装袋，即对尸体衣着服饰的检查。检查衣着服饰可按照由"静"到"动"、从外向内、自上而下的方法顺序进行。检查衣着特征、服饰特征，以及对衣着服饰附着物进行编码、拍照并装入物证袋，与尸体同时转运储存。对于生物检材（心血、肌肉等）也要提取编号送物证室进行血型、DNA检验，必要时可以添加检验项目。例如，因火灾死亡者可以做一氧化碳含量测定等，必要时也可做毒化实验。因此，提取的生物检材的数量要充足。

（4）尸块按编号盛装。对不能复原的破碎尸体要分别进行编号盛装，对尸块上的附着物品也要进行编码，每一尸块都要提取检材，编号后先送财物保管小组统一保管，待尸块收集完毕后进行DNA检验，以做同一认定。

（5）填写遇难者识别表。记录死亡人员的基本情况、尸体状态、性别、衣着、个人财物、身份证件等。

（6）尸体、尸块、遗物的运储。对于已经检查完毕，物证收集完毕的尸体和尸块，及时装袋，尸体、尸块和生物物证送往尸体检验地妥善保存，防止腐败；确定停放尸体的场所并维护其秩序与安全。

（7）通知死亡人员家属。安排专人接待死亡人员家属。

（三）对受伤人员的现场救护

有些危机事件发生后，短时间内就会出现成批伤员，需要各方力量通过参与才能及时高效地拯救各类伤员的生命，降低伤残率和死亡率。公共危机事件造成的伤害类型包括机械性外伤、窒息伤、中毒、烧伤、淹溺、精神障碍等，而且由于个人在危机事件爆发时所处的位置及采取的防护措施不同，受伤的程度也各不相同。为更好地按伤员伤情进行分类，必须对伤员进行验伤。一般可在现场伤员比较集中的安全地带设立伤员分类站，按伤情分为轻度、中度、重度和死亡等类别，如果伤员出现叫喊、呻吟、拥挤时，要安排专人指挥并维护秩序。在多数情况下，大声喊叫的未必是重伤员，真正应该加以重视的是那些无声无息的伤员。对伤员进行分类后，要将分类结果用明显的标志物标出，挂在伤员上衣口袋或手腕等醒目处，标志卡上应标明伤员的基本情况，例如姓名、性别、年龄、受伤部位、受伤性质、已用药品等，并按顺序编号。

在对伤员进行救护时，要遵循一定的急救顺序，一般应先救命后治伤、先治重伤后治轻伤、先排险情后施救助、先救活人后搬尸体。首先，通过寻找、挖掘、搬运，使伤员脱离险境。然后，对呼吸困难者应迅速通畅其呼吸道，对呼吸、心跳停止的伤员应立即进行人工呼吸和胸外心脏按压，对有出血症状的伤员应及时有效地止血，并进行初步的伤口包扎和骨折固定。

经过分类和对症处理，待伤员伤情稳定后可向具备接收条件和治疗能力的医院转运和分流。在转运过程中应注意安排必要的医疗监护，并提前与接收医院联系。

对受伤较轻的幸存人员，应满足其提出的基本需求，保障食品、饮用水、燃料等基本生活必需品的供应，帮助其与家人、亲友取得联系，解决回家的交通问题与经费方面的困难。视情况组织心理安慰人员进行心理干预。

（四）对其他受害人的救助

在有些危机事件现场管理过程中，除了直接受害者，救助的对象还包括失去亲人或基本生活条件的人，以及参与救援的所有工作人员。对前者的救助包括及时安排专人进行心理抚慰，开设悼念场所，安排遗物认领和尸体辨认等，并尽量满足其提出的生活、经济等方面的合理要求，以及因宗教、民族等不同而提出的不同要求，帮助其尽快度过危机。

现场救援的工作人员包括警察、消防队员、救护车司机、志愿者及精神卫生专业人员等所有参与危机处置的人员。他们的工作性质决定了他们会最大限度地耳闻目睹各种最悲催的场面，因此即使他们做好了最充分的思想准备，但连续紧张的工作也会使他们感受到各种痛苦体验。当这种体验在救助中重复出现后，对实施救助的专业人员的身心打击将是巨大的。没有人能对这种体验所带来的破坏性影响有充分的准备或者对这种冲击有天然的免疫力。对救援人员进行救助的基本内容包括以下几点。

①安排正式的、有时间进度表的、有计划的任务。
②让救援人员说出他们的感受，并认真地倾听。
③就救援人员彼此的认知、情绪、生理反应进行相互交流。
④解释、承认、理解救援人员所出现的各种反应。
⑤用认知和教育的方式甄别出应对反应的各种方法。
⑥必要时让有关人员停止工作，并对其做进一步的心理干预。

六、重要目标与设施的保护

重要目标与设施主要包括特定区域内或具有特殊意义的建筑物、交通工具、设备、设施及燃料、燃气、电力、水的供应设施等。这些设施是维护人们正常生活的重要保障。在发生危机事件时，第一，要立即抢修被损坏的交通、通信、供水、排水、供电、供气、供热等公共设施，保证现场救援工作的顺利展开，维护受影响区域的正常生活秩序；第二，这些重要目标与设施因其具有重要地位也可能成为犯罪分子或恐怖分子实施破坏的对象。危机事件造成的秩序混乱和公众的恐慌心理，正好为犯罪分子提供了可乘之机，如果对这些重要目标和设施保护不力，极可能造成更为严重的后果。

七、现场交通管制

现场交通管制是确保公共危机现场管理工作顺利展开的重要前提。通过实行交通管制，划分现场处置工作的道路，开辟救援专用路线和停车场，禁止无关车辆进入现场，疏导现场围观人群，保证现场的交通快速畅通。根据情况需要和可能开设救援"绿色通道"，在相关道路上实行救援车辆优先通行；组织专业队伍，尽快恢复被毁坏的公路、交通干线、地铁、铁路、航空港及有关设施，保障交通路线的畅通。必要时，可向社会进行紧急动员，或征用其他部门的交通设施装备。

八、维护现场治安秩序

有些危机事件发生后，应由当地警察负责现场与相关场所治安秩序的维护，为整个现场管理过程提供治安秩序保障。在警察未到达现场之前，负有第一反应职责的社区保安人员、企事业单位的治安保卫人员，或在社区与单位服务的紧急救助员应立即在现场周围设立警戒区和警戒哨，先期做好交通管制、疏散救助群众、维护公共秩序等工作。危机事件发生地的政府及其有关部门、社区组织也要积极发动和组织社会力量开展自救互救，主动维护秩序，以防止有人利用现场混乱之机，实施抢劫、盗窃的犯罪行为。负责组织维护现场治安秩序的公共机关人民警察，应当在现场设置的警戒线周围沿线布置警戒人员，严禁无关人员进入现场；同时应在现场周围加强巡逻，预防和制止对现场的各种破坏活动。对肇事者或其他有关的责任人员应采取必要的监控措施，防止其逃逸。

第四节 公共危机现场控制

公共危机现场控制，一方面可以有效地应对环境不确定性对公共危机现场管理活动的影响；另一方面可以使复杂的公共危机现场管理协调一致地进行，更为重要的是，可以避免和减少公共危机现场管理失误造成的损失。

一、现场控制的前提条件

（一）公共危机现场控制的内涵

公共危机现场控制就是通过不断地接受和交换危机事件现场的内外信息，按照预定的计划指标和标准，监督实际现场管理活动的执行情况，若发现偏差，及时找出主要原因，并根据现场环境条件的变化，采取自我调整措施，确保公共危机管理目标实现的活动。在特殊情况或紧急状态下，现场控制也可以超越所计划制定的各项具体活动要求进行灵活性调整。

现场控制能及时发现问题，有利于提高现场人员的工作能力和自控能力，减少事后控制可能造成的损失，但会受到时间和精力的限制，易形成对立情绪，伤害被控者的积极性。为此，现场控制应根据危机事件现场有可能发生变化的特点，加强处置策略、战术研究，对现场处置方案不断进行调整完善，反复斟酌，使之与实际工作要求相匹配。针对经常出现的新情况、新问题，现场指挥部应按照现场管理的指导思想和总体要求，根据实际情况采取相应措施。

（二）公共危机现场控制的前提条件

1. 拥有科学可行的计划

公共危机现场控制是为了保证公共危机事件现场管理目标与计划的顺利实现。计划是控制的前提，现场管理人员首先要制订计划，然后计划又成为评定行动及其效果是否符合需要的标准。计划越明确、全面和完整，控制效果就越好。没有计划就无法衡量行动是否偏离计划，更谈不上纠正偏差。如果计划有偏差，那么现场控制工作做得越好，就越会加速现场管理走向失败的进程。

现场控制本身也需要有一个科学的、切实可行的计划来明确控制目标、对象、主体、方式、方法，没有一个科学的控制计划，现场控制就难免顾此失彼。据此，有效的现场控制是以科学的计划为前提的。

2. 配备专司控制的岗位

现场控制工作主要是根据各种现场信息，纠正工作执行中出现的偏差，以确保现场管理目标的实现。要做到这一点，就要有专司监督职责的机构或岗位，建立健全与现场控制工作有关的规章制度，明确由何部门、何人来负责何种控制工作。如果没有专门的现场控制机构或岗位，而由各部门自行监督、自行控制，那么就会出现管理部门和执行部门出于对切身利益的考虑而故意掩盖、制造假象的情况，也可能会存在管理部门由于忙于贯彻指令、无暇顾及调查研究及分析评价而难以反映真实状态的情况。因此，监督机构与相应的规章制度越健全，现场控制工作取得的效果也就会越明显。

3. 建立畅通的信息渠道

在现场控制工作的执行过程中，需要将各种情况及时反馈给公共危机管理者或最高决策者，公共危机管理者或最高决策者根据这些信息和情况对已达到的目标水平和预期的目标进行比较和分析。这种反馈速度和准确性会直接影响公共危机管理者或最高决策者指令的正确性和纠偏措施的准确性。因此，为了防止监督机构和被监督机构之间互相包庇、谎报信息，公共危机管理者或最高决策者还应设计和维护畅通的信息反馈渠道，充分发挥社会舆论对现场管理工作的监督作用。在设计信息反馈渠道时需要注意以下事项：不要设立单一的信息反馈渠道；要明确信息反馈渠道中的工作人员的职责和任务；对现场信息的传递程序、收集方法和时间要求等事项要进行事先确定；要做好领导工作，充分调动各方面人员提供信息的积极性。只有加强领导，建立畅通的信息反馈渠道，才会使现场控制工作卓有成效。

二、现场控制要点

公共危机现场管理的干扰因素较多，现场控制除了积极化解矛盾，消除有关人员的对立情绪，同时还应强化危险源的控制。

（一）加强对重点人员节点的控制

重点人员是指在危机事件发生后，意图组织、煽动或鼓动群众参与群体性事件的人，或者在危机事件发生过程中有可能实施过激行为的人。这些人员是危机事件的关键人物。有些公共危机事件主要是这些人发起的，其平息也离不开这些人行为的转化或对其行为进行的控制。因此，全面掌握重点人员的动态，成为危机事件现场控制的关键。在对重点人员实施控制的过程中，要重点了解其参与危机事件的真实目的、受其鼓动参与危机事件的人员构成及其具体组织或鼓动的方式、其参与危机事件的过程中计划实施的具体行为，以及其组织或鼓动群众实施公共事件所指向的对象等。在明晰上述事实后，应视具体情况对重点人员采取适当的现场管控措施，防止矛盾激化和群众对立情绪增强。特别注意的是，在现场控制阶段不宜采取强制措施，采取强制措施可能会激化矛盾，成为引发群体性事件的导火索。现场可以组织专门力量对重点人员开展教育转化工作，还可以对重点人员实施孤立或者调离等措施。

（二）强化对现场危险源的控制

公共危机事件爆发后，为控制事态的蔓延扩大，一方面要避免更严重的人员伤亡，另一方面要对现场的各种危险源进行控制，防止其在救援过程中造成进一步的损害。在通常情况下，现场的危险源包括各种易燃易爆危险物品、有毒有害物质、电气设备和线路、建筑物局部或整体塌陷等。在进行现场管理时，首先要根据现场的具体情况对这些危险源进行辨识，确认其具体位置和危害大小，然后对其进行分类处理，标明危险区域，封锁危险场所，划定警戒区，采取搬离危险区域、封堵泄漏点、冷却降温、切断电源、使用防毒面具及防护装置等方式进行控制。

三、现场控制工作要求

（一）要有重点

公共危机现场控制要有重点，就是指在现场控制过程中要抓住重点进行控制，而不是"眉毛胡子一把抓"，尤其是在现场秩序混乱的情况下。事实证明，要想完全控制现场处置工作的全过程几乎是不可能的，因此应抓住现场处置的关键和重点进行局部和重点控制。

（二）及时准确

公共危机现场控制要及时、准确，就是指在现场控制过程中要迅速、及时地发现问题并采取纠正措施准确地（有针对性地）解决问题。它体现为两方面的要求：一方面要求及时、准确地提供所需要的信息和措施，避免时过境迁，使控制失去应有的效果；另一方面要估计可能发生的变化，使采取的措施与已变化了的情况相适应，即纠正措施的安排应有一定的预见性，使得采取的措施能在现场管理的全过程中都保持有效。

（三）具有灵活性

公共危机现场控制要有灵活性，就是指在现场控制过程中要尽可能制定多种应对变化的方案和留有一定的后备力量，并采用多种控制手段来达到现场控制的目的，以便于灵活地适应各种变化。尤其是面对灵活多变的现场环境，要有充分的准备来应对可能发生的现场紧急状态。

（四）经济可行

公共危机现场控制要经济可行，就是指在进行控制时必须做到经济上合理，技术上可行，不能想当然。在公共危机现场管理过程中，很容易面临短期资源紧缺的情况，要充分考虑将已有资源投入现场管理控制的可行性，必要时需要对重点控制资源进行关注。另外，公共危机现场控制也要抛弃非必要的控制环节，从而减少支出。

本章小结

本章对公共危机管理中心的现场管理内容：现场环境分析、现场安排、现场控制进行了系统的阐述。首先，从现场管理的内涵、目标、特点和原则四个方面对公共危机现场管理的整体内容进行了概述；其次，介绍了公共危机现场环境分析的流程与维度；再次，从人员、物资等方面具体陈述了现场管理中的具体工作内容与安排；最后，对现场管理控制的条件、要点与要求进行了总结与分析。

关键术语

现场管理　现场环境分析　内部环境　外部环境　现场处置
现场救援　现场管制现场安排　信息渠道

复习思考题

1. 公共危机现场管理的主要内容有什么？
2. 公共危机现场管理的目标都有什么？请举例说明。
3. 如何理解公共危机现场管理的原则？
4. 公共危机现场环境分析的维度有哪些？
5. 如何进行公共危机现场的分析？具体流程是什么？
6. 公共危机现场安排的具体维度都有什么方面？
7. 公共危机现场控制的前置条件都有哪些？
8. 公共危机现场控制的工作要点都有哪些？

第七章 公共危机的决策管理

课程引导

建立国家应对突发公共卫生事件应急处理机制

新华社北京2003年4月14日电国务院总理温家宝14日主持召开国务院常务会议。会议听取并原则同意卫生部关于建设完善国家突发公共卫生事件应急反应机制问题的汇报。

会议认为：为应对突发性公共卫生事件，切实保障人民群众的健康与生命安全，尽快建设和完善国家突发公共卫生事件应急反应机制是完全必要的。建设这一机制应遵循的原则是：中央统一指挥，地方分级负责；依法规范管理，保证快速反应；完善监测体系，提高预警能力；改善基础条件，保障持续运行。会议确定了当前要抓紧的几项工作：一是制定相关行政法规，从法律上保障突发公共卫生事件应急反应机制的运行；二是建立应急指挥系统，对突发公共卫生事件实行统一指挥，统一部署，统一行动；三是完善信息网络，及时、准确地对突发公共卫生事件作出预测、预报和预警；四是加快各级防治机构建设，完善疾病预防控制体系；五是加强人才培训和技术队伍建设，改善参加疫病防治工作专家和医务人员的健康防护条件。

会议要求各地区也要从实际出发，抓紧建立本地区突发公共卫生事件的应急处理机制，充分利用现有基础设施，加强疾病预防控制机构的建设，保障国家应对突发公共卫生事件应急反应机制的正常有效运转。

资料来源：国务院常务会议听取并原则同意卫生部关于建设完善国家突发公共卫生事件应急反应机制问题的汇报[EB/OL]. (2005-08-22). https://www.gov.cn/misc/2005-08/22/content-25393.htm.

学习目标

掌握公共危机决策的含义、内涵与特点；了解公共危机决策的三种权责划分；理解公共危机决策的方法和模式；了解公共危机决策机制的含义与功能；理解如何构建与完善公共危机决策机制。

第一节 公共危机决策的含义

决策，就是对即将采取的处置行动的方向、目标及其实现原则、方法所进行的分析与选择。决策伴随着公共危机管理的全过程。从这个意义上看，危机决策既包含着常规决策的内容，也包含着非常规决策的内容。其中，公共危机事中的决策是非常规决策，事前与事后的决策都是常规决策。作为一种非常规决策，公共危机事中的决策是在信息高度不确定的状态下进行的，是一种挑战大、难度高的决策，具有非同寻常的特点和要求。

美国著名的管理学家赫伯特·西蒙说，决策是管理的心脏，管理是由一系列决策组成的，管理就是决策。在公共危机管理过程中始终伴随着各种各样的抉择。当公共危机即将发生或已经发生后，我们要在时间、资源、资金、能力有限的情况下，根据公共危机的性质、特点和危害程度，对公共危机进行有效的响应，以降低社会公众生命、健康与财产所遭受损失的程度。

一、公共危机决策的内涵

公共危机决策属于现代公共决策的重要内容，由危机决策发展而来。学者郭瑞鹏认为：危机决策是指决策者在有限的时间、资源等约束条件下，制定应对危机的具体行动方案的过程。危机决策作为危机管理的核心，通常具有决策目标动态权变、决策环境复杂多变、决策信息不对称、决策步骤非程序化等特点。关于公共危机决策，目前存在若干不太相同的界定。例如，学者刘霞、向良云认为：公共危机决策是指为了有效地应对公共危机，而在相当有限的时间、资源和人员等约束条件下，从多种可能的备选方案中加以选择和决断的非程序化过程，它是在对危机产生的原因、范围、将带来的后果以及利益相关者的需求等相关因素的综合考量基础上，做出的关于危机应对的最优路径选择。而学者陶叡认为：公共危机决策就是指在政府主导下，政府、社会团体和公众共同参与的，根据客观规律的认识，为解决社会中突然发生的、严重危害社会秩序、对社会健康与公众的生命、财产安全以及正常生活造成重大损害的紧急事件或紧急状态，制定并选择行动方案的过程。除此之外，学者程卫星、李彩云认为：公共危机决策是指决策者在时间压力和高度不确定的条件下，以控制危机蔓延为目标，调动有限的决策资源，经过全局性的考量和筹划之后所采取的非程序化的举措。

据此，公共危机决策就是在公共危机状态下，要求组织在极为有限的时间、信息、资源、人力等严格约束条件下快速采取非常规的危机应对具体措施来控制、降低和消除公共危机。公共危机决策的主体不仅是政府，还有以政府为核心，包括非政府组织、媒体与公众在内的决策群。政府及其领导干部作为决策的中枢系统，是危机决策的核心和灵魂。而政府危机决策能力是指政府在面临危机时能够迅速地收集信息、研究对策并果敢地做出重要决策的能力，它包含对于危机的认识能力、信息收集能力、对策研究能力及果敢决断能力等要素。

从决策角度分析，公共危机的构成一般需要具备三个要素。一是公共危机的发生、发展具有突然性、急剧性；二是可供决策者利用的时间和信息等资源非常有限；三是决策后果很难预料。其中，公共危机决策信息的有限性主要表现为三个方面。第一，信息不完全。公共危机状态下，由于公共危机事态发展的随机性和不确定性，很多公共危机信息是随着事态的发展而演变的。因此，决策者需要适应信息，在非常有限的时间内掌握和控制事态发展信息。第二，信息的不及时性。由于公共危机事态发展的急剧变化性，而且公共危机信息要从事发现场传输到危机指挥决策机构，中间还需要经历许多的组织和环节，因此，核心决策机构掌握的信息常常具有滞后性。第三，人力资源紧缺。在公共危机状态下，由于时间紧迫，而且有关决策问题的信息和可供决策者选择的备选方案都极其有限，因此，决策者往往要承受巨大的决策压力，在一定程度上必须依靠自己的判断进行决策，这就要求决策者要具有更高的心理素质。因此,公共危机决策是一种特殊类型的非程序化决策和有限理性决策,公共危机状态下决策的首要目标是控制公共危机事态的蔓延,把公共危机控制在一定的范围内,最大限度地保护民众的生命和财产安全。这就要求公共危机决策具有快速、高效的特点,也就相应地要求把公共危机管理权力高度集中于决策者手中,以便决策者能够随机决断。公共危机决策强调快速的原则,决策权力高度集中,决策者主要依靠自己的智慧和胆略,审时度势,随机决断。

由于公共危机具有紧迫性、不确定性等特点,公共危机决策是一种在特殊环境下非常规性的判断、抉择活动,具有超前性、快速性和有限理性等特点,这就要求公共危机决策者及时做出富有弹性而又极具力度的决定。公共危机决策问题在公共危机管理中都是热点和焦点性的问题,全球化和信息化对行政组织的决策、结构和运作方式都产生了巨大影响;尤其是信息化,更是改变了组织的决策进程、管理结构和运作方式。

由于公共危机的影响是综合性的,公共危机对决策者是一种巨大的考验,对决策者的应变能力、心理承受能力、决断能力、沟通能力、学习能力等都是一种全面性考验。这就要求公共危机决策满足宏观性、科学性、公正性、合法性等要求。公共危机决策在公共危机管理中居于核心地位,它承担着保证国家安全,制定危机防范、危机状态控制的目标、原则和选择危机对抗行动、对抗方案等重大职能。

总体说来,公共危机决策的意义重大。公共危机决策是衡量政府快速反应能力的核心指标,领导者面对公共危机的决策能力是衡量一个领导者行政能力高低的重要标志,在公共危机决策中领导者的心理素质是提高决策能力的关键。公共危机决策能力是公共危机处理的核心能力,是公共危机决策者必须具备的基本素质。衡量公共危机决策系统效率有两个直观的标准:决策的高效和决策的有效。

二、公共危机决策的特点

(一)非程序化

决策程序是对决策规律的概括和总结。按决策问题的性质,可将决策分为程序化决策与非程序化决策两种。程序化决策是指可以根据既定的信息建立数学模型,把决策目标和约束条件统一起来进行优化的一种决策,它所解决的问题结构良好,可按发现问题、确定目标、选择评价标准、拟定方案、分析评估、方案选优、试验论证和普遍实施的固定程序和方法进行决策。非程序化决策又称非定型化决策或非结构化决策,是针对那些不常发生的或例外的非结构化问题而进行的决策,所要解决的问题结构不良,无法用常规的程序和方法来进行。

程序化决策所面临的外界环境是相对确定的,决策有规律可循,决策过程有特定的行为模式,此时,决策的科学性、有效性依赖于决策的程序化。通常只有在进行战略性、全局性的决策时,特别是在重大的体制改革或浩大的建设工程时才会采用程序化决策。在公共危机状态下,有关决策问题的时间、信息、备选方案、人力资源等都是极其有限的,决策者对仅有的信息和备选方案的认识也是有限理性的,这就要求决策者在不损害决策合理性的前提下适当简化决策程序,在一定程度上依靠自己的经验判断来做出决策。因此,公共危机决策是一种典型的非程序化决策。在公共危机状态下,社会失序、心理失衡、险象环生，控制局势、稳定人心、协调救治行动都需要有权威机构、权威人物的及时介入和权威信息的及时发布、权威决策的及时出台，绝不能在请示、报告、等待甚至公文旅行中贻误战机。例如，2001年9月11日，在美国遭受恐怖袭击后的45分钟（当地时间9点30分），布什就直接面对全美和全世界人民明确表示，美国遭受了恐怖主义打击，这次事件是一场全国性的悲剧。布什几乎完全独立地作出上述表态，这个表态为袭击事件作了危机初步定性。

（二）信息不对称

正确决策和有效管理的基础是信息对称。信息不对称的概念产生于微观经济学领域，但同时也广泛存在于社会学、政治学与管理学领域。在经济学领域，信息不对称是指市场交易的各方所拥有的信息不对等，买卖双方所掌握的商品或服务的价格、质量等信息不相同，即一方比另一方占有较多的相关信息，处于信息优势地位；而另一方则处于信息劣势地位。公共危机决策信息不对称是指由于公共危机事件的潜在突发特性，反映事件的信息以模糊、散乱、混沌、雾状（故称信息雾）存在，信息的此种状态使决策主体所掌握的信息与真实的信息之间往往存在着质与量的严重不对称。

公共危机决策信息不对称主要表现在三个方面。一是信息不完全。信息不完全的主要原因是，危机事件中显露出来的信息是发展变化的，很难完全掌握；人的有限性也决定了人不可能完全掌握危机事件中显露出来的信息。二是信息不及时。信息不及时主要是指信息的采集、加工、传递、提取不及时，在信息运动的过程中要尽可能缩小时间滞后性。三是信息不准确。在公共危机决策的信息由输入到输出的过程中，要经过发现问题、确定目标、选择评价标准、拟定方案、评估方案及最后的方案实施等步骤。在传递和反馈的过程中可能会造成信息失真，难以保证信息的准确性和有效性。

信息不对称始终是客观存在的，人们不可能获得自己所需要的全部有用信息，但是应该尽量缩小"决策主体所掌握的信息与真实的信息之间"的差距。为此，公共危机发生后，对引起公共危机的各种因素和公共危机的发展进行严密监控，及时搜集公共危机状况的有关信息，特别是要监控掌握能够表示公共危机严重程度和进展状态的特征性信息，对公共危机的演变方向和变化趋势做出分析判断，以便使危机处理指挥机构能够及时掌握公共危机动向，调整对策，使公共危机处理决策有据可依。

（三）高风险性

1901年，美国学者威雷特在《风险与保险的经济理论》中第一次为风险下了定义：风险是关于不愿发生的事件发生的不确定性之客观体现。目前，一般风险管理的理论认为，风险是指由于当事者不能预见或控制某事物的一些影响因素，使得事物的最终结果与当事者的期望产生较大背离，从而使当事者蒙受损失或者获得机遇的可能性。风险的存在是客观的、确定的，但风险的发生是不确定的。风险的不确定性包括是否发生的不确定，发生时间的不确定，发生状况及其结果的不确定。随着全球化进程的加快，突发事件的日益增多，当代社会正逐渐进入一个风险社会。

相比较而言，公共危机决策所要承担的风险比一般公共决策要大得多。由于公共危机具有突发性、不确定性高及危害性大等特点，导致公共危机决策的时间紧迫、信息不全。要在非常有限的时间内、在缺乏相关知识经验的条件下做出决策以防止公共危机进一步恶化和扩大，这种决策更多地依赖于决策者的经验，可能会导致决策的准确性欠缺，带来较大的潜在风险。不同的决策条件伴随不同的决策风险，不确定性越大则风险越大，不确定性越小则风险越小。在时间和空间要求相对苛刻的条件下不确定性往往较大，而在时间和空间要求相对和缓的情况下不确定性往往较小。决策者在尽可能降低决策风险的同时，必须做好承担风险的思想准备和物质准备，将各种损失降到最低。

（四）资源有限性

在进行常规决策时，决策者对社会问题的认识相对来说是全面且深刻的，决策者可以通过信息支持系统尽可能多地搜集信息，然后进行详细分析，以确定最佳方案。在公共危机状态下，正如西蒙在其《行政行为》一书中用"有限模式"概括的那样：决策并不具有相关决策状况的所有信息。其原因有二：一方面，决策者不可能在非常有限的时间内掌握和控制所有的事态发展信息；另一方面，有一些地方政府存在缓报、瞒报、漏报的事实，人为地造成决策中枢机构信息掌握的滞后和不充分。

公共危机决策的有限性主要是指时间资源、所需信息资源和人力资源的有限。

（1）时间资源有限。公共危机的突发性、严峻性和高破坏性使决策者难以有足够的时间和条件充分征求各方面的意见，一味坚持按程序处置可能会贻误良机而导致更加严重甚至灾难性的后果。如果人为拖延时间，造成的危害更大。

（2）信息资源限制。公共危机的产生、发展及影响都具有高度的不确定性，不确定性在很大程度上又是相对于人们缺乏相关的知识和经验而言的。由于相关知识和经验的不足以及信息的缺乏，当危机事件来临时，往往让人感到措手不及。以 SARS 为例，最初出现在广东时，由于无法探究病原，不知道它如何传播、如何控制，在短短的半年时间内就迅速蔓延到了全国大部分地区，形成了一个近乎难以控制的危急局面。

（3）物质资源限制。在公共危机决策过程中，决策者除了受制于时间和信息资源，还会受人力、物力和财力资源的限制。在危机事件处理过程中，需要调动各方面的人力、物力和财力资源，并使它们协调一致，最大限度地发挥作用，但在时间急促的情况下调配足够的资源来应对危机事件通常是个十分艰巨且复杂的过程，即使在有预先准备的条件下也会出现一些意想不到的特定资源需求。2008年汶川大地震发生后，我国政府在很短的时间内调动各方面的力量抗震救灾，引起了世人的广泛赞誉，不能不说这是一个奇迹。

第二节　公共危机决策权责划分

在危机状态下，公共危机决策的核心问题就是权责划分问题，这种权责划分是在公共危机状态下对常规决策权责划分的一种调适与变通，具有较强的时效性与针对性。

由于公共危机决策的主体是以政府为核心的包括非政府组织、媒体与公众在内的决策群，因此，公共危机状态下决策的权责划分主要包括三个方面：政府组织纵向权责划分、政府组织横向权责划分、政府组织与非政府组织权责划分（图7-1）。这三个方面的权责划分，构成公共危机状态下决策的前提和基础。

```
                    公共危机决策权责划分
         ┌───────────────────┼───────────────────┐
   政府组织纵向权责划分    政府组织横向权责划分    政府组织与非政府组织权责划分
   中央政府与地方政府直至    政府各部门之间          政府对非政府组织参与的
   最基层政府之间的权责划分    的权责划分            决策行为进行引导和监督
```

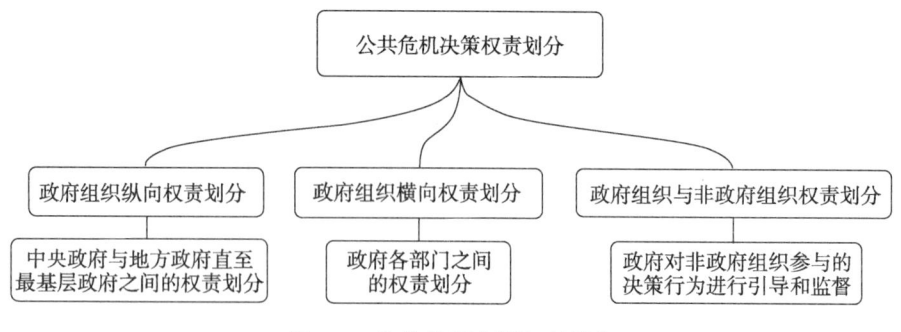

图 7-1　公共危机决策权责划分

一、政府组织纵向权责划分

在传统中央集权式的公共危机决策思路下,"政府"往往被简化为一个整体性的概念。政府结构的复杂性和各级地方政府在责权上的分立,不同地方在突发危机中凸显出的巨大的利益分歧,都在很大程度上被忽略了。政府或者被假想为一个单独的巨人,在一定程度上有能力支配每一个权力末梢;或者尽管已意识到了中央与地方之间存在利益矛盾,但通过万众一心、和衷共济的意识形态引领,通过对地方官员在人事和政治责任上采取一些措施,也可以达成一种临时性的、高度融合的危机决策模式。与此同时,公共危机事件所具有的某种紧迫性和社会恐慌心理,也极容易使人倾向于呼吁和要求一个集权的危机决策中心来力挽狂澜。在传统社会,这一心理往往指向对一个强权危机决策人物的渴望。由此可见,在公共危机状态下,政府组织决策的纵向权责划分的重要性和紧迫性。

政府组织纵向权责划分就是指中央政府与地方政府直至最基层政府之间的权责划分。在公共危机状态下,政府面临着时间紧迫、资源不足、信息闭塞等困难,这就要求政府组织打破常规决策中的权责划分,根据公共危机的现实情况,合理地对政府决策的权力与责任进行重新配置。

(一)中央政府作为最高决策中心的适度集权

在危机状态下,设定了特定任务和特定组织,有时也可能出现需要做出事前计划没有规定的重要决定。由此,需要将信息聚集于一点,做出集权性决定。从决策活动过程来看,政府组织中的活动是以实现公共危机决策目的为目标的,因而适度集权被认为是合理的。公共危机具有突发性、危害性等特点,客观上要求动员国家和社会的一切力量在最短的时间内予以消除。因此,必须赋予中央政府居于核心地位的、具有最高权威的决策权力,以便做出统一的最高决策,指挥相关部门,调配相关资源,协调各个方面的冲突矛盾,对各级政府和部门的公共危机管理行为进行指挥和监督。中央政府作为最高决策中心在公共危机管理中的集权是必需的。中央政府最高决策权力的行使还必须具有强制性的特点。在危机状态下,作为最高决策中心的中央政府,只能快速做出强制性的决策,强令各级政府和部门执行。

从国际和其他国家公共危机决策的经验可以看出,国家需要在中央政府建立高层次的危机决策的领导、指挥和协调机构,作为最高决策中心即中央政府行使最高决策权力的执行机构。这一机构的主要职能在于:制定公共危机管理战略、政策和规划;进行危机信息管理；进行危机风险评估；在非危机时期，负责公共危机的预防和预警工作；在危机发生期间，负责领导与协调工作；负责公共危机管理的监督管理工作；对政府管理者和社会公众进行公共危机管理的教育和培训等。在中央政府的统一领导下，明确各部门的公共危机管理职能、职责和责任。考虑到公共危机的多样性，应明确不同部门承担某些特定的公共危机管理职能和职责，这样，便形成统一领导、分工协调的公共危机管理体制。

（二）地方政府和基层政府危机决策分权化

中央政府作为最高决策中心需要保持权威，但如果过于集权，同样会对公共危机决策效果造成影响。这是因为以下几个方面。

（1）突发性公共危机事件，特别是范围广泛、危害巨大的公共危机，情况紧急、复杂，公共危机在各个地点、各个时间段的表现也不一样，如果所有危机决策权力都集中在最高决策中心做出的话，中央政府是无法承受如此繁重任务的。

（2）基层政府和地方政府往往最先了解公共危机的真实信息，而危机信息从最基层通过层层环节传达到最高决策中心，其真实性可能大打折扣，即使信息准确，这种环节过多的信息传达机制也必然会延误时间，影响效率。

（3）各级地方政府和基层政府不拥有决策权，也就不会承担责任，这样会导致各级地方政府和基层政府不愿真正去负责，不是勇于承担危机救治的责任，而是相互推诿、扯皮，甚至掩盖真相。

总的来说，在危机状态下，由于存在严峻的时间性制约，考虑到信息传达等情况，理想的做法是：在离必要的决策信息较近的地点由各级地方政府和基层政府进行分权化危机决策。中央政府作为最高决策中心，必须向各级地方政府和基层政府授权，进行公共危机决策权力的合理配置，同时承担相应责任。集权与分权、统一指挥与分权治理并不矛盾。这种划分体现的是中央政府作为最高决策中心权力的微观弱化和宏观强化。

当然，这种公共危机决策权力在政府组织间的纵向划分，必须有一个平衡点。不可否认的是，各级政府领导人多少具有经济人的特征，往往从个人利益出发进行非理性决策，如果给各级地方政府和基层政府授权过大、制约过小，就会使其承担较大责任，其领导人往往进行虚假公共危机决策，掩盖真相，以求保住官职。如果对其授权过小、制约过大，其承担的责任也相应会较小，此时，各级地方政府和基层政府往往不愿主动承担责任，而是消极应付，事事请示、报告，谨小慎微，不敢越雷池一步，互相推诿，导致贻误公共危机决策的最佳时机。因此，问题的关键在于如何使分权及制约达到一个平衡点，在这一平衡点上，既能激励各级地方政府和基层政府积极主动地进行公共危机决策，敢于负责；又能避免各级地方政府和基层政府隐瞒公共危机决策的真实信息，从而为各级地方政府和基层政府提供一个公共危机决策的正向激励机制。

那么，如何才能达到这个公共危机决策分权与制约的平衡点呢？一个可行的办法是事先制定危机决策分级制度，按危害性大小（如伤亡人数、财产损失数量、影响范围等）对公共危机决策中的紧急情况进行细致的等级划分。哪些级别的公共危机决策可由基层政府全权处理，哪些级别的公共危机决策必须由地方政府处理，哪些级别的公共危机决策必须交由中央处理，都要进行严格界定。各级地方政府和基层政府在进行公共危机决策时，在不违背作为最高决策中心的中央政府制定的总体方案和原则的前提下，要充分发挥自身的灵活性和创新性。

（三）必须完善相关的危机决策追责制度

有决策权力，必然有决策责任，公共危机决策权责对称，这是现代危机管理的必然要求。目前，公共危机决策责任追究制主要是法律责任追究制。法律责任追究制涉及行政法律责任、民事法律责任和刑事法律责任。其中，行政法律责任是违反行政法律规范依法承担的法律后果，其中包括违反作为义务和违反不作为义务的行政行为所应当承担的法律责任。行政法律责任具有强制性、制裁性和义务性等特点。

当然，完善相关的公共危机决策责任追究制，除了法律责任追究制，更为重要的是启动和完善危机状态下政府决策的政治问责制，尤其是作为一种公共危机决策责任追究制度的引咎辞职制度，更具有可操作性和现实意义。危机状态下政府决策的政治问责，包括同体问责和异体问责。所谓同体问责，是指执政党系统对其党内成员的问责，或者行政系统对其行政官员的问责。政治问责制重在异体问责。离开异体问责的公共危机决策问责制是苍白无力的。异体问责制的内容主要是五大涉宪主体之间的问责制，其中包括：民众对政府的问责制；在野党派对执政党的问责制；在野党派对政府的问责制；新闻媒体对执政党和政府的问责制；法院对执政党组织和政府的问责制。至于执政党对于政府及其领导的问责，在性质上仍然属于同体问责，因为各级政府领导主要是由执政党推荐产生的。公共危机决策问责制的本质是依宪依法进行公共危机决策，尤其需要加强异体问责制。同时，应大力推进作为一种公共危机决策责任追究制度的引咎辞职制度，使引咎辞职最终成为一种政治惯例。

二、政府组织横向权责划分

政府组织横向权责划分是指政府各部门之间的权责划分，即权责在每一级政府被分成不同类别由各职能部门掌握。在危机状态下，由各级政府决策中心统一指挥，某一个或几个职能部门主要负责，其他相关职能部门提供辅助性服务，各自负责公共危机管理某一方面具体事务。

政府组织横向权责划分与纵向权责划分面临的关键问题是不一样的。在纵向权责划分中，上级政府一般离公共危机发生地点较远，只能授权下级政府根据实际情况进行公共危机决策，同时对下级政府进行宏观指导和监督。此时，公共危机决策信息的获得和反馈是否准确与及时就成了纵向分权需要解决的关键问题。为此，必须在充分放权的同时加强监督机制。在横向权责划分中，各级决策中心与其所属职能部门处于公共危机决策的同一层次，各级决策中心与其所属部门在相互间信息传递方面比上下级之间的传递更加方便和快捷。因此，在权责划分上，没有必要像上下级政府间那样必须充分授权，各级决策中心完全可以拥有较大的统一指挥决策权，提高公共危机决策效率。相应地，各政府部门的公共危机决策权力就小一些，这样可以避免各部门在公共危机决策中运用权力维护本部门利益而置大局于不顾的现象发生。

政府组织横向权责划分要重视两方面的问题。一方面，对各职能部门的危机决策职责一定要明确，落实到公共危机决策的每一个细节，以避免出现职能不清、权责不明、互相推诿扯皮的现象，使各职能部门能够积极主动进行公共危机决策、勇于承担公共危机决策责任。另一方面，对于需要各部门协同进行公共危机决策的任务，要加强各部门之间的协调、沟通，以全局为重，避免出现部门分割、各自为政的现象。特别是在公共危机决策现场，更应该打破部门界限，对各种力量进行重组，建立若干公共危机决策小组。各个公共危机决策小组在危机现场完全可以自由调动本小组所属的各部门的人员、设备、资源，协同进行公共危机决策。另外，在政府组织危机状态下决策的横向权责划分中，确立相应的公共危机决策责任机制和免责标准也是必不可少的。众所周知，危机状态下的政府决策活动，往往涉及人的生命、健康和财产等重要价值，且有严格的时间制约，因而被置于强烈的紧张状态。在强烈的紧张状态下，决策者的注意力容易被缩小到特定的侧面，有可能妨碍危机决策者做出正确判断。因此，政府组织危机状态下决策的责任机制，应该不同于平常的责任机制，尤其应该设定有关免责标准，消除有关政府组织和危机决策者的顾虑，促使政府组织和危机决策者快速而有效地进行公共危机决策。

三、政府组织与非政府组织权责划分

公共危机状态下决策的权责划分，还涉及政府组织与非政府组织之间的权责划分。所谓非政府组织，就是以服务大众为宗旨，不以营利为目的，而以促进社会公共利益为组织目标，主要开展各种志愿性的公益或互益活动的非政府、非官方组织，即组织本身并不具有行政权力的公共组织。这类组织主要包括非营利的院校、社区组织、医院、研究所、基金会、文化和科学技术团体、各种咨询服务机构、各种志愿组织、公益性组织等。

非政府组织在作为公共危机决策主体时，在危机状态下，发挥着非常重要的、不可替代的作用。它贴近民间和公众，对社会基层的危机信息反应敏感、及时；善于整合和调动民间资源；能够发挥公众的志愿精神，提升公众的危机参与意识。当然，非政府组织参与公共危机决策是出于公益性和志愿性，但是这种自发的参与热情如果得不到政府的指挥，就无法形成整体性力量，甚至有可能导致混乱。同时，不可否认的是，非政府组织也有其自身的利益要求，不能排除它们借助公共危机决策进行投机获利的错误倾向，这就要求政府对它们的参与决策行为进行引导和监督。因此，应由政府授权非政府组织参与公共危机决策活动。

由于授权行为的存在，政府与非政府组织之间的权责划分实际上是一种委托—代理关系。这种委托—代理关系是建立在二者共同理念——公共危机决策的基础上的。政府作为委托人，授予非政府组织一定的公共危机决策权力，并承担相应的公共危机决策责任，期望其在公共危机决策中按公众利益要求发挥应有作用。因此，作为委托人的政府就应该做到：一方面授予非政府组织一定的公共危机决策权力，同时满足其部分合理的利益要求，从而为其参与公共危机决策提供一种正向激励；另一方面，要承担相应的公共危机决策责任，对其进行严格的制约和监督，防止其自利行为。这种权力的授予和制约也需要有一个平衡点：授权过大、制约不足，会导致非政府组织的自利行为；授权过小、制约过度，又无法发挥非政府组织的灵活作用，使其丧失参与公共危机决策的热情。

因此，问题解决的关键在于政府能否形成对非政府组织的有效监督和制约。如果能够做到有效监督和制约，就可以给非政

组织大胆放权，而不必担心其自利倾向。政府可以制定严格的法律法规来规范和制约其行为，增加惩罚性成本。同时，政府对非政府组织的监督无法像政府内部上下级之间那样，通过内部危机决策信息反馈系统和执行系统的分离而实现，只能通过政府的直接监督、媒体监督和公众监督来实现。

第三节 公共危机决策模式

公共危机决策是危机情境下的一种非常规性决策，其决策的质量直接关系到危机处置的行动效能。公共危机决策如何针对特定的问题、特定的决策环境做出最佳决策，这是公共危机管理的关键问题。

一、公共危机决策方法

（一）简约决策

简约决策的本质就是直觉决策。所谓直觉决策，是指一种潜意识的决策过程，是基于决策者的经验、能力及积累的判断。研究者对管理者运用直觉决策进行了研究，识别出五种不同的直觉，分别为基于经验的决策、基于认知的决策、基于价值观或道德的决策、影响发动的决策以及潜意识的心理过程。根据直觉制定决策并非与理性决策毫无联系，相反，二者是相互补充的。一个对特定情况或熟悉的事件有经验的管理者，当遇到某种类型的问题或情况时，通常会迅速地做出决策，可能看上去他所获得的信息有限。这样的管理者并不依靠系统性和详尽的问题分析或识别和评估多种备选方案，而是运用自己的经验和判断来制定决策。

在危机状态下，简约决策就是指决策者在决策时间有限，来不及讨论和咨询的情况下，通过与决策小组成员简单酝酿，而后凭借自身的直觉做出判断的过程。从实践角度来看，危机下的决策者大多是类型识别型，而不是分析型的，他们会根据自身经验、经历和积累对危机事态做出类型判断，而后迅速反应。一项对城市消防人员的研究表明，在一般性火灾情况下，没有什么经验的消防人员会比有丰富经验的消防人员表现优秀；而在危机情况下，经验丰富的消防人员比没有什么经验的消防人员表现出色得多；而没有什么经验的指挥者会在平时低压力下表现得比经验丰富者优秀，但是在高压力下表现欠佳。

（二）专家紧急咨询

所谓专家紧急咨询，是指利用相关专业领域专家学者的知识和经验及其对危机的分析、判断和应对建议开展危机决策的过程。由于现代公共危机决策涉及面较广，决策者不可能对决策所涉及的专业领域都有所了解，尤其对一些专业性较强的危机事件，决策者或决策小组很难依靠自身的经验和知识做出判断。在这种情况下，就需要借助不同类型专家学者的经验和知识的积累，帮助决策者分析判断，最大限度地降低决策方案中的风险和不确定性。

（三）小组决策

小组决策的本质是群体决策。所谓群体决策，主要是指由多人参与决策分析，最终形成决策判断的过程,实践中常见的应急会商制度就是群体决策的一种。

危机状态下的决策运用群体决策的方式有很多好处,这些好处主要体现在几方面。一是群体决策有利于集中不同领域人员的智慧,集思广益,应对日益复杂的决策问题。通过群体参与,可以对决策问题提出建设性意见,有利于在决策方案得以贯彻实施之前,发现其中存在的问题,提高决策的针对性。二是群体决策能够利用更多的知识优势,借助更多的信息,形成更多的可行性方案。由于决策群体的成员来自不同的部门,从事不同的工作,熟悉不同的知识,掌握不同的信息,容易形成互补性,进而挖掘出更多令人满意的行动方案。三是群体决策提供了决策的可接受性,有助于决策的顺利实施。由于决策群体的成员具有广泛的代表性,所形成的决策是在综合各成员意见的基础上形成的对问题趋于一致的看法,因而有利于有关部门或人员的理解和接受,在实施中也容易得到有关部门的相互支持与配合,从而在很大程度上有利于提高决策实施的质量。另外,群体决策使人们勇于承担风险。有关研究表明,在群体决策中,许多人都比个人更勇于承担风险。

当然,群体决策也有自身的不足。一是群体决策的速度、效率可能低下。群体决策鼓励各个部门参与,力争以民主的方式拟定出最满意的行动方案。在这个过程中,如果处理不当,就可能陷入盲目讨论的误区之中,既浪费了时间,又降低了决策速度和效率,从而限制了决策者在必要时做出快速反应的能力。二是在群体决策过程中,决策者存在从众压力、少数人控制的现象、责任不清的问题,群体决策很可能使决策者更关心个人或部门目标。

从实践来看,危机状态下的群体决策是一种有效的决策方法,为了提高决策效率,在反应时间和决策有效性方面取得平衡,核心决策者应当合理确定决策小组的人员数量、知识结构和能力结构。

二、公共危机决策模式

(一)理性行为决策模式

理性行为决策模式将国家作为单一的行为体,以人类的理性计算进行选择。根据这一模式,决策者设立明确的政治目标及其优先次序,选定实现目标的手段,并设想各种选择的结果。但是理性模式最明显的缺点是,决策往往不具备选择所需要的各种最佳条件,而且决策者也不可能总是能做出各种完全理性选择。于是,人们就寻求一种既能坚持理性决策方法又比较切实可行的方法——有限理性法。它有两种主要模式:次优决策模式和满意决策模式,两种模式不再坚持最优,一种是愿意采用次优乃至再次优的标准,另一种是采用满意的标准。

(二)组织过程决策模式

组织过程决策模式认为决策是基于组织内标准作业程序的一种机械化或半机械化过程的产物,是各种组织间竞争和妥协的结果,是国家利益、部门利益和政治目标的平衡结果。国家决策者常为官僚机器所左右,而且政府没有相应的组织应对突发问题,决策部门缺乏多种选择,面临政府部门利益的激烈争斗,难以解决决策的执行问题等。

(三)政府政治决策模式

政府政治决策模式认为决策是国家政府成员间"讨价还价"的产物,根据这一模式,关键者是总统、总理、高级行政和立法部门领导，当然，政府外成员（如利益集团）有时也起重要作用。该模式强调三点：一是谁参与决策；二是决策参与者同面临的问题之间的利害关系；三是决策成员间如何调整相互关系。政府政治模式认为，决策参与者并不真正关心制定和执行最佳决策，而只关心其最佳政治利益和影响，因而常会导致决策的前后不一、目标不明乃至危险的结果。

（四）领袖和非理性行为体决策模式

领袖和非理性行为体决策模式认为，在非常时期（如群众政治和革命转变），常规模式不足以解释相关的决策，最高领导人不同的个性、偏向、天赋和思想等都会导致不同的决策。该模式强调领导人、追随者、环境和目标四者的相互关系。但是，领导人的心理或身体健康问题、判断失误问题、缺乏制衡体制等因素都会导致决策的非理性行为。

（五）精英团队决策模式

精英团队决策模式强调组成决策集团的精英人士具有自己的信念体系、过滤系统和固定形象，以此来观察世界和做出判断。但是，作为个人，他们又难免有程度不同的错觉，如一厢情愿、持有成见、非此即彼、相互对立，这些错觉都会造成决策失误。

（六）集体动力决策模式

在危机决策过程中，由于少数决策者要在压力大和时间紧的形势下做出重大决定，人们易犯的错误之一是所谓"集体动力"或被称为"随大流思想"，即为避免承担个人责任而随大流。随大流式的决策至少有六大缺陷：小范围讨论限于少数的选择；不能探讨多数认可决定的可能危险和缺点；拒绝评估原先提出过的不堪入目的选择；不征求专家和外界的意见；只接受赞同意见并排斥不同意见；很少考虑如何执行的问题。

综上所述，前三种模式的重点在于体制上的分析，后三种模式则在于个人因素的分析。一些学者认为，在对公共危机管理进行实例研究时，不应拘泥于某一模式。显而易见，任何一种模式都无法完全解释复杂的决策问题，但将其有机地结合起来，则可以为我们提供一个探索危机决策本质和规律的窗口。

第四节 公共危机决策机制构建

公共危机状态下的决策机制，是指决策主体进行危机决策的内在方式及其原理。其中心问题是：谁来决策？如何决策？危机决策形成了一种什么样的模式？

一、公共危机决策的方式

根据决策主体不同，公共危机决策方式有以下三种类型。

1. 国家决策方式

国家决策方式是指公共危机决策主要在国家层次上进行，即危机决策的职责与权力主要由中央政府承担。

2. 地方决策方式

地方决策方式是指决策主要在地方层次进行，即公共危机决策的职责与权力主要由各个地方政府分别承担。

3. 基层决策方式

基层决策方式是指危机决策主要在单位、社区层次上进行，即公共危机决策的职责与权力主要由具体单位自主承担。

国家、地方和基层这三个层次各有自己的特定功能：在危机决策上坚持国家的部分职责与权力，能保证全国范围内获得统一的平衡；保证地方有足够的职责与权力，能够符合地方的社会发展实际；保证基层适当的职责与权力，能够使决策符合、体现基层的实际，同时充分发挥基层的自主性和积极性。就当前的背景而言，这些功能都显得十分重要。为了发挥各自的功能，就应该将这三个层次结合起来，使三者之间达到一种平衡。在危机情境下，如何对国家、地方和基层这三个层次的职责与权限进行分配，就成为危机决策机制的核心问题。据此，需要建立一套科学、规范的公共危机决策机制。

二、构建与完善公共危机决策机制

构建与完善公共危机状态下的决策机制，其本质就是使非程序化的危机决策行为程序化，不断地将非程序化决策转化为程序化决策。危机事件的突发性与独特性，决定了危机决策行为是一种非程序化、超渐进的行为，但是此处的"非程序化"与"超渐进"都是相对于正常的社会秩序而言的。就整体性的危机决策机制本身而言，超渐进与非程序化只能说明危机决策的随意性与仓促性，说明危机决策机制的缺位。所以，危机决策相对于社会秩序的常态，是非程序化的决策，但在相对独立的、非常态的危机决策机制内部，又应该是相对程序化、模式化、法定化的。由此，把危机决策的职能整合到各级政府和各个政府部门的职能体系之中，整合到各级政府和各个政府部门的日常工作之中是十分重要的。

从国际和其他国家公共危机决策的经验可以看出，构建与完善公共危机状态下的决策机制，全面提升政府的危机决策能力，是十分必要和迫切的。公共危机状态下的决策机制的构建与完善，是一个科学的系统工程，需要宏观制度的保证和整个社会的认知。

公共危机的突发性、时间性、危害性等特点，决定了公共危机状态下的决策机制在危机决策制度上要有保证，在危机决策组织结构上要精简，在危机决策方法上要科学，在危机决策业务流程上要高效。此外，还应该在公共危机事前就构建一个稳定的、科学的危机信息分析系统来进行危机监测和预警，在公共危机事中构建一个强大的危机反应、危机决策系统来支持，在事后构建一个危机决策绩效考评系统进行比较分析，从而进一步总结教训，积累经验，以便改进。

只有我们长期不断地致力于公共危机状态下决策机制的构建与完善，通过公共危机决策机制的高效运作来提高公共危机决策的质量和效率，才能提高政府的公共危机管理水平，才能最大限度地避免各种公共危机发生、限制公共危机不利影响的范围和程度，而且能够借助公共危机引致的刺激，将公共危机作为现代政府治道变革的契机，提高发现和解决公共政策问题的能力。

在危机状态下，国家、地方和基层这三个决策层次的有机结合应做到以下几点。

①要缩小国家层次的职责与权力，使国家的职责与权力主要限于对公共危机的宏观调控、危机处理中最基本的统一规定和为地方与基层单位的危机决策提供指导等方面。

②全面扩大地方层次危机决策的职责与权力，使地方政府在遵循有关的国家统一规定的前提下，承担起本地区各种危机决策的主要职能。

③让基层单位从过去几乎纯粹地执行危机决策状况转变为承担起适当的危机决策的职责与权力。

以这种决策格局为基础，将形成国家、地方和基层单位职责分明、规范高效的危机处理决策机制。

综合来说，公共危机状态下决策机制的构建与完善，主要包括硬件建设和软件建设两个方面。硬件建设主要包括公共危机决策的四大系统：危机决策信息系统、危机决策中枢系统、危机决策咨询系统、危机决策监控系统；软件建设主要包括三个方面：危机决策者素质、危机决策方法、危机决策理论准备。具体来说，构建与完善公共危机状态下的决策机制，要争取做到以下几个方面。

（一）提高公共危机决策者的素质，预防从众现象或群体盲思

在危机状态下，由于公共危机本身的特性，加上决策者个人及群体的先天素质与环境的制约限制，决策者受到诸多的挑战与影响。就决策者个人而言，其危机决策素质包括业务素质和能力素质等多方面的内容，而能力素质是其核心。特别是在危机状态下，决策者必须具备统筹全局的宏观能力、勇于开拓的创新能力、及时迅速的果断能力、多谋善断的探讨能力、临危不乱的心理能力、科学的预见能力、灵活的反应能力等。就决策群体而言，它实际上是由若干个决策者组成的，除了每个决策者必须具备一定的能力，还要有一个强有力的领导核心，并强调危机决策群体内知识结构、能力结构、年龄结构等方面的配合与协调。

此外，还必须提高危机决策群体的危机决策意识和心理承受能力，增强其对公共危机的感应、认知、适应和对抗能力，从而提高危机决策质量。必须着眼于增强决策者的危机意识，将危机教育、培训纳入常规培训体系中，并建立相应的考核机制，尽快培养一批能力强、知识全面的综合型危机决策人员，从而带动整个公共危机决策水平的提高。同时，由于信息、资源、备选方案的有限性和危机非程序化决策的特殊性，常常需要危机决策者借助自身的经验、直觉和洞察力来做出决策，所以，宏观把握能力、灵活应对能力和创新精神也是危机决策者应该具备和注意培养的基本素质。

（二）加快公共信息系统的现代化，构建与完善危机状态下的决策信息系统

信息是公共危机决策的基础，是现代危机决策机制正常运行的媒介和纽带，是协调、控制、监督危机决策正确实施的重要手段。公共危机信息的可靠性、及时性与透明度在危机决策中占有极其重要的地位，有效信息数量的多少在很大程度上决定着危机决策的正确与否。因此，构建与完善公共危机状态下的决策信息系统是改进和完善公共危机决策机制的重要内容。要提高公共危机决策质量，就必须收集充分的信息和情报，而要收集充分的信息和情报，就必须加快危机决策信息系统的现代化，它包括信息工具的现代化、

信息传输的现代化、信息队伍的专业化等内容。虽然在危机状态下，由于公共危机的威胁性、紧迫性导致决策者不可能在非常有限的时间内掌握完全的公共危机信息，但通过加快危机决策信息系统的现代化建设，收集尽可能多的信息和情报既是可能的，也是迫切需要的。

对于公共危机决策而言，信息显得尤为重要，而决策者要获得及时、有效、准确、真实的危机信息，有赖于构建一个反应迅速、运作高效的危机决策信息系统。公共危机决策信息系统的主要功能是：收集各部门、各地区、各种组织、新闻媒体和各国提供的重大灾害风险信息数据；组织有关部门和专家进行综合分析和风险评估；在应对突发性公共危机事件时，作为应急指挥决策机构的通信平台、联络枢纽和参谋助手，为公共危机决策提供强有力的信息支持保障。

（三）建立全国统一的常设性危机决策核心指挥机构，构建与完善危机状态下的决策中枢系统

公共危机决策中枢系统的主要职责是在危机决策信息系统和咨询系统的协助下对危机决策方案进行综合分析，权衡利弊，从而做出正确决策。中枢系统在危机决策活动中的关键地位决定了它居于整个危机决策系统的核心，其活动实质上体现了国家最高政治决策层的战略决策效能和危机应变能力。

构建与完善公共危机状态下的决策中枢系统，应该从以下几个方面着手。

1. 建立全国统一的常设性危机决策核心指挥机构

临时组建的危机决策指挥系统由于组成人员及其所在部门的封闭性、非优协调性及危机预案的缺乏，往往造成公共危机决策成本的提高和效率的下降，使决策者在整个危机决策过程中处于相当被动的地位：危机发生前难以准确预警；危机发生之后无法做出迅速回应；危机结束时由于非常设机构的不稳定性和非延续性，无法保留危机处理过程中积累的经验，以协助危机决策咨询系统建立更加系统、完整的危机案例库，供危机决策者和研究人员日后在危机决策中参考。为此，危机决策专门机构应由最高行政长官担任最高决策核心，由相关部门最高行政首长负责，专门决策人员分工协调组成中央决策机构；地方则应建立以地方最高行政首长为核心的决策机构，且直接隶属于中央政府领导，以保证危机决策中，中央与地方统一口径、统一步调、相互配合、相互支持。

2. 提高危机决策中枢系统的综合协调能力

在保证中枢系统处于危机决策活动核心地位的前提下，核心决策机构还应该站在国家和人民利益的高度，打破部门利益的界限和条块分割，综合协调危机决策系统中各相关部门，整合有限的资源，发挥整体优势，形成一个纵向统一领导、横向分工合作的指挥体系，从而提高整个公共危机决策系统的运行效率。

3. 构建公共危机决策支持系统

危机决策支持系统主要是利用信息系统收集到的有关公共危机信息，使用计算机对信息数据进行处理，从而为危机决策中枢系统提供技术支持，使公共危机决策更加科学、合理，同时为决策者节约宝贵的时间。

（四）充分发挥危机决策智囊机构的作用，构建与完善危机状态下的决策咨询系统

决策咨询系统又叫决策智囊系统，是由各类专职或兼职的决策筹划人员组成，借助专家的集体智慧，运用科学的技术和方法，以专门知识和技术为决策中枢系统提供决策方案及优化理论的智囊机构。充分重视和发挥智囊机构的作用既是严格的科学决策程序的要求，也是公共危机决策科学化、民主化的一个重要条件。现代公共危机决策的智囊机构，属于一种软科学研究机构。一般来说，它是由一些具有专门知识的专家、学者按照一定的目标或方式组成的专门输出智力成果的机构。它的基本功能主要有以下几点。

（1）收集信息，进行科学预测，充当危机决策的"望远镜"。

（2）拟定方案，进行综合分析和评价，充当危机决策的"外脑"。

（3）跟踪检查，提高信息反馈水平，充当危机决策的"耳目"。

（4）培训、储备和交流人才，充当危机决策人才的储存机构。特别是在公共危机发生时，常规部门处理非例行的危机决策问题存在着智慧局限，决策者更应该集思广益，充分发挥智囊机构的作用。

毫无疑问，应对非例行问题的非程序化危机决策，要依靠已有的常规部门，这些部门在办事经验、资源占有等方面都有明显优势。但是，作为"内部人"，常规部门在公共危机面前常常会表现出"智慧短缺"，因为这些部门的人长期在一个领域工作，长期处理大同小异的例行问题，逐渐形成了自己的思维定式，从而很难对突发性的新事态做出正确的反应。为缓和决策者所面临的非常规决策问题与其知识、能力，以及相关信息、资源的有限性之间的矛盾和差距，弥补决策者的这种智慧局限，就必须充分利用各种类型的"外脑"，充分发挥智囊机构的作用，将其智力资源纳入危机决策过程中，并与危机决策中枢系统的权力有机结合，实现良性互动。这些"外脑"一般来自大学、研究机构和咨询公司，他们不受任何既定思维的约束，他们带来的是新视角、新逻辑、新对策。"外脑"不仅可以弥补决策者知识、经验、能力和体力的不足，而且在危机决策的各个阶段都可以为决策者提供专业性、技术性及决策方法等方面的咨询意见。

（五）充分发挥危机决策监控机构的作用，构建与完善危机状态下的决策监控系统

决策监控是危机决策过程中的一个基本功能环节，贯穿于危机决策过程的始终，并制约或影响着其他环节和系统，对危机决策过程各活动环节进行监控，既有利于实现危机决策的规范化与合法化，也有助于保证危机决策的贯彻落实，是实现危机决策目标的有力保障。适时、适当的危机决策过程监控，对于保持决策者与社会公众之间关于危机的良性沟通、保证危机事件中决策者采取的行动既合法又符合人民利益，引导危机事件向着危机决策目标方向发展等方面都起着至关重要的作用。公共危机决策监控系统的主要功能在于：保证危机决策在形式和内容两方面的合法性，保证危机决策执行的目标导向。公共危机决策监控系统的要素主要包括：危机决策监控依据，即法律法规对监控主体的有关界定，包括独立地位、权威和对监控客体的影响力等；危机决策监控标准，包括从宪法和各种相关法律法规的规定到路线、方针、政策；多元危机决策监控主体，包括专门监控机构、国家

权力机关和各种社会监控力量；危机决策监控过程中的沟通，通过监控主客体之间的有效沟通，及时掌握危机决策系统的运行状况，减少由于信息不对称造成的危机决策错位。目前，我国应重点加强公共危机决策监控系统中的司法监督、媒体监督和公众监督。

（六）运用科学的危机决策方法，进行危机权变决策和危机追踪决策

危机决策的科学化不仅要求危机决策内容本身遵循其所涉及领域的科学理论，运用科学理论来解决危机决策所要解决的问题，而且要求制定和执行任何一项危机决策都必须在科学理论指导下，遵循科学的原则和方法进行操作。科学理论决策论、综合决策论、对策论、理性预期论、数学模型法等，都为科学决策提供了保障。危机就是一种非常态，危机决策就是一种非程序化决策。因此，必须针对危机情境的多样性，危机的不同性质、不同规模和可控程度，选择不同的危机决策模式，进行危机权变决策。另外，由于时间压力、信息缺乏及理性有限，在危机状态下只能追求满意的危机决策效果。如果奢望去追求最优，往往会贻误危机决策的最佳时机，最终连满意的危机决策效果都达不到。

初始决策是零起点决策，是在有关活动尚未进行从而环境未受到影响的情况下进行的。追踪决策则是非零起点决策，它是指随着初始决策的实施，组织环境发生变化，需要对初始决策做出调整甚至重新决策，这时所进行的决策就是追踪决策。在执行过程中，危机情境瞬息万变，而且执行过程会受到内外各种因素的干扰，要完全按照预先设计的程序来达到目标是很困难的。因此，为成功应对各种危机，危机追踪决策就显得更为必要。

本章小结

本章首先详细概述了公共危机决策的含义，具体包括公共危机决策的内涵、特点和原则；其次，从三个层面介绍了公共危机决策权责划分；再次，论述了三种公共危机决策的主要方法及五种公共危机决策的模式；最后，从公共危机决策方式、构建与完善公共危机决策机制的宏观思路、构建与完善公共危机决策机制的路径选择三个方面详细说明了如何构建公共危机决策机制。

关键术语

公共危机决策　公共危机决策主体　政府组织纵向权责划分　同体问责　异体问责　政府组织横向权责划分　政府组织与非政府组织权责划分　非政府组织　智库　公共危机决策机制

复习思考题

1. 公共危机决策的内涵是什么？
2. 公共危机决策的特点有哪些？
3. 公共危机决策的主要方法有哪些？
4. 公共危机决策模式可以分为哪几种？
5. 公共危机决策方式可以分为哪几种？
6. 如何构建公共危机决策机制？

案例分析　　　　　即测即练

自学自测　　　　　扫描此码

第八章　公共危机的善后与重建

> 课程引导

溆浦县受灾困难群众生活救助和因灾倒损住房恢复重建实施方案

2022年，溆浦县相继遭遇了雪灾、洪涝和干旱特大自然灾害，25个乡镇不同程度受灾，给人民群众生产生活造成较大影响。为扎实做好受灾群众生活救助和因灾倒损住房恢复重建工作，制定此实施方案。

方案的总体目标为：确保受灾群众特别是分散供养特困人员、低保对象、残疾人家庭、低收入家庭和防止返贫监测对象基本生活得到有效救助；确保政策措施落实，资金管理规范；确保2022年12月底前基本完成灾后重建任务，春节前倒损住房群众入住新居或安全住所，社会稳定和谐。

方案的主要任务如下。

（1）认真做好查灾核灾和灾情上报工作。

各乡镇要组织人员逐村逐户核查灾情，准确掌握灾情和受灾群众生活状况，进一步摸清受灾群众倒损住房、需要救助情况，确保不漏一户、不漏一人，并在2022年8月12日前将辖区内紧急转移需救助人口、过渡期生活救助人口以及因灾倒损住房户台账收集汇总后统一上报到县应急管理局救灾股。

（2）妥善安排受灾群众基本生活。

第一，及时发放救灾款物。要加强救灾款物调拨，确保受灾群众有饭吃，有衣穿，有临时安全住所，有干净水喝，有基本医疗服务。

第二，做好过渡期安置工作。灾情稳定后，要尽快引导受灾群众回归家乡、重建家园。对因灾造成的孤儿和孤老要送福利院或敬老院妥善安置。无家可归的受灾群众，应组织以投亲靠友为主，集中安置为辅，通过当地政府使用廉租房和学校、村部和敬老院等闲置房、出资租赁当地农民闲置房、搭盖简易房等方式，安排临时安全住所。

第三，严格落实补助标准。对应急期需政府救助的受灾群众，按照人均300元的标准帮助解决临时生活困难，时间不超过15天；应急救助后仍有生活困难的受灾群众，且符合过渡期生活救助条件的，按照每人每天20元左右的标准补助，时间不超过3个月，3个月后仍需救助的申请低保救助。

（3）做好因灾倒损住房恢复重建工作。

第一，确定补助对象。各乡镇要进一步对本年度因灾倒损住房情况进行统计、调查和核定，对未遵照损房标准、认定损房程度有误的受灾户，要按实际受灾情况调整房损类型；对未达到一般损房程度的受灾户，不得作为一般损房户申报恢复重建补助；因今年自然灾害造成唯一居住的住房倒塌或主体结构损坏且需要建房、一般损坏且需要维修恢复的困难受灾群众，可申请纳入当年恢复重建计划。

第二，明确补助标准。原则上对集中建房户按每户不低于4万元标准补助；对分散建房户按每户不低于 2 万元标准补助；对一般损房困难户按不低于每户 2000 元标准补助。对分散供养特困人员、低保对象、残疾人家庭、低收入家庭和防止返贫监测对象等特殊困难对象，可以适当提高标准，予以重点保障。

第三，严格资金管理。补助资金按建房进度，通过银行打卡发放给农户。对恢复重建统一组织施工的，补助资金额度应落实到户、通知到人。

第四，规范工作程序。灾后重建实行项目管理，严格程序，规范管理。在重建对象、建房规划、房屋设计、建房质量、档案管理和工作进度等方面规范推进工作。

（4）加强救灾资金监督管理。

第一，严格按程序发放。各乡镇要严格按照民主评议、登记造册、张榜公布、公开（打卡）发放程序发放救灾资金，严禁滞拨、缓拨、截留挪用和挤占私分。

第二，加强督促检查。要开展专项检查，适时通报，发现重点问题，及时整改，确保救灾资金管理使用安全、规范、有效。

（5）引导鼓励社会各界参与。

第一，抓好巨灾保险理赔。要联合财政、人保等部门，尽快对因灾死亡、紧急转移集中安置、农房倒塌、农业巨灾理赔到位，切实维护受灾群众利益。

第二，加强救灾捐赠监管。通过慈善总会、红十字会等慈善机构，广泛开展募捐活动，重点支持重灾区灾后重建工作。强化救灾捐赠款物接收、发放和使用管理工作，管好用好救灾捐赠款物，主动配合审计、监察等部门进行跟踪监督。

资料来源：溆浦县应急管理局.溆浦县 2022 年受灾困难群众生活救助和因灾倒损住房恢复重建实施方案. http://www.xp.gov.cn/xp/c110391/202211/59c1e19bc23f4daf931b55943b3b7576.shtml，2022-11-11，存在部分删改。

学习目标

掌握公共危机事后管理中的善后与重建工作的管理内容。理解公共危机的善后处置工作的具体内涵，系统地学习善后处置中的工作机制、工作内容，并重点关注危机后心理救助；了解公共危机恢复重建的目的、原则维度与步骤。

第一节　公共危机善后处置

公共危机善后处置是公共危机事后管理的重要内容之一。危机事件导致社会出现一种高度不稳定的失衡状态，这种状态可能会持续较长的一段时间，因此需要在公共危机事件后注重善后处置的跟踪、反馈、处理工作，确保危机事件的根本解决。

一、公共危机善后处置的内涵

控制处理公共危机阶段的结束，并不意味着公共危机管理过程已经完结，只是公共危机管理进入一个新的阶段——公共危机善后处置。在公共危机善后处置阶段，应当立足于现实的危机问题，明确危机事件发生之后组织工作的目标取向和政策导向。为此需要很好地了解、确定和解决两个重要任务：第一，以危机问题的解决为中心契机，配套解决和控制与危机问题相关的、可能导致危机再度发生的各种问题，巩固公共危机管理的成果；第二，从危机事件中获益，即通过对危机发生原因、危机处理过程的细致分析，总结经验教训，提出在技术、管理、组织机构及运作程序上的改进意见，进而进行必要的组织变革。

在出现公共危机，特别是出现重大责任事故，导致公众利益受损时，公共危机处理机构必须承担起责任，给予公众一定的精神补偿和物质补偿。例如，以社会暴力危机事件的处理为例：社会暴力事件一般危险性较大，甚至造成流离失所、家破人亡和政局动荡。政府一旦平息了动乱，消除了危机状态，就要抢救受伤人员，给予紧急救济，帮助群众迅速恢复生产，召回受灾民众，对住房、食品、用水、医疗、生产用资料等进行妥善安排，把这些支出列为优先开支，同时力求取得国内各界和国际社会的支持，使社会正常生产和生活尽快恢复。同时，还要在民众中加强思想教育，积极地总结经验教训，引导公众认清危机的危害，减少心理震荡，增强对政府的信任度。从长远来看，要稳定人心，稳定社会秩序，必须适应社会生产力的发展要求，不断从各方面进行利益关系调整，加强法治建设，逐步地、持续地化解社会矛盾，增强对公共危机的免疫功能，预防公共危机的再次发生。

一般对公共危机善后处置工作主要在六个方面。

（1）恢复机构的正常运作。制定恢复正常运作的程序及编订执行人员的职务。相关机构越快复工，损失就越少。

（2）资料记录与保存。所有危机事件都必须清楚记录，因这些文件可用于保险索赔、法规所定的事故呈报和法律诉讼等。

（3）事故调查。清楚列明调查危机事件的程序和有关负责人员的职责。危机事件调查有助于找出公共危机的根本原因，并制定有效改善措施，以防范同类事件的再次发生。

（4）清算损失。制定程序来清算机构的资源和设备损失，并指派专人来负责损失清算工作。

（5）补偿损失。要抢救受伤人员，救济群众，对住房、食品、用水、医疗、生产资料等进行妥善安排。

（6）稳定人心。帮助公众认清公共危机状态的危害，减少心理震荡，增强对公共危机的免疫能力。

二、公共危机善后处置的机制

当危机事态被完全控制，危机事件也就最终得到解决。但是，危机事件导致社会出现一种高度不稳定的失衡状态，这种状态可能会持续较长的一段时期；而且，一些公共危机具有明显的多因性、变异性和互动性。因此，从极度紧迫的逆境状态解放出来以后的政府及其他组织，其公共危机管理过程还应当有危机事件后的特定时期的跟踪、反馈工作，确保危机事件的根本解决。

（一）安抚机制

危机事件发生以后，在危机恢复期内，政府及其他组织必须面向公众，争取广泛的社会支持。公共危机管理过程中要做到这一点，必须涉及危机事件相关者的善后安排问题。

（1）建立、健全被害人援助制度，使公共危机带来的社会震荡削减到最低限度。一方面，公共危机管理者除了应当保护直接被害人、向直接被害人或其亲属披露信息，还应对所有潜在的被害人加以保护并向其披露案件信息，凭借有力的防范措施，避免次生危害；另一方面，由于公共危机带来的剧烈社会震荡，造成公众心理的严重恐慌，公共危机管理者必须建立和健全灾害心理援助制度，稳定民众情绪。

（2）区分危机相关者。公共危机相关者范围比较广泛，可能包括各级决策官员和直接参与危机事件的人员、危机直接受害者及间接受害者（如死难者家属）。组织对这些人员的善后安排，涉及法律、参与危机事件者及家属人心稳定、社会公众支持等多方面事务。对于后两者应当采取和前面提到的第一种情况类似的措施，建立和健全被害人援助制度；而对于直接参与危机事件的人员的事后处理一般会比较复杂，往往更容易引起社会的普遍反应，处理结果可能对参与类似危机事件的行为倾向产生深远影响，为此，必须采取健全的应对措施和策略。

（3）恰当处理危机参与者。一般来说，对领导和参与者的解决原则，必须依据危机事件本身的性质和其产生的直接社会后果而定，对极少数有个人野心的顽固分子要严厉惩处，而对于不明真相的公众则应采取宣传教育的办法，力求争取他们，使他们能够站在公共危机管理者同一边；对冲突群体内的人员（核心领导者、核心人员、组织人员、外围组织人员、一般参与者）也应区别对待，掌握分寸。总的原则是：区分不同情况，严格执行界限，以争取多数、孤立少数。

（二）转变机制

对于任何一个组织来说，公共危机既可能是其走向衰亡的开始，也可能是走向新生的始端。无论发生的是何种类型的危机事件，都应当在公共危机发生后及时利用这些活生生的"教材"，培养公众的危机意识，提高他们的危机应对技能，增进社会整体抵抗公共危机的韧性和能力。为此，不应当以单纯的某一项危机事件的终结为目标，而应该结合此次危机事件处理为契机，变危为机遇，顺利推进观念更新、产品革新、组织变革，重新塑造组织在公众心目中的良好形象，借助科学高效的事后处置将危机转化为促进组织发展、社会整合的一种积极力量，激发组织和社会系统的活力和生命力。

（三）重建机制

公共危机对社会或组织生存和稳定的破坏力大大超过了正常水平，造成组织或社会整体或某一局部的失衡和混乱，一定范围内的人群失去了和谐安定的社会环境，生活在高度不稳定之中。特别是一些由自然灾害造成的危机事件和因工业技术事故而造成的突发性危机事件，在造成重大人员伤亡的同时，它们往往更容易造成对社会重要基础的破坏，使得正常的生产、生活无法进行。因此，政府及其他组织要尽快帮助受灾群众进行生产自救，以便尽快推动社会正常的企业生产和商业经营秩序，这些活动内容包括：给予企业必要的经济援助，弥补其在公共危机中的损失，启动生产；组织、调节供销渠道，及时提供民众生活的日常用品和急需物品，保障公众的正常生活；说服参与冲突的成员回到工作岗位，陈述发展生产对解决危机事件和社会矛盾的重要性；强化相关的社会福利政策的实施力度等。

一般来说，经过灾害发生时的隔离危机和管理危机两个阶段的工作，组织通过损害程度分析、医疗服务、提供临时住所和准备重建等工作，最大限度地保护了灾民财产和生命后，就马上进入了恢复重建阶段，争取尽快使灾区的基础设施恢复，重新创造正常的生产、生活秩序并帮助灾民建立信心。

（四）社会心态恢复机制

由于危机事件往往造成巨大的人员伤亡和财产损失，给社会生产、生活带来巨大的震荡和破坏，例如自然灾害，特别是洪水、旱灾等足以毁灭生产成果和人类生命的灾害，其威力往往是非常强大的。因此，公共危机发生后公众的心态往往处于应激或低落的状态，表现为创伤后紧张综合征，有时会刻意回避创伤发生的环境和地点。因此，制定相应的规章制度，建立社会或民众心态、心理回复机制，以辅助公共危机中的民众从心理上走出危机，彻底治愈创伤。

（五）社会调整机制

危机事件的发生，会使得社会结构和功能不同程度的失调。特别是那些由于社会与政治原因而引起的灾难，如社会动乱、民族骚乱、恐怖活动等，政府方面往往派遣国家武装力量、治安警卫系统及其他有关紧急救援的部门和单位参与处置，在危机事件紧张时期动用军队实行宵禁，宣布国家或国家的某一地区处于紧急状态，有时会引发国家政治、经济和社会的动荡，造成社会结构和功能的畸形发展，甚至导致经济和社会发展的停顿。更有甚者，有些大规模的战争和社会动乱有可能导致政府被推翻。因此，在危机事态得以完全被控制，或即将得到圆满解决的时候，为尽快恢复社会结构和功能的正常运转，政府及其他公共危机管理者应当根据特定的危机情势发展，规定和限制政府及其他组织的公共危机管理权限，尽快结束公共紧急状态，取消非常态的控制方式、措施，如通过戒严、宵禁、军事管制等极端强制的手段，根据实际状况动态调整危机管控措施，直到社会秩序恢复到正常状态。

三、公共危机善后处置的内容

（一）对公共危机利益相关者进行善后安抚

公共危机无论是在心理上还是在生理上都对人造成了冲击，必须积极对利益相关者进行善后安抚，包括对人的生理伤害的恢复和心理伤害的安抚。这里所涉及的人，即公共危机善后安抚所涉及的利益相关者，既包括公共危机的直接受害者（灾难的伤亡者和灾难现场逃离或转移出来的人），又包括受公共危机影响的其他人（反应和支持善后过程的人，以及没有直接受到危机事件冲击，但被善后过程影响的人）。

1. 对公共危机直接受害者的善后安抚

（1）生理伤害的恢复。人生理伤害的恢复主要由医生来进行，公共危机管理者一般不能由自己来完成医疗恢复工作，但需要医疗部门的参与和介入。公共危机管理者除了完善劳动保护条例，做好劳动保护工作，还应督促企业为员工缴纳医疗保险。

（2）心理伤害的安抚。几乎所有经历危机事件的人，在公共危机爆发的一刹那，面对进退无门、命悬一线的压力，都会留下心理上的阴影。对大部分人来说，随着时间流逝，公共危机留下的心理阴影会淡去,不需要外界干预就能自我恢复过来;但有些人,包括危机处理者、旁观者和受害者,在危机事件之后仍存在心理障碍。例如,出现长期的心烦意乱或心不在焉、思想麻木、行动僵硬、自我封闭,甚至丧失对自己、对周围世界的信心。这种心理障碍已经影响到人的正常生活和工作,需要政府和社会进行危机心理安抚,使他们尽快恢复到正常心态。要克服心理障碍,就需要采取综合措施,因为人是社会中的人,心理恢复需要纳入社会过程中。尤其是对轻症心理障碍者的治疗,主要采取社会治疗的手段。

2. 对其他受影响者的善后安抚

对反应和支持善后过程的人以及没有直接受到危机事件冲击但被善后过程影响到的人,也需要进行善后安抚。例如,危机事件过后,由于公共危机管理小组致力于受害者的善后工作而忽略了对其他人的关心,或由于善后过程中可选服务项目减少等,使之直接或间接地为善后支付成本,从而使他们产生不满情绪,不满情绪可能会转化成对公共危机管理者的批评甚至是抵制。对于这部分没有直接受到危机事件冲击但被善后过程影响到的人,满足其需求的最好办法是将这部分人融入公共危机管理过程和善后行动,部分人参与公共危机善后安抚工作。这种参与不必是直接的或很重大的,可以是小型的和间接的。这样做,将会使公共危机善后安抚目标更加容易被接受和实施。这部分人参与公共危机管理过程和善后行动,可以通过三种方法或其中一种来实现:第一,媒体要满足公众对突发性灾难的知情权;第二,媒体要加强政策宣传,塑造公共危机管理者的良好形象;第三,通过电话、网络、各类媒体,对民众在危机事件中的心理、经济与法律问题提供援助与服务。

(二) 重塑公共部门的声誉与形象

公共部门的声誉是指其获得的社会公众信任程度和美誉度。声誉的核心是信任,只有赢得社会公众的信任,公共危机管理者才可能赢得声誉。当危机事件发生后,公共危机管理者首当其冲的是形象会受到影响,有的甚至一落千丈,必须采取有效手段及时修补,以恢复其声誉及维护形象。恢复声誉的关键在于公共危机沟通策略是否得当,公共危机管理者应立即采取正确的公共危机沟通策略,向利益相关方和社会公众展现承诺与行动力,将主要精力集中到声誉与形象管理上。

重塑公共危机管理者的声誉和形象,就是采用科学有效的沟通机制挽回声誉,或在原有形象基础上重新定位和建设。不同的危机事件需要差异化的沟通策略和方式,但所有的策略都大致可分为言和行两个方面。在危机事件发生之后,通过承担危机责任或采取弥补行动的方式减少危机事件对声誉的损害,甚至提升公共危机管理者的声誉和公信力。例如,语言方面——富有诚意的致歉,表示对危机事件负责,包括对责任人的追究;行动方面——提出以经济财产或实质帮助作为赔偿,以及其他改善行动(如采取预防措施防止危机事件再度发生)。

(三) 从公共危机管理中获益

公共危机管理者可以从危机管理中获益。公共危机并不仅仅意味着危险,而且还有转机和契机之意。从发展的角度来看,公共危机的发生也孕育着新的发展机会。一个民族在灾难中能够学到比平时多得多的东西。一个民族在灾难中失去的,必将在民族进步中获得补偿。正如美国危机管理专家诺曼·R. 奥古斯丁所指出的,每一次危机既包含了导致失败的根源，又埋藏着成功的种子。发现、培育，进而收获潜在的成功机会，就是危机管理的精髓；而错误地估计形势，并令事态进一步恶化，则是不良危机管理的典型特征。

公共危机可以集中暴露现行国家管理体制存在的弊病与问题，在一定程度上可以指明从公共危机管理中潜在获益的基本方向和途径。公共危机是社会冲突的一种集中表现形式，但冲突和危机也能够促进社会协调和整合，具有社会的"安全阀"和促进社会进步与发展的功能。公共危机可以改变一个社会的组织结构、社会关系和信念体系，从而为社会发展提供变革、改进和创新的机会；还可以促进制度革新和环境变革。

公共危机可以提高政府对公共问题的敏感性，有利于公共问题被及时发现，并推动公共问题进入政府政策议程，从而成为公共政策改进和完善的外部动力。公共危机的出现会促使政府重新评估其制度、政策和行为；公共危机过后，政府也会反思自己在公共危机中的表现和危机管理水平，从而优化治理模式、改进治理方法、提高治理能力。

四、公共危机心理救助的善后处置

公共危机心理救助的善后处置对于受公共危机冲击的民众意义重大，尤其是对危机事件中心人群以及危机敏感人群，如果处置不当会长期影响他（她）的心理健康，乃至身体健康，如在美国频发的枪击事件中的受冲击者，部分人员会长期被困扰在血腥场景的阴影中。要做好公共危机时的精神心理救助工作，需要做好以下几个方面的工作。

（1）加强灾难心理卫生研究工作。这是进行灾后心理危机干预的前提和基础，灾后心理危机干预是一项复杂的、技术性很强的工作，只有在科学理论指导下才能顺利进行。对不同类型的灾难心理卫生进行专门研究，积累数据资料、进行理论准备，从而为心理干预工作实践提供理论指导是很有必要的。

在实际研究工作中，由于灾难心理危机波及的范围广，因此其研究对象就不能只限于灾难的幸存者，还应包括灾难的救助者、照顾者、目击者和受灾者的家属与亲友等其他灾难见证人。同时，由于灾难心理危机持续的时间长，所以灾难心理卫生研究工作不但要进行短期研究，还应进行连续性的跟踪调查，以掌握受害者的整个心理变化历程。

（2）建立、健全灾后精神卫生的救援制度，通过立法途径将心理援助纳入政府救灾计划。灾后心理卫生救助工作如果缺乏制度保障，很难将其贯彻执行。因此，建立、健全灾后精神卫生救援制度是必不可少的步骤。

（3）充分发挥新闻媒体在公共危机管理中的心理引导作用。在满足公众信息需求中保持社会的正常运转。稳定民心，保持社会秩序的良好运转，是公共危机管理所追求的最佳效果。最关键的是媒体要满足公众对突发性灾难的知情权，不仅要向公众提供有关突发性灾难的信息，还要尽量给公众提供一个政策参与、心理救助的机会，让公众感觉到自己是国家的主人。媒体还可以积极动员非政府组织资源，加快公众服务体系的建立。一方面，通过电话、网络、各类媒体，对民众在危机事件中的心理、经济与法律问题提供援助和服务；另一方面，媒体积极加强政策宣传，塑造政府危机管理的良好形象，稳定公众心理。

媒体必须以高度的责任感和大局意识，提高危机传播的引导水平。媒体要保持冷静，不能在公众群情激愤的感染下失去理智，迷失方向，极尽炒作渲染之事，这丝毫无助于危机事件的解决。

要讲究艺术,在和风细雨中传达公共危机管理者的声音,在潜移默化中树立政府的形象,在正确引导中维护社会稳定。

专栏 8.1

美国重大灾害心理危机干预系统

目前,美国拥有世界上较为系统、完备的重大灾害心理危机干预系统。该系统可以保证一旦出现紧急情况,能够第一时间反应并立即运转,从而组织包括心理专家在内的紧急医疗救援队开展受灾人员的心理救援、伤病员的分类与收治。美国联邦灾害心理卫生服务系统的灾害运转模式如下。①专业化的人员构成。美国各社会组织都积极参与国家灾难医疗系统(NDMS),如美国心理学会,美国红十字会,各高校的医学院、心理系、社会工作系及护理系等。其中,心理学会和红十字会还建立了灾害专业人员数据库,不仅包括心理卫生专业人员,也包括相关的组织管理人员。②区域应急救援网络的构建。美国的应急救援网络覆盖层面广,依次包括联邦一级管理协调机构、州一级的心理卫生服务机构、市区级的心理干预小组,并提出了"社会资源"的战略,即在各个社区组建灾害应对团队,由联邦、州和当地政府给予支持,队长由社区推选人员担任,社区团队组织制订一系列灾害应对计划及进阶培训,并以家庭为单位开展家庭灾难应对训练。该组织形式还可依据地区性需求,如文化背景、语言、地理限制等调整方案。这些社会资源的组织与联动,已在飓风、洪涝灾害及火灾救援中发挥了积极的作用。

第二节 公共危机恢复重建

恢复重建是公共危机事后管理的重要环节,是在危机事件应急处置结束后,遭受损失的社区和民众向事前正常的生活和生产秩序的回归,涉及需求评估、规划选址、工程实施、技术保障、城乡住房、基础设施、公共服务设施、产业、生态环境、组织系统、社会关系、心理援助等工作。

一、公共危机恢复重建的内涵

《美国联邦反应计划》一书中指出,恢复行动是指灾民所从事的一些活动,这些活动使他们得以开始重建家园、重置财产、恢复就业、恢复营业、永久性地修复、原地或异地重建公共基础设施,减轻未来灾害损失的过程。它也是指联邦政府为帮助灾民的恢复行动而实施的援助、支持、技术服务计划,例如,提供修复或重建房屋企业、财产、基础设施的救济金或低息贷款,提供技术援助,提供教育和信息等。美国《国家突发事件管理系统》中对"恢复"的定义是:制定、协调和实施服务与现场复原预案,重建政府运转和服务功能,实施对个人、私人部门、非政府和公共的援助项目以提供住房和促进复原,对受影响的人们提供长期的关爱和治疗,以及实施社会、政治、环境和经济恢复的其他措施,评估突发事件以吸取教训,完成事件报告,主动采取措施减轻未来突发事件的后果。

近年来，我国经历了几次特大灾害事件，特别是"5·12"汶川大地震后，我们积累了丰富的灾后恢复重建经验。在汶川大地震灾后恢复重建座谈会上，温家宝总理总结了汶川大地震灾后恢复重建的宝贵经验。①坚持以人为本，把城乡居民住房、学校、医院重建放到优先位置。②坚持规划先行，科学指导灾后恢复重建。③坚持统筹兼顾，将恢复重建与促进经济社会发展紧密结合。④坚持举全国之力，调动社会各方面力量支援灾区重建。⑤坚持依靠群众，充分发挥灾区群众在恢复重建中的主体作用。⑥坚持依法重建，注重灾害应急管理和灾后重建的制度建设。与国外灾后重建相比，我国的灾后恢复重建工作具有许多自身的特点，突出表现为三个兼顾：一是紧急恢复性重建与长远发展性重建兼顾；二是快速度重建与高质量重建兼顾；三是复原性重建与升级性重建兼顾。

按照我国《突发事件应对法》的规定，公共危机事后恢复与重建主要是：停止应急处置措施，进行损失评估，制订恢复重建计划，支援恢复重建工作，恢复正常社会秩序和修复公共设施，制定优惠政策，开展救助、补偿、抚慰、抚恤、安置、心理干预等工作，进行事后调查与总结报告。

二、公共危机恢复重建的原则

（一）从速原则

公共事件造成的危机会带来各种各样的后遗症，一是严重影响人类健康、心理和社会行为；二是严重影响经济与社会体系运作。因此，危机事件发生后，必须立刻采取各种策略和措施，抚平受害民众的心理创伤，尽快让他们恢复生理和心理健康，恢复生活信心。同时，尽快建立替代性的经济与社会生活体系，让公众恢复正常生产和生活。

（二）稳妥原则

恢复重建工作并不比救援处置工作更为轻松，善后程序处理不好，不仅影响未来发展，还可能激发新的矛盾冲突与当下秩序稳定。因此，应协调处理各种可能要素，并综合考察各种现实与可能的问题，以稳定为要务，以稳定谋恢复、谋发展。

（三）科学原则

恢复重建工作必须以科学规划为指导，尽量避免公共危机前的各种不利因素和潜在隐患，发挥专家作用和各专业人员的力量，统一筹划，科学布局，科学施工，促进重建设施的持续有效利用。

（四）务实原则

恢复重建要以第一手调查资料为基础，根据实际需要进行，讲求成本，讲求实用。首先，要保证调查数据的真实可靠性，对所搜集的相关证据要组织专人进行核实，因为这些重要资料是公共危机管理者即将采取的善后工作的重要依据，如果不能做到正确客观，将使恢复过程与公共危机管理者的主观愿望相背离。其次，要确保组织人员对待数据分析的态度要公正客观，虚心和审慎对待危机恢复重建。最后，需要加强外部人员的参与和监督。从组织外部聘请一些与危机处理无关联的专家，利用他们专业领域的丰富知识，结合公共危机管理的实际，为组织提供一些合理化的建议和改进措施。

（五）反思原则

一是，在危机事件原因方面要开展独立调查，通过设立独立于行政之外、第三方性质的独立调查委员会，公正甄别危机事件诱因，明确责任归属，举一反三，吸取教训，最大限度地杜绝和减少类似危机事件再次发生。二是，要善于从危机事件中学习反思，从发生的每一次危机事件中获益，发现原有公共危机管理体制存在的种种问题，加以修正和改进，回应社会系统提出的新要求，适应环境的新变化，积极主动开展变革，从而维持甚至扩展组织系统的活力和生命力。

三、公共危机恢复重建的目的

应该认识到，危机事件的结束并不意味着公共危机管理的结束，而是进入了一个新的阶段——公共危机善后重建阶段。在此阶段，要建立健全完备的善后系统，而这个环节往往也是公共危机管理最容易忽略的地方。其重要性目的在于以下几点。

（一）促进人员恢复

人员恢复是公共危机恢复中需要首先面对的问题。危机事件爆发后，人的生命最可能受到威胁，只是受威胁的程度大小有所区别而已，公共危机恢复就要以维持和保障人的生命安全为首要任务，努力促进包括生理和心理等方面人的全面恢复。其中，受害者、幸存者以及经历过危机事件的公众都会产生或重或轻的心理创伤，如果不及时进行心理引导，将间接导致社会上有忧虑、自杀倾向的心理疾病患者增多，既不利于全民心理健康，也不利于构建和谐社会。

（二）维护公共秩序

危机事件发生后，由于社会运行不畅，公共管理和服务功能失调，可能会导致一定程度上的社会失序，进而可能引发政治、经济和社会的动荡，甚至导致经济和社会发展停顿。从公共管理和服务角度来看，危机事件发生容易造成一些公共组织无法正常开展业务，使公共组织的功能服务出现障碍，需要对这些部门或机构进行重构重建，以维持公共部门的完整性，促进社会秩序的恢复。从社会运行角度来看，危机事件会造成人员伤亡和心理障碍、生命线系统受损、工作环境和社会环境破坏，导致整个社会的运行出现障碍。只有恢复社会运行的整个链条，才能保证公共秩序的恢复。

（三）提高发展能力

危机就是危险与机遇并存，善于利用危机，变危机为契机，这是公共危机管理的最高境界。公共危机管理就是一门控制、分解和转化危机的艺术。因势利导，变危机为机遇，关键就是要抓好公共危机管理经验教训总结，提高国民安全意识，创造新的产业复兴机会。危机恢复中也常会给社会公共安全管理和服务带来一些新的机会。其意义在于以下几点。

1. **保证人民群众的生活，构建一张安全防护网**

通过对公共危机恢复重建工作，如在自然灾害或重大事故地区发放补助、基础设施修建、提供医疗服务等工作，有利于危机地区快速渡过难关，有利于民众生活的稳定，有利于保障民众的生命健康安全。

2. 通过公共危机善后工作稳定民心，维护国家稳定

对一些危害性较大的危机事件，甚至社会动荡、人民流离失所等情况。通过公共危机恢复重建工作，及时处理和控制好公共危机，加强各方面关系的维护，能够有效地促进国家安全，保障执政基础。

3. 避免日后类似公共危机带来更大损失

对政府部门来说，通过及时做好记录工作，对公共危机管理过程中出现的失误进行总结和改正，对公共危机恢复重建工作中好的模式和经验进行推广和学习，避免今后出现类似工作慌张失措的局面。从民众方面看，通过危机善后，认清危机事件危害，提升在未来面临危机事件时的应对处理能力，减少人员伤害和财产损失。

4. 加强公共危机事件的预警能力，提升公共危机应对能力

通过公共危机恢复重建工作，可以发现公共危机的形态，爆发的前兆、原因等，这些都需要在危机恢复重建工作中进行总结，以建立和维护一个有效的公共危机预警系统。对我国来说，国家的性质决定了我们必须保护人民群众的生命财产安全，建立危机恢复重建机制是政府必要的任务和工作，通过一系列危机恢复重建工作来保护人民群众利益，预防公共危机再次发生，这是我国公共危机恢复重建的根本目的和出发点。

四、公共危机恢复重建的维度

总体来看，公共危机的影响主要可分为四类：社会影响、环境影响、经济影响和心理影响。由于恢复重建的使命主要在于消除公共危机的影响，恢复也具有社会、环境、经济和心理四个维度。

（一）社会影响与恢复

为了消除公共危机的社会影响，恢复重建需要恢复社会生活秩序，为公众提供基本的民生保障，使整个社会呈现常态化态势，如修复卫生设施、为灾民提供临时住宅和必要的生活物品等。在此过程中，公共危机恢复重建要注意三个方面的问题：一是严防次生灾害的发生，确保灾区公众的安全，如在拆除受损的建筑物时设立警戒线；二是保障灾后恢复重建过程中紧急物资的供应，如药品等；三是特别关注老人、儿童、残疾人等弱势群体，满足其特殊需要。

（二）环境影响与恢复

从人工环境角度看，公共危机恢复重建要完成的任务包括：修复或重建居民住房，尽快使灾民安居乐业；修复或重建商业设施或工业生产设施，确保商业和工业生产运转的持续性，保持受灾地区的经济活力和发展的连续性；恢复或重建农村基础设施，保证农业生产的顺利进行；恢复或重建关键性的公共设施，特别是从功能及象征意义两个角度看特别重要的设施，如灾区的地标性建筑；恢复或重建"生命线"设施，使水、电、气、热、通信、交通等基础设施及服务支撑系统的问题优先得以解决。

从自然环境的角度看，公共危机恢复重建要完成的任务包括：修复生物多样性和生态

系统，防止一些珍稀动植物失去栖息地和赖以维持生命的食物；妥善解决危机事件，应对活动所产生的废物和污染问题，严防大灾引发大疫。

（三）经济影响与恢复

公共危机对经济的直接影响非常大，间接影响更是难以评估。例如，"9·11"事件使美国作为世界投资"安全岛"的形象大打折扣。在美国国内公民消费信心指数下降的情况下，如果国外投资者纷纷撤资，那么，美国经济将发生"雪崩"。同时，由于恐怖袭击，美国的民航、保险、旅游、餐饮等行业受到了致命打击。再如，严重的旱灾可能会导致采石场、矿山或其他工业用水的紧张，生产停顿，进而引发灾区经济下滑，就业岗位衰减。公共危机的经济影响与恢复可以从个人、企业、政府三个层面加以审视。第一，个人在恢复重建中需要得到支持和帮助以维持生计，如确保就业安全等。同时，公众也可以通过增加自身消费，拉动地区经济，来为灾区地方经济的增长作出贡献。第二，在恢复重建中，有关部门要帮助企业尽快恢复或重建生产设施，最大限度地保护企业财产，也要为企业提供有关决策与规划信息，还可以通过刺激消费者信心增长的方式帮扶企业。第三，政府在恢复重建过程中要发挥对宏观经济的调控作用，对灾区企业实施税收减免政策，为个体经营者提供小额贷款；此外，中央政府可以为灾区企业拓展海外市场创造条件。

（四）心理影响与恢复

危机事件往往会给一定数量的社会公众造成负面的心理影响，甚至造成严重的心理创伤。对此，有关部门在协助重建过程中，要为这部分社会公众提供心理咨询服务，开展心理危机干预，进行心理辅导。

如果缺少必要的心理干预，一些受危机事件影响的公众就会患上后危机综合征，在生理、认知、情感等方面出现问题，产生人际交往困难，与他人发生冲突，甚至出现反社会的非理性行为，影响社会和谐。

五、公共危机恢复重建的步骤

在公共危机恢复重建中，应当遵循科学、合理的恢复重建程序，有计划、有步骤地推进恢复管理工作的实施。危机事件的应急处置与救援阶段，首重救急。但在恢复重建阶段，则需要权衡相关措施是否合乎时宜。完整的危机事件恢复重建应包括三个阶段：恢复重建前的准备阶段，恢复重建实施阶段，恢复重建总结反馈阶段。同时，每一个阶段应包含不同的工作内容与工作流程。整体上恢复重建的工作流程如图8-1所示。

（一）恢复重建前的准备阶段包括灾后评估与制订计划两个步骤

灾后评估为恢复重建方案的制定和具体实施提供数据支持，以确定恢复重建所需要的资源与救助的种类与数量。评估分为快速需求评估和初步损害评估两个阶段，快速需求评估目的是认清灾难程度，以此来确定整个过程中所需要的资源；初步损害评估目的是获得危机事件影响的准确信息，以确定公共危机管理所需服务、人员、资源的要求，在此基础上判断是否需要申请援助。评估阶段的工作流程如下所述。

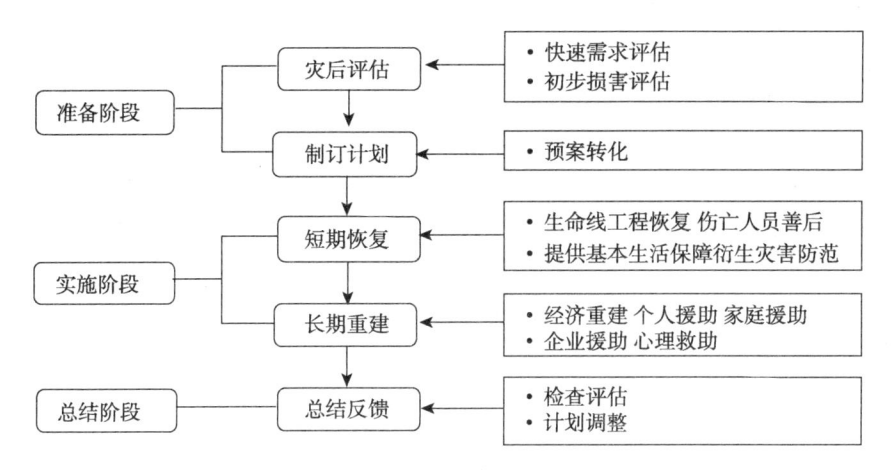

图 8-1 恢复与重建工作流程图

①针对性质不同的危机事件，组织专业力量，依据各自技术标准，组成不同核灾小组。

②评估的准备工作，包括信息收集、评估是否需要与其他部门合作进行联合以及准备评估行动所需的一切资源。

③进行评估，深入危机事件的现场，与当地政府合作，依据评估的技术化和专业化流程进行资料整理，提出评估总报告。在评估基础上，根据相关预案规定，由各级政府和部门编制具体的恢复重建规划。

评估之后，就要在评估基础上制订恢复重建计划。有了科学的恢复重建计划做指导，才能保障受影响地区尽快恢复生产、生活、工作和社会秩序。制订恢复重建计划的要求有以下四点。

①恢复重建计划由履行统一领导职责的政府制订。履行统一领导责任的政府对公共危机的整个过程较为熟悉，能够更加准确地把握公共危机性质、程度，因此，恢复重建计划应由政府制订。

②恢复重建计划的内容：第一，应对危机事件的基本情况；第二，危机事件造成的影响和损失；第三，已经开展的工作和下一步的工作安排，包括基础设施、住房重建、事故善后处置、疫情防治补偿、心理干预、事故调查处理等。

③向上一级政府报告。恢复重建是经济社会生活中的一件大事，履行统一领导职责的政府应当将其报上一级政府审查。上一级政府在接到报告后，应当尽快进行审查并作出决定。恢复重建计划经上级政府批准后，履行统一领导职责的政府应当做好组织实施工作。

④恢复生产、生活、工作和社会秩序，修复公共设施。危机事件打破了原有的生产、生活秩序，使人们处在不稳定状态之中。重大的自然灾害和事故灾难发生后，更是会严重损毁有关设备、设施。因此，应急处置措施结束后，最紧迫的是要尽快恢复正常的生产生活秩序。政府要鼓励、号召人民群众自力更生、克服困难。同时，要积极履行职责，组织、协调有关部门，修复被损坏的交通、通信、供水、排水、供电、供气、供热等公共设施。对因危机事件而陷入生产经营困境的企业，要根据实际情况给予必要的支持和帮助。

（二）恢复重建实施阶段包括短期恢复和长期重建两个步骤

短期恢复主要是恢复基本公共设施和民众的基本生活秩序，为进一步恢复重建提供支持，清除障碍。具体的工作内容包括以下四点。

①恢复城市生命线工程，即恢复城市的供水、供电、供气、交通运输及公共安全秩序。

②伤亡人员善后处置，即对伤员进行救治，对逝者进行善后处置。

③衍生灾害的防范，针对各种危机事件的特征并结合危机事件的级别，迅速控制卫生环境等方面，防止衍生灾害发生。

④提供基本生活保障，对受灾群众提供基本生活救助，包括衣、食、避难所与简易住房等，进行心理干预，提供公共信息服务等。

长期重建是在短期恢复的基础上，根据危机事件的种类特征和级别确立长期的重建计划并加以实施。主要内容包括以下五点。

①经济恢复与重建，制订受灾地区长远的经济发展计划。

②个人援助计划，制订受灾群体的援助计划，为伤残人员制订长期的援助计划，并制订长久住房建设计划等。

③家庭援助计划，制订受灾家庭的长期援助计划。

④企业援助计划，对企业恢复经济生产提供政策支持并制订长久计划。

⑤心理援助计划，建立专业机构或派驻专业人员；制订长久的心理恢复计划并实施。

在重视公共危机事件恢复重建的常规化工作流程建设的同时，应该强调不同类别和不同级别危机事件的特殊化专业流程建设，统一之中体现特殊性，还应当针对不同类型的危机事件制定不同的恢复重建工作流程。

（三）恢复重建总结反馈阶段

恢复重建总结反馈阶段主要是对恢复重建规划的制定与实施、恢复重建过程与一系列具体内容的效果进行检查评估，总结有益经验以利于提升以后其他地方恢复重建的科学性和实效性。根据恢复重建的变化情况进行规划调整，强化恢复重建的针对性，通过重建改善当地居民的环境，改进公共危机管理系统，促进重建地区地方发展与经济增长，争取在更大程度上实现超越性回归。

六、公共危机恢复重建的内容

（一）停止危机处置措施

危机事件发生后的处置启动应当及时，同时，停止危机处置措施的决定也应适时做出。在实践中，需要根据危机事件的性质、特点和情况，来确定停止执行危机处置措施的时间。

需要说明的是，做出停止危机处置措施的决定后，应以适当的方式向社会公布，让民众普遍知晓。危机处置措施的停止并不等于危机处置工作的终结。停止处置措施，是因为危机事件及其影响已经得到有效控制，继续采取这些措施已无必要。但是，这并不意味着导致危机事件的原因已经完全消除，特别是在某些情况下，一个危机事件可能引发其他危机事件。在实践中，在停止危机处置措施后，危机事件死灰复燃，发生次生、衍生事件，或者重新引发社会安全事件的现象屡见不鲜。因此，为了巩固危机处置措施的成果，在停止实施危机处置措施后，仍应根据实际需要采取有关必要措施，特别是要及时启动公共危机恢复重建管理计划。

(二)组织公共危机损失评估

危机事件处置工作结束后,应当立即组织对危机事件造成的损失进行评估,组织受影响地区尽快恢复生产、生活、工作和社会秩序,这是恢复重建工作的前提与基础。公共危机恢复重建工作,尤其是巨灾之后的恢复重建,应综合考虑现实与未来的各种相关因素,做出多层次、多维度的恢复性评估,如灾情程度评估、灾情未来发展趋势预测、自然和人文环境评价、恢复水平评价、空间布局评估、资金和资源保障评估、社会需求评估及可恢复性评价等,以此为基础制订科学、合理的恢复计划,推动恢复重建工作。

科学、全面、客观地进行危机损失评估是恢复重建的基础,可按摸清底子、分级建档、分区建档、抓住重点、更新规划的思路,既从微观层面对已经发生的危机事件做出评估,又在宏观层面对城市承载能力、抗风险程度、关系民生的各项资源的承载能力进行相应评估。

危机损失评估的内容主要包括直接损失和间接损失,如危机事件中死伤的人数、各种设施和设备的损失、公私财务损失等;除了物质损失,还有精神创伤。同时,应组织专家科学评估重建能力和可利用资源情况,为恢复重建方案的制定和具体实施提供数据支持,以确定恢复重建所需资源和救助的种类与数量。在灾后评估的基础上,由政府编制以权限、范围、目标、不同内容为重点的恢复重建方案,用以指导恢复重建实践。公共危机管理工作对灾情评估的要求不断提高,迫切需要建立综合的方法体系,综合利用地理信息系统技术、遥感技术、数据库技术等,处理、综合、分析、评估灾情统计数据、地理信息数据、遥感数据等,形成包括对危机前预评估、危机中应急评估、危机后综合评估以及区域自然灾害情况的综合评估在内的自然灾害灾情评估的内容体系、指标体系、标准体系和方法体系,进而建立可业务化运行的危机综合评估系统。

(三)制订恢复重建计划

公共危机管理者在对损失情况、重建能力以及可利用资源进行评估后,根据损失评估报告、受影响地区的实际情况与需要,应尽快制订并实施恢复重建计划。受危机事件影响地区的政府应当及时组织和协调公安、交通、铁路、民航、邮电、建设等有关部门恢复社会治安秩序,尽快修复被损坏的交通、通信、供水、排水、供电、供气、供热等公共设施。在制订恢复重建计划时,要综合考虑危机事件受损地区的经济、社会、地理环境、文化等方面的特点和实际情况,主要包括危机事件应对情况、危机事件造成的影响与损失、已经开展的工作和今后的工作流程等,在巨灾情况下尤其要突出善后处理、调查处理、基础设施恢复重建、住房重建、征用补偿、人员安置、巨灾保险理赔、灾后防疫、心理危机干预、法律援助等方面的内容。例如,在汶川大地震恢复重建中,政府各相关部门就制定了城镇体系、农村建设、城乡住房建设、基础设施建设、公共服务设施建设生产力布局、产业调整、市场服务体系、防灾减灾、生态修复和土地利用规划等十个专项恢复重建规划。

适时制订危机恢复重建计划,一方面,有助于区分短期(短期的紧急处理)和长期(长期的恢复管理)问题;另一方面,有助于确定危机管理部门工作的重点,明确任务。制订危机恢复重建计划的目的是指导具体的危机恢复行动,因此这一计划应结合实际公共危机损害情况,在对实际公共危机损害进行科学评估的基础上制订。制订危机恢复重建计划还应以政府在日常危机管理中制订的危机反应（处理）计划为参考，这样，既节省了制订计划的时间，又减少了制订计划的工作量，使恢复重建计划尽早出台，适时为恢复提供指导。恢复重建计划包括常规项目和具体内容。

1. 常规项目

常规项目包括：封面（发行号、日期、组织名称、计划书名称、制定单位等）、联系方式（与恢复重建有关的部门和人员的联系电话、电子邮箱等通信联系方式）、恢复重建目标（详细说明恢复重建需要达到的目标，确立恢复重建目标的缘由、目标实现的可能性等）、计划书的阅读者（哪些人有权阅读计划书，阅读后要在计划书上签字）、政策部分（计划和信息的保密政策、恢复重建中的权责划分、恢复重建的激励政策、计划运用的条件等）。

2. 具体内容

恢复重建计划的具体内容主要包括指导恢复重建具体工作的开展、规定如何对各个恢复重建对象采取行动的相关内容。这部分计划应包括以下内容。①恢复重建对象总论。指明恢复重建对象有哪些及选择这些作为恢复重建对象的理由，恢复重建对象的重要性排序及排序的理由。②每种恢复重建对象所配置的物质资源。每种恢复重建对象可以得到哪些资源，这些资源如何储备、如何提供给公共危机管理人员，这些资源供应的时间表等。③每种恢复重建对象的人员配置。每种恢复重建对象由哪些人负责，这些人中谁是主要负责人，负责人有什么样的权力和责任等。④补偿与激励。这是指对参与恢复重建的人员进行补偿和激励，规定恢复重建人员因额外付出和努力可以得到什么样的补偿、对其进行怎样的激励等。⑤恢复重建的预算。每种恢复重建对象有什么样的预算约束，对整个恢复重建的预算，恢复重建分阶段的预算。⑥恢复重建中个人与团队之间的协调和沟通政策。

（四）实施恢复重建计划

实施恢复重建计划的过程就是恢复重建过程。罗伯特·希斯将恢复管理分为八个步骤。①反应，在危机事件处理开始后，建立危机恢复小组。小组成员可以包括部分危机处理人员，但更多的是组织内部负责正常运作的经理和技术人员，很少有外部成员参加。恢复小组负责对受损区域的受损程度进行评估。②宣布，宣布恢复行动会采取的规模和类型。③准备，为恢复行动准备工作现场（假如需要的话）。④开始，在指定的地点——非现场或现场工作区，开始恢复系统的工作，并确保核心业务的完成。⑤继续。⑥重建，不仅恢复公共危机中受到损害的东西，而且恢复和重建危机中受害人的心理。⑦复原，在重建地点恢复有关业务。⑧关闭，一旦恢复地点完全恢复了经营业务的功能和效率，恢复现场作业就可以结束了。为使下一次公共危机管理更有效，必须将危机恢复过程详细记录下来并整理成报告，并妥善安置危机恢复小组成员。

我国在实施恢复重建计划的实践中，在举国救灾体制的强有力支撑下，创造性地实行了恢复重建的对口支援机制。实践证明，举全国之力应对巨灾，是灾后恢复重建取得成功的重要保障。我国这种举国救灾体制赋予我国的灾后恢复重建巨大的社会动员能力，能用最短的时间调动最大限度的社会资源支持灾后恢复重建。公共危机恢复重建的对口支援机制坚持统筹兼顾、突出重点、全面支持、民生优先、科学规划、有序推进、加强协作、促进互利的原则,对口支援以规划为先导,以项目为抓手,以民生工程为重点,以工贸园区为载体,以对口支援资金为保障,坚持"造血"与"输血"并重,让灾区群众走上持续、健康发展的轨道。

专栏 8.2

汶川大地震后的恢复重建工作

2008年汶川大地震后一个月,抗震救灾工作从危机回应阶段逐步进入恢复重建阶段。纷繁复杂、任务艰巨的重建工作如何开展,成为摆在党和政府及全社会面前的重大问题。

为了保障汶川大地震灾后恢复重建工作有力、有序、有效地开展,国务院发布了《汶川地震灾后恢复重建条例》,将灾后恢复重建工作纳入法治化轨道。

随后召开的国务院常务会议又审议并通过了《汶川地震灾后恢复重建总体规划》。总体规划共15章57节,包括前言、重建基础、总体要求、空间布局、城乡住房、城镇建设、农场建设、公共服务、基础设施、产业重建、防灾减灾、生态环境、精神家园、政策措施、重建资金、规划实施等,是开展恢复重建工作的重要依据,对加快灾区经济社会发展、重建美好家园具有重要指导作用。总体规划围绕用三年左右时间使灾区的基本生活条件和经济社会发展达到或超过灾前水平的重建目标,提出了灾后恢复重建的主要任务。

一是根据资源环境承载能力,科学安排恢复重建的空间布局,将规划区的国土空间划分为适宜重建、适度重建、生态重建三类,并分别明确这三类重建区城乡布局、产业布局和人口安置的基本原则。

二是根据城乡居民住房建设和消费的不同特点,明确居民住房恢复重建的要求和相关政策。

三是按照恢复完善城镇功能、统筹安排的要求,优化城镇布局,增强防灾能力,改善人居环境。

四是与统筹城乡综合配套改革、新农村建设和扶贫开发相结合,恢复重建农村生产生活设施,建设一批优质粮油、特色经济等生产基地。

五是根据城乡布局和人口规模,推进教育科研、医疗卫生、文化体育、自然遗产、就业和社会保障等公共服务设施建设。

六是根据地质地理条件和城乡经济社会发展需要,合理确定建设标准,恢复交通、通信、能源、水利设施,增强安全保障能力。

七是合理引导受灾企业原地重建、异地新建和关停并转,支持发展特色优势产业。

八是加强防灾减灾体系和综合减灾能力建设,提高灾害预防和紧急救援能力。

九是尊重自然、尊重规律、尊重科学,加强生态修复和环境治理,促进人口、资源、环境协调发展。

十是弘扬抗震救灾精神和中华民族优秀传统文化，重塑灾区群众积极乐观向上的精神面貌，抢救和保护具有历史价值、民族特色的非物质文化遗产。

资料来源：①汶川地震灾后恢复重建条例. http：//news，xinhuanet.com/legal/2008-06/09/content-8336683，html，2008-06-08.

②汶川地震灾后恢复重建总体规划. http：//www.gov.cn/zwgk/2008-09/23/content-1103686，html，2008-09-19.

本章小结

本章对公共危机管理中心的事后管理内容：善后处置和恢复重建进行了系统的阐述。第一，论述了善后处置的内涵、机制、内容；第二，对恢复重建的内涵、原则、目的、维度、步骤、内容进行了总结与分析。

关键术语

公共危机的善后处理　转变机制　调整机制　公共危机的恢复重建　灾后评估　总结与改进

复习思考题

1. 公共危机事后总结有何必要性？
2. 何谓公共危机的善后处置？其主要内容是什么？
3. 如何重塑公共部门的声誉与形象？
4. 如何从公共危机管理中获益？
5. 什么是公共危机管理的恢复与重建？其主要内容是什么？在恢复与重建中应遵循什么原则？
6. 公共危机损失评估包括什么内容？如何进行？
7. 公共危机恢复与重建规划的目的在于什么？

第九章　公共危机的舆情管理

> 课程引导

四川省地震局官方微博的涉震舆情处置

四川省地震局的官方微博"@四川省地震局"自 2013 年 4 月开通以来已成功处置多起涉震舆情，先后获评"四川省突发应对与舆论引导优秀政务新媒体"，并被中央网信办评为 2022 年度"走好网上群众路线百个成绩突出账号"，在涉震舆情处置方面具有一定的典型性。

一、突出权威，助力平息谣言

在每次较大地震发生后，震区的通信网络设施常常会遭到不同程度的破坏，甚至出现"信息孤岛"现象，导致辨别震区相关信息真伪的难度增大。此外，一些自媒体账号缺少"把关人"，提供了谣言滋生的空间。涉震谣言迅猛传播，给权威信息、正面宣传带来负面效应，舆情引导工作因此变得很被动。2019 年 6 月 17 日长宁 6.0 地震发生后，一些未经核实的信息、虚假图片、合成音视频等内容在震区部分社交媒体大量转发传播，给社会秩序的稳定造成了不良影响，甚至在局部地区引发群众恐慌情绪。四川省地震局官方微博针对网上传播较多的谣言——"今日 20 时 55 分，宜宾长宁县发生 5.8 级地震，震源深度 12 千米，预计 6 月 18 日 3 时 12 分将会有更大地震发生，预计地震级别为 7.6 级"，积极回应，主动出击，及时发布地震专家的权威解读，杜绝了恐慌情绪发酵，维护了健康的网络环境和良好的社会秩序。在整个应急期间，四川省地震局官方微博实时更新震情、灾情信息，网友能及时从权威渠道获取最新抗震救灾相关消息，有效压缩了谣言传播和扩大的空间，成功减少了谣言传播扩散的可能性。

二、紧跟热点，消除舆论杂音

2019 年 6 月 23 日，大量网友反映在长宁县城上空持续出现燕群聚集，并质疑是否为地震前兆，引发了网络舆情。四川省地震局获悉这一情况后，第一时间组织专家前往现场调查核实。通过与当地大量群众交流，梳理出所谓的"燕子群飞"在当地夏季遇到闷热天气时会时常发生，本地人早已司空见惯，反而是"围观"的热心网友们在线制造出"动物宏观异常与地震的关系"这个热搜话题。从时间上看，该事件又正好处于主震后余震多发、小震不断的时期，在当地产生了不小的负面影响。在与当地群众充分沟通的同时，四川省地震局通过官方微博第一时间公布专家调查意见，告知各位焦急等待的网友们，所谓的动物宏观异常与地震的发生并没有一一对应的关联性。该条推文浏览量超过 100 万次，网络上"四川地震局回应长宁燕群聚集"话题总浏览量高达 1.4 亿次，"燕子群飞"舆情逐渐消解。当地干部反映，四川省地震局的及时发声，帮助地方政府回答了难以回答的问题，有效稳定了民心。

三、强调时效，回应社会关切

2020 年 10 月 13 日，新闻话题"四川一口老井突然升温至 70℃"热度骤然升高。这一奇特现象不仅成为当地居民茶余饭后的议论点,更是引发了全网猜测。话题阅读量突破2.8亿次、讨论近1.2万条。四川省地震局高度重视网友关切,主动参与、回应反常现象,为公众解答疑惑。一方面,迅速指派相关防震减灾部门前去调查,安排专家现场踏勘核实,并通过微博发布工作进展,得到过万网友点赞。另一方面,后续澄清背后的奥秘是水泵用电短路,其所致的解密视频累计播放量超292万次,并被多家政务官微、媒体进行转发。此外,"@四川省地震局"及时回复前排网友评论,俏皮的互动反映出官微专注于安全问题、防患于未然的诊断意识,网友们纷纷称赞。

四、主动出击,正向引导舆论

2018年6月、7月,"古天文学者王笑冬"通过微信公众号向社会散播其编造的虚假地震灾情预报意见,获得点击浏览量12.9万余次。相关地震灾情谣言迅速在微信群、微信朋友圈、新浪微博等网络平台大量传播、转发、评论,对社会稳定造成较大影响。舆情发生后,四川省地震局官方微博、微信收到大量网友私信询问地震情况。四川省地震局官方微博和微信平台根据具体情况,逐一回复网友并进行科普。四川省地震局结合震情总体趋势,在动态跟踪和大数据分析后,选择在7月12日10时——舆情峰值时期,由官方微博进行回应,明确指出"地震预报仍处于探索阶段,切勿信谣传谣"。截至16日17时,该微博的阅读量达21万次。网信四川、四川网警巡查执法以及地方主流媒体纷纷转载该微博内容,网友评论表示恐慌情绪得到消除。同时,四川省地震局官方微博转发@四川网警巡查执法关于地震预报发布意见法律依据以及相关处罚规定的微博,进一步向网民普及法律知识,增强法律意识。2020年10月,阆中市中级人民法院以编造、故意传播虚假信息罪,依法判处王某有期徒刑1年3个月,缓刑2年。

资料来源:罗松等. 新媒体时代背景下涉震舆情处置建议——以四川省地震局官方微博开展涉震舆情处置为例,四川地震,2023,12,节选。

学习目标

了解公共危机的舆情管理内容,包括对舆情的监测与分析、舆情负面影响与舆情引导;了解公共危机的舆情的特点、演变规律,达到熟悉公共危机的舆情管理的方法与内容,提升对舆论的正向利用与危害控制。

第一节 公共危机舆情概述

在公共危机管理中,管理者必须对舆情进行有效分析、研究和引导,使得舆情氛围有利于公共危机的处理处置。从某种意义上看,这是公共危机管理的重要内容之一。

一、公共危机舆情的界定

(一)舆情

"舆情"一词早在《旧唐书》《全唐诗》中就出现过,"舆""情"两字连用,最初是指百姓的情感、情绪。《辞源》把"舆情"解释为"民众的意愿"。有学者认为,舆情是指在一定的社会空间内，围绕中介性社会事项的发生、发展和变化，作为主体的民众对作为客体的国家管理者产生和持有的社会政治态度，又称为狭义舆情。有学者认为，舆情是国家决策主体在决策活动中必然涉及的、关乎民众利益的民众生活（民情）、社会生产（民力）和民众中蕴含的知识和智力（民智）等社会客观情况，以及民众在认知、情感和意志基础上，对社会客观情况及国家决策产生的主观社会政治态度（民意），又称为"广义舆情"。还有学者认为，舆情是由个人及各种社会群体构成的公众，在一定的历史阶段和社会空间内，对自己关心或与自身利益紧密相关的各种公共事务所持有的多种情绪、意愿、态度和意见交错的总和。

（二）网络舆情

网络舆情是现代化国际社会舆情的主要表现形式及传导路径的最终端。有学者认为，网络舆情是通过互联网表达和传播的，具体是指公众对自己关心或与自身利益紧密相关的各种公共事务所持有的多种情绪、态度和意见交错的总和。舆情空间在互联网上的延伸即网络舆情空间。网络舆情空间可分为硬空间和软空间。网络舆情的硬空间为计算机网络，网络舆情软空间中的制约因素主要包括秩序规定、角色规定、目标规定和民族文化因素等。网络舆情的构成要素有网民、公共事务、网络舆情的时空因素、情绪、意愿、态度和意见、网络舆情的强度、网络舆情的质和量等。网络舆情在结构上有三个层次：①整体舆情，即在日积月累中体现出来的各种不同方面的情绪、意见和行为倾向，是在一个较长时期内社情民意的总体体现；②局部舆情是指网民在一定时期内就某一领域的主要问题所表达出来的情绪、意见和行为倾向；③个别舆情是指网民就某一具体问题所表达出来的情绪、意见和行为倾向。

（三）公共危机舆情

现代化公共危机的舆情管理主要集中于网络舆情层面。从网络舆情的内容表现来看，网络舆情可以分为常规网络舆情和公共危机网络舆情。常规网络舆情指的是在正常情况下，网络空间中网民对热点、焦点问题所持的态度、情绪和意见。常规网络舆情监测是舆情监测的一项日常工作，各级政府单位的网络监察部门不间断地进行网络舆情监测，以随时掌控网络舆情动态和趋势。一旦发现不利于社会稳定的舆情信息，就及时反馈给有关部门，并通过议程设置、培养意见领袖等手段，对日常舆情进行引导，为舆情决策提供信息支持。公共危机网络舆情则是指当发生危机事件之后，网民对于危机事件的意见、情绪和态度的总和。某些危机事件经网络传播、放大后，其刺激性信息会激发网民对该事件的情绪、意愿、态度和意见，成为网络舆情的聚焦点，进而引起社会广泛关注，这就是公共危机网络舆情。公共危机网络舆情的产生是一个复杂的刺激—反应过程。

二、公共危机舆情的基本特点

（一）直接性

直接性表现为任何舆论传播者都可以对某一事件、问题、现象直接表达自己的观点和看法，即使他（她）本人并不在事发现场。尤其是在互联网和新媒体时代，人人都是可能的独立自媒体，任何问题都可以引发现场直播，全民围观与评论。

（二）突发性

突发性表现为舆论从出现到传播的快速、蔓延、集聚特征。从第一个观点意见的出现，到形成普遍广泛的民间议论，速度非常之快。这种议论很快就会通过不同的传播方式，从一个领域、一个地域、一个群体向不同的领域、地域、群体渗透蔓延，并在特定圈子内积聚成强烈的倾向性态度、情绪。

（三）偏差性

偏差性表现为情绪化的态度、意见、观点对事实本身及其内在规律、原因、趋势等的背离。面对特定事件或社会问题，公众容易情绪波动，加之公众认知能力不齐和信息不对称，道德状况不一，甚至会受到少数别有用心的违法分子的蛊惑煽动，导致对特定事件或社会问题的片面认识或偏激态度。

（四）爆炸性

爆炸性表现为舆论信息在传播空间由点到面、由散到聚、由冷到热的过程，也就是随时间轴线的网上舆情信息动态变化过程。它所呈现的是非线性的散播路径和交叉、重复、叠加式传播覆盖，具有传播爆炸性的特点。

（五）放大性

放大性表现为社会舆论意见的强烈程度大大超出特定事件或问题本身的严重程度。舆论传播者往往是在其他传递者情绪、态度的基础上不断添加自己的情绪、态度，导致社会舆论的强烈程度往往超过管理者料想。而只有在事件平息之后，社会才能回归冷静、理性。

三、公共危机舆情的演变规律

（一）公共危机舆情的一般演变规律

作为公众情绪、态度意见的舆情，必然要遵循某些规律来运行，具体来说包括舆情变动的涨落规律、序变规律、冲突规律和衰变规律。

1. 涨落规律

舆情变动的涨落态势主要有三种：波浪形、梯形和单峰形。具体来说，舆情变动的涨落主要体现在三个方面。首先是时空上的涨落，舆情在时间上的涨落是客观刺激和主观心理活动的作用结果，这是心理持续性的表现；其次是舆情主体的涨落，公共危机决策者需要根据不同的舆情主体涨落情况采取相应的策略；最后是舆情强度的涨落，即舆情影响力和作用力的强弱。

2. 序变规律

舆情变动的涨落形成了一个和外界不断交换物质和能量的、开放的、远离平衡态的系统。舆情变动是各个舆情构成要素非线性相互作用的结果，舆情的随机涨落最终使舆情由无序向有序变化。舆情的形成和变化可以简单地看作是一个刺激—反应过程，刺激的源头是公共危机事件的发生，相关刺激性信息经过传播，输入人的大脑。在这些刺激性信息与公众固有成见的作用下，公众将自己对该公共危机事件形成的情绪、态度或意见输出。传媒或者权威人士可能也会介入，这样舆情涨落就会被放大，有可能形成突变，形成巨涨落，使得舆情系统发生结构性变化,进而形成新的状态。由此,舆情系统可能由原来纷杂无序的状态走向有序的状态,形成一种或者几种主导性意见分支,每一个分支都意味着一种可能形成新的稳定结构。这种舆情运动的有序化是一种必然的趋势。

3. 冲突规律

舆情冲突是处于社会系统中的公众情绪、态度和意见的对立状态。从狭义角度来看,舆情冲突是指公众因为自身利益受到损害或没有得到应有的满足而以激烈且具有攻击性的言论或行为方式对公共危机管理或决策发泄不满。从广义角度来看,舆情冲突则泛指公众之间的一切情绪、意愿、态度或意见的对立状态。舆情冲突充满了攻击性,这种攻击性决定了舆情冲突不是内隐状态下的情绪、态度或意见,而是需要通过外在行为来表现;舆情冲突的攻击性不仅表现为暴力行为的身体伤害,还包括心理上的伤害行为,如谩骂与诽谤等。舆情冲突一般通过言论和行为两种形式来表现。如果以理性程度为依据,舆情冲突的言论形式可以分为理性的辩论和非理性的言论攻击。

4. 衰变规律

舆情变动的衰变规律包含两层含义:第一层含义为"衰",即针对某一具体公共危机事件的舆情必将走向衰落的趋势,强调的是舆情衰落的必然性;第二层含义则是"变",是指旧舆情的衰落正是新舆情产生的开端,它强调的是舆情衰落的相对性。"衰"告诉我们,某一具体形态的舆情会随着危机事件的完结而走向衰落甚至消失,而"变"则强调"衰"并不意味着舆情会彻底消失,积淀在人们内心的成见会在新危机事件的刺激下再次萌发。这些"残留"的社会政治态度也会发生不同程度的"转移",在一定的社会条件下,会变成针对另一种中介性社会事项的社会政治态度的新构成部分。

(二)公共危机舆情的特有演变规律

目前来说,公共危机舆情很多是指公共危机网络舆情。公共危机网络舆情的形成就是公众在现实中形成的舆情通过互联网进行表达的过程,因此舆情的演变规律可以很好地解释网络舆情的形成与变动。公众在互联网上的舆情表达实际上是他们对现实生活中存在问题和现象的心理反映。但是,由于互联网有其本身特征,与传统的舆情传播方式、表现形式等各有不同,因此,公共危机网络舆情在遵循舆情涨落、序变、冲突和衰变四大规律的同时还有其特殊的演变规律,即两级传播规律、从众规律、共生规律和沉默螺旋规律等规律。

1. 两级传播规律

个人意见的表达是舆情的酝酿和生成阶段。网民既是信息的接收者,更是信息的再生产者。在网络世界,传受双方的身份可以随时、任意转化。当某一种意见得到多数人的赞同,个人意见扩大为局部意见,就会出现社会讨论。这种讨论是无意识、无组织的行为,会形成若干个议论圈。议论圈即舆论传播的最小单位,也是社会舆论的最基本形式。随着议论圈不断扩大,意见传播的范围也不断扩大,表达意见的群体也不断增多,最终将一种多数人赞同的个人意见变成了广泛的社会舆论。

2. 从众规律

在公共危机舆情演变过程中,通常会看到意见领袖的身影。意见领袖是指在信息传递和人际互动过程中少数具有影响力、活动力,既非选举产生又无名号的人,通常由一些资深网友充当。这些意见领袖具有更强的草根性、流动性和号召力。他们关心各类时事,有自己的独立观点,愿意并善于表达自己。几乎每个网络舆情事件背后,都有大量网络意见领袖在推动,他们或意见统一,或针锋相对。在一些公共危机事件中,政府本身就是公共危机事件当事人,政府的观点通常很难得到网民的充分认同,此时意见领袖的观点则可以起到意想不到的作用。

3. 共生规律

要想在网络上制造一种正确的舆论,就需要正式地邀请具有知名度和权威性的学者或政府官员出面,这往往能够收到强化正确的主导声音、净化网络舆论的效果,当然也会使原本浮躁、情绪化的网络舆论空间变得严肃。在信息传播中,一方面,传统媒体权威性强,但强调自上而下的舆论导向,不太重视体察真实的舆情民意;另一方面,网络上的观点虽来自最基层的民间草根,但网上经常出现虚假信息,网上言论随意性强,情绪偏激,理论分析缺乏深度。在网络舆情集聚关注后,传统媒体以新闻调查、新闻评论、网络舆情反馈等方式进行跟进,而网络媒体再将传统媒体的报道和评论加以转载并再加以跟帖评论,舆情的传播就发生了质的变化。来自传统媒体的权威舆情与来自网络的基层舆情相互印证,交互作用,更容易在现实中及网络上掀起舆情风潮。

4. 沉默螺旋规律

在网络舆情发生后,各个议论圈以辐射的方式向四周扩展,意见讨论的范围不断扩大,标志着个人意见已经转变为公共意见。根据德国学者诺依曼的观点,一致舆论的形成是由于"沉默的螺旋"的作用,即大众传媒可以营造出一个意见气候,而人们由于惧怕社会孤立,会对优势意见采取趋同行动,其结果造成一方越来越大声疾呼,另一方越来越沉默下去,最终形成一致的舆论。在网络传播的情境下,"沉默的螺旋"依然在互联网上旋转。网络上的意见传播不是一个照单全收的过程,意见的传播与交锋是交织在一起的,交锋的结果是优势意见得以继续广泛传播,而处于劣势的意见逐渐从主流传播渠道中退出。由此可以看出,在网络舆情传播的过程中,网民的意见在网络群体的互动中实现了趋同。

四、公共危机舆情的趋势预测

公共危机舆情可通过采取定量和定性相结合的方法,根据舆情演变规律进行趋势预测。

(一)公共危机舆情趋势的量化预测

在通常情况下,公共危机舆情趋势的量化预测会选取舆情发布者状况、舆情传播状况和舆情受众互动状况等指标进行测度(表9-1)。首先,舆情发布者状况指标包括影响力变化、活跃度变化和价值观变化等要素。其次,舆情传播状况指标包括主题深挖或衍生、关注度、信息主题危害度、舆情形势、传播媒体和平台、传播媒体影响力和舆情传播度等要素。最后,舆情受众互动状况指标包括负面指数、受众影响力、参与频度和网民分布状况等要素。

表 9-1　公共危机舆情趋势的量化预测指标

舆情预测范畴	舆情预测要素	舆情量化预测指标
舆情发布者状况	（1）影响力变化	业界地位、社会地位、分析数量、关注群体、转载量、关系网等
	（2）活跃度变化	发帖量、回帖数等
	（3）价值观变化	舆情发布语义信息等
舆情传播状况	（1）主题深挖或衍生	公共安全、民生权益、政策法规、医疗卫生、生态环保、官员问题、伦理道德等
	（2）关注度	参与评论人数、点赞数量等
	（3）信息主题危害度	高、中、低、无
	（4）舆情形势	照片、视频、录音、文字等
	（5）传播媒体和平台	报纸、杂志、电视、广播、门户网站、网络论坛、博客/个人空间、短信邮件、微博微信、移动客户端等
	（6）传播媒体影响力	总流量、日流量、点击量等
	（7）舆情传播度	转载量、报道次数等
舆情受众互动状况	（1）负面指数	回帖总数、负面回帖总数、中性回帖总数等
	（2）受众影响力	影响力地域范围、舆情回复语义信息等
	（3）参与频度	点击量、评论数、回复量、转载量等
	（4）网民分布状况	IP 地址等

（二）公共危机舆情趋势的质性预测

公共危机舆情趋势的质性预测是指对舆情走向和发展趋势的研判，一般从舆情事件或现象的传播扩散、传播焦点转移、各方观点倾向变化、各方介入情况及舆情环境等方面着手进行预测，为后续舆情应对提供较全面的参考（表 9-2）。

表 9-2　公共危机舆情趋势的质性预测指标

舆情预测要点	舆情预测的参考标准
舆情传播扩散路径的预测	（1）网民爆料的敏感信息，须在梳理观点、跟进关注情况的同时，研判媒体介入报道的可能性和报道方式等内容； （2）来自媒体报道的信息，须预判有关报道内容在网民中可能引起的反响，评估报道在社交媒体的扩散情况等
舆情焦点转移变化的预测	（1）传播焦点转移经常出现在舆情事件发展的中后期； （2）焦点的转移，根本原因是舆论关注矛盾焦点的转移； （3）促成焦点转移的因素，可能是新事实或细节的披露，或媒体、涉事单位的主动引导等
舆情受众观点态度变化的预测	（1）舆情多渠道扩散或舆情关注焦点转移，将引发舆论场观点倾向的变化，是舆情走向的直接显性表征； （2）反转舆情可能导致舆论态度和观点的颠覆性变化等
舆情相关方介入影响的预测	应视情况考虑监管部门、新闻媒体、专家学者、竞争对手、合作方、受害方、律师等各方面因素，研判其介入时机、介入方式、介入程度和产生的影响
舆情应对结果和成效的预测	应从官方响应、信息发布、公信力、动态反应、问责处理、应对技巧六大角度进行梳理，评估舆情应对的特点、优点、缺点、经验、教训、态度和策略等内容
舆情环境因素变化的预测	（1）社会思潮、公众心理和社会矛盾基本面等环境因素； （2）行业特点、政策背景、历史因素、关联话题和媒介传播特点等环境因素对舆情的影响等

(三)公共危机舆情的升级预测

公共危机舆情因其所具备的关注社会动向、向政府施压、动员社会公众等特征,其风险逐渐从虚拟走向现实:一方面,公共危机舆情风险可能从网络集群发展到实地集会,网民在网络中对热点事件和话题的讨论可能随着事态发展而不断变化,不满的态度可能发展为现实的抗议示威;另一方面,公共危机舆情风险可能从虚拟无序演变为现实违法,网民在通过网络来汇聚民意、形成舆论施压、造成虚拟无序的同时,升级为现实中极端犯罪、恶意报复等违法违规行为。基于此,公共危机舆情的升级预测包括高危、中危和低危三个等级;现场实地预测和虚拟空间预测两个预测类型;现场集体极端行为、现场个体极端行为、现场集体行为艺术、现场个体行为艺术、网上召集讨论、网上大规模关注和讨论、网上一定范围的讨论和个体网上发帖等行为预测(表9-3)。

表9-3 公共危机舆情风险的升级预测

行为预测	风险升级	预测类型
现场集体极端行为	高危	现场实地预测
现场个体极端行为		
现场集体行为艺术		
现场个体行为艺术	中危	
网上召集讨论		虚拟空间预测
网上大规模关注和讨论	低危	
网上有一定范围的讨论		
个体网上发帖		

第二节 公共危机舆情监控

在公共危机管理中,管理者必须对舆情进行有效的实时监控。同时,公共危机管理者还必须在此基础上,分析舆情、研究舆情并引导舆情,使得舆情氛围有利于危机处置。从某种意义上看,这是公共危机管理者与公众之间进行应急沟通的重要表现形式。

一、公共危机舆情监控的概念

公共危机舆情监控就是公共危机管理者通过各种手段对公共危机的舆情信息主动地进行监控、汇集、分析、控制与引导,反映社情民意,调动民智和民力,积极引导社会舆论,实现决策的科学化与民主化。在中国古代,统治者就非常注重收集舆情,了解民间的"原生态"信息,解决公众的实际问题。《隋书》就有"听采舆颂,谋及庶民"的说法。所谓的"舆颂"就是舆人之歌,即公众舆论的载体。

随着经济全球化进程的快速发展,影响国家安全与公共安全的不稳定因素日益增多,自然灾害、事故灾难、公共卫生事件、社会安全等事件发生的频率高、危害程度大。种种迹象表明,人类已经进入了风险社会。目前,我国正处于社会转型时期,经济发展不均衡,各类危害公共安全的事件时有发生，针对公共危机舆情的管理势在必行。在这种国际、国内形势下，公共危机的舆情管理受到了各级政府的高度重视。在紧急情况下，迅速、有效地调动资源，分析、监测、引导公共危机舆情，为社会公众服下的"定心丸"，这是一个服务型政府贯彻执政为民理念、履行公共服务与社会管理职能的具体表现。

二、公共危机舆情监控的意义

公共危机事件的频繁发生给社会造成了巨大损失，对公众的生命、健康与财产安全提出了严峻挑战。从舆情研究的角度看，公共危机事件具有损害严重、影响广泛的特点，是需要重点监控的中介性事件，这是由于以下几方面原因。

（1）公共危机给社会的生产生活带来严重的损失和深远的影响。社会公众是公共危机事件最为直接的承灾主体。因灾致病、因灾致贫的现象屡有发生，需要政府实施有效的救助。政府存在的主要意义之一就在于履行公共危机管理的职能，确保社会公众的生命、健康与财产安全不受损害。一个负责任的服务型政府必须通过舆情监控，了解民情、民意，倾听灾区公众的呼声，有的放矢地满足灾区公众的需求，全力为民排忧解难，最大限度地减轻危机事件所带来的后果。

（2）公共危机事件往往是链状群发甚至是网状群发，经常会引发次生和衍生灾害。例如，在南方暴风雪灾害中，十几个省区的多个城市基础设施运行几近崩溃。贵州、湖南、江西等地因电力设施遭灾毁而出现大面积停电，京广铁路、京珠高速公路等交通大动脉运输受阻，民航机场被迫封闭，大批旅客滞留，一些城市的供水管线被冻裂，通信不畅，公众的生活必需品一度出现匮乏。在这种情况下，一旦公众情绪失控，极易引起各种蛰伏的社会矛盾与冲突，引发社会动荡和骚乱。

（3）舆情监控有助于政府查找公共危机管理的疏漏，及时纠正公共危机应对过程中的失当行为。当危机事件发生时，公共危机管理者在资源和信息紧缺、时间和心理压力巨大的形势下开展应急指挥与决策，难免百密一疏。通过舆情监控，政府可以获取大量宝贵的信息，查找公共危机管理工作中的盲点和死角，弥补缺陷，及时纠正不恰当的管理行为。

（4）舆情监控有助于我们实现预防为主的原则，防止危机事件的发生。例如，自然灾害的诱发因素与发生过程是自然的。但是，人类活动对于自然环境的影响越来越大，增加了自然灾害发生的可能性。而且，自然灾害的影响是社会性的。所以，舆情监控可以促使我们及时了解公众对人与自然关系的思考，及时发现人与自然不和谐因素，贯彻人与自然合作而非对抗的思想，从根源上防止自然灾害的发生。

（5）灾害是危险要素与脆弱性共同作用的结果。我们不仅要对危险源进行监控，同时也要降低社会系统的脆弱性。例如，不在行洪区修建建筑，提高公众的公共安全意识等。舆情监控可使我们及时发现可能增强社会脆弱性的因素，进而提高抵御危机的能力。

舆情监控应贯穿于公共危机管理的全过程。也就是说，公共危机事前、事中、事后的减缓、准备、响应与恢复等各个阶段都要进行舆情监控。不仅如此，舆情监控还应成为公共危机管理常态与非常态结合的重要表现，完善公共危机管理各项机制建设的重要环节和内容。

三、公共危机舆情监控的步骤

由于公共危机使社会生产、人们生活秩序被严重扰乱,管理者是否能够有效地整合各种社会力量,成功地进行公共危机管理,这关系着公众福祉。不仅如此,对公共危机进行实时、有效的监控也能够使我们进一步完善公共危机管理机制,提高公共危机管理能力。

公共危机舆情监控要求对舆情信息进行监控、汇集、分析、控制与引导,而舆情信息具有政治性、群体性、演变性、互动性和偏差性。在公共危机舆情监控中,舆情信息的政治性主要表现为公众对政府公共危机管理政策、措施的政治态度;群体性主要表现为舆情信息是一定数量公众对危机预防与处置的情绪、意见和要求;演变性表现为舆情信息是变动的,有一个产生、发展和削弱的过程;互动性是指公众通过互联网等媒体就危机事件及公共危机管理发表见解和意见,相互探讨、鼓励、碰撞与交锋;偏差性是指公众关于公共危机管理的观点未必是对危机事件及公共危机管理的科学认识,需要我们去粗存精、去伪存真,仔细地比较、分析与鉴别。

综上所述,公共危机舆情监控不单纯是对信息的简单相加,而是一个需要融入大量智慧的创造性工作。同时,舆情监控不是被动接纳信息的行为,而是主动采集信息的行为。在公共危机管理中,舆情监控要起到"信息耳目"和"决策参谋"的作用,主要步骤如图 9-1 所示。

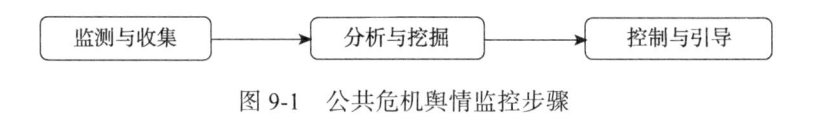

监测与收集 → 分析与挖掘 → 控制与引导

图 9-1 公共危机舆情监控步骤

(一)监测与收集

在可能发生公共危机事件或危机事件发生后,开展调查与访谈,关注报刊、广播、电视、网络等媒体,举行各种会议,接受群众信访,广泛收集舆情信息,及时、动态性地了解和掌握有关公共危机舆情的最新进展。

(二)分析与挖掘

对所收集到的舆情信息进行比较、鉴别、筛选、总结、归纳、分类,同时要善于拓展舆情的深度,从中挖掘出有价值的信息,编写、报送高质量的舆情快报,及时提供给公共危机管理者作为参考。由于舆情未必是对危机事件及公共危机管理客观、科学的认识,不能直接作为公共危机管理决策的依据。同时,舆情信息的价值判断不遵从"少数服从多数"的原则,我们要注重舆情搜集的全面性,并掌握从舆情信息中"淘金"的本领。

(三)控制与引导

舆情具有一定的传染性。对于那些涉及国家机密、商业机密和个人隐私的舆情,对于受国外组织挑唆、借公共危机事件损害国家形象的舆情,公共危机管理者应采取必要的控制措施。

对于有关危机事件的虚假信息传播,我国《突发事件应对法》第六十五条规定:违反本法规定,编造并传播有关突发事件事态发展或者应急处置工作的虚假信息,或者明知是有关突发事件事态发展或者应急处置工作的虚假信息而进行传播的，责令改正，给予警告；造成严重后果的，依法暂停其业务活动或者吊销其执业许可证；负有直接责任的人员是国家工作人员的，还应当对其依法给予处分；构成违反治安管理行为的，由公安机关依法给予处罚。

四、公共危机舆情监控的机制

我国公共危机管理是围绕着"一案三制"展开的。公共危机管理机制是一种公共危机工作方式，在"一案三制"中处于承上启下的中观层次，具有很强的灵活性，创新空间比较大，因此，建立、健全机制是目前我国公共危机管理建设的重中之重。在公共危机管理建设的过程中，舆情监控机制需要包括以下几方面。

（一）舆情监控与预测预警机制

在公共危机管理中，预防预警的完整流程是：对危险要素持续地进行监测并对警兆进行客观的分析，做出科学的风险评估；如果风险评估的结果显示公共危机不会发生，则返回继续监测；如果风险评估的结果显示公共危机可能发生，则向公众发出警示信号；当公众采取有效的响应行动后，预防预警的流程结束。

通过公共危机舆情监控，我们从中可以了解可能引发公共危机的风险源情况，对其发展态势进行研判。同时，通过舆情监控，我们可以了解公众风险认知能力和行为倾向，进而以正确的渠道、精确的语言、适当的形式发布预警信息，促使社会公众及时采取响应行动，为抵御公共危机的发生做好准备。我国《突发事件应对法》第三十八条规定：县级人民政府应当在居民委员会、村民委员会和有关单位建立专职或兼职信息报告员制度。信息报告员应当同时兼任舆情监测、收集与报告员。

（二）舆情监控与信息报送机制

公共危机的信息报送是各级人民政府及其有关部门、专业机构、监测网点及公民、法人或其他组织在公共危机管理过程中收集、报告、传递危机信息的活动。从信息流向来看，公共危机信息报送可分为信息上报、信息交流、信息通报等三大类。其中，信息上报是信息自下而上的流动，信息通报是信息自上而下的流动。除了纵向对流，信息在横向上也存在着水平交换的关系，即信息共享与交流。

在公共危机预防与应对过程中，公共危机管理者可以通过舆情监控，主动获取有关公共危机的信息，并进行比较、甄别、梳理、分析，形成舆情信息快报，为科学决策提供第一手资料。从这个意义上来看，舆情可以说是公共危机管理者对公共危机信息未加筛选、整合的"报送"。因此，如果把信息报送与舆情监控结合起来，以舆情来印证、修正所报送信息，公共危机决策的科学性与准确性则将更有保证。

（三）舆情监控与决策处置机制

当公共危机发生后，公共危机管理者需要在时间紧急、资源有限和状态不确定的情况下，根据已掌握的信息尽快做出决断，选择应对方案，采取应对措施。通过舆情监控，尽可能在短时间内获取有关公共危机及其应对的各种信息，减少公共危机的不确定性，为科学决策、高效处置夯实基础。

在公共危机应对过程中，舆情监控可以吸纳民智，形成群策群力、共赴危难的局面。公共危机具有很强的突发性和不确定性。由于公共危机管理者的组织结构是纤维状的，加之试错成本太高，致使公共危机管理者应对的创新能力较差，灵活程度较低。舆情监控可以汲取民众智慧，帮助公共危机管理者作出科学决策，高效率地应对公共危机。

（四）舆情监控与信息发布机制

公共危机的信息发布是指由法定的行政机关依照法定程序将其在行使公共危机管理职能的过程中所获得或拥有的各种信息，以便于知晓的形式主动向公众公开的活动。在公共危机管理中，舆情监控可以使公共危机管理者及时掌握公众的心理动态，调整信息发布的侧重点，有针对性地对公众及时加以引导，使流言与谣言止于信息公开，防止社会出现不必要的过度恐慌。此外，舆情监控还能够使公共危机管理者及时判断初次信息发布的效果，并根据公众的需求进行补充发布或后续发布，从而实现信息发布的动态化与持续化。

（五）舆情监控与社会动员机制

公共危机管理者为了迅捷、高效地应对危机事件、降低危机应对行政成本，政府必须建立一个行之有效的社会动员机制，将企业、非政府组织、公民个人等力量凝聚起来，形成一股强大的应对力量。

通过舆情监控，公共危机管理者汇集、分析、采纳有关公共危机信息及应对建议，博采众长，形成政府与公众之间的交流与互动。这不仅有助于调动公众参与公共危机管理的热情，还能有效地推动全体动员的深入发展。全体动员的主要意义：一是降低公共危机管理的重心，提高公共危机管理的响应速度；二是降低公共危机管理的成本，既珍惜民力又充分利用民力，实现藏资源于民间，寓保障于社会，寓实力于潜力。

（六）舆情监控与恢复重建机制

恢复重建是消除公共危机短期、中期和长期影响的过程。它主要包括两类活动：一是恢复，即使社会生产、生活运行恢复常态；二是重建，即对于因灾害或灾难影响而不能恢复的设施等进行重新建设。在公共危机恢复重建过程中，不仅要尽快恢复灾损设施、实现社会生产与生活的复原、将灾害影响降到最低，还要贯彻可持续发展的理念，把恢复重建作为增强社会防灾、减灾能力的契机，整体提升全社会抵御风险的水平。

心理干预是恢复重建阶段的一个重要内容。通过舆情监控，可以及时发现和判别心理干预的对象群体和重点群体，防止公共危机中灾民及家属产生心理危机，出现反社会行为，成为社会不稳定因素。同时，舆情监控也可以使我们及时掌握恢复重建的进展。例如，救灾款物的拨付与落实情况，防止出现截留救灾款物等不法行为，杜绝腐败现象的发生。

（七）舆情监控与调查评估机制

公共危机管理调查评估是指对公共危机及其预防与处置进行考察并获取必要的相关信息，在此基础上开展评价与判断的活动。调查评估的意义一是及时总结教训，弥补公共危机管理的缺陷和不足；二是及时总结经验，完善公共危机管理的体制、机制、预案。只有这样,公共危机管理者才能在应对公共危机的过程中提高管理水平,增强学习能力,使公共危机管理工作日臻完善。

第三节　公共危机舆情评估

公共危机舆情评估,先从对公共危机舆情分析入手,再从公共危机舆情定性、主体定责、风险定级三个维度展开。

一、公共危机舆情分析

公共危机舆情管理最重要的工作是舆情分析,只有对舆情整体状况、关键要素、负面影响风险等进行全面识别和充分评估,才能有效地开展舆情管理工作。

(一)公共危机舆情的信息收集

公共危机舆情的信息收集是舆情画像的前提。在公共危机管理中,舆情收集的重点包括七个方面的内容:①涉及重要决策部署的政务舆情信息;②涉及公众切身利益且可能产生较大影响的媒体报道;③引发媒体和公众关切、可能影响政府形象和公信力的舆情信息;④涉及重大突发事件处置和自然灾害应对的舆情信息;⑤严重冲击社会道德底线的民生舆情信息;⑥对政府及其部门重大政策措施存在误解误读的舆情信息;⑦严重危害社会秩序和国家利益的不实信息等。

基于此,在舆情信息收集过程中,应根据舆情信息来源所在平台,尽可能开展覆盖全媒体、全网络、多渠道的舆情信息收集。舆情信息收集的渠道主要包括即时社交媒体、自媒体新闻平台、网络论坛/BRS、网络新闻、新闻跟帖、博客空间、视频播客和网络调查等。

舆情信息收集可通过人力操作或人工智能来实现,其基本原理是"信息抓取→信息匹配→信息筛选"。具体来说,首先是基于相关性信息抓取,在互联网上搜索并获取与目标相关的信息,其核心在于全面、快速获取有关信息;其次是基于关键词的信息匹配,即提炼与舆情事件紧密相关且具备敏感性的关键词,以此为索引,与抓取的信息进行扫描比对,查看信息中是否存在相应的关键词;最后是基于有用性的信息筛选,对于抓取和匹配的信息进行审查和判定,筛除无用或可用性较低的信息,找出可利用的信息。基于此,获取与舆情相关的有效信息,为舆情画像呈现提供原材料和依据,也为接下来的舆情评估打下坚实基础,如表9-4所示。

(二)公共危机的"舆情画像"

公共危机舆情评估的基础工作是舆情的现状画像,简称舆情画像,是指在舆情信息收集的基础上,对舆情事件、基本情况、传播状况、受众状况给予客观描述。公共危机舆情画像包括舆情事件画像、舆情传播画像、舆情受众画像三个方面内容。

1. 舆情事件画像

在舆情信息收集的基础上,对于公共危机舆情所呈现出的公共危机事件本身作出全面描述,主要从两方面做出初步呈现:一是对舆情核心事件的过程进行梳理,包括该事件的背景、起因、经过、后果、调查处理等方面的最新进展和整体情况；二是对危机事件所有舆情进行分阶段梳理，对危机事件舆情过程进行分时段或分阶段的梳理。不同时期的舆情传播数量和舆论侧重点不同。

表9-4 舆情信息收集的渠道和要点

序号	渠道类型	典型代表	不同渠道中舆情收集的要点
1	即时社交媒体	微博、微信、抖音、快手、豆瓣、知乎、QQ等	以社会关系为基础，具有相对保密性话题内容更为私密，在很大程度上显示了网民的真实意见
2	自媒体新闻平台	微信公众号、今日头条、微博签约自媒体、百度百家号、搜狐自媒体、凤凰号自媒体、知乎自媒体、网易号、一点资讯等	以个人定制或兴趣推送的方式关注，形成焦点事件的发布平台，在一定程度上显示了网民的关注导向
3	网络论坛/BBS	天涯社区、百度贴吧、猫扑社区、凤凰论坛、搜狐论坛、网易论坛、新浪论坛、中华网论坛等	（1）根据帖子热度和跟帖讨论的内容，评估网民的倾向性意见；（2）收集全国性舆情时重点关注典型代表中的论坛；（3）收集地方舆情时重点关注各省市级地方地域性论坛；（4）关注相关行业、单位、企业的官方网站、论坛与留言板
4	网络新闻	（1）新浪、网易、腾讯、谷歌等商业性新闻网站；（2）人民网、新华网、央视网等官方权威网站	（1）根据新闻热度，可在一定程度上评估网民态度偏好；（2）兼顾商业性新闻网站和官方权威性网站，还应关注境外舆情
5	新闻跟帖	人民网、新华网、网易、搜狐新浪等各大门户网站	根据新闻跟帖热度和跟帖讨论内容，可在一定程度上评估网民意见
6	博客空间	新浪博客、搜狐博客、百度空间、QQ空间等	根据发帖的主题、内容、热度，可汇总并整理形成网民的意见
7	视频播客	优酷（土豆）、爱奇艺、搜狐、芒果、凤凰视频等视频网站	（1）根据视频热度和跟帖留言，可在一定程度上评估网民的意见；（2）重视视频和播客的价值，及时抽取有价值的内容
8	网络调查	（1）直接开展网络调查的平台，如第一调查网、问卷星等；（2）介绍或引用网络调查结论的网帖、文章	（1）运用网络调查方式就某一社会热点事件、话题和现象进行民意征集和测试，是最直接了解特定话题舆论和民意的途径；（2）网民意见已通过调查进行了汇总整理和初步统计分析；（3）网络调查存在相应误差

2. 舆情传播画像

公共危机舆情传播面临互联网传播的环境，与传统媒体相比，互联网具有适时性、快捷性和交互性，导致舆情传播呈现出更复杂多变的特征和状态。具体表现为：一方面，舆情传播的源头多，既有官方信息，也有民间声音；既有记者挖掘，也有内部爆料。另一方面，舆情传播的速度快，舆情相关事件被初次曝光后，根据危机事件严重程度和影响范围，舆情将快速传播，迅速形成某一区域甚至全国性、全球性的舆论热点事件。基于此，对公共危机事件舆情传播状况的画像，应尽可能全面仔细，从传播数据、传播路径、传播焦点、传播走势等方面做全方位展现。

（1）舆情传播数据，包括新闻媒体、网络自媒体等两类的传播数据。其中，新闻媒体包括官方媒体、专业媒体、商业媒体等，一般对其影响力、类型等进行分级分析；网络自媒体包括营利性自媒体平台和非营利性的社交平台等，一般按照论坛贴吧、微博、微信、问答平台、网络直播等进行分类分析。综合这两种媒体，对全网的舆情热度、舆情声量等做相关统计分析。当前，多种舆情监测和分析软件基本能够对舆情传播数据予以分析和展示，但由于数据抓取工具、数据分析指标等主观客观情况，最终结果存在一定误差。

（2）舆情传播路径。舆情传播路径是指舆情在一定时间内从产生到扩散，以转载、转发媒介（媒体及自媒体）等为节点构成的传播过程。

（3）舆情传播焦点。舆情传播焦点是指舆情传播过程中关注度最高的关键词、关联词、敏感词、媒体报道热点、网民话题热点等。

（4）舆情传播走势。一般以小时、天等时间单位为节点，检索舆情事件在各个时段的传播数量和关注焦点，绘制传播走势图，以此观察舆情发酵的状态和趋势。

3. 舆情受众画像

公共危机事件的舆情受众是指舆情产生、接受、回应、评论、转发转载甚至制造二次舆情的主体（个体或群体、个人或单位），包括舆情接受者、关注者、二次传播者等。互联网空间中的舆情受众已不再受物理空间限制，可能遍布全国乃至全球，舆情受众的身份、特征、态度等也呈现多样化特征。基于此，舆情受众画像应尽可能全面仔细，从受众的属性和反馈两方面做全方位展现。

舆情受众的属性画像是指对舆情受众本身的分析，既包括舆情受众在网络环境中的身份特征、活跃状况、参与平台、粉丝数量、表达习惯、兴趣分布等的舆论场属性特征，也包括对舆情受众在现实环境中的地理位置、身份特征、职业、年龄、学历、收入状况等方面现场属性特征，从而绘制舆情受众属性特征的全方位、立体化画像。

舆情受众的反馈画像是指对舆情受众的态度、看法、意见、言论的分析以及对其支持、理性、共识等程度的测量。一般而言，舆情受众反馈可分为4种态度、7种情绪、16种心态（表9-5）。

二、公共危机舆情的定性

公共危机舆情应从舆情源头、舆情传播、舆情受众、舆情环境四个要素予以定性。

第一，舆情源头的定性是指对舆情所涉及公共危机事件中的"人"和"事"进行定性分析，其中"人"是指舆情相关群体，"事"是指舆情相关事件。一方面，对舆情涉及的主体（个体或群体、个人或单位）进行定性分析，分析主体的特征属性和利益诉求，尤其是对舆情主体是否存在合法合理诉求未被满足、是否存在不合理诉求或过高期望、是否涉及境外反动势力、是否为公共安全高危人群等问题予以分析研判。另一方面，对舆情涉及具体事件和相关事件进行定性分析，尤其是对该事件是否涉及敏感群体、敏感事件、敏感地区、敏感时段等问题予以分析研判（表9-6）。

表 9-5　舆情受众的态度、情绪、心态汇总

分析维度	细化情况	对应舆情展现形态
态度（4种）	正面倾向、中立态度、负面倾向、不确定态度	关键词等
情绪（7种）	支持、乐观、中立、质疑、担忧、畏惧、反对	关键词、表情、标点符号等
心态（16种）	（1）基于信任官方的支持； （2）对利国项目的支持（保障国家安全、增进国家利益、维护国家形象等）； （3）对利他项目的支持（方便他人、扶助弱势群体、带动地区经济发展等）； （4）对利己项目的支持（提高个人收入、降低生活成本、带来生活便利、提高生活质量等）； （5）对不损己项目的中立态度； （6）对任何事件都无所谓的态度； （7）充分了解、全面认识、理性思考基础的辩证态度； （8）尚未表态的不明确态度； （9）对可能产生纠纷的担忧； （10）对安全、污染等共性问题的担忧； （11）邻避效应"不要建在我家附近"的心理； （12）对属地政府和相关部门管理能力的不信任； （13）对责任主体的怀疑； （14）对未知事物的畏惧； （15）对特定项目的畏惧； （16）绝对反对的逆反心态	关键词、表情、标点符号等

表 9-6　舆情相关事件的定性

指标	指标内涵
敏感群体	舆情具体和相关事件是否涉及政治人物、社会知名人士、特定身份人士、特定群体等敏感群体，是否将由此引发全国乃至全球的舆论关注
敏感事件	舆情具体和相关事件是否涉及政治、军事、国家安全、社会稳定、国计民生、"下一代问题"等敏感事件，是否将由此引发全国乃至全球的舆论关注
敏感地区	舆情具体和相关事件的发生地点是不是政治、经济、文化中心城市，是否在国内其他重要地区引发舆论连锁反应等
敏感时段	舆情具体和相关事件的发生时间是否处于重大节日、重要活动期、关键节点等，是否会引发异于平时的舆论连锁反应等

第二，舆情传播的定性是指对舆论制造传播主体和舆论传播状况的定性分析。一方面，对制造并传播舆情的主体（个体或群体、个人或单位）予以定性，尤其是对发布、曝光、转发、转载、评论的主体是否涉及造谣传谣，是否为敏感群体、境外势力、公共安全高危人群等予以分析。另一方面，对舆情传播状况进行分析，从空间和时间两个范畴开展定性分析。舆情传播空间的定性分析包括舆情地域空间关联性、舆情地点特殊性、舆情地域连锁反应等。舆情传播时间定性分析包括舆情时间历史关联性、舆情事件敏感性、舆情传播和发展的时间规律与趋势等。

第三，舆情受众的定性是指对舆情受众的情绪态度、意见倾向、身份情况、实际行动等的定性分析。具体包括：一是对舆论总倾向和网民的态度分析；二是对关注该舆论事件

的人群进行分类分级；三是媒体与网民对舆论事件当事人、责任方的态度分析；四是网民对事件本身的反应程度。

第四，舆情环境的定性是指将舆论事件置于公共危机管理现场和舆论场的整体社会环境中进行深入考察，利用心理学、社会学、统计学、新闻传播学、公共管理学等学科理论方法，对舆情源头、舆情传播、舆情受众等进行深化的定性分析。具体包括：一是评估网络舆论的风险程度，即舆论事件引发民众的反应程度，是认知层面、表达态度还是会走向实际行动乃至引发社会骚乱；二是评估舆论反映的民众利益诉求，如保底诉求和超额诉求、合法诉求和不合法诉求、合理但超出政策预期的诉求和不合理的过高期望诉求等，列出民众的需求清单；三是分析舆论反映的社会心态，包括正向、中立、负向的社会心态及其具体情绪和心理原因。

三、公共危机舆情的定责

公共危机舆情的相关主体定责，通常包括四种效应下的责任模式。

（一）舆论场归因现场效应下的法律责任

舆论场归因现场效应是指舆论场的公共危机舆情事件，均会对应现场的公共危机事件，尤其是因主体责任事故引发的公共危机事件。基于此，公共危机舆情责任研判的首要工作是对舆情所对应的现实公共危机事件进行责任调查，结合相应的法律法规，明确涉事的企事业单位或社会组织负责人、相关部门责任人、属地政府责任人等的法律责任。在具体操作中，由于现场事件调查的时间周期较长，但为了及时平息舆论场的危机，通常采取的做法是以舆情反映的情况为线索，结合现场调查的相关证据，控制或处置直接责任人，同时发布信息对调查结果和责任情况予以说明。

（二）舆论场维序维稳效应下的行政责任

舆论场维序维稳效应是指公共危机舆情传播中，既可能出现造谣传谣、虚假信息、恶意中伤、造谣诽谤甚至不法言论，对舆论场的社会秩序和稳定造成严重影响，也可能出现互联网的违法扰序行为发展成为现实的违法犯罪行为，从网络集群演变为实地集会，从虚拟无序发展到现实违法。因此，舆论场秩序和稳定的维护尤为重要，对于利用舆情来破坏舆论场秩序和稳定的，应依据法律法规追究其行政责任。

（三）舆情连带效应下的负面影响责任

舆情连带效应是指现场的公共危机事件在舆情作用下，连带产生社会恐惧、民众质疑、舆论谴责、形象危机、公信受损等一系列社会负面影响。对此，应深究危机事件及其舆情传播中受到舆论谴责，社会质疑最为严重的相关责任主体，并根据调查确定其确有责任，排除造谣传谣和恶意诽谤后，依据党纪条例、国家法律法规、政府部门相关规定，追究其在负面影响方面的责任。

（四）主观舆论审判效应下的社会责任

主观舆论审判效应是指在警方调查、司法审判尚未给出明确结果的情况下，舆论场出现根据舆情传播中的相关证据、言论、观点等给涉事人员予以舆论上的主观定罪，涉事人员可能未出现违法、违规、违纪的行为，或者对事件不负有直接相关责任，但被舆情认定为有责任或应负全责，并被媒体报道和网民言论所批评指责。与法律审判相比，舆论审判缺乏明确规则和规范制度，也缺乏真实证据和专业审核，事实上存在疑问的说法可能被采纳，辩论中诉诸情绪而非逻辑的观点可能获赞同，复杂的事件真相可能被简单化、片面化，民意也可能被误导、带歪甚至被恶意煽动。主观舆论审判效应可能导致两方面负面影响：一是试图通过舆情声势影响案件判决结果的舆论影响司法；二是虚假不公的媒体报道或网民言论可能对当事人的声誉和隐私造成损害。

四、公共危机舆情的定级

公共危机舆情的定级，即对舆情可能产生的风险等级进行分析，通常采用两种方法。

第一，后果危害度—社会关注度定级（hazard-attention，H-A 定级），根据舆情后果危害程度和社会关注程度对舆情风险进行等级研判。在实际操作中，后果危害度和社会关注度，将通过定量化或可操作化的分级指标予以明确（表 9-7）。

表 9-7 公共危机舆情"后果危害度—社会关注度"定级标准示例

级别	指标	
	后果危害指标	社会关注度指标
特别重大（Ⅰ级）舆情	（1）属地内发生严重危害国家安全、具有明显政治倾向的舆情； （2）产生对属地公共安全和社会秩序造成严重影响的突发负面舆情； （3）可能导致大规模群体性事件、政治性煽动事件或易被其他政治势力利用； （4）需要统一指挥、协调属地有关部门和力量进行紧急处置的舆情事件	（1）境内主要重点新闻网站大量报道有关负面信息，引发大量网民留言或论坛讨论的事件； （2）境内主要商业网站大量转载有关负面信息，引发大量网民留言或讨论评论； （3）境内有关微博网站大量网民转发评论，出现行动性、煽动性言论； （4）境内主要知名论坛大量炒作相关负面信息； （5）境外主流媒体和网站进行相关报道的负面信息等
重大（Ⅱ级）舆情	（1）在较大范围内对属地公共安全和社会秩序造成重大危害和影响； （2）易由此引发政治性事件或授人以柄的突发负面舆情； （3）需要统一指挥、协调相关部门进行紧急处置的舆情事件	（1）境内重点新闻网站报道有关负面信息，引发一定数量的论坛讨论； （2）境内知名商业网站转载有关负面信息，引发一定数量网民留言； （3）境内有关微博网站网民转发评论； （4）境内主要知名论坛进行相关讨论； （5）境外少数媒体和网站进行相关报道等
较大（Ⅲ级）舆情	（1）在一定范围内对属地公共安全和社会秩序造成一定危害和影响的突发负面舆情； （2）需要指挥协调有关力量进行紧急处置的舆情事件	（1）境内少量新闻网站转载有关负面信息； （2）引发少量论坛讨论； （3）境内有关微博网站少量网民转发评论； （4）境内主要知名论坛有相关讨论但未成为热点等
一般（Ⅳ级）舆情	（1）在小范围内对本属地公共安全和社会秩序造成一般的危害和影响的突发负面舆情； （2）需要协调有关力量进行处置的舆情事件	（1）境内少量商业网站报道有关负面信息； （2）境内少量论坛、微博网站有相关讨论但未形成热点等

第二，社会责任—负面影响定级（responsibility-influence，R-I 定级），根据舆情事件中相关主体的社会责任和舆情所产生的负面影响进行风险等级研判。后果危害度—社会关注度定级和社会责任—负面影响定级，在实际操作中根据图 9-2 和表 9-8 形成清单。

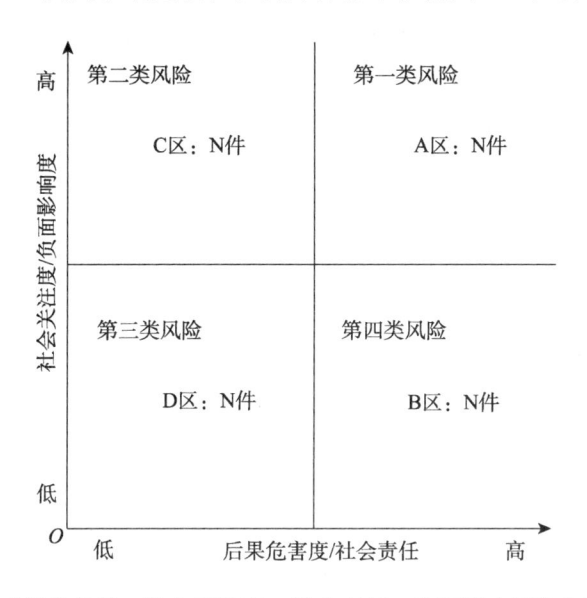

图 9-2 后果危害度—社会关注度、社会责任—负面影响风险定级示意图

表 9-8 后果危害度—社会关注度、社会责任—负面影响风险定级操作表

项目	第一类风险	第二类风险	第三类风险
风险定级	高危风险	中危风险	低危风险
所处区域	A 区	B 区；C 区	D 区
风险数量	N 件	N 件	N 件
风险列表	具体内容根据评估情况填写	具体内容根据评估情况填写	具体内容根据评估情况填写

第四节 公共危机舆情引导策略

在舆情分析和负面影响评估的基础上，公共危机管理还应加强舆情引导，对"信息管道"中的非官方信息进行有效引导，对利益相关群体的社会情绪和态度进行有序疏导。

一、公共危机传统舆情的引导策略

根据公共危机传统舆情的特点，公共危机传统舆情引导应遵循如下策略。

（一）正面引导，改善舆论生态

正面引导的公共危机传统舆情引导策略是指公共危机管理者所开展的一系列正面引导媒体舆论和社会态度的工作，一般在常态时应做好相关工作，危机状态时根据需要持续使用，从而有效改变舆论生态。正面引导一是要正面宣传，弘扬正能量，突出正面亮点，弘扬正向观点；二是要正本清源，做好相关的辟谣和劝说工作，让舆论回归正面；三是要引导民众，积极配合，形成正面的社会舆论氛围。具体操作中可使用以下三种方法。

1. 辨明事理式引导

辨明事理式引导是指公共危机管理者通过直接向民众说明情况、说清政策、讲明道理，以达到说服对方、正面引导的效果。这既是对民众知情权的充分尊重和保障，也能发挥沟通、说服的作用，消除民众对公共危机管理工作的质疑和误解，引导民众配合相关工作。

2. 互动参与式引导

互动参与式引导是指与民众开展互动交流，邀请民众参与常态风控或危机状态应急的工作，让其了解相关工作的性质、意义、难度，来正面引导民意、降低社会阻力。一方面，在了解民众的意见和态度的同时，向民众传播及时有用的信息；另一方面，互动参与式引导既有利于获取民众对危机管理工作的理解，引导民众主动配合，也有利于营造社会共同参与治理的良好氛围。

3. 转移视线式引导

转移视线式引导是指可能引发民众质疑的危机事件发生后，公共危机管理者通过解读现有政策展现以往类似问题处置，剖析国内外同类问题应对，发布民众自保指南和自救攻略等的话题代入和大量报道，将民众的关注点从当前事件上转移出去，引导其关注更全面、更客观、更有益于其切身利益的事实或问题。

（二）降低责任，缓解形象受损

降低责任的公共危机传统舆情引导策略是指当公共危机管理者存在部分责任或不存在责任，但被怀疑、误解或造谣应负全部责任时，可开展相应降低责任的舆情引导工作，以缓解形象受损问题。降低责任的公共危机传统舆情引导策略应遵循态度诚恳、证据确凿、逻辑合理、可被监督的基本原则。具体操作中可使用直接降低责任法或间接降低责任法。

1. 直接降低责任法

直接降低责任主要从客观原因出发，通过举证"不可能"或"偶发性"、强调"难识别"和"难防范"等方法，降低公共危机管理者责任。

（1）举证"不可能"或"偶发性"。公共危机管理者证明该公共危机事件属于"百年难遇""千年未遇"的极低概率事件，虽然主管部门负有安全提醒、宣传教育等责任，但危机事件本身是由不可抗力所引发。举证"不可能"或"偶发性"时，注意要确有证明，能够举证倒置、经得起推敲、检验和各界监督。例如，在重特大自然灾害发生后，政府通过强调"应对百年一遇暴雪灾害""遭百年不遇强降雨"的"偶发性"来适当降低责任。

（2）强调"难识别"和"难防范"。公共危机管理者展现该公共危机事件的发生原因是在事前"难识别"或"难防范"的，客观上存在风险识别和防范的极大难度。在强调"难识别"和"难防范"时注意要有切实的证据，并提出先例。

2. 间接降低责任法

间接降低责任主要从主观原因出发，公共危机管理者通过说明自身受到刺激、正当防卫、良好意图却办了坏事，或者适度回击对方，降低自身责任。

（1）说明受到刺激和正当防卫。公共危机管理者说明该公共危机事件属于受到刺激之后的正常反应和正当防卫。这一方法在使用中必须证据确凿，逻辑合理。

（2）突出良好意图，体现"情有可原"。公共危机管理者突出良好意图，在说明公共危机事件的起因和过程中，强调是抱着良好的意图开展相关行动，操作失误或客观原因导致意外危机事件出现；通过"出发点是好的"，属于"好心办了坏事"，来体现出负面后果的"情有可原"。这一方法在使用中注意保持诚恳态度。

（3）适度回击对方。公共危机管理者尝试向对方予以适度回击，抛出对于对立方责任的质疑，或者挖掘对立方"丑闻"以降低对方的可信度。这一方法在使用中须以事实为依据，经得起实践检验和民众监督。

（三）减轻批评，缓和舆论氛围

减轻批评的公共危机传统舆情引导策略是指当公共危机管理者确实存在责任，并因此遭到网民质疑、社会批评、舆论施压时，可应用媒体开展相应减轻舆论批评、缓和舆论氛围的工作。减轻批评的公共危机传统舆情引导策略应遵循态度诚恳、证据确凿、有实际行动的基本原则。具体操作中可使用如下方法。

1. 态度导向的减轻批评法

态度导向的减轻批评法是指以好的公关态度来减少公众批评。

（1）态度诚恳，及时回应质疑。危机状况下的民众由于获取信息不足，易产生质疑和批评。对此，迅速妥当地发布信息能够及时回应社会质疑，减轻围观民众的敌意和批评。及时回应，一是要求公共危机管理者确实掌握真实信息并如实通报；二是要求公共危机管理者若未掌握全部信息，也应如实通报，告知最新进展；三是要求公共危机管理者危机处置等工作本身应尽可能做到不出错或少出错，在"做好"的基础上"说好"；四是要求态度诚恳，信息通报的表达措辞和新闻发言人的言行表情应妥当。

（2）恰当承诺，超脱现状。道歉的同时，公共危机管理者应做出积极整改的承诺，明确整改的具体措施和操作方案，描绘整改的前景，展现整改后的良好状况，努力从当前的公共危机事件中"超脱"出来。

2. 行为导向的减轻批评法

行为导向的减轻批评法是指以切实行动减少公众指责，在实际操作中可采取严查严罚责任方、援助和补偿、"法外开恩"等方式。

（1）严查严罚责任方。对于人为原因导致的严重危机事件，严查严罚涉事责任方，为此，一是要求严查危机事件原因和责任人，一查到底，责任倒查，并且顶格处罚；二是要坚持不回避举报和不姑息问题的态度，对于社会监督和舆论中符合事实的部分应及时查处和尽快回应。对于涉事人员、企事业单位、政府部门、社会组织等相关涉事责任方，应严查其所负有的"三重责任"，即法律责任，以事实为依据、以法律为准绳，实事求是地审查法律责任；行政责任，监管方是否存在渎职失职等问题，若存在问题应严肃实施行政处罚和行政处分；社会责任，严查严处违反社会道德，危害国家和人民利益的行为以及庸懒散、不作为等问题。

（2）援助和补偿。为了给受害者补偿损失并减轻痛苦，给其提供物质赔偿、精神补偿、赔礼道歉、慰问关心等帮助，并通过恰当方式报道出来，有助于树立尽责尽义的形象，减轻社会批评。在援助和补偿实践中，目前面临着同等责任下赔偿"刚性增长"的趋势，原因在于：特定危机事件中的民众倾向于用以前最高的赔偿额度作为当前谈判的底线，造成赔偿费"只能高不能低"的惯性思维。与此同时，善后赔偿金额的增长客观上有利于减轻批评、增强民众好感。

（3）从轻处罚。特定情形下的法理和人情可能会产生矛盾或难以兼顾，对此，在依法依规处理的同时，可通过法律救济、行政救济、社会面救济等社会途径为民众提供帮助，必要时采取一定程度的从轻处罚措施，为民众提供必要的帮助和保障，优化社会信任和公众关系。

3. 逻辑导向的减轻批评法

逻辑导向的减轻批评法是指将管理学、社会学、心理学等学科的某些规律或原理应用于实践中，以缓解或减轻公众指责。

（1）用"形象免疫力"对冲风险。在常态情况下，公共危机管理者应重视正面宣传，加强主动公关，强化互动，从而积累社会信任度、民众好感度、形象美誉度，持续提升"形象免疫力"。在危机状况下，一旦出现负面舆情，可用"形象免疫力"来缓和矛盾，增强信任，减轻敌意，对冲风险。对于执法部门而言，如遇危机事件易被质疑有责，对此，应加强常态情况下社会好感度的积累和"形象免疫力"的提升，有助于在危机状态下获得民众对于执法工作和执法难度的理解。执法部门积累常态好感度的重要策略主要包括多为民众办实事、办好事，满足民众的合法合理诉求，在能力范围内解决一定的民生问题，促使民众理解、配合、支持执法工作。

（2）顺应公众心理，"先重后轻"。在某些国际做法中，对公共危机事件所造成的人员伤亡和财产损失的情况通报，往往遵循"先重后轻"的规律，也即最开始时根据形势预判得出较为严重的人财损失结果，之后随着调查的逐步深入和精细，对人财损失的结果进行修正，修正后的结果，严重性可能低于最开始的通报情况。这种"先重后轻"的通报方式，在一定程度上顺应了公众心理，情况由坏变好、损害由重变轻更易于被公众接受，更有利于平复公众情绪，缓解紧张气氛，减轻社会批评，这反而为危机事件处置赢得了主动。反之，以减轻危害，淡化灾情为目标，在对外公告中有意压低数值，存在伤亡数字通报随后上升引发民众恐慌、焦虑、质疑升级等风险。

（3）妥善"区分"和"切割"责任。具体操作中应做到：一是在有理有据的情况下，强调极个别人的极个别行为；二是把人为错误与社会大环境的深层次矛盾区别开来，注意对外报道或采访时的恰当措辞；三是不回避、不否认个体问题中存在单位或组织的监管责任。

（4）"转移视线"。公共危机管理者通过提出对相关方或对立方的责任质疑，适当申辩并反击批评者，设置多个舆论质疑的"靶子"，分散公众注意力，实质上减少了自身受舆论攻击的程度和次数。

（四）重塑形象，制订恢复重建计划

重塑形象的公共危机传统舆情引导策略是指当公共危机管理者确实存在责任时，可应用多种公关手段来达到重塑形象、重建公信的效果。重塑形象的公共危机传统舆情引导策略应遵循态度诚恳、有实际行动的基本原则。具体操作中可使用以下三种方法。

1. 情理式的形象重塑

情理式的形象重塑是指公共危机管理者在危机事件发生后开展态度真诚的自责自省,通过媒体渠道或公开方式向社会道歉、忏悔,以期寻求公众的宽恕。

2. 行动派的形象重塑

行动派的形象重塑是指公共危机管理者在危机事件发生后主动开展整治行动,以确保今后在同样情况下不再重犯此类问题。与此同时,通过官方的信息发布、新闻发布会等方式,向媒体和公众宣传其制度整改的决心、做法、计划、方案,尤其是完善制度、强化能力、调整职能、规范机制等根源整治措施,以期达到不再重犯错误并重塑良好形象的目的。在实际操作中,根源整治主要包括制度整改,制定相关法律和规定来规避和减少同类危机事件的再发生;转变职能,由内而外改善窗口形象,从根源上防范同类危机事件的再发生。

3. 担保式的形象重塑

担保式的形象重塑是指公共危机管理者在自行开展道歉、忏悔、整改重启等方面公关时,可邀请具有权威性和公信力的第三方为之站台和担保,帮助其获取公众的重新信任与支持。

二、公共危机网络舆情的引导策略

根据公共危机网络舆情的特点,公共危机网络舆情引导应遵循如下策略。

(一)加强公共危机网络舆情的信息公开

当网络舆情出现后,最有效的宣传方法就是及时地召开新闻发布会,发布准确消息,全方位地将信息提供给公众。面对网络舆情,公共危机管理者要使官方言论及时占领舆论高地,成为意见领袖;要完善官方网站,开放讨论平台;还要在网络论坛上,形成自己的凝聚力。另外,公共危机管理者要坚持"诚实透明"和"公众至上"理念,面对公众,功不夸大,过不掩饰,满足公众的知情权,做一个取信于民,"言必信,行必果"的公共危机管理者。再者,要及时公布真相,确保信息的公开、透明。面对网络舆情,公共危机管理者信息公开的态度与效果,本身就构成了公共危机管理者形象的一部分。

(1)进一步完善电子政务建设,搭建网络舆情信息公开的主渠道和传播平台,进一步完善政令传播及信息交流体系,已成为当务之急。为满足网络舆情信息公开的需要,公共危机管理者在加快电子政务的基础设施建设的同时,还必须加强电子政务的日常管理,并构建完备的政令传播及信息交流体系。特别是政府应使政务流程建立在信息网络通道和信息平台上,促进政务流程的重组和再造,实现政务流程从技术性变化到实质性变化的转变,从而使网络媒体更好地服务网络舆情信息公开的需要。

(2)及时公开网络舆情信息,减少信息沟通环节和信息噪声。在网络舆情处置的"黄金4小时"内,公共危机管理者利用网络的社会影响力传播有关网络舆情的真实信息,通过政府门户网站,利用网络新闻、电子公告、网络论坛等形式及时、准确地发布网络舆情的最新、最真实的消息，以此占据舆论制高点，消除由于信息的不确定性所造成的恐慌，对公众进行正确引导。同时，遏制谣言，稳定人心，使谣言止于公开。

（3）提高公共危机管理者善用网络新媒体的技能，避免瓦釜效应。在新媒体时代，网络化已经逐渐成为一种新的生活方式。网络新媒体是一把"双刃剑"，它既方便了信息的传播，也加大了危机爆发的频率和破坏力。面对日益网络化的社会发展趋势和网络新媒体的急速发展，公共危机管理者要正确认识和把握新媒体的特点及规律，主动接近和善用新媒体，主动观察网络舆情和民意变化，加强运用新媒体管理公共危机的能力。

在网络新媒体时代，传播者与受众的界限已日渐模糊，在危机事件的信息传播中，平台新媒体的速度与影响力不容小觑。公共危机管理者可以利用网络新媒体更好地设置议程、引导舆论。具体做法包括：利用手机短信应急服务平台、移动电视等向公众发布危机事件最新消息、辟谣信息等；在知名网站为政府官员、专家开设博客，迅速、及时发出权威之声、专业之声；在各大网络论坛发挥版主、网络主持人、网络评论员的"舆论领袖"作用，引导网民积极参与危机事件的讨论；选择公信力强、人流量大的网站，在实名制原则下汇总并公布公众通过手机、播客等发来的危机事件最新报道，满足更广大公众的信息需求。

在利用网络新媒体正面力量的同时，公共危机管理者也要充分警惕它可能造成的瓦釜效应。瓦釜效应是指在缺乏富有意义的重大议程时，由于商业利益驱使或某些不良趣味的诱因，一些卑微、琐碎的议题可能造成巨大的影响。在危机事件中，常有一些个体炮制的肤浅、偏执甚至虚假的议题，由于小众追捧，网站甚至推进传播，最终导致了大众轻信、盲从和不良信息的广泛传播。这种不良的议程设置会导致流言四散、恐慌弥漫，对于危机事件的解决是百害而无一利的。针对这种状况，除了利用上述正面手段加以应对，还应该建立和完善网民举报的受理制度、网络新闻信息公众评议制度，调动广大网民的积极性，对网络新媒体传播加以监督，对传播虚假信息的网站予以曝光、谴责和处理，趋利避害才能用好新媒体这把强大的"双刃剑"。

（二）加强公共危机网络舆情的网络管控

公共危机网络舆情中的互联网管控主要是指国家或部分地区实施网络舆情快速应急反应后对互联网络所采取的一系列管控措施，包括临时切断网络、中断部分网络服务功能、阻滞部分网络地址、删除部分网络信息等。目前，我国网络新媒体的管理主要集中在网络内容传播监管领域，分散在不同的政府部门，每一个部门都有相关的法律法规来规范和管理。随着各部委相继制定管制互联网的部门规章，我国参与网络新媒体管制的行政机构越来越多，概括起来主要分为四类。

（1）接入监管部门（工信部与工商部门）。工信部的主要职责集中在网络接入、域名和IP地址管理、电子邮件、电子公告服务、整治互联网不良信息等领域。工商部门主要是负责互联网上网营业场所的营业执照管理，对无证经营、超越范围经营等行为进行查处。

（2）安全管制部门（公安部门与国家安全部门）。公安部门的主要职责是负责对网上反动、淫秽等有害信息的监控；负责对互联网的经营、服务单位的安全监督，对"网吧"等上网服务营业场所的安全审核、安全管理软件的安装和安全监督管理；负责处罚和依法打击网上违法犯罪行为。国家安全部门的主要职责在于对境外有害信息提出封堵网站名单并通知有关部门封堵，按照有关规定履行互联网信息安全管理的职责。

（3）内容管制部门（中央和地方的新闻办公室和对外宣传办公室）。国务院新闻办公室的监管领域主要集中在网络媒体刊载新闻业务资格的审批，对经营性互联网信息服务实行许可制度，对非经营性互联网信息服务实行备案制度，对刊载内容实行审查制度，同时明确规定禁止反动、迷信、暴力、淫秽内容的传播。新闻办公室主要负责在互联网上登载新闻。对外宣传办公室主要负责对网络媒体的日常管理。

（4）其他有关部门，主要是指文化部门、新闻出版和广电部门。文化部门负责对利用互联网经营艺术品、音像制品、网络游戏、演出活动及"网吧"等上网服务营业场所的日常监督，并实行经营许可证管理。新闻出版和广电部门负责互联网出版活动及版权的监督管理；负责境内网站通过互联网传播电影和广播电视节目的审批与监督管理，管制范围涉及在互联网等信息网站中开办各种视听节目，播放影视作品和视、音频新闻，转播、直播广播电视节目及以视听节目形式直播、转播体育比赛、文艺演出等各类活动。

（三）应用人工智能技术实现舆情治理

在人工智能时代，网络舆情的新特征使舆论生态面临新的挑战，突出表现为社会热点事件中舆论撕裂现象越发明显。但在网络舆情治理层面，人工智能又因其技术优势为稳定舆论生态带来新契机。

1. 语义情感分析：实现舆情全景监测

开展网络舆情治理的首要步骤是要实时监测网络舆情信息，把握舆情发展的整体态势。传统的舆情监测手段难以做到全面而准确地监测与识别海量的网络舆情数据，而人工智能时代下的智能语义识别等新技术则可充分提升网络舆情监测工作的"时度效"。

（1）利用泛媒化的物联网技术，对信息主体及内容进行全景智能监测。"万物皆媒"的时代，声音、动作、表情等都成为网络舆情的重要载体，这些舆情信息因其形式的特殊性而难以被有效捕捉。在云端大数据技术背景下，智能语义、音视频识别技术能够有效地感知并抓取非常规类媒介信息，将互联网中的表情包、声音、表情等信息纳入网络监测范围，实现全景监测。

（2）借助"多模态"的情感分析技术，对信息情感及倾向进行多维情感监测。网络舆情中蕴含着深刻的情绪及情感诉求，这些情绪和情感也成为影响网络舆情发展的重要因子，因此对舆情情绪倾向的监测对网络舆情治理至关重要。基于计算机视觉及自然语言处理的情感分析技术能够通过深度学习的方法，对文字、视频、音频等信息中的情感倾向进行多维、全时监测。

2. 量化预测模型：助力舆情评估分析

智媒时代，新兴智能化的深度挖掘与分析技术给网络舆情的风险预测、对策分析带来了全新的范式，推动舆情分析朝着自动化、准确化方向演进，为后续网络舆情应对工作的开展提供科学、准确的技术依据。一是在网络舆情风险评估中，建构智能化网络舆情风险指标模型，可以预测舆情事件中的因果逻辑，从而分析事件的走向。在模型中，以智能算法建立量化模型，通过分析各个影响因素之间的内在关联，初步确定网络舆情产生发展的前因后果，在舆情萌芽阶段即识别其演化趋势与潜在风险。二是在网络舆情对策分析中，研发人工神经网络预测模型，可以对过往舆情事件应对经验进行加工和分析，从过往经验中整合舆情应对新方案。网络舆情应对策略已逐渐由事后补救转为事前预警，未来，人工神经网络预测类模型将越来越多地应用于舆情预警报告，生成预警应对方案，并模拟不同方案的可行性，最终优化出最优预处理方案。

3. 智能政务媒体：协助舆情应对处理

人工智能时代，大数据、物联网等新技术使政务媒体开始探索与数字化智能手段的深度结合，这将为网络舆情事件的应对与处理提供更多智能化方案。

在内容层面，打造全息 3D 等数字化舆情互动产品，创新对民众的舆情引导方法。智媒环境下，不仅民众的舆情表达方式得到创新，政府部门更是可以通过智能化、数字化的新闻产品，以民众喜闻乐见的新内容、新形式高效地开展舆论引导。读图时代，碎片化的阅读习惯已经使民众难以聚焦官方对舆情事件的文字澄清，这也大大降低了舆情应对的效率，但现在全息 3D 等技术正值风口，可以通过更鲜活、生动的内容呈现，助力网络舆情的良好应对。

在平台层面，打造基于算法推荐的智能舆情服务平台，拓宽民众了解、反馈舆情的途径。在新闻生产中，智能算法能够根据个人喜好生产、分发信息，在官方网络舆情应对领域，这一技术具有可观的应用前景——利用算法技术打造智能化舆情服务平台，打通官方、民间舆论场。通过智能舆情服务平台，利用大数据，动态掌握个体的事实判断与价值倾向，就其中的理解偏差有针对性地制作、推送正确信息，帮助公众客观、理性地了解舆情事件的真实情况。

（四）提升公共危机网络舆情引导的水平

公共危机传播过程可分为两个方面：一是作为信息传递过程的信息流，它的作用在于告诉人们发生了什么；二是作为信息产生效果的影响流，它的作用在于告诉人们怎么办。网络媒体传播也同样存在影响流，它是一种引导性的舆论，有明确的态度和立场，对改变受众的意见、态度和行为有非常大的作用。因此，公共危机管理者应当重视这些影响流，在确保信息公开的前提下，重视提升公共危机网络舆情引导的技巧与水平。

1. 抢占舆论制高点，利用网络媒体进行有效的议程设置，引导舆论

虽然网络分散化和去中心化的设计消散了传统媒体环境下政府议程设置的有效性，强化了网民个体的话语权，但是，这种强化并不是绝对的，它只是增加了政府议程设置实现的难度。通过有效的手段，公共危机管理者仍然可以在引导舆论上取得优势，具体来说，公共危机管理者可以在信息发布上抢占先机，第一时间将真实、权威、公正的信息传递给公众。由于先入为主效应，公众比较容易对公共危机管理者产生信任。同时，公共危机管理者也可以与网络媒体、传统媒体合作，设置议题，集中讨论重点，通过专题报道对危机事件做深度报道。媒体议程设置最重要的方式就是设置专题，公共危机管理者应该充分利用各种媒体，将危机事件发生的背景、地点、相关人物、过程、动态和可能产生的影响等第一时间传达给公众，并策划专题报告，引导公众议题。这需要公共危机管理者在做好自身信息发布的同时，懂得利用各种媒介资源，处理好与媒体的日常关系，在危机爆发时迅速联手传统媒体和新媒体，努力实现媒介议程设置和公众议程设置的重合，从而正确、有

效地引导舆论。

2. 培养并充分发挥网络意见领袖的危机舆论引导作用

意见领袖又称舆论领袖，通常是指在信息传递和人际互动过程中少数具有影响力、活动力的人。这些人是大众传播中的评论员、转达者，是组织传播中的闸门、滤网，是人际沟通中的"小广播"和"大喇叭"。意见领袖在大众传播效果的形成过程中起着重要的中介或过滤作用。网络意见领袖则是活跃于互联网的意见领袖，他们对危机根源、诱因的看法，影响着公众对公共危机的认识；他们对危机发展、变化的分析，影响着公众对危机的预期；他们对公共危机可能造成的损害的估量，影响着公众对危机的判断；他们对公共危机中公共危机管理者表现的评价，影响着公众对公共危机管理者的印象；他们对公共危机管理者所发布信息的态度，影响着公众对这一信息是逆反、抵御还是理解或接纳。在某种程度上，网络意见领袖充当着公共危机管理者和广大网民之间舆情调节网的角色，有时甚至起关键作用。

因此，公共危机管理者需要赢得网络意见领袖的支持，善于发现和培养网络意见领袖。具体来说，公共危机管理者要寻找网络意见领袖，观察他们的发言内容和态度趋向，重视他们的意见和要求，争取他们的理解和支持。另外，公共危机管理者要多途径培养具有主流社会认同感的网络意见领袖。一旦危机事件在网上形成热评，就积极邀请非官方的网络意见领袖参与讨论，与网民互动交流，实现网民的自我教育、自我引导。

3. 尊重网络传播规律，把握舆论引导的关键环节，寻求突破与转折

公共危机管理者要尊重网络传播规律，善于利用相关规律做好引导工作。公共危机管理者要对网络关注的焦点适时进行变换，引导网络舆论转移关注点；要加强舆论引导力度，密切关注网络舆情动态，实时传递主流声音，有效实现网络意见均衡；要善于抓住舆论引导的关键环节。经验表明，舆论引导的关键环节往往集中在对危机事件的表态和定性上。表态应当传递一种价值观，一种积极作为、公平公正的态度为妥善处理危机事件奠定坚实的基础；而定性准确则为后期的危机事件处理提供参考思路。公共危机管理者要理顺网络舆情收集与反馈机制，畅通表达渠道，排除负面舆论的社会诱因；要拓宽网络的社情民意表达渠道，使网络成为信息与观点的集散地、疏导不满情绪与怨恨表达的减压网；在多元中立主导，在多样中谋共识，在多变中促和谐，形成舆论合力；要掌握消息与意见发布的主动权，做到及时准确、公开透明，重视突发事件的网络舆论引导时效与力度，设计延伸报道与议题置换；要提高网民的网络（媒介）素养，关注网民群体的倾向与网络弱势群体的意见表达。

4. 综合利用多个网络舆论引导载体展开舆论疏导工作

在网络平台上，公共危机管理者要综合利用多个载体，立体化、多渠道开展工作，保证网络信息互动，实现方式的多样化、便利化。公共危机管理者要善于从网上了解社情民意，借助于新媒体形式，直接与民众沟通交流；可以借助移动传媒，建立手机平台，以全新的理念抢占手机舆论阵地，努力建立起运作高效的网络文化建设和管理的体制和机制；开通官方微博等，不断及时地公布信息，听取社会和网民的意见和建议。目前，论坛、微博正在成为公共危机管理者舆论引导的重要途径。公共危机管理者要培养网上舆论引领员，把网络舆情监控与评论引导紧密结合起来；在本地网络舆论平台上强化网络把关，探索网络舆情联动危机创新机制;要高扬以人为本的价值理念,秉承理性、平和、包容的态度,采取沟通对话的"治理"方式而不是封闭的"控制"方式,有效引导网络舆情的良性发展;要加强传统媒体和网络新兴媒体的互动,共同引导舆论;要创新工作方式和管理机制,为网络舆论发挥监督作用创造条件。

本章小结

本章对公共危机管理中的舆情管理作出了系统的分析与总结,其中包括公共危机中舆情的基本特点与演化规律,据此分析了针对舆情的监控手段与分析方法。同时,论述了公共危机的舆情评估过程,包括舆情评估方法与常规的三个舆情评价维度。最后,对公共危机的舆情引导策略进行了多角度的分析。

关键术语

舆情管理　公共危机舆情监控　公共危机舆情分析　舆情演变
负面影响评估　舆情监测趋势预测　舆情引导策略　网络舆情

复习思考题

1. 何谓舆情?有何特点?
2. 如何对舆情负面影响进行评估?都有什么维度?
3. 舆情趋势的预测指标有什么?
4. 公共危机舆情引导的原则是什么?
5. 公共危机网络舆情引导的策略基于什么角度?
6. 试举例舆情引导的实际应用。
7. 网络舆情有何特点?引导网络舆情有何特殊策略?

案例分析　　　　即测即练

自学自测　　扫描此码

第十章　公共危机的沟通管理

课程引导

深圳市人民政府将行政问责机制引入新闻发布工作

新华社深圳 9 月 15 日电（记者　王传真）深圳市政府新闻办 15 日举行新闻发布会，公布刚刚出台的《深圳市人民政府新闻发布工作办法》（以下简称《办法》）。《办法》进一步规范了全市新闻发布的范围和程序，并将行政问责机制引入了新闻发布工作。

这个《办法》分为新闻发布机构和新闻发言人、新闻发布的范围和内容、新闻发布的方式和程序、监督和保障、总则等部分。根据《办法》，深圳市政府将建立规范化、制度化、专业化的新闻发布会平台，及时发布全市具有全局性的公共政策、重大事务、经济社会发展情况、社会热点等重要新闻信息。

《办法》规定，对突发性公共事件，以及有可能发生的影响公众生活的事件，原则上要求在启动事件处置预案 120 分钟内发布已掌握事件的基本事实及现状等相关信息，并视事态发展及处置进展情况开展后续发布。

《办法》要求，市、区两级政府应逐步建立健全新闻发布工作的绩效评估体系和新闻发布投诉、监督工作的沟通协作机制，受理媒体和公众对新闻发布工作的投诉举报、意见建议，需要追究行政责任的，移交任免机关、监察机关或其他相关机关追究责任。

《办法》规定，有下列情形之一的将追究行政责任：依法应当发布新闻而不发布，或未在有效时间内发布，造成不良社会影响和后果的；涉及公众利益的重大政策、重要工作而无故拒绝记者合法采访，引起不良后果的；对于重大自然灾害、重大事故、重大突发卫生事件、重大社会安全事件等，不及时发布新闻，或故意发布虚假新闻的；违反程序规定擅自发布新闻，造成不良社会影响和后果；拒绝执行上级主管部门的新闻发布指令，或延误时机，执行不力，造成不良社会影响和后果的；未履行保密审查程序，致使国家秘密泄露或公开了不应公开的政府信息的。

资料来源：深圳市人民政府将行政问责机制引入新闻发布工作[EB/OL]. (2009-09-15). https://www.gov.cn/govweb/jrzg/2009-09/15/content_1418099.htm.

学习目标

公共危机管理中的沟通是以信任为基础的。公共危机沟通应遵循塑造形象、体谅公众、公众参与、内部和谐的准则。了解公共危机的沟通管理的内容，理解公共危机沟通机制建设，学习分析公共危机中媒体管理策略，探讨公共危机沟通中心媒体管理的主要内容与完善思路。

第一节 公共危机沟通管理概述

沟通对于管理者而言是一项必不可少的技能。在公共危机管理中，沟通发挥着越来越重要的作用，贯穿公共危机管理的全过程。因为沟通不仅意味着向社会公众及时、准确地传播风险和公共危机的信息，从社会公众之中获得信息反馈，而且意味着各利益相关者之间的资源信息共享，从而形成公众与政府之间、政府各部门之间、各利益相关者之间良性互动，实现高效的公共危机管理。

一、公共危机沟通管理的内涵

关于公共危机沟通的内涵，很多学者基于不同视角进行了界定。张小明认为，公共部门危机沟通是指公共部门以沟通为手段、以解决危机为目的所进行的一系列化解危机和规避危机的活动和过程。有的学者认为，危机沟通是个人、群体和组织之间就公共危机问题交换信息和观点的互动过程。也有学者认为，危机沟通是在突发事件发生后，以政府为主体，以信息为内容，以沟通为手段，以预防和处置突发事件为目的，所进行的一连串信息交换的过程，危机沟通是政治沟通（或政治传播，political communication）的一种。美国学者凯瑟琳·弗恩·班克斯认为，危机沟通（crisis communication，国内也有学者将其译为危机传播）是指在危机事件的发生前期、过程中期和事态后期，实现组织和其受众群体之间的沟通对话，通过说明组织采取的战略和策略，将危机造成的损失降到最小。罗伯特·希斯认为，沟通是指两个或更多的设备或人之间的各种数据交换，包括视听信号、电子数据交换、电信传播和面对面的沟通。沟通是危机管理最重要的任务，我们在公众面前怎样管理危机（形象管理）和在实际操作中怎样管理危机，对于有效的危机处理具有同样重要性。因为，如果深陷危机情景的人，与他有牵连的人和管理危机情景的人没有沟通对话，就无法评估危机及其影响；危机管理依赖信息交换能力和危机管理者依据收集的信息制定有效行动方案的能力。学者詹姆斯·格鲁尼格从危机解决的角度认为：最有效的危机沟通应该是从危机爆发前就开展与民众的沟通，以此来处理沟通危机问题。史蒂文·芬克将危机划分为潜伏期、危机爆发期、危机连续期以及危机痊愈期，并认为要想解决沟通问题，就需要在危机的不同阶段，让民众了解事件所有信息。

综上所述，公共危机的沟通管理是指以沟通为手段、以解决公共危机为目的所进行的一系列化解危机和规避危机的活动和过程。在公共危机管理过程中，通过有效的危机沟通可以降低公共危机给组织带来的冲击，同时可能将公共危机化为机会。在危机爆发前，公共危机管理者可通过沟通了解危机、掌握危机，从而避开危机、化解危机。在危机爆发时，可借危机沟通缓解公共危机带来的冲击和破坏，修补受损的政府形象，同时有利于促进公共危机管理者内部达成共识，团结一致共同解决公共危机。在公共危机后，可以通过与公众的沟通彻底解决危机留下的后遗症，弥补公共危机造成的损失。可见，公共危机管理者若是善用沟通，可以凝聚向心力，提高民众士气，使其成为解决公共危机的动力。

及时地进行沟通，即使不能防止危机发生，也可以控制公共危机及其影响；良好的沟通，可以加强反危机的协调工作，防止信息的误传和谣言的传播，还可以起到稳定民心，警示、教育、监督等多种作用。良好的沟通还可以灵敏地启动危机预警系统,在短时间内控制事态,及时处理危机潜伏期的情报信息,为准确分析危机发生的概率以及公共危机可能产生的负面影响提供有力支持。

二、公共危机沟通的特点

在公共危机管理过程中,由于危机事件所具有的突发性、紧急性、高度不确定性、复杂性等特点,使公共危机沟通具有以下特点。

(一)目的的明确性

公共危机沟通具有非常明确直接的目的,即预防危机、控制危机、化解危机、消除危机。在公共危机管理过程中,沟通在于通过传达思想、信息、价值取向,使处于危机中的部门和个人团结一致,从而维护公共利益,保护人民的生命财产安全。

(二)性质的公共性

公共危机沟通在性质上具有公共性,主要体现在:沟通的主体是政府、公共事业部门、非政府组织等公共组织。这些公共组织在本质上是为公共利益服务的。公共危机沟通手段具有公共性,沟通所依据的公共权力、法律法规等都具有公共性。公共危机沟通的基本内容也具有公共性。

(三)方式的直接性

由于危机事件的突发性、破坏性、紧急性和高度不确定性,为了有效地控制、化解公共危机,必须及时准确地获得相关信息,迅速做出决断,这就要求公共危机管理者亲临危机现场,与危机事件的相关各方和人员进行面对面的直接沟通,才能获得真实可靠的信息,为正确的危机决策奠定基础,才能稳定人心,控制局势。

(四)过程的互动性

由于危机事件具有极大的破坏性、影响的广泛性、高度的敏感性等特点,备受社会各界关注。因此,在公共危机沟通过程中,沟通主体和受体之间存在着强烈的互动性,沟通主体所传递的信息、思想、情感和价值取向等,都会直接迅速地对沟通受体产生明显影响。与此同时,沟通受体的反应、情绪、要求、建议等也会对沟通主体产生直接作用。

(五)手段的非常规性

危机事件的突然爆发,大大出乎人们的意料,往往也无法用原有知识和经验进行判断,并且危机事件常常是一种前所未有的新出现的特殊情境,原有的一些方法手段对危机事件的解决都没有什么效果,一些程序化的方式方法也不可能在非常有限的时间内产生效果,为了迅速控制、化解危机,稳定人心,必须采取一些独创性的、强制性的、非常规性的措施和手段。

(六)情境的不确定性

公共危机沟通是在不确定性和复杂的环境中进行的,危机事件发生时,由于信息、资源等相对不足甚至极度稀缺,事物之间的关系复杂且多元,均会对内部及外部产生不可预知的影响,从而难以把握事态发展的方向和趋势。因而,公共危机是组织命运转机与恶化的分水岭，同样也是公共危机管理者个人命运的转折点。

三、公共危机沟通的原则

（一）广泛参与、顾客导向的原则

公共危机沟通必须面向广大社会公众，调动他们参与危机预防与应对的积极性。同时，在沟通过程中，公共危机管理者必须以人为本、以公众为导向。在危机事件发生后，公共危机管理者要以统一的口径、用公众容易理解的语言向公众发布相关信息。同时，公共危机管理者应该清晰地向公众提出反馈和期待，即告诉公众自己渴望从公众那里了解到什么。这有助于公共危机管理者洞悉、预测公众反应、行为并准确无误地传递自己的信息。

（二）公开透明、准确及时的原则

在信息技术高度发达的今天，"民可使由之，不可使知之"的时代已经过去。公共危机事关公众的切身利益和福祉，公共危机管理者必须满足公众知情的需要，向其准确、及时地传递危机状况及公共危机处置的信息。公共危机的演进过程充满了不确定性。公共危机管理者在信息不甚明朗的情况下，可以采取速报事实、慎报原因的策略。

（三）尊重事实、恰到好处的原则

公共危机管理者中应有专人负责沟通。公共危机管理者应以事实为根据，实事求是地评估公众的价值期待，实事求是地向公众传递危机信息。同时，沟通行为要与危机应对行动相一致，既不能淡化危机风险，也不能夸大危机风险。前者会造成公众的轻敌情绪，后者可能导致公众的恐慌。同理，公众向公共危机管理者反馈的信息不恰当也会导致应急响应不足或应急响应过度。

（四）积极沟通、媒体合作的原则

媒体是公共危机管理者与公众沟通的桥梁与纽带。它具有信息传播迅速、受众广泛的特点。公共危机管理者需要学会与媒体打交道，与媒体建立良好的伙伴关系，借助媒体形成覆盖广泛的沟通网络，向公众传递重要的消息，推动公共危机管理活动的顺利开展。

四、公共危机沟通的维度

公共危机沟通按其作用方向，可以分为内部沟通和外部沟通。内部沟通主要包括公共危机管理者之间的沟通和协调，以及公共危机管理者与上级部门之间的沟通与协调。外部沟通主要包括公共危机管理者与媒体、危机事件影响的目标群体或公众之间的沟通。其中，与受危机事件影响的目标群体沟通是我们阐述的重点内容。公共危机沟通的四种维度如图10-1所示。

图10-1 公共危机沟通的四种维度

(一)管理部门内部沟通

开放的内部沟通有利于集思广益,迅速对危机事件做出反应。对公共危机管理者的沟通应当向其告知公共危机真相和采取的具体措施、做好耐心细致的解释工作、传达公共危机管理者形象修复的具体措施。这样,当危机事件来临时,各个部门、公共危机管理者的各个层次才能协调起来进行危机管理。同时,还要对公共危机管理者进行安抚,统一口径,避免对外部公众包括对前来采访的记者发泄不满情绪。

(二)与上级部门沟通

通常情况下,政府组织结构的层级节制特点决定了上下级政府进行信息传递的流向,要求下级通过层级体系自下而上地将相关信息上报给上级政府。在行政内部的危机沟通中,主要要求下级政府应第一时间将危机发生的起因、拟采取措施等以书面报告形式呈报给当地政府和直接上级主管部门并接受调查。对上级部门的沟通应当及时地、实事求是地汇报事态发展情况,并与上级有关部门保持密切联系以求得帮助和指导。

(三)与媒体部门的沟通

媒体是实现公共危机管理者与公众沟通的桥梁,是对危机信息进行过滤、遴选的"把关人",是危机信息的传播中介。由于媒体的独立性,一味隐瞒危机信息可能会使负面影响扩大;而正确利用媒体,正视媒体影响力,尽快提供全部真实情况则可以引导公众。与媒体的沟通应当向新闻媒介及时通报危机事件的调查情况和处理动态信息。在危机潜伏期,发挥媒体的预防教育和信息预警的功能;在危机爆发期,通过媒体积极引导公众舆论、稳定社会情绪,报道危机化解进展;而在危机事后处置和反思方面,借助媒体提供解决措施和宣传重塑公共危机管理者形象。

当然,与媒体进行沟通时,要慎重选择新闻发言人。因为在危机处理阶段,新闻发言人在公共危机管理外部信息沟通中处于重要地位,是直接面对媒体发布官方解释或立场的窗口人物。

(四)与受害人、目击者、利益相关人等目标群体的沟通

社会重大突发事件往往与公众的切身利益紧密相关,这些公众一般是公共危机的受害人、目击者或其他利益相关人。如果他们得不到确切的危机应对信息,便会陷入恐慌之中。因此,在危机事件发生时,公共危机管理者应通过公开、顺畅、权威的沟通渠道,及时、全面、准确地告诉公众事件真相,提高公共危机管理者工作的透明度,满足公众的知情权。

公共危机管理者要通过有效沟通把危机状况、应对措施、相关事态发展传递给公众,得到公众的反馈想法,帮助公共危机管理者进行科学决策。这样,公共危机管理者就可以通过发挥信息沟通的舆论导向功能来稳定民众心理,引导公众选择正确的行为,正确地对待危机事件。一方面,对直接危机受害者的沟通应当确定专人与受害者进行接触、确定关于危机责任方面的承诺内容与承诺方式、制定损失赔偿方案和善后工作方案等。另一方面,应及时向公共危机管理者的合作伙伴、社会机构、社区公众等利益相关人通报危机事件及其处理措施,以便寻求合作,迅速组织社会各种力量实现危机救助,全面消除事件的不良影响。

五、公共危机沟通的功能

公共危机沟通在公共危机管理中发挥着转化性、催化剂般的关键性作用,也是公共危

机管理的生命线。其主要功能为（图 10-2）：危机预警、危机决策辅助、危机资源整合、危机监控及社会修复等功能。

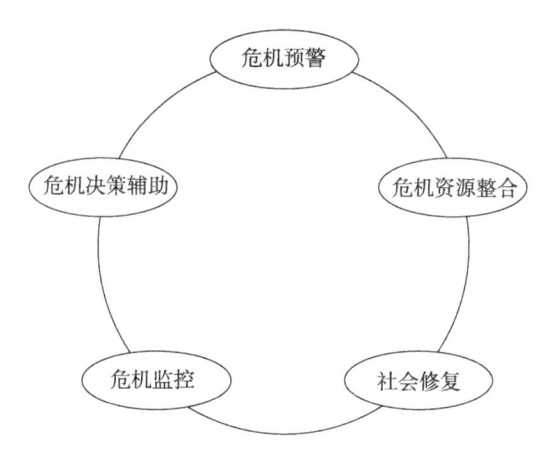

图 10-2 公共危机沟通的主要功能

（一）危机预警功能

公共危机有一个生命周期，即危机潜伏期、危机爆发期、危机蔓延期、危机结束期。在危机潜伏期，存在着大量的危机诱因，这些危机诱因是潜在的、隐蔽的、偶然的、孤立的、非连续性的、危害性较小的、对系统的运转尚未构成大的威胁，人们也是可以容忍的。如果公共危机管理者具有健全的沟通渠道、快速灵敏的沟通机制、积极主动的沟通主体、有效及时的反馈体系，决策中枢就可及早发现危机诱因，及早发现潜在的危机，洞察非常态因素，并引起关注，采取相应措施，及时化解，防微杜渐，把公共危机消灭在萌芽状态，这种公共危机沟通便起到了一种预警作用。

（二）危机决策辅助功能

危机事件的实质，是非程序化决策问题。不确定性的存在其实本质上来源于信息的缺失，现实中的不可预见性导致了信息的不可靠或不完备，无法提供决策所需的基础。公共危机沟通正好可以最大限度地弥补危机决策所急需的信息和资源。由于公共危机具有突发性、紧急性、原发性、破坏性、社会性、不确定性等特点，因此有关危机信息是极其匮乏的，应对资源也是极其有限的。在此种情况下，有的公共危机管理者由于不懂或不进行危机沟通，在心理和行为上否定、排斥、"缩小"危机，采取"鸵鸟政策"，常常会使局势更加恶化。

（三）危机资源整合功能

沟通网络和系统就像人体的中枢神经网络系统，遍布全身每一个角落，把人体的每一部分紧密地连接在一起，形成一个有机整体。公共危机沟通就发挥着这样的功能。公共危机的爆发，其直接和间接的影响面是非常广泛的，作为公共危机管理者，通过沟通，使受到危机事件影响的内部利益相关者和外部利益相关者清醒地认识到危机事件已经把他们紧紧地连在一起，成了一个休戚与共、生死相依的命运共同体，只有大家齐心协力，团结努力，共同参与，才能共渡难关。

(四)危机监控功能

有效的公共危机沟通常常发挥着重要的监督和控制作用,但这一点却常被人们所忽视。在公共组织中,上级主管部门通过与所属部门的沟通交流,发现存在的问题,并由于上级主管部门的权威性而使所属部门及相关人员产生一种压力,通过这个压力驱动下属部门对所存在问题进行整改,消除危机的诱因。通过上行沟通,通过一般职员及大众传媒,把所存在的问题及时反馈给上级领导部门,也使存在问题的组织和人员产生一种压力,促使其面对问题,采取措施进行整改。

(五)社会修复功能

公共危机的爆发,不仅对爆发危机的组织和部门产生结构性的破坏,而且也对其他组织和部门及公众产生了直接或者间接的损害,造成了一种结构性的破坏和失衡。社会修复功能主要有以下几个方面。

1. 稳定人心的修复功能

公共危机事件的破坏性、突发性及高度不确定性,常常使人们处于极度的恐慌之中,再加上谣言和小道消息的泛滥,更加重了社会恐慌心理,产生"群体无意识"效应,进而引发严重的骚乱。通过沟通,主流媒体及时公布危机事件的真实信息,让民众了解危机事件的基本情况,知晓如何预防公共危机和避免伤害,缓解民众的焦躁心理,舒缓民众的紧张情绪,稳定人心。

2. 重建信心的修复功能

公共危机事件的爆发,严重打击了公共危机管理内部人员对组织及其领导者的信心,也动摇了外部公众对组织的信心,这些都严重威胁着组织的生存。公共危机管理者通过与组织成员和外部公众的信息、情感、思想及价值的传递、交流、互动,在思想认识上达成一定共识,在情感价值上产生共鸣,通过对危机事件发生原因、结果及组织发展前景的分析,使组织成员和公众对危机事件有一个比较客观理性的认识,消除悲观颓丧情绪,鼓舞士气,重新燃起对组织良好发展前景的憧憬,重建信心。

3. 重塑形象的修复功能

公共危机事件的产生,使公共危机管理形象受到了严重损害。通过有效的公共危机沟通,主动及时地把危机的基本情况公布于众;管理者和领导者亲临危机事件现场,全力以赴抢救和安慰受伤人员;积极应对危机事件,真诚地与公众进行沟通,倾听他们的呼声,了解他们的疾苦,真诚地公开道歉。这些都可以使公众感受到公共危机管理者是负责任的、真诚的和关心公众的;危机处理也是果断及时的;以政府为主的公共危机管理者是有能力应对公共危机的,仍然是可以信赖的。

4. 修复关心的修复功能

公共危机事件的爆发使公共危机管理者原有比较良好的内部、外部关系都受到了破坏。通过有效的公共危机沟通,主动、及时、真诚地与公共危机管理者内部成员和公众进行沟通交流,修复与他们之间的关系,尤其重要的是修复与媒体的良好关系。通过与大众传媒主动、及时、真诚、平等、公开的沟通交流,获得媒体的支持与理解,使他们了解危机事件的真实情况和危机处理的基本进程，理解危机处理的对策和结果，更为重要的是，让他们看到公共危机管理者的态度和行动，这有助于重新恢复公共危机管理者内部以及与其他组织、公众、传媒的关系。

5. 心理疗伤的修复功能

公共危机事件的突然爆发与巨大的破坏力，使人们产生恐慌心理，有的人因为过度"心理应急"而产生抑郁症，甚至可能产生反应性精神疾病。危机恢复重建不仅意味着要恢复危机中受损的东西，而且要恢复重建公共危机中受害人的心理和精神。公共危机管理者应深入灾民之中，嘘寒问暖，对他们提供必要的帮助，认真倾听他们的声音，及时解决他们生活中的困难，对民众灾后的心理危机进行积极疏导和救治，帮助他们顺利度过精神心理危机。

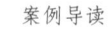

第二节 公共危机沟通管理机制建设

科学有效的公共危机沟通管理机制建设是公共危机管理有序进行的先决条件，同时也是促进社会和谐发展的关键所在。

一、公共危机沟通管理机制构建

要提升公共危机沟通的有效性，就应当采取措施建设完善的沟通机制，使公共危机沟通管理逐步走向常态化、规范化、科学化。

（一）提高政府工作人员素质

提高政府工作人员素质，一是要提高政府部门负责人对危机沟通的重视程度和沟通的积极性，促使他们主动参与社会调查，收集社会信息，倾听社会底层群众的呼声。二是要加强对现有工作人员的培训，尤其是对中老年干部的培训，提高他们对危机沟通的重视程度、沟通的技巧和能力等。三是要注重对新录或新进公务人员进行危机沟通方面的考核或考查，保证行政管理人员基本上都受过正规的沟通知识和技能的训练

（二）降低译码的难度

译码是指沟通双方在信息的传递过程中对信息的理解方式，是影响沟通效果的重要因素。行政公共危机管理人员的知识水平通常略高于公众，但他们却往往不能深入群众生活，导致很多大众性的话语不能得到很好的理解，更可怕的是他们在传递信息的时候常常不考虑公众的知识水平和理解能力，导致公众对公共危机管理的理解程度不够。因此，必须提高行政公共危机管理人员的服务意识，使他们增强以群众的思路理解的意识，通过经常性的深入群众实际生活，提高他们对公众中流行的语言符号的理解能力。另外，也必须提高社会公民的整体素质，大力发展教育事业，提高公众的参政意识，推广普通话、规范字，降低信息传送的障碍，提高公众的译码能力。

（三）拓宽社会沟通渠道

一个社会的开放程度越高，公众对政治生活的参与性也就越强，政府机构与公众的双

向沟通就越重要。因此，开拓公众参与性强的社会沟通渠道，发展一系列公众参政议政的社会渠道，例如社会协商对话、公众议政活动等，让公众意见能够有比较充分的机会和有效的方式公开地表达出来，不仅能使公共危机管理者及时、广泛地了解各种不同意见，为处理公共危机事件提供依据，而且能够使各种潜在的社会摩擦与冲突能量在"微调"的状态中得到释放和缓解，避免长期压抑集聚而引发爆发式的冲突和震荡，从而利于形成稳定和谐的政治局面与社会秩序。

（四）建立非行政性的信息系统

非行政性的信息系统主要是说它不受国家决策部门的行政领导，不具备政府信息系统那样的科层结构，但它是为公共危机管理决策者服务的。这种非行政性的信息系统由通常所说的"思想库"这类决策咨询机构组成，能够从各个方面获取危机决策的效果信息，然后经过专业人士研究、分析，及时向公共危机管理者提出意见和建议。非行政性的信息系统是不同于国家决策部门所属的专门信息系统，具有更大的独立性；它也不同于党政机关，不直接参与国家决策；它还不同于学术系统，它的主要目的不在于纯学术研究，而在于为公共危机管理决策者提供决策咨询服务。

（五）建立健全相关法律制度

为提高公共危机沟通的有效性，还应当建立健全公共危机沟通的相关法律制度。

1. 加快政务公开制度建设

政务公开是指政府机关在履行管理职能的过程中，依照法定程序向公众公开自己的有关行政活动、行政决定、文件材料及其依据，公众有权了解、查阅、获取有关材料或证据的行政制度。政务公开是群众了解政府活动、正确理解贯彻政策的有效途径，不仅有利于人民群众监督公共权力的运作过程，还有利于公共危机管理者及时收集公众的反馈意见，使公共危机决策获得更高的群众认可度，因此能够有效地提升公共危机管理沟通的有效性。

2. 完善听证制度

决策听证是指公共危机管理者在决策过程中，听取有关团体、专家学者的意见，特别是与该决策有利害关系的当事人的意见。决策听证实际上是一种固定沟通渠道的交流方式，这种沟通方式可以收集与决策相关的各种信息，能够提高沟通信息的数量和质量。由于当事人往往是利益相关者，听证又是一种面对面的沟通，收集的信息往往是比较准确的，一般能够保证信息的真实性。因此，听证制度对于提高公共危机沟通的有效性、民主性、科学性有着十分重要的作用，有助于减少危机处理过程中的障碍。

3. 完善信访制度

信访是国家法律规定的公民向政府反映意见的途径，建立这项制度的目的就是给公民建立一套正式、便捷的反映问题机制，也就是给基层公民建立一个简捷有效的沟通渠道，通过这项制度的实施能够听到来自最底层的人民群众声音，收集最为真实可信的信息，对于提高沟通的有效性，增强危机风险隐患的辨识能力，具有十分重大作用。

二、部门与部门间的公共危机沟通建设

部门间的沟通主要是指公共部门内部科层体制下的信息交流和信息共享。按照信息流

动方向可以划分为平行沟通和垂直沟通。平行（横向）沟通主要是指同级政府或政府部门间的信息沟通，如面对灾难救援，政府主要应急指挥部门与医疗、民政、交通公安、武警、解放军等部门单位之间开展的信息交流与信息共享；垂直（纵向）沟通主要是指上下级政府或部门之间的信息沟通，如中央、省、市、区县、乡镇、街道等应急单位或部门之间的信息沟通。

从公共危机沟通实践来看，危机事件发生后，容易产生横向平行沟通中的信息孤岛现象和纵向垂直沟通中的信息延时现象，同时，上行沟通中还会存在信息过滤现象，下行沟通中还会存在信息多头现象，不良的部门内部沟通直接影响着危机沟通效果，从而最终影响着公共危机管理者应对危机事件的整体效果。

有效的部门间公共危机沟通建设主要有以下几个方面。

1. 事前沟通

理解公共危机沟通问题的一大关键在于对公共危机前沟通的认识。在有效的公共危机管理中，大部分的沟通发生在公共危机之前。由于每一组织的目标和任务都有明确规定，各类组织内部都有规则、章程、绩效标准和操作程序，不必就每一事件和某一组织进行沟通。然而，很多公共危机管理者之间都缺乏事先有效的沟通，如警察部门、消防部门、卫生医疗部门等。部门对危机事件的反应通常不是在日常工作的基础上进行的。如果部门之间频繁接触、做好协调，在公共危机中的沟通就会顺利一些。

部门间的沟通是由那些能够促进部门间相互熟悉和相互信任的因素所培育出来的。这些因素包括非正式的接触、联合计划和培训、危机责任的分担、术语的统一运用等。部门间的无线电网络、共同的地图系统及计算机网络也有助于相互之间的有效沟通。

2. 信息共享

沟通是每个人理解其个人努力如何与他人紧密配合的过程。公共危机管理对部门间的协调提出了更高的要求。通常，那些被视为沟通的障碍实际上是部门之间缺乏有效协调机制的问题，从而导致与公共危机相关的重要信息无法共享。因此，部门间的公共危机沟通实质上与部门之间的信息共享密切相关。

在危机状态下需要共享的信息包括：危机局势的持续评估以及需要采取的危机应对措施；应对危机需要动用的资源，已具备及尚需哪些资源，获取资源的能力、渠道和时间等；危机应对措施的优先次序；关于由哪些人和部门去负责公共危机应对中各种任务的决策。如果没有事先了解这些信息，部门通常会对合作采取犹豫甚至抵触的态度，即使在有正式的合作计划或安排的情况下。除非在公共危机之前已经提供情况，否则开展部门合作就很勉强，最终导致协调、沟通的失败。

3. 职责权限

不同部门的职责权限的争端，也会反过来影响协调和沟通效果。公私利益上的分裂无处不在地对部门间的沟通产生负面影响。争端可能会使某一部门在暗地里排斥其他部门，甚至公开指责其他部门的行动越权，从而影响彼此关系及危机应对中的沟通与合作。至于如何解决这些争端，则需要做到以下几个方面。

（1）了解其他部门的功能运作。部门之间的合作需要信息共享，对其他部门功能运作的了解有助于部门间的沟通与合作，这可以解释为什么最有成效的合作关系在相似的部门间最容易建立起来。由于彼此熟悉，部门之间就更容易建立信任。然而，不同性质的部门间往往缺乏相互了解，尤其是对规则、资源、需求、术语等功能运作的了解。

（2）联合计划和培训。使公共危机管理者之间的成员互相认识和信任并熟悉其他部门的功能运作，最重要的途径之一就是开展联合计划和培训活动。通过赋予其共同的使命并为完成使命而提前采取共同行动，对于加强部门在真正危机状态下的沟通意义显著。

（3）非正式接触。非正式接触也是事前沟通的重要部分。此类接触的价值不仅在于通过接触产生的彼此了解，还在于它能够增进相互信任。实践表明，私人间的良好关系可以弥补正式接触的不足。

4. 共同取向

危机事件的处置需要各方的通力合作，唯有有效沟通才能形成合力，公共危机沟通是否有效直接关系到危机应对的成败。因此，公共危机管理者首先应当树立一手抓处置、一手抓沟通的责任意识，将共赢作为公共危机管理内部开展有效危机沟通的一项基本职责，不断完善沟通渠道，把适当的信息，在适当时间，以适当方式，传递给适当部门，从而促进公共危机沟通的发展。

5. 压缩传递链

一方面，要精简危机应对机构，减少沟通环节。公共危机沟通的具体方式、方法设计应当尽量简单明了，沟通渠道或路径应当便捷通畅，以提高信息传递效率。另一方面，要完善报告制度、举报制度和信息核查制度，基层在遭遇特重大灾难，且自身无法独立处置的情形下，应当第一时间报告上级部门，同时允许通报给更上级主管单位，以争取危机处置的时间。

三、部门与公众间的公共危机沟通建设

在面向公众、媒体和部门内部的公共危机沟通过程中，面向公众的危机沟通是最难的，也是最为关键的，危机事件应对的成功与否很大程度上依赖于公共危机管理者与公众间信息沟通的有效性。通过近年来的危机应对实践，我们发现，在有些危机事件的处置过程中，公共危机管理者面对公众时的隐瞒实情、逃避责任的做法极大地损害了自身的公信力，导致信任危机。而在另一些危机事件应对过程中，公共危机管理者却通过采取主动公开最新信息、积极回应公众疑问的方式，赢得了公众的信任和支持，成功地度过和化解了公共危机。公共危机管理者与公众间的公共危机沟通是从了解公众社会心理需求和信息沟通要求开始的。

公共危机管理者与公众间的公共危机沟通建设主要包括以下几个方面。

（一）了解受众

公共危机沟通的受众可能包含很多团体，每个团体受危机事件影响的程度各不相同。因此，应当制定一个整体战略。第一，明确所有受危机事件影响的利害关系者，与之进行非正式接触，包括列出问题的各个方面和可能对此感兴趣的组织类型；同熟悉的群体接触；询问其他团体的名称并与之联络；继续扩展受众范围，确保所有受危机事件影响群体都被纳入公共危机管理中。第二，给予利害关系者一定的参与机会和渠道，要注重参与者的代

表性，制定采纳或拒绝建议的程序。第三，公平对待每一个团体，不要向任何一个团体提供对其他团体保密的信息，不要让团体之间相互对立，否则会不可避免地产生不信任和导致更多问题。第四，积极倾听。这个过程包括所要传达的含义和发送者的感情，目的是让对方感到所要传达的内容和感情都已经被理解和接受。倾听是了解别人如何感知、如何看待世界的需要，包括意会、分辨、鼓励、再现、总结、包容等诸多内容环节。

（二）获取信任

信任是成功开展公共危机沟通的铺垫。如果以诚实和公平的态度去沟通，受众也通常会以同样的方式来回应；而矫饰的诚恳则容易被看穿，更可能损害信任而不是建立信任。表现出值得信任也并不意味着一定能得到完全信任；但如果没有信任，最终会出现人们对危机管理措施和技术信息的不认可，直至演化成公众对公共危机管理者不满的对立局面。获取受众信任的途径主要包括以下几个方面。

（1）强化激发信任感的因素。对部门而言，信任大致来源于部门是否能够做到：展现富有竞争力的形象；显示出关心的态度；鼓励有意义的公众参与；表现出诚实和值得相信；考虑情绪因素等。

（2）注意组织过程。公众的对立不仅仅是针对部门的作为或不作为，也可能针对部门作为进程的方式。要尽可能地让受影响群体加入到行动的决策中来，要向公众解释公共危机管理者处理危机和安全问题的内部程序。

（3）跟踪最新消息，从一开始就吸纳公众参与。如果不能获取信息或没有尽早让公众参与进来，可能会引发公众的不信任感。

（4）提供人们需要的信息。通过调查问卷、正式会议或非正式会谈等手段界定关键的利害关系者并询问他们最需要的信息。此外，还要预测公众想要知道什么、需要知道什么。必须注意的是，不同部门、不同类型的人有着不同的信息需求。

（三）告知真相

尽可能把危机事件发生的真实情况告诉公众是公共危机管理者的责任。但是，告知真相并不是要遵守西方学者所谓的"马上告诉他们，告诉他们全部"原则，因为过多信息和过少信息都无助于消除恐惧，而且这些信息经媒体渲染后很容易引发更大范围恐惧。如何告知真相需要一定的策略，尤其对于尚未查清原因的危机事件。如果告诉公众"不知道"显然难以掩盖事实，而且会有损公共危机管理者形象；如果告知公众"知道，但问题不大"，而后来的事实证明不是如此也会降低公共危机管理者威信；如果说"知道，很快会把问题解决"也可能不是好办法。与其如此，还不如告知公众已经掌握的真相，告知公众应该怎么办，公共危机管理者正在做什么和没有做什么，专家在做什么和没有做什么。告知公众，尽管答案现在还不很清楚，但公共危机管理者和专家正在努力，一旦有新的信息会立即告知等。

（四）积极面对

危机事件中需要权威式的领导风格。危机事件发生时，人们体验到恐惧，感到孤单无助，甚至绝望。作为公共危机管理者应展示乐观的前景，让他们回忆比这更糟糕的经历，号召大家去完成一项任务，团结起来向往一个更远大的目标。危机事件发生时，受众需要有人站出来领导，受众需要指示和命令。告诉受众发生了什么、应该怎么做。受众需要被指引如何理智地理解所发生的事，以及如何在情感上应对面临的威胁和不熟悉的现状，他们会非常尊重冒着风险与他们共同体验的公共危机管理者。

戴维·格根曾给出公共危机管理者处理危机事件的三点建议：一是具备坚强的神经；二是要确认什么是最重要的；三是成为一个公众可以信赖的朋友。危机事件给公共危机管理者提供了成为英雄的机会。危机事件中的公共危机管理者需要沉着冷静。首先，要敢于面对群众。敢于面对群众的过激言辞，耐心倾听，不急于表达，然后耐心解释，对合理要求给予满足。其次，尊重群众心理感受。平常公共危机管理者可以少说多做，危机事件中需要边做边说，让百姓知道公共危机管理者知道他们想法和感受，愿意和他们在一起面对公共危机。再次，建立信任关系。靠诚实和公开，告知公共危机管理者正在做哪些努力，表明公共危机管理者会和公众一起来共同战胜公共危机。最后，倡导权威式的领导风格。公共危机管理者在危机事件中要果断坚强，成为受众可以信赖的朋友，告诉他们该怎么做。

第三节　公共危机沟通管理策略

公共危机沟通中需要注重策略的运用，良好的沟通策略是双方信息传递效率的最大保障。公共危机中的沟通策略依据公式化内容，分阶段分别有不同的沟通策略，本节将介绍公共危机沟通的一般策略和典型策略。

一、公共危机沟通策略公式

就公共危机的沟通策略方面，福莱灵克公关咨询公司发明的一个简单公式：（3W+4R）8F+V1 或 V2。该公式被公关界称为公共危机公关成功的经典。

（一）3W 的含义

3W 是指在任何一场公共危机中，公共危机管理者需要尽快知道三件事。
①我们知道了什么（What did we know）？
②我们什么时候知道的（When did we know about it）？
③我们对此做了什么（What did we do about it）？

寻求这些问题的答案和公共危机管理者做出反应之间的时间，将决定这个反应是成功还是失败。如果公共危机管理者对于它面临的公共危机认识太晚，或是反应太慢，那它就处在一个滑坡上，掌控全局会变得极为困难；如果不能迅速地完成 3W，它将会无力回天。对于公共危机管理者来说，信息真空是最大的敌人，因为总有人会去填充它，尤其是竞争对手。

（二）4R 的含义

4R 是指在收集正确的信息以后，应该给公共危机管理者在这场公共危机中的态度定位。4R 分别为遗憾（regret）、改革（reform）、赔偿（restitution）、恢复（recovery）。

换句话说，与公共危机打交道，公共危机管理者要表达遗憾，保证解决措施到位、防止未来相同事件再发生（reform），并且提供赔偿（restitution），直到安全摆脱这场公共危机，恢复（recovery）常态。很显然，并不是一个声明或者一个行动就能取得所有4R的，公共危机管理者需要把4R当作一个过程来执行。

（三）8F的含义

8F则是公共危机沟通时应该遵循的八大原则。事实（factual）：向公众沟通事实的真相。第一（first）：率先对问题做出反应，最好是第一时间。迅速（fast）：处理危机事件要果断迅速。坦率（frank）：公共危机沟通情况时不要躲躲闪闪，体现出真诚。感觉（feeling）：与公众分享公共危机管理者的感受。论坛（forum）：公共危机管理部门内部要建立一个最可靠的准确信息来源，获取尽可能全面的信息，以便分析判断。灵活性（flexibility）：对外沟通的内容不是一成不变的，应关注事态的变化，并酌情应变。反馈（feedback）：对外界有关危机事件的信息做出及时反馈。

（四）V1和V2的含义

如果3W、4R和8F都做得正确了，公共危机管理者在公共危机中会成为V1，即勇于承担责任者（victim）的形象便凸显出来。这个结果很不错，公众会认为公共危机管理者很负责任、会想尽办法解决问题并且让他们满意。相应地，他们会对公共危机管理者从轻处罚或抱怨，甚至还可以原谅公共危机管理部门。相反，如果公共危机管理部门未能做好3W、4R和8F，那么公共危机管理者很可能会被当作V2，即小丑和恶棍（villain）的形象。公众将认为公共危机管理者的行为和言辞避重就轻、不上心和不负责任。

二、公共危机沟通的一般策略

（一）公共危机潜伏期的沟通策略

在公共危机全面爆发之前的特定潜伏时期，一些引发公众不满、冲突和对抗的社会问题已在孕育和形成，具有某些外部表征，诸如大规模的群众上访、示威游行以及小规模的暴力行动等。这就需要公共危机管理体系中的预警和检测系统在收集相关的信息资源的基础上，多方面、多角度做出初步的反应。在这个过程中，媒体的反应和报道就是公众很重要的一个信息来源渠道。

同时，通过媒体在民众日常生活中对危机意识的宣传和非正式教育，在全社会确立一种信仰支持系统，形成一致的社会舆论和大众共有的危机共识，对于公共危机的避免和尽快解决都有着重要意义。通过强化全社会的危机意识，预防和监测危机事件的出现和发生，不仅有利于危机事件爆发后形成公众的支持倾向，还能强化公共危机管理者的政策评估与预测系统，改善政策的回应手段及措施，进而统一社会价值观念，整合社会秩序，提高社会抗逆水平。

在公共危机潜伏期，如果媒体能够及时发现公共危机存在的前兆，向社会传递潜在公共危机的信息，引起有关部门的注意，把潜在公共危机扼杀在萌芽状态之中，就会防范公共危机的发生。

（二）公共危机爆发期的沟通策略

公共危机的爆发，造成的人员伤亡、财产损失和对公众信心的破坏，严重影响了社会秩序，使社会变革目标和公共政策发生变异与蜕化。而且，由于危机事件爆发和发展进程充满突发性和震撼性的特征，因而成为媒体关注的焦点。但对危机事件不恰当的报道，往往带来强烈的社会负面影响。因此，要有针对性地通过和媒体对话、宣传、引导，大力发挥社会新闻媒体的传播、聚合功能，迅速通过多渠道获得信息并对其加以分析综合，向社会公众阐明公共危机管理行为的意义、指导思想和现实条件下所采取的各种措施的必要性，阐述公共危机管理者的有关政策，获得社会大众对公共危机管理者所作努力的支持。爆发期的公共危机沟通策略主要有三个方面。

（1）时间第一，争取舆论主动权，争取最快、最新信息的发布。为控制危机事态、稳定社会秩序、避免社会恐慌，公共危机管理者首先必须快速应急，对危机事件有目的地选择信息源和信息传播渠道，有效地控制新闻媒体的导向性，防止媒体为抢独家头条新闻或提高刊物的知名度，发表刺激危机局势的新闻消息，激化危机事态。同时，还要防止媒体传导不正确、不全面的消息，误导民众，加剧公众的社会恐惧心理，为公共危机的顺利解决设置障碍。

（2）言行一致，确立信息沟通的可信度和权威性。对于公共危机事件信息的发布，公共危机管理者必须掌握指导性原则，发挥媒体的信息传输和舆论导向功能，稳定民众心理，引导公众选择正确的行为，正确对待各种公共危机事件。在疏通主渠道的同时，还要特别注意防止各类谣言和小道消息的蔓延，控制其传播的范围和渠道，消除其破坏性作用。

在危机状态下，社会秩序失稳，公众的心理承受能力较低，对危机事态的臆想和猜测很容易降低他们对公共危机管理者、行为的信任度和支持率。为尽快争取民众的支持和恢复公共危机管理者公信力，公共危机管理者的必须言行一致，用事实真相说明谣言的破坏作用和谣言传播者的不良居心，并用自身的行动证明公共危机管理者所传播信息的准确性。

（3）明确公共危机新闻发言人及规范的信息发表渠道。公共危机形势的发展进程是个动态的、变化的过程，公共危机管理者不可能掌握和控制所有的事态发展信息。因而，首先要求公共危机管理者就公共危机事务设置新闻发言人，不断向社会公众和新闻媒体说明公共危机事件发展的状况，唤起社会对公共危机管理者行为的支持。美国著名危机管理专家库姆斯在其出版的专著里专门阐述了公共危机发言人和媒体打交道时的任务、应该具备的知识和相应的技能。同时，由于公共危机管理中的媒体政策涉及很强的信息传递功能，为确保信息的连续性和准确性，在向公众媒体沟通信息时，一定要及时向本组织内部和有关各方及时通报信息，以便与外界社会和媒体保持危机信息的一致性和连续性。

（三）公共危机重建期的沟通策略

作为社会变革和政治发展的一部分，公共危机对于一个理性的、有活力的政府而言，能够成为公共政策改进和完善的外部动力，调整公共政策的导向与价值选择。尽管从绝对意义上来说，公共危机对社会的负面影响远远大于其特殊的正面社会功能，甚至导致社会结构的解体（如大规模的战争），但恰当地应对公共危机事件和有效地宣传公共危机管理绩效，对社会结构的调整和校正都有着潜在的积极意义。正如科塞所阐述的那样：作为社会安全阀和调整规范适应新环境的激发器，公共危机事件激发了新的规范、规则和制度的建立，强化对社会生活的参与，使社会关系的调整成为可能。

因此，公共危机事件解决后，公共危机管理者在尽快恢复社会结构和功能，重建社会秩序的同时，要有效地利用媒体发动全社会对危机事件进行冷静的理性思考，做多侧面、多层次的分析，挖掘危机事件的原因，寻求避免此类危机事件的发生和改进社会政策的办法。

三、公共危机沟通的典型策略

在公共危机沟通中，由于危机事件所涉及的范围和人员较广，需要公共危机管理者采取一定的沟通策略，才能取得事半功倍的效果。公共危机沟通中最典型的三种策略——差异沟通、对等沟通和双赢沟通，是保障公共危机沟通取得良好成效的关键。

（一）差异沟通策略

公共危机沟通特别需要采取差异沟通策略。根据具体情况，针对沟通群体的特征，有区别地开展良性沟通。

（1）利益相关者——及时沟通，积极协调。利益相关者的利益在危机事件之中受到损害，有可能产生极端行为和非理性行为。为此，公共危机管理部门要及时协调和沟通，争取其理解和支持。

（2）旁观者——鼓励直言，征询信息。旁观者由于亲历旁观现场，掌握了大量一手信息，而这些信息正是公共危机管理所需要的。旁观者在亲历危机事件现场后，形成自我判断，从感性认识上升到理性认识，有可能会过滤有关信息，或者是由于某些原因而故意隐瞒一些重要的信息，因此，公共危机管理者要鼓励旁观者放下后顾之忧，大胆直言，以便收集足够的信息。

（3）专家学者——专业咨询，权威认证。对于技术问题，专家最有发言权，他们从专业的角度给公众答疑解惑，可以消除公众心中的疑虑。因此，公共危机管理者可以针对一些存在于公众中的典型问题专门组织相关专家进行讲解和答疑。这是公共危机管理者主动与公众进行沟通的良好途径和方式。对于有足够科学证据支撑而有较大社会需求的企业行为，公共危机管理者也要给予有力支持。

（4）志愿者——鼓励支持，引导管理。志愿者往往具有极大的热情，对于志愿行动，公共危机管理者要积极鼓励和引导，对于表现优秀的志愿者，可以给予一定的物质或精神奖励。在全社会对他们的行为进行推广和宣传，以培养更多的志愿者和更广泛的志愿精神。

（5）企业组织——寻求赞助，获得支持。企业是社会财富的创造者，危机事件发生后，道德感强烈的企业或者是具有较强公关意识的企业会主动参与公共危机应对。公共危机管理者可以对这些企业的行为表示欢迎和赞赏，推动形成企业支持社会的良好风气。

（6）民间组织——发挥优势，扩大参与。民间组织由于根植于民间，能够充分调动官方无法调动的积极性和力量。因此，公共危机管理者要发挥不同民间组织的比较优势，鼓励他们积极参与危机应对活动,增强危机应对的力量和实力。

(7)普通民众——宣传教育,培育理性。组织的公众是所有与组织有联系的社会公众,每一位危机公关的潜在公众都有可能成为下一个危机事件的直接公关对象。因此,公共危机管理者要针对未来可能发生的危机事件进行提早预防,对潜在公众进行公共危机教育和宣传,培养公众理性应对危机的意识。

(二)对等沟通策略

沟通的前提是平等。公共危机沟通尤其要注意对等沟通。

(1)平等沟通,对等协商。公共危机管理者在沟通时,平等是前提和基础。在平等的前提下,公共危机管理者才能与社会各界开展全面和深入的危机沟通活动。在沟通方式上,尽量采取体现平等的协商方式,保障沟通的实效。

(2)换位思考,决策倒置。公共危机管理者要善于与公关对象换位思考,评估公关对象的博弈思路。危机公关决策可以采取决策倒置的方式,一方面要从公众需求出发,在可能范围内满足公众要求;另一方面提前预测公众的应对思路,预防沟通时可能出现的问题。

(3)社会问题个人化,个人问题内部化。公共危机管理者在沟通时,要善于运用社会问题个人化、个人问题内部化的危机沟通策略。公共危机管理者可以把社会层面的问题转移到个人层面,再把个人层面的问题转移到个人内部,这是公共危机沟通取得成效的有效方法。

(三)双赢沟通策略

在民主和法治社会,在公共危机沟通时,无论是理念,还是行为,都要注重双赢策略。

(1)尊重私利,掌握主动。公共危机管理者需要承认和尊重公民的私利,在沟通中,主动考虑公众的私利问题,这样公共危机管理者就在沟通时掌握了先机和主动。

(2)互利互惠,寻求共赢。公共危机管理者要善于和公众互利互惠,寻求公共危机管理者与公众的双赢点。以双赢点为重点开展沟通,成效一般比较好。

第四节 公共危机沟通中的媒体管理

在现代信息社会中,随着信息网络的渗透和信息的自由流动,媒体正越来越深地影响社会生活,大众传媒在塑造公众价值观念、强化公众意识、反映和引导社会舆论等诸多方面发挥着巨大作用。

一、公共危机沟通中的媒体角色

(一)公共危机沟通中媒体的角色定位

媒体在现代危机管理中起着重要的作用,媒体管理已经成了公共危机管理的基本要素和重要环节。在公共危机管理中,媒体可以实时监控可能导致危机事件发生的潜在因素,能够连接政府和公众,起到传递信息、疏导公众情绪的作用。有效的沟通可以弱化公众的消极影响,促进公共危机管理。总的来说,媒体在公共危机沟通中扮演如下角色。

1. 危机的预警者

公共危机发生前都会有各种预兆,如果媒体能够发挥其敏锐、传播速度快的优势及时发现并传递有关公共危机的信息,有助于在公共危机的前期阶段采取监测预警等措施,从而将危机事件造成的损失降低到最低限度。

2. 危机环境的塑造者

在公共危机传播过程中,人们对于公共危机的把握和认识主要还是基于媒体的解读。危机事件发生后,大多数人不在危机事件发生的现场,很难通过自身知识和体验了解公共危机的真相,只能通过媒体等方式获得有关公共危机的信息。因此,媒体对公共危机的描述和评论塑造了危机事件的媒介环境,直接影响人们对于现实状况的认知,及由此产生的心理上和行为上的反应。

3. 危机信息的传递者

公共危机会引起广泛的社会关注,媒体成为连接政府、受到危机事件影响的人群及社会普通成员之间的纽带。从危机事件发生前,到危机事件发生的过程,以及危机发生后各方采取的应对举措,都会成为媒体关注的焦点。媒体将公共危机管理者采取的有关措施的信息传递给公众,同时又将公众的建议反馈给公共危机管理者,并时刻关注公共危机事件的发展和变化。一方面对公共危机管理者起到监督、敦促的作用;另一方面也为吸引更多社会力量介入到公共危机应对中,发挥极大的号召作用。

4. 社会关系的协调者

公共危机往往伴随着社会关系的裂痕、摩擦和矛盾,尤其是在一些群体性危机事件中。在信息不公开的情况下,流言推波助澜,进一步促成局面的失控,产生巨大危害。公共危机传播的一个重要作用就是要化解社会关系中的矛盾和冲突,使人与人、人与自然之间和谐相处。在此过程中,媒体应该站在公正、公平的立场上,协助政府协调关系、化解矛盾、凝聚人心、维护稳定,减少公共危机,避免其带来的巨大伤害。

(二)公共危机沟通中的媒体与政府的关系定位

媒体的存在一定程度上左右着公众对公共危机的看法与态度。因此,进行公共危机沟通时,公共危机管理者应将媒体看作合作者,与之建立互信共赢的伙伴关系,实现两者之间对信息资源控制和占有的良性互动。

1. 将媒体管理纳入战略管理

将媒体管理纳入公共危机管理战略中,协调危机系统的各个部门,制订媒体管理计划,使媒体管理成为公共危机管理中的一个主要的过程和基本环节。

2. 确保信息沟通的有效性和权威性

第一,要选择适当的公共危机传播渠道和信息源,控制媒体报道的导向性,防止不利于控制公共危机的信息传播，这种信息会造成社会恐慌，不利于公共危机管理活动的进行。第二，有关公共危机的信息应当具有指导性，发挥媒体的舆论导向功能，引导公众在危机状态下保持良好心态，选择正确行为。第三，防止小道消息和谣言的传播，树立主流媒体的权威性。

3. 确立危机信息发布机制

首先，要有专门的媒体管理机构，统一协调、管理各方媒体。另外，还要设置危机信息的新闻发言人，及时、连续性地向新闻媒体和公众通报危机事件发展情况，保证信息的适时更新和危机信息的准确发布，唤起社会对公共危机管理者行为的支持。

4. 保持与媒体的密切关系

在应对公共危机事件时，公共危机管理者和媒体之间应该保持良好的合作，公共危机管理者应当及时向媒体反馈信息，取得其帮助和信任。一方面通过媒体尽快将危机事件的事实真相与对公共危机的看法清楚地呈现给公众，为媒体提供新闻素材，满足媒体的需要；另一方面通过媒体向公众传递对公共危机管理有利的，也是希望向公众传递的信息。

5. 掌握应对媒体的技巧，对新闻媒体进行有效管理

第一，控制媒体的活动范围。公共危机管理者需要尽可能地确定禁止媒体涉及的范围。如果没有控制媒体的准备，就会引发混乱，不利于对公共危机的调控，并可能造成相互矛盾的报道。

第二，在第一时间召开新闻发布会。新闻发布会的目的是告知真相，表明态度，使公共危机管理者成为权威的信息中心，掌握报道的主动权，控制事态的发展。公共危机管理者应选择恰当时机，指定合适的新闻发言人，在经过周密策划准备的前提下对公众和媒体关心的问题召开新闻发布会，必要时公共危机管理者的最高领导应出面。

第三，在危机处理期间，保持与媒体的联系与沟通，全方位配合媒体的采访。不应回避记者，但是也应尽量控制记者的接触范围，坚持由新闻发布机构向外提供信息，接受采访时应积极主动地坦陈自己的错误并提供相关资料，避免被揭露后陷于被动。

第四，正确对待曝光或失实的报道，避免与媒体发生冲突。当记者发表不符合事实的报道时，要尽快指出其中的不实之处，及时提出更正要求，但要尽量避免采用过激手段引起对立情绪。在全球资讯高度发达的今天，公共危机管理者的工作应当增加透明度，畅通渠道，充分认识到媒体在公共危机管理中的积极作用，媒体与公共危机管理者应该以积极的姿态共同面对公共危机。

二、公共危机沟通中的媒体作用

在现代法治社会，新闻舆论被当作除了行政、立法、司法三大权力之外的"第四权力"，而新闻记者也获得了"无冕之王"的称号。在当代信息社会中，媒体是除了政府之外向公众提供各种信息的最主要渠道，也是民众获得信息的重要来源。大众传媒在塑造公众价值观念、强化公众意识、反映和引导社会舆论等诸多方面发挥着重要作用。新闻媒体作为一种新崛起的社会政治因素和独立的社会政治势力，其社会传导效果直接影响着一国政府管

理的能力和绩效，直接影响着一个社会的政治稳定和经济发展。

正是新闻媒体所具有的强烈的社会公共色彩，使得它承担着提供信息、引导舆论和稳定社会的职责，成为社会心理状态的指示器。当社会面对公共危机时，危机事件本身就是一个新闻，媒体无法缺席。新闻媒体作为一种重要的社会力量，参与公共危机管理也是其监督政府、引导舆论、稳定社会的职责所在。公共危机管理者能否让公众正确认识公共危机，并通过新闻媒体引导公众形成有利于危机事件解决的氛围至关重要。因此，新闻媒体是公共危机沟通过程中不可或缺的重要因素，建立公共危机管理者与媒体之间的良性互动关系是应对危机事件的前提条件。在公共危机沟通过程中，公共危机管理者不应该也不能忽视媒体的作用。媒体在公共危机沟通中发挥着不可替代的作用，主要表现在以下几个方面。

（一）通过媒体快速传递权威信息，在激发公众情绪中实现公共危机传播基调统一

公共危机因其高度破坏性，天然地会成为公众关注的焦点，激起公众的兴奋情绪。媒体既是公众情绪的"风向标"，更是公众情绪的"催化剂""导航员"。在公共危机管理中，公众的兴奋情绪是一个很重要的因素，引导得好，会向着公共危机管理的有利方面发展；引导得不好，则不利于危机事件的处理。媒体在潜移默化中把公众对公共危机的感性体验，统一到理性认识的高度。如果媒体发出不和谐的、与基调不符的声音，就会被排斥在主流声音之外。媒体是否能够充分介入公共危机事件并快速传递权威信息，是否能够在激发公众情绪中实现公共危机传播的基调统一，对于公共危机管理有着决定性影响。

（二）在设置舆论焦点中塑造公共危机管理的良好形象，以获取民众支持

美国传播学家 M.E.麦库姆斯和 D.L.肖认为，大众传媒具有一种为公众设置"议事日程"的功能，大众传媒作为"大事"加以报道的问题，同样也作为"大事"反映在公众的意识当中；传媒的新闻报道以赋予各种"议题"不同程度的显著性的方式，影响着人们对周围世界的"大事"及其重要性的判断。任何公共危机传播，总会形成一定的舆论焦点，影响人们的观念。媒体在报道危机事件时，首先让受众感觉到他们的报道是及时、公正、准确的。大量的现场报道和专家的评说，使受众完全可以依赖这样一个媒体系统来得到他们想得到的各种信息，甚至是引导。当这样一种信任建立后，公共危机管理者再与媒体配合默契，通过媒体渗透公共危机管理者的意向，也就水到渠成了，这实质上就是一种变相的"议程设置"。公共危机管理者在危机处理中采取的积极措施，通过大众传媒传播的放大功能，深深地印在公众心中，公共危机管理者处理公共危机的良好形象也因而很好地树立起来。

（三）在满足公众信息需求中保持社会正常运转

稳定民心，保持社会秩序的良好运转，是公共危机管理所追求的最佳效果。在这方面，媒体所发挥的作用是显而易见的。媒体不仅满足于向公众提供危机事件零散的信息，还会随着事态的进展，分析危机事件的来龙去脉和发展趋势，做出自己的评价。在对事实的报道中，媒体更多地以采访专家、学者的形式，以别人之口来传达自己的态度。有时，则以社论等各种言论文章的形式，直接表明态度。此外，还会采取让公众参与讨论的方式，给

公众提供一个政策参与视角，让公众感觉到自己是国家的主人。正是在满足不同公众对不同信息需求的基础上，媒体才保持了社会秩序的正常运转。媒体把政府的政策，巧妙地转换成公众的日常行为规则，既起到政策的诠释作用，又引导了公众的日常行为，对危机事件解决起到了积极作用。

三、公共危机沟通中的媒体自我管理

媒体对公共危机信息的传递会影响到公众对公共危机的认知，以及对政府及其他组织应对公共危机的评价。公众很难自己获得有关公共危机全面、准确的信息，而是在很大程度上受到媒体的引导。因为媒体的立场和态度对整个危机事件发生后的舆论环境具有决定性作用。媒体在危机环境中必须加强自我约束和自我管理，重视大众媒体的伦理建设。

媒体自我管理的第一准则是自觉遵守新闻操守和职业伦理，强化自身权利和责任意识，自觉拒绝商业化运作。新闻媒体不仅是公众认知世界的桥梁，而且也是监督社会的公器；不仅是公共危机管理的助手，也是动员公众参与公共危机管理的公权代言者。因此，在公共危机中，新闻媒体更应该将公众与社会的利益作为自身的出发点，主动引导整个社会在公共危机面前形成正向合力。

四、公共危机沟通中政府的媒体管理

在公共危机管理中，政府发挥主导作用，在公共危机沟通中，政府对媒体管理也十分重要。媒体的自我管理缺乏强制力和约束力，这就要求政府行使公共权力实现对媒体的有效制约和管理，构建公共危机中媒体的管理体系和规则，提升媒体的应急能力和应对素质。

（一）掌握主流媒体，利用主流媒体引导舆论方向

在危机事件发生后，各类媒体都会对其进行报道，当民众无法从正当、权威的渠道获得真实信息时，流言、小道消息等就会迅速传播，其传播的信息常被当作真实信息来看待。这些不负责任的信息很有可能进一步加深民众的不确定性和不安全感，造成一定时间和范围内的舆论混乱。因此，政府要建立"唯一信息源"，掌握主流媒体和信息的主动权，在危机事件发生的第一时间就向公众传递信息，消除谣言、小道消息的不利影响，引导正确的舆论方向，这样才能消除公共危机管理过程中民众的消极情绪，保障危机应对的顺利进行。

（二）加强对媒体舆论的监督

政府要在保障新闻媒体舆论自由的同时，做好对新闻媒体舆论的监督。在公共危机面前，新闻媒体的舆论自由能够保障民众对危机信息的知情权，作为民众授权管理国家和社会事务的国家权力机关、司法机关和行政机关，更有义务主动接受新闻媒体的舆论监督。但同时，知情权也有底线，个人隐私、商业秘密、国家安全都是知情权的底线，新闻媒体的舆论必须尊重这一底线。新闻单位不是国家机关，新闻竞争压力的加大及新闻报道方式的多样化，会产生各种不规范的行为，所以必须强调对新闻媒体的监督。

五、公共危机沟通中媒体应对常见误区

信息是一种权利，披露信息实际上是一种权利的社会分享过程。公共危机涉及公众的切身利益，公众有权知道发生了什么，有权了解公共危机管理者采取了哪些应对措施。然而，由于多方面因素的影响，一些公共危机管理者在媒体沟通上，往往采取一些错误做法，不仅不利于危机事件的处置化解，而且往往错过危机处置的最佳时机，甚至放大公共危机，最终导致不可收拾的局面。有学者将公共危机沟通中媒体常见错误，归纳为捂、躲、推、压、堵、辩六个方面。

（一）捂

"捂"的典型表现是"捂盖子"。其主要含义是，面对危机事件，一些公共危机管理者首先想到的就是如何封堵媒体，对危机事件的相关信息，隐瞒不报、不说、不公开，或者谎报、虚报，不让公众知道，也不让上级知道，以掩盖事实真相。因为危机事件都会造成一定人员伤亡和财产损失，都存在一定的负面影响，一些公共危机管理者为了逃避责任，保住自己的"乌纱帽"，一旦危机事件发生，首先想到的就是隐瞒事实，蒙蔽上级领导，欺骗民众，力求"大事化小，小事化无"。事实上，这样的习惯性行为往往会丧失危机处置最佳时机，带来更大恐慌，导致政府公信力下降，甚至引发政府信任危机。

（二）躲

"躲"的典型表现是"媒体恐惧症"。其主要含义是，面对危机事件，一些公共危机管理者不敢正视媒体、面对记者，抱着一种"惹不起，躲得起"的心态，对媒体记者的采访报道，采取回避、躲避、逃避的办法。

（三）推

"推"的典型表现是"无可奉告"。其主要含义是，面对危机事件，尤其是涉及可能被问责的重大危机事件时，一些公共危机管理者喜欢开脱自己，以减轻责任。面对媒体和记者，常常采取推卸责任、互相推诿、一推了之的办法。有的把责任推给上级机关，埋怨上级的政策存在偏差；有的把责任推给下级或其他部门，似乎都是别人的错；有的甚至责怪群众素质太低、缺乏法治观念，表现出一副无辜和委屈的样子。事实上，这样"一推了之"的做法，不仅得不到媒体和记者的同情、理解，也得不到民众的谅解、宽容。

（四）压

"压"的典型表现是"封杀打压"。其主要含义是，面对危机事件，一些公共危机管理者喜欢媒体的"正面报道"，对媒体的批评报道和负面报道，采取针锋相对。面对媒体的监督报道，有的态度强硬，毫不示弱，语言偏激，刺伤、激怒记者；有的一律封杀，实行严厉的打压；有的不惜铤而走险，暴力威吓，殴打记者，以暴力杜绝舆论监督；有的甚至利用行政手段或司法手段干预媒体报道。

（五）堵

"堵"的主要含义是，面对危机事件，一些公共危机管理者采取"封杀令"的方式来封住媒体，堵住所有渠道，尤其对涉及本单位和自身严重问题的报道，甚至用发"封口费"等方法，封堵负面新闻，不让媒体报道，不让公众知晓。事实上，在信息时代，这种方法

已经过时了，封住了地方媒体，封不住中央媒体；封住了传统媒体，封不住网络媒体；封住了官方媒体，封不住个体自媒体。

（六）辩

"辩"的典型表现是"争辩狡辩"。其主要含义是，面对危机事件，一些公共危机管理者对受人指责的行为、负面的或可能引起负面的报道，不是从主观上查找自身问题，而是千方百计地与媒体或爆料人进行辩驳，指责别人是蓄意歪曲事实，指责媒体是别有用心。事实上，争辩或狡辩的结果往往会适得其反，容易引发更大的负面影响。

专栏

公共危机沟通中的潜在危险和错误

恐慌：当公共危机真正发生时，可能会有一种惊慌失措感，思想上一时间未能适应，结果失去做出危机决策的能力与意愿。然而反应迟缓只会引来公众和媒体更多的关注和更强烈的要求，使得恐慌情绪进一步上升。

短视：在公共危机状态下，公共危机管理部门很难做出战略性决定，而是往往围绕着当前局面展开讨论，所做决定在很大程度上是短视的。

沟通不足：害怕承认错误或避免承担责任，而且不与民众沟通一般只会令情况更坏。不进行沟通，只会任由别人猜测和评估公共危机管理部门所处境况，从而陷于被动地位；日后弥补性地进行沟通也难以取得最佳效果。

本章小结

本章介绍了公共危机管理中沟通管理的主要内容：公共危机沟通管理的内涵、公共危机沟通的特点、原则、维度和功能；公共危机沟通管理机制建设；公共危机的沟通管理策略及公共危机沟通中的媒体管理。

关键术语

公共危机沟通　沟通维度　沟通管理机制　沟通建设　组织间沟通
公共危机沟通策略　沟通策略公式　媒体管理　媒体沟通

复习思考题

1. 公共危机沟通管理的含义是什么？
2. 组织与组织间的公共危机沟通建设内容是什么？
3. 如何理解公共危机沟通的策略公式？
4. 公共危机沟通的一般策略是什么？
5. 公共危机沟通策略如何在现代化情境下应用？
6. 公共危机沟通中政府的媒体管理是什么？
7. 公共危机沟通中与媒体沟通的误区都有哪些？

案例分析　　　　即测即练

自学自测　　　扫描此码

第十一章 公共危机的信息管理

> 课程引导

江苏昆山市中荣金属制品公司"8·2"特别重大铝粉尘爆炸事故应急处置

2014年8月2日7时，事故车间员工上班。7时10分，除尘风机开启，员工开始作业。7时33分37秒左右，昆山中荣金属制品有限公司汽车轮毂抛光车间突然冒起大股白色烟雾，大约10秒之后烟雾由白色转变为青灰色，并且越来越浓烈；7时31分，1号除尘器发生爆炸；7时35分，汽车轮毂抛光车间发生爆炸。爆炸冲击波沿除尘管道向车间传播，扬起的除尘系统内和车间集聚的铝粉尘发生系列爆炸。7点42分左右，烟雾已经蔓延至整个厂区。随后警方和120急救人员赶到，与附近的一些群众一起，将受伤人员送上救护车。爆炸后厂房的屋顶被掀开了2/3以上，厂房顶部的钢铁轮毂清晰可见。爆炸造成47人死亡，当天经送医院抢救无效死亡28人，185人受伤，事故车间和车间内的生产设备被损毁。

2014年8月2日7时35分，昆山市公安消防部门接到报警，立即启动应急预案，第一辆消防车于8分钟内抵达，先后调集7个中队、21辆车辆、111人，组织了25个小组赴现场救援。8时03分，现场明火被扑灭，共救出被困人员130人。交通运输部门调度8辆公交车、3辆卡车运送伤员至昆山各医院救治。环境保护部门立即关闭雨水总排口和工业废水总排口，防止消防废水排入外环境，并开展水体、大气应急监测。安全监管部门迅速检查事故车间内是否使用危险化学品，防范发生次生事故。因爆炸会使得粉尘四处冲击，再加上现场情况混乱，二次爆炸极易发生。事件发生后现场被封锁。

江苏省及苏州市人民政府接到报告后，立即启动了应急预案，省委书记罗志军，省长李学勇，苏州市委书记石泰峰等同志迅速带领省、市有关领导及有关部门负责同志迅速赶赴事故现场，及时成立现场指挥部，组织开展应急救援和伤员救治工作。苏州军分区、昆山人民武装部和解放军一〇〇医院等先后出动120余人投入事故救援和伤员救治工作。

8月2日下午4时30分，昆山市市长路军就爆炸事故主持召开新闻发布会，现场集体为遇难者默哀。事故发生后，昆山市紧急调请两个现役特勤中队和该市五个其他区域的消防中队赶来增援，一起帮助救出受伤者；昆山市卫生局和市区四家医院立刻启动应急救治预案，成立了院内救治、应急调度、家属对接、物资保障、信息联络和统筹协调六个工作组，并邀请江苏和上海烧伤科专家前来援助，对需要转院治疗的伤员，马上安排转院,130多名伤者被陆续送往上海、南京、苏州、南通、无锡、常州等医院开展救治。爆燃事故发生后，昆山市民自发展开救援活动，市民纷纷走进献血站献血。

资料来源：中华人民共和国应急管理部微信公众号，江苏昆山中荣金属公司"8·2"特别重大爆炸事故调查报告，有修改。

学习目标

了解公共危机信息管理的具体内容，包括公共危机信息管理系统及公共危机信息管理国际经验；掌握公共危机信息管理的内涵、原则、特征与作用；掌握公共危机信息管理系统的具体组成；了解并学习公共危机信息管理的国际经验。

第一节 公共危机信息管理概述

公共危机管理中很重要的一项工作就是危机信息的管理，这也是公共危机管理能否有效进行的保证。如果信息管理工作做得不好，公共危机管理中获得的信息不充分，会浪费资源和时间，就不可能做出有效的公共危机管理决策和进行有效的公共危机管理行动。信息管理包括两个过程：一是收集信息；二是传递信息。信息可以来自危机事件的受影响者，也可以来自危机事件的受害者、公共危机管理人员和受到危机事件影响的利益相关者。

一、公共危机信息管理的内涵

国外学者较早地注意到了公共危机管理中的信息问题。1999 年，美国国家研究理事会编著的《用于危机管理的信息技术研究》详细介绍了各种可用于危机管理的信息技术的特点、作用等，并强调要通过信息技术的运用来应对各种危机。2004 年，美国安全技术研究机构的一份报告《危机信息管理软件（CIMS）的互用性》指出了危机管理信息系统之间的互用性，并认为借助危机信息管理软件可以管理许多应急组织内的关键信息流。

我国对危机信息管理也展开了许多的研究。2004 年，学者谢力认为，危机演变实际上是信息扩散的一系列效应，提出要认清危机信息的扩散特性，抓住危机信息源，从信息角度来应对危机。在系统构建方面，2004 年，唐钧指出，构建全面整合的政府公共危机信息管理系统已是政府危机管理的核心能力之一。2014 年，沙勇忠对公共危机信息管理给出了基本定义：PCIM 就是应用信息技术和信息管理的原理和方法，结合公共危机领域的特殊性，对公共危机管理全过程中的信息资源进行搜集、组织、规划、分析和利用，以满足公共危机管理的信息需求的活动。信息、信息架构、信息系统、信息网络、信息平台是逻辑上相互递进的五个 PCIM 的核心概念和研究领域。2020 年，在新时代技术环境变革背景下，沙勇忠提出了公共危机信息管理在学科交叉领域所迈向的新领域：其一，公共危机中的数据信息管理以公共危机为对象场域，研究公共危机管理中的信息管理问题和数据管理问题。以信息科学和数据科学作为学科基础，在公共危机场域及其约束条件下进行有关问题研究，更多地体现信息管理和数据管理本身的学科规定性和研究逻辑；其二，基于数据信息的公共危机管理则以数据信息为基础，研究公共危机管理中的重要问题，诸如风险识别、评估与预警，公共危机应急决策，公共危机处置的协调联动，应急资源优化配置，风险沟通与信息发布，损失评估与重建规划等。

综上所述，公共危机信息管理就是在现代化网络通信技术的基础上，通过建立统一的、法定的技术规范、数据标准、数据交换格式，制定相应的制度和管理办法，实现政府间、政府各部门之间的信息共享。公共危机信息管理的实质是在公共危机管理全过程中提供有效的危机信息。公共危机信息管理主要涉及以下四个方面。

1. 信息采集

信息采集是指从公共危机管理者的需要出发，通过各种渠道和形式获取相关信息的过程。采集及时、准确、全面的信息，是公共危机信息管理的基本前提。

2. 信息资源库

各种信息可借助不同载体存储在信息资源库中，信息资源被系统地归类和存储后，可对外提供全面、快速、科学的信息和服务。通过不断积累，信息资源库中的信息可为公共危机管理者提供大量有参考价值的信息，并可重复使用。

3. 信息传递

信息资源需要被及时地传递，为了让公共危机管理者便捷地获取所需信息，信息需要迅速准确地传送到需要的地方。信息传递可以加快信息资源的交流和共享，从而提高其使用价值。

4. 信息处理

信息都是以某种形式存在于各种媒介和场所之中，为了有效地使用信息必须对信息形式和实质进行科学解释。通过整理、分析、审核、汇总和提炼，从而使初级信息资料加工成可利用的信息资源。

二、公共危机信息管理的原则

信息管理在公共危机管理中的意义非同一般，及时、快速、准确、可靠的信息运用和信息管理，可大大提升公共危机管理水平。公共危机信息管理应遵守三项原则（图11-1）。

图 11-1　公共危机信息管理三原则

（一）信息公开原则

随着政治民主化进程的不断推进，包括要求政府信息公开在内的信息自由权不断被世界各国所认可。信息公开的宪法基础是信息自由权，这是一项基本人权。现在，它在一系列国际法律文件中得到了确认。不过，公众获得政府信息权利的宪法基础通常是表达自由权。表达自由包括寻找、接收与传播信息与观念的权利。

2000 年的《联合国人权报告》具体阐明了信息权作为一项人权的特定内容，并敦促各国修改其法律或者制定新的法律，以保证公众获得信息的权利。①公共机构有义务公开信息，每个公民都有权获得信息。信息包括公共机构所拥有的所有记录，而不论其储存形式。②信息自由意味着公共机构应出版并广为传播涉及公众重大利益的文件。③作为最低要求，信息自由法应包括教育公众的内容，并传播如何行使获得信息权利的信息。信息自由法也应该提供一定的机制，以解决政府机关内部保密化所造成的问题。④不得以保全政府面子或者掩盖违法行为为目的拒绝公开信息，信息自由法必须全面列举不得公开的例外，这种例外范围应该尽量减小，避免将并不造成公共利益损害的事项也纳入其中。⑤要求所有的公共机构设立公开、透明的内部机制，以保证公众行使获得信息的权利。对于政府机构处理公众信息的申请，信息自由法应规定严格时限。如果政府拒绝提供信息，应提供书面理由。⑥获得政府信息的成本不能太高，以至于申请人不敢提出申请或者扭曲法律的目的。除了联合国人权宣言、联合国公民与政治权利公约及联合国人权委员会，美洲人权公约及欧洲人权公约也都把信息自由看作一项基本人权。另外，许多单行国际条约都确认了公众的信息自由权。

（二）信息验证原则

信息管理是公共危机管理的首要管理环节，没有充分、及时、准确的信息就不可能进行有效的公共危机管理，没有信息管理就没有科学、有效的危机决策和执行，为此，在公共危机管理过程中，公共危机管理者必须对所获得的各种信息进行验证，并对各种信息的可靠性表达意见，从而提高各种信息的可靠性，提升公共危机管理水平。

目前，公共危机信息管理的信息验证普遍采用多渠道验证原则，具体包括三个基本方面。①政府内部的多渠道信息验证。针对特定的公共危机事件类型，各级政府和政府的各个部门建立内部信息联动制约机制，规定各级政府和政府各部门都有权向其隶属决策层上达其所掌握的各种信息，从而增加内部信息传递渠道，规避单一信息渠道传达信息的弊端，有效防止各种信息的扭曲。②开放新闻媒体、非政府组织和个人公开上达各种信息的外部渠道。公共危机管理决策层对内部和外部两个信息渠道获得的各种信息进行比较分析，最大限度地存真去伪，为公共危机管理决策夯实基础。这种多渠道信息验证原则的采纳有利于彼此信息的相互校验，杜绝了公共危机管理决策层对内部信息的过分依赖。③近年来，很多专业团队深入基层了解实情、深入群众了解民意、围绕着经济社会发展中的重大、重点问题和人民群众关切的热点、难点问题开展研究分析，为此，其在应对不同危机事件方面积累了大量信息。这些信息通过智库特殊渠道上达到公共危机管理决策层，进一步校验了内外两个渠道的信息准确性。

（三）信息畅通原则

通常情况下，一个公共危机事件会涉及不同经济利益和民族文化的多个群体。这些群体接受信息传播的模式、方式、内容、符号系统等方面不尽相同，特别是他们还伴随着丰富的精神和心理活动，这就决定信息传播具有不确定性，容易产生传播障碍和传播隔阂。尽管对信息重要性普遍能够达成共识，但是，在公共危机管理过程中，很难打破区域之间、部门之间的信息壁垒，实现信息畅通和反应敏捷。为此，为了有效地进行公共危机管理，必须坚持信息通畅原则。信息畅通对于公共危机管理中的正确决策，以及采取有力措施意义重大，这是就公共危机管理机构内部做到信息渠道畅通而言的。其实，信息畅通还有另外一个含义，即有关公共危机的信息对于民众也需要做到畅通，保证公民的知情权，以利于他们自己在危急关头做出准确判断和决策，采取有效措施。在公共危机管理机构内部做到信息畅通，人们的认识没有多大的分歧，比较容易达成共识。但是，是否有必要向民众公开有关信息，做到危机信息在社会中畅通，使公民享有知情权却是一个难题。

三、公共危机信息管理的特征

1. 公共性

与普通的信息管理不同，对公共危机的信息管理首先必然体现出其超出私人范围的公共性质。

2. 时效性

时效性包含两个层面。由于公共危机随着时间增长对社会造成的影响会出乎意外之大，因此一旦爆发了公共危机，必须及时应对，以便将危机事件所造成的伤害降到最低程度。此外，时效性还指信息本身的真实可靠性和及时更新性，因为只有真实有效的信息才能帮助公共危机管理者和决策者准确地分析危机信息，制定解决方案。

3. 借鉴性

通过对各种公共危机信息的存档及处理方法的记录，有助于日后公共危机管理者在遇到类似问题时及时获得适宜的解决方案，从而减少危机事件带来的不良后果。

4. 预防性

通过对过去发生的公共危机的总结与分析，了解各种危机事件发生前的征兆，从而有效地预防危机事件的二次发生。

5. 辅助性

公共危机毕竟具有突发性和不确定性等特征，因此仅仅依靠公共危机信息管理是存在一定局限性的。我们应该视公共危机信息管理为一种辅助性工具，通过信息管理与人为动机的相辅相成，形成及时有效的公共危机管理机制，以维护社会的稳定发展。

四、公共危机信息管理的作用

信息管理是以政府为主的公共危机管理者有效处理公共危机的必要条件。只有把涉及公共利益的信息，及时准确地向社会公布，公众乃至整个社会才可能积极参与，有效应对危机事件，把危机事件带来的生命财产损失降到最低。具体说来，公共危机信息管理有以下作用。

（1）公共危机信息管理可以让公众最大限度地了解公共危机事件真相，及时准备，有效预防。公共危机的特点是可能在极短的时间内大规模地影响公众利益，带来社会灾难。而社会自身的准备程度、应对机制将是有效降低危害的根本因素之一。社会的这种应对机制与很多因素有关，其中信息完备程度显然是至关重要的。没有信息，危机事件到来时，只能依靠想象和感觉，谈不上有效应对。如果没有公众参与，危机预防措施难以充分和及时到位。

（2）公共危机信息管理可以提高公众对公共危机管理者行为的理解与配合，从而提高行政效率。在公共危机当中，公共危机管理者可能会采取一些紧急措施，包括暂时中止公民的一些权利，要求公众配合公共危机管理者的一些特别处理措施。如果公众没有相关信息，他们就不会理解公共危机管理者相关政策的必要性，对公共危机管理部门行为缺乏认可，一个对公共危机管理部门行为缺乏认同感的群体，是不可能有效配合公共危机管理部门行为的。

（3）公共危机信息管理制度可以让公共危机管理部门行为透明化。约束公共危机管理部门自由裁量权，抑制各公共危机管理者各行其是的可能性，使公众对公共危机管理者行为有一个合理预期，避免人为混乱。

第二节 公共危机信息管理系统

随着公共危机管理和相关技术的发展，公共危机管理信息系统在公共危机管理中的地位越来越重要。当前，以公共危机的全流程信息管理为基础，以公共危机的信息通信为途径，以公共危机信息管理机制为平台，构建全面整合的公共危机信息管理系统已是公共危机管理的核心能力之一。

公共危机管理信息系统在公共危机管理体系中承担着非常重要的职能，其主要任务是为决策者提供及时、准确的情报，并向民众传递适当信息。通过构建一个能够提供信息共享、信息综合分析和动态信息集中管理服务、公共危机预警监测、决策支持、应急联动、应急管制、公共危机评估等子系统集成的公共危机管理信息系统可以大大加强应对公共危机、处理公共危机的能力。

一、公共危机信息管理系统的含义

结合公共危机管理与信息管理的内涵，公共危机信息管理系统的含义表现为：在公共危机管理事前的预防和预警、事中的回应和控制、事后的恢复和评估过程中，以信息技术为基础，通过对信息的收集、分析、处理、传播、发布与反馈等程序和方法，帮助公共危机管理部门在管理中获取、共享、查询危机信息、快速评估、辅助决策、发布命令、现场指挥、动态显示、信息公告等，从而避免危机事件发生或最大限度降低公共危机损害。

从技术角度来看，公共危机信息管理系统就是为公共危机管理者收集、处理和传递信息的系统。因此，理想的公共危机信息管理系统能够识别用户的信息需求，在海量信息中进行搜索，为零散的信息附加价值并进行组合，提供有价值的整体信息，从而有效地开展公共危机管理。

从管理角度来看，公共危机信息管理系统是以国家层级的信息中枢为核心，整合各相关信息子系统的有机结合体，并以公共危机的全流程信息管理为基础，以信息通信为途径，以公共危机信息管理机制为平台，再综合相关要素，构成全面整合的公共危机管理信息系统。

公共危机信息管理系统的目标是在公共危机管理的整个过程中，应用信息技术，实现大范围的跨专业、跨部门的信息资源、处理资源和通信资源的实时调度，使公共危机管理过程更加科学化、合理化和可视化，通过科学分析各方面的信息，得出初步结论，辅助公共危机管理者做出准确科学的决策。

二、公共危机信息管理系统的组成

从整体性出发，公共危机信息管理系统的体系框架包括技术支撑层、信息与知识层、服务支撑层和应用业务层。整个系统基于统一的技术标准规范和安全保障体系，基于危机组织管理与审计监察系统，实现多层次、跨部门的危机信息系统互联，以及授权与访问控制，以实现信息资源与服务的集成与互操作。最终，通过目录交换、综合应用集成与个性化目录服务，面向公众、决策中心、移动中心、相关专业指挥中心、应急办公室、值班室及备份中心等，提供信息发布、公共危机信息管理及决策支撑等服务。

（一）技术支撑层

技术支撑层主要包括网络通信平台、数据库服务平台、数据交换平台。网络通信平台提供应急访问接入服务，包括计算机网络、有线无线通信网络、视频监控、视频会议、卫星图像传输、GPS通用定位服务等。数据库服务提供公共危机管理所涉及的各种信息存储、信息查询和国内外危机实例等。数据交换平台提供各种信息自动交换与共享服务，实现各种危机事件的关联与协同。

（二）信息与知识层

信息与知识层主要是存储与管理危机事件相关的信息、预案、案例、知识和模型等，包括基础类信息库、应急保障类信息库、危机事件及管理业务类信息库、预案库、案例库、知识库、模型库等。

（三）服务支撑层

服务支撑层主要是基于信息与知识层，为各项具体应用系统提供统一的支撑服务，以实现全局统一的基础支撑服务，并避免重复建设。该层主要包括综合信息服务、地理信息服务和辅助分析服务。

（四）应用业务层

应用业务层基于服务支撑层，面向使用者提供各类业务应用功能。该层主要包括危机快报系统、危机值守系统、数字预案系统、危机指挥调度辅助分析系统、专家会商与决策辅助分析系统、危机事件源管理及预警系统、应急资源管理系统、危机事件评估、求助与重建信息管理系统、应急演练培训系统、内网信息综合服务门户和外网信息综合服务门户等。

三、公共危机信息管理系统的功能

公共危机管理信息系统具有五项基本功能：信息收集与分析、危机预警、危机监测、信息发布与媒体管理，以及以对抗性危机事件为主体的信息沟通功能。

（一）信息收集与分析

掌握全面、准确的信息对于公共危机管理是至关重要的。公共危机管理信息系统首先应该具有一个多元化、全方位的信息收集网络，能够将真实信息以完整形式收集、汇总起来，并加以分析、处理、去粗取精、去伪存真，并通过快捷、高效的信息网络将危机事件的信息和事态发展情况传送到公共危机管理指挥系统及相关部门，从而保证公共危机信息的时效性、准确性和全面性，为公共危机应对与处理提供可靠的信息基础。

（二）公共危机预警

在信息收集与分析的基础上，对获得的信息进行鉴别和分类，全面清晰地预测各种公共危机情况，捕捉危机征兆，对未来可能发生的公共危机类型、涉及范围及其危害程度做出估计，并在必要时向公共危机管理决策者建议发出危机警报，启动公共危机处理程序。

（三）公共危机监测

在确认公共危机发生后，对引起危机事件的各种因素和公共危机发展进行严密监测，及时搜集公共危机状态的相关信息，特别是要监控掌握能够表示危机严重程度和进展状态的特征性信息，对公共危机的演化方向和变化趋势做出分析判断，以便使公共危机管理指挥机构能够及时掌握危机事件动向，调整对策，使公共危机管理决策有据可依。

（四）信息发布与媒体管理

当公共危机发生时，在情况不明朗、信息不完整的情形下，极易导致公众主观猜测与种种传闻。信息发布与媒体管理要求恰当地选择媒体，尽量及时、准确、全面、客观地发布有关信息。即使在公共危机发生初期不能确切、全面地掌握情况，也应及时、客观地发布有关信息。这样做一是保障了公民知情权；二是有利于树立权威的信源形象和信息传播途径，减少流言和谣言传播及其负面影响，避免出现不利的舆论导向。在传统的行政管理思维模式指导下，封锁公共危机事件信息，是导致公共危机扩大、信任被动的重要原因。及时的信息发布和有效的媒体管理，也有利于调动各方积极性，在公共危机管理中争取到广泛的合作与支持。

（五）信息沟通

公共危机管理中与利益相关者及有关政府部门、社会团体及时有效地沟通信息，是取得相关人员和机构理解、谅解、配合和支持的前提。在对抗性危机，诸如军事危机、群体性冲突、劫机等危机事件的处理中，信息沟通包括两个方面：一是建立冲突双方之间的谈判沟通渠道，维持沟通渠道畅通，减少误解；二是洞悉对方的动机、实力和决心，使公共危机管理者能有针对性地拟订有效的危机处理方案。

四、公共危机信息管理系统的技术

没有整体操作性政策和完善的、专业化的细节管理，任何良好的愿望和原则都无法转化为实际效能。在应对某个和某类具体危机事件过程中，要明确公共危机管理所处的具体阶段，并对信息进行专业的技术管理。在信息化的社会背景下，不断强化和调整信息管理组织建设，保持与政府内外"智囊库"进行有预见性的研究与合作，坚持将现代信息技术应用到公共危机管理过程当中。同时，要与社会组织和公众保持良好的信息沟通，共同应对公共危机。

现代社会危机事件的高度复杂性，要求信息采集、传递和分析采取现代信息技术，其中尤其重要的是网络、通信、软件、仿真和智能分析技术。因此，依靠传统行政信息手段完全不能适合现代危机信息系统的需要，应用现代信息技术进行危机信息管理势在必行。除了搭建危机信息管理专网，发展切合实际的危机信息专用技术也是非常必要的。

一方面，危机信息数据量巨大，基于纸质媒介的传统公文流转方式难以适应现代危机管理的需要。与传统媒介相比，现代信息技术在信息处理速度、准确性和数量上面，都有质的飞跃，不依赖现代信息技术的公共危机管理是难以想象的。为此，公共危机管理者应加强在危机信息管理建设方面的投资，应遵循目标明确、统筹规划和分步实施的原则，否则将会落入"技术陷阱"，使投资难以产生效益。

另一方面，随着政府电子信息化和电子政务的展开，公共危机信息管理应被有效整合进来。公共危机管理需要应用大量常规的基础信息，这些信息在技术上必须是开放的。因此，建立和完善危机信息标准，发展筛选、评估和预测危机信息的专业处理模型，在国家的统一管理和指导下促进专业领域与软件开发商开发危机信息管理软件，也是必要的。只有这样，才能逐步使公共危机信息管理向智能分析转变。在公共危机管理中运用现代信息技术，以现代信息技术和电子政务促进公共危机信息管理，这是进行公共危机信息管理的必然选择。

公共危机信息管理的专用技术主要有如下四种。

（一）5S 技术

5S 技术是遥感技术（remote sensing，RS）、地理信息系统（geography information systems，GIS）、全球定位系统（global positioning systems，GPS）及数字摄影测量系统（digital photogrammetry system，DPS）、专家系统（expert system，ES）的统称，因各自英文名称中都含有一个以 S 开头的单词，所以习惯称呼它们 5S 技术。5S 技术是空间技术、传感器技术、卫星定位与导航技术及计算机技术、通信技术相结合，多学科高度集成的对空间信息进行采集、处理、管理、分析、表达、传播和应用的现代信息技术。近年来，5S 技术深入发展、相互融合，丰富了地球空间信息科学，成为信息科学和信息产业的一个重要组成部分，并在减灾防灾和公共危机管理中得到越来越广泛和深入的应用。

公共危机管理需要基础信息的支持，其不仅需要地理空间背景信息，还需要环境信息、人员信息、设备信息、预案信息、监测信息、评估信息、政策法规、专家知识及各种模型信息。其中的监测信息主要来自遥感等技术手段，GPS 则可以为 GIS 提供准确的空间定位，是 GIS 重要数据来源之一。通过 5S 技术的集成，可以构成一个整体、实时、动态的观测、分析和应用的公共危机信息管理系统。其中，GPS 实时提供高精度的位置、速度和时间信息，对监测目标进行定位及导航，遥感影像提供真实的数据；GIS 对多种来源的时空数据进行综合处理、动态存储和集成管理分析，从中提取出对公共危机管理有用信息并进行综合集成，使之成为公共危机管理决策的科学依据。

（二）应急通信技术

按应急阶段不同，应急通信技术分为平时通信和战时通信。

（1）平时通信。平时通信是指未发生阻断正常通信方式的公共危机事件发生时，所采取的以常规通信方式为主的通信。平时通信仍然以电话、网络、邮件、视频对话等方式为主。平时通信并不是完全忽视应急通信方式，公共危机事件的突发性决定了平时通信也要时刻准备着切换到应急通信方式。

（2）战时通信。战时通信是相对于平时通信而言的，主要采取以无线为主的非常规通信方式，诸如卫星通信和应急电台通信等。由于移动通信方式也会随着移动基站受破坏而受到影响，因此战时通信方式主要以卫星通信为主，辅助于应急电台通信。

按通信方式不同，应急通信技术分为卫星应急通信、移动应急通信、应急电台通信和网络应急通信。

（1）卫星应急通信。利用卫星通信不受地面灾害影响的特点，大力推进卫星电话的应用，作为最后的通信手段为危机事件应对提供可靠保障。卫星不受任何地理、气候等自然条件的影响，通过语音、数据、视频等手段进行应急通信，对及时了解危机事件、保证应急指挥中心与危机事件现场的通信畅通、把危机事件破坏性降到最低有着重要意义。危机事件发生时，如果地面通信设施遭到破坏，就不能及时与外界取得联系。卫星应急通信系统由于其网络搭建快、机动灵活、响应速度快、不受外界环境的干扰，成为公共危机管理所需通信的首选。它可以实时反映现场的灾情，及时与外界取得联系，把灾情传送到应急指挥中心，并接受指挥调度。

（2）移动应急通信。移动应急通信主要是在发生重大灾害和公共危机事件导致移动通信的基站受到破坏的情况下，迅速组织应急基站车辆和人员进入现场，铺设电缆并抢修基站，尽快恢复移动通信。移动应急通信主要以车载应急移动通信基站为主要工具。

（3）应急电台。无线电台一般通信距离短，且对于设备要求高。但在其他通信方式受到破坏时，应急电台不失为一种实用的通信方式，通过集中配备应急电台，统一调频达到通信的目的。

（4）网络应急通信。将网络作用最大化发挥，建立相应的技术体系进行应急通信。例如，日本建立的紧急地震迅速预报就是通过互联网完成的。地震发生时迅速预报十分重要，日本气象厅已开始利用"紧急地震迅速预报"，减轻受灾程度。

（三）数据处理技术

随着信息技术发展，传统的危机管理也发生了很大变化，数据处理技术和信息系统的快速发展给公共危机管理带来了新发展，极大地提高了公共危机管理决策和活动的效率和准确性。公共危机管理过程中会产生大量的数据信息，诸如受灾地区人员、物资、财产损失情况、救援人员、资源调度等信息。通常，这些信息是多维度的，利用简单的工具及软件无法进行有效的数据处理和分析。因此，如何将这些信息汇总并以此为依据进行公共危机管理决策在公共危机管理中是一个十分重要的问题。目前，公共危机信息管理中数据处理分析技术包括数据库、数据仓库、联机分析处理、数据挖掘、可视化技术、案例推理与规则推理技术等。

1. 数据仓库

数据仓库是在数据库基础上提出的一种新的数据存储和处理方法，是一个面向主题的、集成的、相对稳定的、反映历史变化的数据集合,可用于支持决策。与关系数据库不同,数据仓库并没有严格的数学理论基础,它更偏向于工程。由于数据仓库的这种工程性,因而在技术上可以根据它的工作过程分为四个方面:数据抽取、数据存储与管理、数据表现和数据仓库设计的技术咨询。

2. 数据挖掘技术

数据挖掘也称知识发现,是一个利用各种分析工具在海量数据中发现模型和数据之间关系的过程,这些模型和关系可以被用来分析风险、进行预测。数据挖掘的功能主要包括预测验证功能和描述功能。预测验证功能是指用数据的若干已知属性预测和验证其他未知属性值,而描述功能则从数据中发现可以理解的模式和规则。利用数据挖掘,可以完成数据分类与预测、关联分析、序列模式分析、聚类分析、偏差分析等任务。

数据挖掘融合了人工智能、统计及数据库等多种学科的理论、方法和技术,其常用技术有人工神经网络、决策树、规则归纳、最临近技术等。数据挖掘过程一般分为三个阶段:数据准备、数据挖掘、结果表达和解释。通过数据挖掘发现知识,通常用概念、规则、规律、模式、约束、可视化等形式表示。

3. 可视化技术

可视化是利用计算机图形学和图像处理技术,将数据转换成图形或图像在屏幕上显示出来并进行交互处理的理论、方法和技术。可视化技术涉及计算机图形学、图像处理、计算机视觉、计算机辅助设计等多个领域,成为研究数据表示、数据处理、决策分析等一系列问题的综合技术。

可视化技术可以用在数据挖掘的各个阶段。在数据准备阶段,可视化方法可以用于显示数据,使用户对数据有一个初步理解,为更好地选取数据奠定基础。在数据挖掘阶段,可视化工具可以帮助用户选择适合的挖掘算法。在结果表示阶段,利用相关的可视化方法显示挖掘结果,利于用户做出最后决策。

可视化技术可以更直观地展现公共危机管理过程中各种因素的变化,使公共危机管理决策的制定更加准确和高效。在危机预案方面,可视化技术也有很重要的应用。预案可视化是对危机预案库中的文字、图形、表格等各类数据的可视化表示,以基础地理信息地图、遥感影像为背景,应用图形标绘及计算机动画模拟等多种方式展现危机预案中各类基本要素。可视化危机预案不仅可以完成对遥感影像地图、矢量地图、DEM 数据进行选择显示等地图基本操作,还可以使物资分布与调度可视化、救灾力量与路线可视化及人员疏散路线可视化。

4. 规则推理与案例推理

规则推理(rule-based reasoning,RBR)是指把某一领域权威专家的经验精选出来或者利用数据挖掘从历史数据中发现规律,并归纳成一定形式的规则。

案例推理技术(case-based reasoning,CBR)是一种基于知识的问题求解和学习方法,具体步骤是先搜索知识库中的以往案例,选择一个或多个与当前问题最相似的案例,再对所选案例进行调整和改写,获得当前问题的求解结果。目前,案例推理在公共危机预警系统中应用比较广泛,具有案例表达、案例库检索、修正相似案例的解答、问题案例的学习等功能。

在公共危机管理中，规则推理与案例推理的主要功能包括公共危机预案的生成、危机事件的案例推理、危机决策的制定等。这两种技术的结合，不仅能增强推理的灵活性及综合推理能力，还可减轻案例检索与案例库的负担。

（四）大数据与云计算

1. 大数据

从未有一个时代像今天这样，出现过如此大规模的数据爆炸。政府，甚至整个管理领域，已经变成漂浮在数据海洋上的巨轮。大数据正在对每个领域都产生影响，决策行为将日益基于数据分析作出，而不是像过去更多的是凭借经验和直觉。通过数据分析与整理，公共危机管理者对管理过程中产生的大量无序数据进行挖掘，便能够进行快速、及时的危机分析与预测，进而提高公共危机管理的效率和智能性。目前，大数据理论与技术在公共危机信息管理中的应用已受到重视，主要的应用领域如下所述。

（1）利用大数据提前预测危机、精确打击罪犯。目前，美国数据研究人员正在用超级计算机以及大量数据帮助警方监测恐怖袭击的苗头，定位那些最易受到不法分子侵扰的街区。

（2）利用大数据共享改善民众的信息不对称问题，让民众参与安全环境构建，提高全社会应对公共危机的整体水平。例如，美国的商品召回系统和鼓励市民参与的食品安全网站就是基于此的尝试。

（3）大数据开发和应用。完善救灾系统，来自微博、微信等互联网渠道及基于电子眼、卫星的数据系统提供的寻人信息和危机数据，将为公共危机管理工作的展开提供多渠道的决策支持。

2. 云计算

云计算是分布式处理、并行处理和网格计算的新发展阶段，其原理是将大量用网络连接的分布式计算机作为一个计算资源池，进行统一管理和调度，通过计算任务的分布式应用系统获取所需要的计算力、存储空间和信息服务。

云计算可以定义为一种基于互联网的开放式计算模式，依托互联网建立信息处理基础设施，再基于这类基础设施以多租户的方式支持应用构造和运维、数据的存储和管理能力及计算能力的共享、信息处理能力的外包。

在获得社会各行业的广泛重视下，云计算正从概念化走向实用化，在医疗、电力等领域已有应用。目前，云计算技术也已进入公共安全和危机管理领域。例如，IBM就为政府部门提供了云平台解决方案以更好地集成公共危机管理各部门的数据。

在公共危机管理过程中，经常存在信息不通，信息管理和处理能力弱，信息不联动、不一致，难以得到实时、准确的全局视图，以及多部门难以有效及时协同形成合力等问题。现代公共危机管理要求对危机事件完成监测、仿真、方案生成、模拟和实时决策等，这些都对底层基础设施的存储、计算和数据管理能力提出了很高要求。同时，当前的公共危机管理系统往往以地理信息系统为核心，各部门的专业数据实时上传到公共危机管理指挥中心，这就需要对带有时间、空间属性的海量实时数据进行管理，实行处理和高效查询。在监测预警与危机决策等信息处理层面，都有对资源联动的需求。在公共危机管理中，如何打通信息交换与更新、信息汇聚、应用协同、人机协作、跨地域资源共享等层面的屏障，实现信息处理层面的资源联动，正是施展云基础设施能力的舞台。

五、公共危机信息管理系统的流程

理想的公共危机信息管理系统能够识别各类用户的信息需求，在海量信息中进行搜索，对零散的信息附加价值进行整合，提供有价值的整体信息，从而有效地开展公共危机管理。公共危机信息管理系统的运行过程包括识别信息需求、信息收集、信息分析与处理、信息传递、建立经验库等环节（图 11-2）。

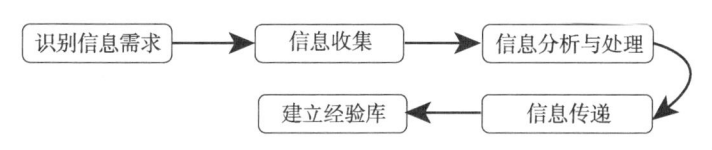

图 11-2　公共危机信息管理系统流程

（一）识别信息需求

识别各类信息需求是公共危机信息管理系统的首要环节和功能。公共危机信息的使用人群非常广泛，一般包括受害群体、中央和地方的各级政府机构、军队和国防单位、媒体、企业、非营利组织、国际组织和个人等。每类使用者都有其特定的信息要求，各方都希望公共危机信息管理系统能够提供符合其需求的信息；不过习惯上，国家总是把公共危机信息管理系统首先用于满足政府危机管理部门的需求。但国际经验表明，提供给受害群体和媒体的信息，甚至专门为灾后捐助者提供的信息，在整合全社会力量进行抗灾救灾的过程中，也具有同等重要的地位。根据公共危机管理事前预警、事中处理和事后重建的流程，公共危机信息管理系统的信息需求识别也相应分为危机前、危机中和危机后的信息需求分析。

国际上通行的公共危机管理做法是在危机爆发之前就做好充分的防范工作。公共危机管理者一般会根据事先的预警信息，针对将有可能出现的危机事件做好充分准备，防微杜渐。公共危机管理者需要尽可能多地掌握有关危机事件会在何种条件下、以何种形式爆发，从而提前抢占选择危机防范方法的先机。目前，公共危机前的防范越来越重视对薄弱环节的分析，薄弱环节的分析一般会通过正式调查，提供灾难损失预测报告，作为危机决策参考。在正式调查成本高昂的情况下，薄弱环节分析有时也引用国家的统计数据、收入支出调查等已有的调查成果。

在公共危机前的预防阶段，公共危机还只是一个虚拟概念；一旦危机事件爆发，原先准备的各种公共危机信息在细节方面显然不足，此时就需要对已经爆发的现实危机事件进行全方位的信息收集，掌握危机事件的具体地点、危害程度、扩散状况和所需资源等。在这一过程中，公共危机信息管理要关注以下工作：锁定目标；评估救灾能力与薄弱环节；确定各流程的绩效标准，预计所需的资源和成本；估计各项流程所能达到的水平及可能实现的目标；提出可供选择的处理方法，明确各阶段任务；确定最有效的处理方案。除此之外还要确定方案的责任人，监督和评估方案的执行情况等。这一流程中所收集的信息量是极为庞大的，覆盖面也极为广泛。

在公共危机后阶段，一般来说，首先需要收集危机事件造成的损失这方面的信息，但仅此是远远不够的，还需要收集有关危机事件对政治、经济、社会和环境等多方面的长期影响等信息。公共危机后恢复重建的首要考虑是确保受灾群体安全摆脱公共危机，因此灾后的援助信息非常重要；此外还要注意当地受灾群体的恢复重建意向，这是因为当地民众的支持对于公共危机后的恢复重建工作会产生重要影响。这个过程涉及对以下信息的收集：现有状况评估；易受灾地区考察；土地与区域管理；能源、水源、医院等重点对象的分布与服务能力；人口密集状况与分布；供给和支援系统的当前状况等。

（二）信息收集

公共危机管理活动中的信息收集既包括常态下的信息收集又包括危机状态下的信息收集，这一工作贯穿于公共危机事前预警、公共危机事中处理和公共危机事后恢复重建的全部过程，但是收集信息的内容却因具体情况而有所差异。只有在周密设计下，信息收集才能做到及时、准确，既全面又有重点。在这个阶段可以充分利用先进的网络信息技术，诸如 Internet、Web 挖掘技术、搜索引擎、基于人工智能的信息内容的自动分类、聚类和文摘及基于深层次自然语言理解的知识检索、问答式知识检索系统等技术，对整个危机信息进行收集、整理和分析，尽可能收集政治、经济、科技、金融、公共卫生等与社会发展息息相关的信息，并加以分类，考虑其可能造成的后果，设计应对方案。

常态下的各类信息作为危机状态下各类信息的对照，对公共危机管理具有极其重要的价值（表 11-1）。收集常态下的信息，最关键的是要注意长期、持续地收集同类信息，作为公共危机管理决策参考。

表 11-1 公共危机信息管理中重要的常态信息

信息类型	信息源
人口统计数据，社会与经济信息	国家和地区的统计年鉴 地方的各类统计报表
疾病的发病率和死亡率	卫生部的统计资料 地方的统计资料 医院的统计资料 当地医生的统计资料
营养状况，包括营养失调的状况、饮食习惯等	卫生部、大学的调查 国际组织的调查 当地 NGO 的相关项目
水资源状况	水利部的资料 国际组织的调查 当地 NGO 的相关项目
气候和降雨量	气象分析 当地民众积累的气象习俗
交通运输状况	交通部的资料 当地在经济方面的运输量统计

相比较而言，危机状态下的信息属于一种非常态的信息资源，它体现了具体爆发的危

机事件具有哪些特征,会影响到哪些群体和社会领域等,更具有针对性和特殊性,这些信息所反映的情况和事态往往也更为深入和具体。为确保公共危机信息的全面有效,信息收集要采用数量与质量相结合的方法,针对不同信息,采用相应的侧重数量或质量的方法。

一般来说,在需要大量数据才能说明问题的情况下,就要采用侧重数量的数据收集方法,越具体越好。这种方法最大的优点是客观、直观;缺点是数量大,一般停留于微观层面。例如,在描述灾情和确定灾难级别的时候,就需要收集各方面的、大量的数据,把灾民的情况和受灾地区的状况,用各种数据进行描述。一般而言,侧重数量的方法是比较耗时耗力的,但又必须在很短时间内收集好,这是快速反应的需要。

而在需要高质量指标才能说明问题的情况下,就要采用侧重质量的数据收集方法,越精确越好。这种方法最大的优点是信息经过筛选、处理,甚至加权、建模,能够在宏观层面说明问题;其相应的缺点是可能会掺杂人为因素,具有主观倾向性。以联合国难民事务高级专员公署的以民众为导向的规划和联合国世界粮食计划署的社会/性别分析为例,它们主要从三个方面拟合指标:民众状况、受灾民众的活动情况、受灾民众所拥有的资源。这种形成指标的方法,应用面很广,虽然争议一直不断,其价值却已体现得越来越明显。但是此类研究方法,通常需要长期修改和调试才能逐步得以完善。

值得注意的是,公共危机管理者在信息收集过程中,往往会出现从自身角度出发进行信息筛选的情况,这就是以自我为中心的"本位主义"的信息收集模式。这种模式的缺陷是显而易见的,它反映的危机情况可能并不真实和全面,这对于受到危机事件影响的民众是不公平的,也容易将公共危机管理者的行动引入歧途。研究发现,公共危机管理者的信息收集政策、信息收集人员所受到的专业培训,甚至划分区域收集信息的方法等各种因素,都有可能导致本位主义的信息收集模式,这是公共危机管理者在信息收集过程中要注意防范和克服的。

(三)信息分析与处理

公共危机信息管理者常常会面对大量纷繁复杂的信息和数据,在没有技术支持的情况下,他们往往根据个人的经验主观地做出判断和决策;而科学决策要求公共危机管理者拥有高精度和高质量的危机信息。所幸现在已经有了数据分析技术,运用计算机等综合信息处理工具,进行公共危机管理决策。

一般来说,数据分析能够运用成熟的计算机软件进行比较复杂的运算和转换,提供一系列的分析结果。但是我们需要清楚地认识到,这些在科学方法指导下得出的科学结果,并不必然是正确结论。因为在将现实状况转换成数据信息,进而分析处理,最后组合成型的过程中,都存在着各类误差。再高级的数据分析师也只能尽可能地减少误差,而且在此过程中,还可能出现人为增加误差的情况。

数据分析的重点并非技术本身,关键在于如何为公共危机管理者提供决策辅助。数据分析的中心问题是对危机事件状况进行明确解释和说明,其功能包括:为公共危机决策者提供相关信息,分类和组合信息,应用比较、综合、整理等技术手段处理数据,用简单明了的方式得出数据分析结论。因此,公共危机信息管理的信息分析工作中急需的是精于在纷繁复杂的数据之间快速找到问题关键的分析师,提供高质量的数据分析结论;而且最好是能够了解数据本身反映的现实状况，这需要分析师对公共危机有现实经验和体会，因为这些实际体验在处理单纯数据的过程中往往能够起到至关重要的作用。信息分析与处理包括以下流程。

1. 交互检验与核查

公共危机管理的信息来源非常广泛，有来自危机事件现场的报告、监督小组的汇报、相关领域专家的提议，甚至新闻媒体的广播。如何应对这些良莠不齐的信息，是信息分析的首要问题。为此，迅速、系统地进行信息交互检验与核查极其重要。

2. 过滤与排序

在危机事件开始阶段，危机事态的变动导致公共危机管理者接收到的信息瞬息万变。公共危机管理决策者根据国家法律法规或各部门的相关规定将不良信息和个性化信息进行过滤，并将过滤后的信息按需排序，辅助公共危机管理者进行决策，为公共危机管理工作提供助力。

3. 编译与整理

来自各种渠道的危机信息，是按照源信息的要求组编的，一般具有特殊格式、编译代码和特殊说明等。因此，工作的第一步是把这些来自不同背景的信息，按照统一标准进行编译。然后，公共危机信息管理者根据各自标准，将这些信息转换成标准格式，最后再按照统一的结构归类整理。

4. 再过滤与再排序

编译与整理的目标是组建结构合理、操作便利的信息库。在此基础上，信息管理者就可以进行统计、分析、归类、建模等操作，对这些信息再次进行过滤，挑选出更加重要的信息。由于信息浏览对象的时间和精力的限制，对已挑选出来的重要信息，还需要进一步排序。一般来说，危机信息可以分三类进行再排序。第一类，须紧急处理的信息：此类信息至关重要，需要立即传递和做出应对处理。第二类，须优先处理的信息：此类信息比较重要，在条件允许的情况下，应该提前处理。第三类，须例行处理的信息：此类信息属于常规的信息，需要定期、按时处理。

5. 确保信息的信度和效度

信度是指信息在多大程度上稳定、可靠地反映危机事件情况。信息处理的最终结果往往以数字和公式的形式表现出来，因此这些数字和公式能否体现出社会中的政治、经济、文化、宗教等方面的真实情况，是危机信息尤其需要注意的地方。效度是指信息在多大程度上准确地反映了危机事件情况。国际上通常的做法是预先设立各种基准，然后运用这些基准进行对比和衡量，控制和调整信息效度。

6. 成果汇报

危机信息经处理后的成果，作为公共危机管理者迅速把握形势、进行科学决策的重要依据，其汇报的格式、内容、方式等方面的问题，都需要格外重视。另外，公共危机管理决策者希望公共危机信息管理者能够采用提前预警的方式。在内容方面，不同层级的公共危机管理者有着不同的信息需求：基层的公共危机管理者希望越具体越好，甚至要细化到各街道所有状况的描述；中层的公共危机管理者希望有详有略，大局方面的信息能够提纲挈领，重点问题能够资料充分；高层的公共危机管理者希望提供宏观指导方面的信息，以供宏观决策之用。

针对公共危机管理者一般不精通数学的情况，国际上流行的数据分析模式称为 KISS，也就是确保简单和通俗。数据处理本身是极其复杂的，并且有其专用的语言符号系统，但是最终的表述应该能够让公共危机管理者理解无误。因为这些信息处理成果只有被公共危机管理者吸收了，才能真正发挥其应有的价值。最常用，也是最简单的数据分析与信息处理的软件有 Lotus 1-2-3、Microsoft Excel、Quattro-Pro 等。这些软件能够起到三方面的基础性作用：第一，根据各指标进行分类，提供更直观的模式，便于浏览；第二，根据各指标进行查询和搜索，进行排序和组合，快速便捷地锁定目标信息；第三，根据软件提供的统计分析工具，进行简单的统计处理，按照要求做出数据图表，查看发展趋势。

除此之外，信息处理软件还包括数据库管理系统软件和项目管理软件等。数据库管理系统软件用于管理大型的数据库并且能够不断扩容，使得数据能够像"滚雪球"一样稳定增长，提供危机决策所需的绝大部分数据；还能够按照多种要求，进行多指标的检索和搜索操作。项目管理软件能够协助公共危机管理者规划、分配和跟踪危机项目，其中比较著名的是哈佛的项目管理软件和微软的项目管理软件。它们能够在资源有限的情况下，告诉公共危机管理者如何优化配置资源，在公共危机管理活动中的作用十分关键。

（四）信息传递

当危机事件发生时，各个部门的危机管理人员很容易产生恐慌情绪，导致无所适从，彼此之间难以进行有效沟通，影响了信息及时传播。例如，"9·11"事件后官方出具的报告显示，在危机响应人员之间存在着信息传递障碍。据此，美国国土安全部甚至专门成立了协同兼容办公室，旨在通过开发新设备来提高各部门的信息传递能力。

现代科学技术的发展为公共危机管理信息提供了越来越便利的传播途径和方法。传统上，在信息传播过程中起辅助作用的设备包括：①发报机，它是指通过无线电、警报器、电视台和电缆人工代理系统来发送信息的传播工具；②接收器，它指的是从发报机那里获取信号的设备装置，包括立体声系统、寻呼机、电视等；③无线电收发设备，这种设备既能发送信息也能接收信息，诸如电话、卫星、个人数码助理、收发两用无线电设备、民用波段收音机、800赫兹无线电和业余无线电等。

随着公共危机应对和公共危机恢复重建工作经验的不断积累，公共危机通信设备也在不断发展。过去人们只是借助于无线电收发设备来传递信息，所使用的无线电收发设备波段低，而且这种设备对环境的要求也很高，要有广播塔、转发器等设备的协助，对电力供给的持续性也有相当高的要求。后来，通过使用标准无线电频道和利用发报机来传播信息等手段，通信设备有了很大改进。

（五）建立经验库

政府部门在危机管理方面曾经开展的行动、取得的绩效以及从中获得的经验教训，对于今后的公共危机防范和应对工作都具有重要的借鉴意义，但这一环节和这项工作却往往容易被公共危机管理者忽略。在国外，这方面的信息被称为本部门在危机信息方面的"记忆银行"。虽然国内外在公共危机管理方面会有各种各样的信息介绍、推广和引进，但是对于特定的公共危机管理部门而言，其不同于其他部门的特性，决定了最有参考价值的信息还是来自本部门以往开展工作的经验教训。

国际经验表明要建立本部门的"记忆银行"，需要授权某位高层官员，该官员要能够参与危机决策、应对、补救的全过程，忠实地记录当时所发生的危机事件，并且在危机之后及时总结经验教训，形成本次危机事件的经验库。如此循环往复，就能够逐步积累起对今后的危机决策具有重要借鉴意义的经验库。公共危机管理经验库的建立过程包括四个步骤，如表11-2所示。

表 11-2　建立公共危机管理经验库的过程

步骤	具体内容
步骤一：筹备工作	清点人力资源、通信状况、报告渠道等与信息记录相关的部分，筹备预算
步骤二：配备人员	规定人员的职务职责，制定考核评估人员绩效的标准
步骤三：制定规范	对信息收集的先后次序进行排序，预先设定信息收集的内容
步骤四：培训与开展工作	对全体员工进行相关培训，开展建设经验库的工作，在工作中进行相应的调整

第三节　公共危机信息管理的国际经验

信息管理为公共危机管理提供了快速、准确、科学的分析信息。作为一种综合性全方位的信息集成系统，强大的信息管理系统无疑在各国的公共危机管理体系中扮演着举足轻重的角色，这使得借鉴西方发达国家公共危机信息管理的最新经验显得尤为重要。据此，本书选取了三个较为先进的、具有代表性的国际性大都市：日本东京、美国纽约和新加坡，旨在为我国公共危机管理者更多地了解公共危机信息管理系统的构建与完善，提供一个参考性框架。

一、日本东京市公共危机信息管理

东京是世界级的综合性现代化国际大都市。东京于2003年4月建立了知事直管型危机管理体制，设置局长级的危机管理总监，改组灾害对策本部，成立综合防灾部，建立一套面对各种各样危机的全政府机构统一应对体制。东京都危机管理主管参事，根据美国联邦紧急事务管理署的危机应对机制以及结合日本的经验，提出了"循环型危机管理"方式，强调危机管理只有准备加准备、改善再改善，追求更好的对策，不断地反复进行，才能达到循环发展。这包括危机事前对策、危机事件发生时的应急措施和危机事后对策。在危机事件全部处理完后，再进入更高层次的危机事前对策阶段。公共危机管理的具体措施和对策，就像生活周期一样循环，不断成熟、完善。

积累了50多年的防灾减灾经验，在公共危机信息管理方面，东京市发展到了相当高的水平。主要表现在以下几个方面。

（一）东京都防灾中心

东京都防灾中心建在东京都政府第一办公大楼的第8层和第9层，同时也位于知事办公室的下方，便于知事直接掌握信息和赶到中心指挥。中心的作用是在地震、风、水灾害中保护市民生命和财产，维持城市功能的中枢设施，确保以都政府为核心的防灾机构之间的信息联络和信息分析，以及对灾害对策的审议、决定、指示。中心配有防灾行政无线、数字通信系统和图像通信信息系统。中心的具体功能有：①信息收集、储存、处理、传递功能：对灾害信息进行收集、传达和处理、分析；②审议、决定和协调功能：对灾害对策进行审议、决定和协调；③指挥、命令和联络功能：向各防灾机构发出各种指示和请求，中心由多个室组成，分别是灾害对策本部室、指令信息室、通信室、夜间防灾联络室、警视厅联络室和东京消防厅联络室等，还有屋顶直升机坪。其功能分别是进行灾害对策活动的审议和决策，进行关于灾害对策的信息处理和规划等，与区市町村等防灾机构进行信息沟通和联络，在都各局及防灾机构等各机构之间进行协调和信息沟通、联络，与警视厅总部等进行信息联系，与消防厅总部等进行信息联系。

（二）公共危机信息联络系统

根据《灾害对策基本法》第 8 条第 2 项第 4 款、《东京都震灾对策条例》第 45 条、《东京都防灾行政无线基本规划》和《东京都防灾行政无线局的管理和运转纲领》的规定，除了有线系统，为了防止在灾害发生后出现有线通信被中断问题，东京都建立了防灾行政无线通信系统。这套系统包括国家主管的消防防灾无线系统和东京都防灾行政无线系统。消防防灾无线系统是总务省消防厅与都道府县之间为收集大地震等灾害信息而建设。东京都防灾行政无线系统由三套子系统组成：固定式无线系统、移动式无线系统和地区卫星通信网络。固定式无线系统以都政府大楼为中心，各区市町村、防灾机构、都派遣机构之间的固定式无线系统在 1993 年全部建成运行（图 11-3）。

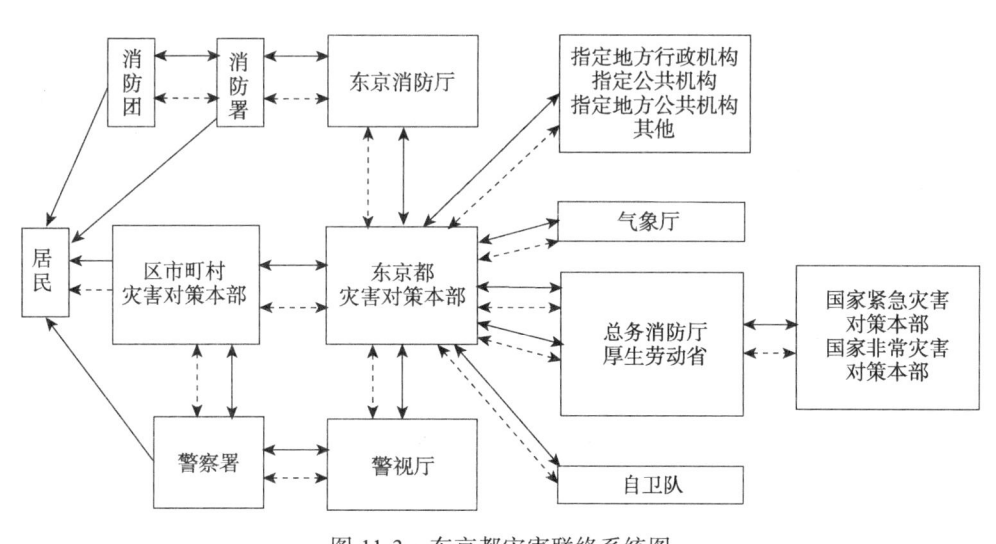

图 11-3　东京都灾害联络系统图
注：——有线传递或口头传递；-----无线传递。
（资料来源：东京都地区防灾规划·震灾篇，2003 年）

从 2003 年开始的四年计划中，对陈旧的无线系统进行更新。移动式无线系统为了直接把握灾害情况，吸取阪神大地震的教训，在都政府大楼、都派出机构与灾害现场观察车辆、携带式的无线手机之间，以及无线手机之间进行信息收集和传递。为了能够通过图像等的传送来了解灾害现场的现状,都政府配备了卫星中转车和无线移动车。

1991年12月,日本成立了财团法人地方自治体卫星通信机构,其运行目的首先是把各个都道府县自营的防灾无线系统有机地结合在一起,使各个都道府县的防灾信息网络化;其次是作为一般行政机构使用和地区信息传播的手段,促进系统多功能的有效使用;最后是作为消防防灾无线系统的补充线路使用。东京都也高效地利用了这一系统。

(三)受害信息收集系统

根据规定,以区市町村为首,各有关防灾机构在灾害发生后,迅速地掌握所管辖的地区或业务范围内的受害信息,通过事先规定的传递系统,向都本部报告。

受灾信息内容包括:人员伤害和住房的损坏情况;工商业和农林水产业受灾情况;防沙、港湾、海岸等公共基础设施受灾情况;自来水和下水道设施的受灾情况;教育机构受灾情况,职员在被召集途中以及事务所周边地区的受灾情况;都有财产受损情况;电、天然气、通信、铁路等部门所管措施和所主管业务的受损情况;有关旅客的人员伤害、建筑损坏、道路状况、火灾发生情况等;医疗机构的受损情况等。警视厅、东京消防厅、各区市町村的灾害对策本部、都产业劳动局、都建设局、都港湾局、都自来水局、都排污局、都教育厅、都大学管理本部、都生活文化局、有关防灾机构、都旅客协会和都健康局等各部门及地方政府通过下属机构收集所管辖地区和部门的受灾情况,然后向都灾害对策本部汇报。都灾害对策本部再向国家的总务省和消防厅报告。当然,各区市町村的灾害对策本部也同时向国家的总务省和消防厅报告。

(四)公共危机宣传、信息披露和媒介应对系统

灾害发生后,宣传和信息披露体系分为宣传报道活动、听取居民反映活动和请求媒体报道活动。区市町村在其行政范围内或所管辖的设施内发生灾害后,或有发生灾害的危险时期,立刻与警察署、消防署及其他机构合作,进行必要的宣传报道活动。例如,发生大地震的时候,都政府必须披露:①地震规模、海啸和气象情况;②呼吁要防止混乱;③注意防止电、天然气和汽油炉等引起的火灾;④避难和避难时的联系方式等;⑤道路情况、交通管制情况和交通工具的运行情况;⑥学校等部门的措施;⑦都以及区市町村采取的措施情况。

关于灾民的宣传和报道有:①受灾情况;②避难所开设情况;③食品和生活物资等供应情况;④医疗机构的诊疗情况;⑤电、天然气、自来水和电话等生命线的受损和恢复情况;⑥道路情况、交通管制、交通工具的受损和恢复情况;⑦防疫和保健卫生措施;⑧学校的停课和开课等措施;⑨都政府与区市町村政府采取的措施等。

都政府的信息披露手段有多种。都生活文化局根据情况,选择互联网、电视和公共场所媒体的文字播放、临时报刊等方式进行。有效地使用都的主页,在灾害时把该主页切换成灾害对策专用主页,向市民提供以上的灾害信息。都的新闻节目尽可能更改内容,播放与灾害有关的信息。根据灾害情况,考虑编制特别节目。都知事本局,根据灾害对策本部的需要等情况,向媒体报道机构发表新闻信息。除此之外,设置外国人灾害信息中心,向区市町村提供外语的灾害信息和向避难所派遣懂外语的防灾志愿者,并与大使馆等驻外机构进行联系和协调。除了都进行整体信息公开,警视厅、东京消防厅、都自来水局和都排

污局等,也必须就道路、消防、供水和排污等进行部门信息披露与市政等有关的单位,根据防灾规划和与都签订的防灾合作协议,必须进行宣传和信息披露。例如,邮政公社东京支社根据规定,当发生大地震等灾害时,通过都内的1514个邮局街口或门口进行宣传和告示。其内容有:①对受灾者免费提供明信片;②免收受灾者送出邮件的邮费;③免费往灾区送救助邮件;④免收寄给受灾者的捐款和汇款手续费;⑤紧急处理外汇储蓄业务;⑥开设灾害志愿者账号;⑦紧急处理简易保险业务。

根据灾害时请求报道的协定,东京都在灾害应急时,要求媒体机构在灾害时进行新闻播放和信息传播。媒体机构并非处于简单地答应东京都的请求而进行应急状态,而是根据东京都防灾基本规划及地方性法规等,作为东京都指定的防灾公益机构,进行自身的和为市民的应急工作。自身的应急工作首先是系统预防,主要有:对播送设施和电台等采取防灾措施,常备好消耗品和器材等,以及准备好应急用品和粮食,确保机构自身的发电设备和燃料来保证供电,设置好备用发信所和发信装置,把电源的接送体系系统化,利用紧急无线通信,明确紧急时的人员配备和联络系统,明确紧急时携带出去的器材和文书等。

(五)立川地区防灾中心(备用中心)

立川地区防灾中心在东京都防灾中心的指挥下,作为多摩地区防灾活动的基地,具有收集信息和联系协调的功能、储备和发送救灾物资的功能以及作为临时避难所的功能,同时对东京都具有备用中心的功能。中心除了灾害对策室、信息通信室,还有储备紧急用的粮食、毛毯等紧急物资的仓库,旁边还有灾害对策职员住宅。灾害发生时,居住该住宅的职员立刻行动,自动进行编制,分为指挥成员和业务成员。其中,业务成员再被分编成通信班、系统班和录像班等。该中心在平时与当地的市町村、防灾机构、国家的立川地区防灾中心加强联系和合作,进行各种防灾活动。

二、美国纽约市公共危机信息管理

纽约是全球的金融中心,美国最大的商业城市、对外贸易中心和海港。在城市快速发展过程中,纽约市以其高效、全面的危机管理计划和快速反应享誉世界,依靠的是一套完备的危机防御体系。纽约市高效的危机防御体系背后有着强大的危机信息管理系统作为支撑。强大的危机信息管理系统的支撑,使得纽约市在信息获取、拦截、筛选、诊断、识别与评估等方面独具优势,在给公共危机管理者提供有效及时信息方面起到了根本性的保障作用,为危机处理赢得了时间,降低了成本,提高了危机危机管理绩效。

(一)公共危机地理信息系统

纽约紧急事务管理办公室(Office of Emergency Managment,OEM)一项重要的灾害前准备工作就是使用地理信息系统(GIS)对可能出现的灾难进行分析。GIS是一种强大的地图定位分析工具,它能让OEM初步判断出各种灾害在不同地理区域可能产生的影响。GIS分析是OEM应对自然灾害和技术灾害制订计划过程中不可缺少的一部分。例如,OEM使用GIS判定各种等级飓风可能产生的洪水淹没区,根据这个基本模型,OEM确定疏散区域并确定最佳疏散路径。在这个过程中,OEM特别关注可能产生的洪水淹没区中的关键基础设施及医院等场所。定位技术解决方案和互联网及无线媒体接入方式整合在一起,极大地提高了政府的危机管理效率。例如，已经研发成功并在 2001 年 8 月投入使用的危机管理网上定位系统（EMOLS）在世贸中心被袭后几个小时内成为纽约市民重要的通信平台。此后，该系统向市政府各局和市民提供关于行人、车辆、交通、地铁服务和供水等市政服务中断等信息，并基于这些数据绘制出当前状况图，图上标出毁坏的建筑物，以及可能最终倒塌的建筑物和医院的方位。这些信息对纽约市搜救队展开工作、对市民了解灾情起到了积极作用。

（二）OEM 的监控指挥室

OEM 的监控指挥室是纽约紧急事务管理办公室的通信中心，监控人员 24 小时通过电台和远程系统监控城市公共安全机构，并保持同其他 45 个市级、县级、州和联邦的危机管理机构之间的联络，以保证纽约市有充足的资源满足应急之需。此外，监控指挥室还监测气象情况，对会影响城市的天气作出预警。

纽约信息技术与电信部门（department of information technology and telecommunications，DOITT）下属的 TRUNKED 电台系统是一套有 15 个频道和 8 个电台，向众多纽约市政府机构提供双向通信的全城广播系统。它负责向城市提供日常通信以支持公共安全和公共服务等事务，超过 40 家政府组织机构使用该系统。在灾害发生后，它承担起机构间和机构内部信息传输的任务。相关频道有 OEM A.L.E.R.T.3A，接收 OEM 关于城市状况的广播，并在电话系统崩溃时负责同 OEM 的联系。

GNY-HOSP-ASSN 4A：在有大规模人员伤亡时，接收来自 OEM 或大纽约医院联合会的指令（如伤亡人数、病床数情况等）。DOITT 电台系统在各频道间制定了电台广播协定，对电台使用时间、人员培训和口令等事宜都有严格规定，OEM 的指挥室会对该系统的参与机构进行点名，保证在紧急状态下系统的正常运转。

（三）公共沟通信息管理系统

OEM 对提高公众危机防范意识具有重要而显著的作用。在危机爆发前，OEM 通过它的公众信息办公室不断地向公众宣传防灾减灾的知识；在危机爆发后，该办公室协调公众信息战略，确保纽约市从各政府机构和相关组织向外界传递信息的一致性。

1. 灾前接触公众进行教育

OEM 使用它的网站提高公众对当前和可能发生灾害的防范意识，提供某一特定灾害将对公众产生的各种影响的有用信息。在 OEM 网站上，公众可以看到一个家庭灾害防御指南，它不仅列出各种灾害的发生原因、可能影响，还详细给出了危机防御的准备建议，具体包括：家庭灾害计划；必备工具、药品列表；常见危机应对（撤离、灾害避难场所方位）等。对特殊人群和牲畜，该指南也有说明。为了帮助公众对灾害及早做好准备，OEM 网站上开通了危机管理网上定位系统，纽约居民可以上网通过该系统查询自己的居住区是否位于灾害撤离地带，以及详细的撤离指导。对某些灾害，OEM 会发起声势浩大的宣传活动，如散发多种语言写成的宣传册，张贴海报等，以提高公众防灾意识。

2. 灾后的公众信息管理系统

当爆发全城大规模危机时，向公众提供准确、及时的信息是减少灾害影响，防止恐慌，顺利进行减灾工作，提高疏散效率和稳定局势的关键。OEM 协同市政府办公室和其他政府机关，确保对外信息披露的一致性。同时，OEM 在灾后及时开通热线解答市民关心的问题。例如，在酷热天气里，OEM 通过"多触角"战略告知市民如何保护自己免受酷热侵袭。这些策略包括发布新闻公告，召开新闻发布会，散发多语种宣传册，开通热线，从而方便市民了解其居住地最近的市政府降温中心信息。

三、新加坡公共危机信息管理

新加坡是东南亚的城市岛国、新兴的工业化国家、东南亚的金融中心，素有"花园城市"美称。新加坡有着丰富的公共危机信息管理经验和完善的运作体系。

（一）公共危机信息管理的机构

紧急公共信息中心由内政部组建并负责，它与其他六个主要的政府部门紧密联系以获取信息，实际上是一个信息传播系统。这六个部门分别是陆交局、社区发展和体育部、卫生部、国家环境局、新加坡民防部队和新加坡警察部队。这个信息中心的建立是为了满足公众对国家主要紧急事件的相关官方信息的需要，同时公众还可以获得与国家安全相关的信息（比如炸弹爆炸），同时向官方及民间报送公共危机信息。

新加坡信息通信发展管理局是专门负责管理新加坡信息通信技术的政府机构。为了防止恐怖分子和不轨之徒通过电信网络对重要金融设施实施袭击，新加坡信息通信发展局成立了新加坡计算机紧急反应队，制定了针对信息通信紧急状况的政策、计划和危机管理的框架。新加坡计算机紧急反应队建立专门的网址和热线电话，在出现事故时发布建议，提高了新加坡发现、解决与防止互联网安全方面事故的能力。该紧急反应队是亚洲太平洋安全事故反应协调工作组的创立成员之一。

（二）公共危机信息管理的安全保障

新加坡政府非常重视信息和网络安全，并采取了一系列措施。新加坡政府很早便开始推动并实现了政府机构的网络化和数字化。政府成立了国家信息通信安全委员会，指导新加坡信息技术领域的安全。该委员会支持国家紧急系统和国家重要设施保障计划，向它们提供相关的信息技术支持。另外，新加坡政府起草了一个国家安全技术蓝图来打击恐怖主义活动，目的是通过探索高新技术来更好地发展政府组织的监管和探测能力。例如，进一步研究探索深层扫描、微电子技术和人工智能等来更好地监视和打击恐怖活动。

（三）公共危机信息管理的立法与执法

新加坡较早便进行信息技术安全方面的立法。1993 年，新加坡便通过了《计算机滥用法令》，1998 年予以修订，禁止任何人未经批准修改新加坡计算机的登录、程序、软件与信息，或在新加坡对境外计算机进行类似活动。1998 年的修正案列入了新型犯罪行为，加大了处罚力度，增强了执法人员的权力。1996 年修改了《证据法令》，允许电子记录成为法庭上的证据。1998 年制定了《电子交易法令》，对电子签名、电子记录和电子合同做了规定，规定建立执照管理机构，规定执照管理机构的标准。1999 年《电子交易条例》提出了电子交易的自愿发照方法。新加坡还建立了专门应对信息技术犯罪的执法部门。新加坡整察部队负责调查所有案件的刑事调查局，专门设立了技术犯罪处，调查通过计算机、互联网、流动仪器和无线平台进行犯罪的行为。

本章小结

本章介绍了公共危机管理中信息管理的主要内容、公共危机信息管理的基本原则与作用、公共危机信息管理的机制与组织建设、公共危机信息管理的方法、公共危机信息管理的国际经验。

关键术语

公共危机信息管理　公共危机信息管理系统　5S 技术　大数据与云技术　危机信息管理中心　公共危机信息联络系统　公共危机地理信息系统

复习思考题

1. 公共危机信息管理的原则是什么？
2. 公共危机信息管理的特征是什么？
3. 如何构建公共危机信息管理系统？
4. 公共危机信息管理系统应用到了什么新技术？
5. 公共危机信息管理的功能是什么？
6. 试举例说明其他国家危机信息管理经验。
7. 尝试分析我国的新时代信息技术对公共危机管理的应用价值。

第十二章 公共危机管理的调查评估与评价

> 课程引导

我国安全生产事故调查制度

2007年6月1日开始实施的《生产安全事故报告和调查处理条例》做出以下规定。

第一，特别重大事故由国务院或者国务院授权有关部门组织事故调查组进行调查。重大事故、较大事故、一般事故分别由事故发生地省级人民政府、设区的市级人民政府、县级人民政府负责调查。

第二，事故调查组的组成应当遵循精简、效能的原则，由有关人民政府、安全生产监督管理部门、负有安全生产监督管理职责的有关部门、监察机关、公安机关以及工会派人组成，并适当邀请人民检察院派人参加。此外，还可聘请有关专家参与调查。

第三，事故调查组的职责包括：查明事故发生的经过、原因、人员伤亡情况及直接经济损失；认定事故的性质和事故责任；提出对事故责任者的处理建议；总结事故教训提出防范和整改措施；提交事故调查报告。

第四，事故调查组应当自事故发生之日起60日内提交事故调查报告；特殊情况下，经负责事故调查的人民政府批准，提交事故调查报告的期限可以适当延长，但延长的期限最长不超过60日。

第五，事故调查报告内容包括：事故发生单位概况；事故发生经过和事故救援情况；事故造成的人员伤亡和直接经济损失；事故发生的原因和事故性质；事故责任的认定以及对事故责任者的处理建议；事故防范和整改措施。

此外，2014年12月1日实施的新《中华人民共和国安全生产法》也规定，事故调查处理应当按照科学严谨、依法依规、实事求是、注重实效的原则，及时、准确地查清事故原因，查明事故性质和责任，总结事故教训，提出整改措施，并对事故责任者提出处理意见。事故调查报告应当依法及时向社会公布。并且，任何单位和个人不得阻挠和干涉对事故的依法调查处理。

资料来源：生产安全事故报告和调查处理条例. https://www.gov.cn/zwgk/2007-04/19/content_588577.htm；中华人民共和国安全生产法. https://www.gov.cn/zhengce/2014-09/01/content_2743207.htm, 2014-09-01.

学习目标

理解公共危机调查的内容、方法和意义；掌握公共危机调查评估的内涵、意义、原则与方法；掌握公共危机管理效果评价的目的、标准、方法；理解公共危机管理调查评估与评价的实施流程。

第一节　公共危机管理调查评估概述

公共危机给人类带来磨难，同时又促使人类更加自觉地去认识和把握自然规律和社会规律，增强抵御危机事件的能力，进而推动人类文明进步。为此，在公共危机处置结束后，我们需要认真、全面、深入地总结其中的经验与教训；需要从纷繁、复杂的危机与管理的事实中仔细梳理，以此作为改进公共危机管理的基础。

一、公共危机调查的内容

公共危机调查能增加公共危机决策所需要的有效信息量，提高公共危机决策的准确性。公共危机调查强调针对性和相关性，要求有关证据、数字和记录准确无误。公共危机调查主要包括以下三个方面的内容。

（一）公共危机的经过调查

公共危机的经过调查即组织人员深入现场，掌握危机过程的全部显露情况，包括公共危机发生的时间、地点、周围的环境、当事人的具体反应等。

（二）公共危机的危害调查

公共危机的危害调查即了解公共危机的直接损失和间接损失程度。其中，直接损失包括公共危机所造成的伤亡情况及人数，损坏的财产的种类、数量及价值。间接损失包括公共危机所造成的社会影响等。直接损失较为直观，也很容易受到重视；而间接损失的调查则很难，往往被忽视，尤其是看不到公共危机对人们心理的负面影响。因此，经常出现对公共危机的危害程度低估的现象，相应的危机处理措施不到位。通过调查，应确认公共危机涉及的受害者对象，包括直接受害者、间接受害者，调查公共危机对他们的影响程度及他们的态度和要求。

（三）公共危机的原因调查

公共危机的原因往往隐藏在一系列表面现象的背后，而只有找到公共危机发生的真正原因，才能制定针对性较强的公共危机管理优化方案，达到事半功倍的效果。在寻找公共危机发生的原因时，危机处理小组成员除了要认真进行现场勘察，还要广泛听取危机现场的受害者、反应者与旁观者的情况介绍与说明。而一旦公共危机爆发的原因调查清楚，公共危机当事人各自所应承担的责任也就自然清楚。

二、公共危机调查的方法

（一）现场勘察法

现场勘察法即通过对公共危机事件现场的实地勘察，了解公共危机发生的相关情况及其后果。为避免公共危机发生现场被破坏，公共危机调查人员应以最快的速度赶赴事发现场。

（二）询问法

询问法即通过直接询问公共危机的利益相关者，包括公共危机的受害者、反应者、旁观者等，了解公共危机发生的经过、危害程度，调查危机发生的原因，并明确利益相关者的意见和态度。询问法具体包括面谈、电话访谈、问卷调查等。其中，面谈不仅有利于双向沟通，还可以感知被调查者的表情、语气等，但面谈成本较高；电话访谈则具有速度快、成本低的特点，在极其注重时效性的危机处理中适宜度高，但无法询问较复杂的问题；问卷调查可以获得较系统的信息，但所需周期较长，花费也较多。互联网的发展对提高问卷调查的效率有很大帮助。

（三）观察法

观察法即公共危机管理人员不暴露自己的身份，从局外人的角度观察利益相关者对公共危机的反应，了解他们对公共危机的态度，以作为公共危机管理优化依据。

（四）文献分析法

文献分析法即通过收集大众媒体对公共危机的报道及利益相关者对公共危机态度的报道，或者通过查阅已有的文件或凭证，了解有关情况，查找公共危机爆发原因。

三、公共危机调查的作用

公共危机事件的发生，往往具有多元化的社会诱因，从某种意义上来说，公共危机事件具有一定时期内，潜在的社会制度问题的外化表现。因此，第三方性质的独立调查委员会必须从政治、经济、文化等多方面、多角度地公开甄别危机事件发生的诱因。独立调查委员会不仅要查明危机发生的原因、人员伤亡及财产损失情况，检查控制公共危机的应急措施是否得当和落实，查清公共危机的性质和责任，提出对危机责任者的处理建议，更要提出危机处理及防止类似危机再次发生所采取措施的建议。危机调查报告也应当尽快公之于众，一方面，让民众了解事实真相，以正视听，并使整个社会从中吸取教训；另一方面，在总结经验教训的基础上，能在公共危机管理、组织结构及运作程序方法等方面加以改进，避免类似危机事件的再次发生。

公共危机事件带来的各种各样的后遗症，严重影响人们的社会行为和心理活动。因此，公共危机事件发生后，必须采取各种策略和措施，甄别各种后遗症，抚平民众的心理创伤，尽快让他们恢复生产、生活的信心。

四、公共危机管理调查评估的内涵与意义

（一）公共危机管理调查评估的内涵

所谓调查是指为了解情况进行考察，为保证调查的准确性，通常需要亲自到现场去调查；而"评估"是指评议估计。由此可见，调查是获取信息的过程，而评估则是根据所获取的信息进行主观估计的过程，两者是相辅相成、相互统一的。调查是评估的基础，即精确的评估要建立在科学、全面的调查基础之上。

基于此，公共危机管理调查评估就是指对公共危机及其预防与处置进行考察并获取必要的相关信息，在此基础上开展评价与判断的活动。公共危机管理调查评估活动贯穿于公

共危机管理的全过程，按照不同维度，其被分为不同类型。

根据不同的组织活动形式，公共危机管理调查评估分为非正式调查评估和正式调查评估两种。所谓非正式调查评估，是指调查评估主体、程序、标准、形式、内容等都没有严格的限制、对调查评估所得的结论也没有严格的要求，不同的主体从自身角度出发，做出各自的评价。例如，媒体对公共危机所做的调查评估。正式调查评估是指事先制定完整的调查评估方案，严格按照规定程序和内容执行，并由特定的评估者来进行评估。通常情况下是由政府组织成立的调查评估小组或授权独立的第三方调查评估组所开展的活动。例如，"9·11"事件独立调查委员会所进行的调查评估活动就属于正式调查评估。

根据不同的调查评估主体，公共危机管理调查评估分为内部调查评估和外部调查评估。所谓内部调查评估，是指由与公共危机事件直接相关的主体所进行的调查评估。例如，吉林石化对吉化双苯厂爆炸事件所进行的调查评估。所谓外部调查评估，是指由与公共危机事件非直接相关的主体所进行的调查评估。例如，"非典"暴发后，香港特别行政区政府组织由国际专家组成的委员会开展调查评估。

此外，人们根据不同的评估目的，将公共危机管理调查评估分为对公共危机原因的评估、对公共危机过程的评估、对公共危机结果的评估、对公共危机影响的评估；按照公共危机的演进阶段，将公共危机管理调查评估分为事前评估、事中评估和事后评估等。

（二）公共危机管理调查评估的意义

开展公共危机管理调查评估，其根本意义在于提高公共危机管理工作的效能。就某个特定的公共危机而言，公共危机管理调查评估是不可或缺的环节。

①在公共危机事前，公共危机管理调查评估有助于人们及时排查风险源，做出科学的风险评估，是准确报警、提前防范的基础，体现了公共危机管理以预防为主的原则。

②在公共危机之中，公共危机管理调查评估有助于人们及时总结应对经验，提高危机响应效率。

③在公共危机事后，公共危机管理调查评估有助于人们及时正确评价危机影响，为公共危机恢复重建工作的顺利展开奠定坚实基础。

从公共危机管理的整体来看，调查评估的意义主要包括以下两点。

①及时总结教训，弥补公共危机管理的缺点和不足。

②及时总结经验，完善公共危机管理的体制、机制、法制和预案。

这样，公共危机管理者就可以在应对危机的过程中提高管理水平，增强学习能力，使公共危机管理工作日臻完善。

美国、澳大利亚等发达国家非常重视公共危机管理调查评估。特别是当公共危机发生后，这些国家会及时开展调查评估，撰写调查评估报告，从多个角度认真总结经验、教训，进而达到提升公共危机管理效能的目的。例如，在遭受"卡特里娜"飓风袭击后，美国多个部门提交了多份评估报告，对推动美国公共危机管理变革起到了积极作用。

五、公共危机管理调查评估的原则与方法

（一）公共危机管理调查评估的原则

为了真正实现提高公共危机管理效能的目标，公共危机管理调查评估必须体现以下五

个基本原则（图 12-1）。

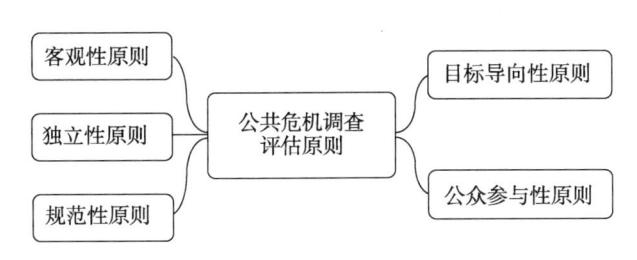

图 12-1　公共危机管理调查评估原则

1. 客观性原则

公共危机管理调查评估是一项严肃工作，必须具备客观性，即通过调查评估得出的结论必须与事实相符，从而使公共危机的起因、性质、影响等因素在调查评估过程中得以真实再现，而不能有任何的篡改或歪曲。不符合客观性原则要求的公共危机管理调查评估是没有意义的，也不可能有说服力和公信力。为了确保调查评估的客观性，公共危机管理调查评估不仅需要内部评估，更需要独立、彻底的外部评估。

2. 独立性原则

公共危机管理调查评估的主体要具有独立性，其任务只能是如实调查公共危机事件的事实和影响，客观地评估公共危机管理者工作的绩效，而不能为其他外部因素所扰动。独立性原则是客观性的重要保证。没有独立性，调查评估就难以实现客观性要求。为了对公共危机做出有效评估，人们经常成立独立的调查评估小组。

3. 规范性原则

规范性是指公共危机管理调查评估的程序、指标、标准、内容、结果等应形成相对稳定的模式，而不能随意更改。其意义主要在于：一是可以减少调查评估的成本；二是可以保证调查评估的质量，避免出现避重就轻的现象；三是可以增强横向和纵向的可比性，共同的规范可以使不同区域、层级的公共危机管理者对调查评估的结果进行比较。

4. 公众参与性原则

在调查评估过程中，公共危机管理调查评估要采取多种措施，尽可能地吸纳公众作为调查评估的主体。其原因有三：一是公共危机事件本身涉及广大公众的切身利益，他们有权利参与调查评估，了解事实真相；二是公众的参与可为调查评估提供翔实的资料；三是公众的满意度本身就是调查评估的重要内容之一。

5. 目标导向性原则

公共危机管理调查评估的终极目的是提高公共危机管理效能，而不仅仅是分出优劣、奖勤罚懒。当然，在公共危机管理评估过程中，责任调查与追究是一个重要内容，但它只是提高公共危机管理效能的一个手段，而不是最终目的。

（二）公共危机管理调查评估的方法

公共危机管理调查评估的方法主要有定性评估法和定量评估法两大类，二者是相互统一、相互补充的。定性评估法是定量评估法的基本前提，没有定性评估法的定量评估法是盲目的。因此，在公共危机管理调查评估的实际工作中，人们很少单独地使用定性评估法或定量评估法，而是将二者相结合（图 12-2）。

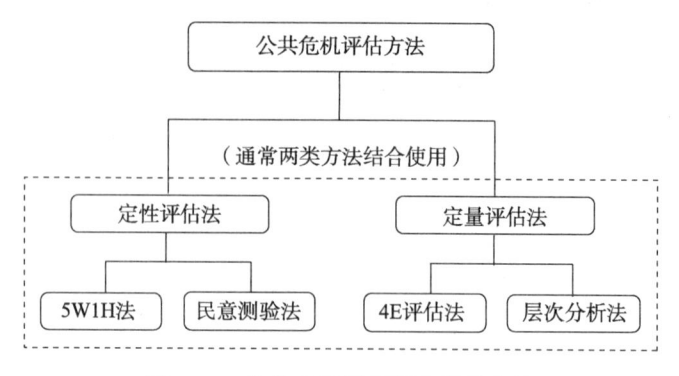

图 12-2　公共危机管理调查评估方法

1. 定性评估法

所谓的定性评估法，就是调查评估主体根据自己的直觉、经验，根据公共危机的影响以及公共危机管理的信息资料，对分析对象的性质、特点、发展变化规律做出判断的一种方法。常用的方法主要包括 5W1H 法、民意测验法等。

（1）5W1H 法

在公共危机管理调查评估的过程中，此法要求人们回答以下几个有关公共危机的基本问题。

Why——公共危机发生的原因是什么？

What——公共危机产生的影响是什么？

Who——公共危机主要影响到哪些人群？

Where——公共危机影响到哪些区域？

When——公共危机影响会持续多长时间？

How——公共危机影响的程度有多大？

（2）民意测验法

民意测验法通过抽取样本，对公众舆论趋向进行社会调查。在公共危机管理调查评估中，民意测验可以表明公众对公共危机的反应，公众对公共危机管理的态度和观点。民意测验的特点是所提的问题少、内容集中、速度快、能直接获取大众化的民意反映。在运用民意测验方法时，公共危机管理调查评估要注意抽样调查所选取样本的代表性，要尽可能地为公众创造输出信息平台，可采用访谈、座谈、问卷等形式，保证信息反馈的真实性。

2. 定量评估法

所谓的定量评估法，就是对公共危机及公共危机管理过程中的一系列情况进行收集、整理，实行量化核算，依据统计数据，建立数学模型，计算出分析对象的各项指标及其数值，吸取公共危机管理工作中的成功经验和失败教训。具体而言，它主要包括 4E 评估法、层次分析法等。

（1）4E 评估法

4E 指经济（economy）、效率（efficiency）、效果（effectiveness）和公平（equity）。4E 评估法就是从这四个维度来设计公共危机管理调查评估指标体系，再根据这些指标来进行评估。其中，经济是指以最低的公共危机管理成本维持既定的公共危机管理服务水平；效率是指公共危机管理投入与产出的比例；效果是指公共危机管理实现目标的程度；公平是指政府公共危机管理者应该为行政相对人提供相同质量的服务。

4E 评估法要求公共危机管理必须进行成本-收益分析，最大限度地降低公共危机管理成本，提高公共危机管理收益。但总体来说，经济、效率、效果和公平等指标仍然十分抽象。在实际操作过程中，公共危机管理调查评估需要制定更为详细的目标。

（2）层次分析法

层次分析法将与决策相关的元素分解成目标、准则、方案等层次，在此基础之上进行定性分析和定量分析。它要求将公共危机管理调查评估对象分为若干个元素，确定各元素相对指标的影响权重。我们可以通过建立案例库，对多个同类事件的典型案例进行赋值检验，平均后得出合理的权重指数。这样，公共危机管理调查评估就能减少权重设置的主观随意性，提高指标权重的精确度和科学性，进而提高评估的效度和信度。

由于层次分析法的可操作性比较强，在确立指标及不同指标的权重后，可建立模型，用计算机来处理数据，这样就可以节省调查评估时间，同时也能提高公共危机管理调查评估的规范性、科学性和真实性。

第二节　公共危机管理评价

科学的公共危机管理评价不仅能提高整个社会的危机管理能力和应对水平，还能促进经济社会又好又快的发展。

一、公共危机管理评价的内涵

公共危机管理评价是指当对公共危机的处理暂时完成后，需要认真、全面、深入地总结其中的经验与教训，并以此作为改进公共危机管理的基础，为今后的公共危机管理提供经验和方法上的借鉴。事实上，任何组织都要将公共危机防范意识和公共危机管理评价专门化、制度化，使其成为一项常规工作，这样才会尽可能地避免不必要的损失。

（一）公共危机管理评价的目的

对于公共危机管理结果，需要高层管理者和危机处理小组进行评价。公共危机管理评价的目的在于：第一，确认公共危机调查结果的可信度如何，以确认公共危机的实际损失程度；第二，基于已经取得的公共危机信息，判断公共危机进一步恶化或扩散的概率有多大；第三，确认公共危机可能带来的后遗症，其影响程度如何；第四，确定利益相关者未来可能做出何种反应，其变数如何。

公共危机管理评价最能反映出高层管理者和危机管理小组的判断力和决断水平。为了提高评价的准确性，有必要从外部引进相关专家参加公共危机管理评价工作。

（二）公共危机管理评价的标准

在进行公共危机管理评价时，其标准包括以下四点。

①在公共危机管理过程中，公众受到的不良影响是否降到最低。

②在公共危机管理过程中，给社会造成的损害是否最少。

③在公共危机发生后所进行的处理过程中，是否以最小的代价维护了组织的最大利益。

④公共危机处理后，在公众心目中的形象受到的损害是否最小，或者是否已经以最大努力在公众中建立起新形象，最大限度地恢复了美誉度和公众的信任。

（三）公共危机管理评价的内容

公共危机管理评价涉及公共危机管理的全部内容，需要重新审视公共危机管理的整个过程，认真分析，进而发现问题，改进问题。为此，公共危机管理评价重点要围绕机构设置、信息沟通、资源配置状况、媒体管理、形象管理、预案制定、危机预警、处置过程、应急绩效等九个方面开展。

1. 对机构设置进行评价

对机构设置进行评价，即看组织机构设置是否合理；是否存在机构臃肿现象；组织是否能尽早发现公共危机并及时应对公共危机，以及需要怎样优化机构设置。

2. 对沟通过程进行评价

对沟通过程进行评价，即看沟通是否顺畅有效，从内部沟通和外部沟通两个方面进行评价：对内部沟通的评价主要看部门之间能否正确有效地进行信息的传达，能否稳定组织内部成员的情绪，能否使组织的凝聚力不减弱；对外部沟通的评价主要包括与新闻媒体的沟通是否取得了应有的效果，公众间是否相互准确地传递了信息。对沟通这一过程的评价还包括对发现的问题和不足进行改进。

3. 对资源配置状况进行评价

对资源配置状况进行评价主要看公共危机管理中所需的资源是否足够；各部门中资源和人员的分配是否合理；是否将有限的资源配置到最需要的部门。

4. 对媒介管理进行评价

对媒介管理进行评价主要评价与媒体是否保持了密切的联系；是否通过媒体传递了准确、合理的信息；是否与媒体存在冲突；媒体管理部门是否有效地履行了它的职能；新闻发言人是否合格，以及需要接受怎样的培训等。

5. 对形象管理进行评价

对形象管理进行评价主要看宣传活动是否到位、是否收到良好的效果；策划的公关活动是否达到了预期效果；是否在公众心目中树立了良好形象。

6. 对预案进行评价

对预案进行评价主要看是否为发生的公共危机制定了预案；预案是否合理；是否为公共危机管理提供了有用的指导；公共危机管理的目标制定是否合理；公共危机管理的对象

是否有遗漏。

7. 对预警进行评价

对预警进行评价主要看公共危机预警系统是否对危机发出了及时的报警，如果没有，找出原因和改进的措施；公共危机预警是否引起了公共危机管理者的重视和公共危机管理者的正确反应；公共危机预防和控制措施是否合理、得当、有效，这些措施是否需要改进。

8. 对公共危机处置过程进行评价

对公共危机发生后采取的针对性措施进行评价，主要在公共危机的识别、确认、防范和化解等几个方面进行，包括是否在公共危机出现前兆时就很快地识别出公共危机发生；是否正确地将公共危机定性，反应是否迅速；是否有效地阻止了危机爆发；是否延缓了危机爆发和蔓延；是否降低了公共危机可能造成的影响；是否出现了不应有的危机蔓延和连锁反应；是否避免了不必要的损失；是否恢复了良好形象。

9. 对公共危机管理绩效和影响进行评价

对公共危机管理绩效和影响进行评价主要看评价公共危机前后资产的损失情况和所实施的危机对策在减少损失方面是否发挥了积极的作用；评价公共危机管理整个过程中经费的预算和开支是否合理，是否体现了讲究实效的原则；确认哪些人的利益受到损害以及受损程度，从而据此进行资源配置，把资源集中到最需要和最有效的部分。评估与危机相关的部门受到何种损害以及损害程度，从而针对不同的部门采取不同的恢复和重建措施。评价公共危机管理者在对抗危机中采取的措施对原来发展规划的影响，对原有规划进行调整。

（五）公共危机管理评价的作用

如果只是为了评价而评价，那么公共危机管理评价是没有任何意义的，只会浪费资源和时间。只有将公共危机管理评价的结果应用于实践，才能产生实际收益，才有意义和价值。公共危机管理评价的具体作用如下所述。

①用评价结果教育全体公共危机管理者和民众，帮助他们提高公共危机管理意识。

②将评价结果作为知识的一部分，为公共危机管理部门全体成员所共享。

③对公共危机管理文化、运行机制、人员配置、管理方法等进行改革，使其具有更强的预防和处理公共危机的能力。

④改进公共危机管理的沟通和媒体管理工作。

⑤改进公共危机管理部门的机构设置。

⑥增强公共危机管理部门及其工作人员的信息收集能力。

⑦根据评价结果改进预防和控制措施，使预防和控制措施更为有效。

⑧根据评价结果对公共危机管理部门工作人员进行有针对性的培训，增长他们预防和处理公共危机的技能和知识。

⑨改进公共危机反应和恢复计划，使计划对公共危机反应和恢复有更强的指导作用。

⑩改进资源储备和后勤保障工作，使公共危机管理得到更好的资源供应。

⑪对预警系统进行更新和调整，提高公共危机的预警能力。

⑫根据评价结果采取对人的保护措施，减少公共危机发生时可能造成的人员伤亡。

⑬加强对财产的保护，减少公共危机可能造成的财产损失等。

二、公共危机管理评价的原则与方法

高效的公共危机管理必须包括科学、合理的管理效果评价，因为它是一个总结经验、吸取教训的过程。每一次公共危机管理中所获得的成功经验或出现的失误，都是公共危机管理的宝贵财富。

（一）公共危机管理评价组织的建立

因为公共危机管理评价要保证评价的客观性与公正性，评价组织一般都是独立于公共危机管理机构的。在通常情况下，公共危机管理评价组织都是由上级领导或国家立法机关授权批准的、拥有独立权力的组织。例如，美国的"9·11"事件独立调查委员会就是这样的组织。公共危机管理评价组的成员一般是由公共危机事件所涉及的各个领域的专家组成的，以期确保公共危机管理评价的科学性与可信度。公共危机管理评价组织的主要任务包括确认评价的指标、确定评价的指标体系、对公共危机管理过程进行评价、撰写公共危机管理评价报告等。

（二）公共危机管理效果评价标准及指标体系

确定公共危机管理评价标准及指标体系是评价公共危机管理组织的一项关键职能。公共危机管理评价指标体系是指将多项评价指标按照一定的逻辑关系进行组合，形成一个有序的、层次分明的系统，在评价周期内对各单位、各组织的整体工作以及民众的反应进行综合评价的体系。公共危机管理评价指标主要是通过评价的指标体系发挥作用的。因为一个指标只能反映公共危机管理工作的某一个方面，要反映整体工作成效与成果，就必须运用一系列相互联系的评价指标，即评价指标体系。

总体来说，公共危机管理评价指标分为三大类：管理要素、保障要素和影响要素。管理要素是衡量公共危机管理中的管理工作与协调工作的指标；保障要素是衡量公共危机管理中资源配置的指标；影响要素是衡量内外部对于公共危机管理工作评价的指标。根据不同指标要素，可以逐渐将指标要素分成不同的级别，从而形成系统的、详细的指标体系。把公共危机效果评价的三个指标细化，我们可以形成如表 12-1 所示的指标体系。

表 12-1 公共危机效果评价的指标体系

一级指标	二级指标	三级指标
管理要素	信息	信息收集的渠道、信息的处理、信息的准确度
	决策	决策的方式、决策的程序
	组织结构	组织结构方式、组织的横向职能设置、组织的纵向层级设置
	人员调配	人员的规模、人员的组成、人员的分配
	沟通	沟通的方式、沟通的工具
保障要素	资金	资金是否充足、资金的筹集、资金分配的比例
	设备	设备的储备是否充足、设备的调配是否得当
影响要素	内部评价	上级的评价、下级工作人员的评价
	外部评价	民众的评价、媒体评价

在确定公共危机管理评价指标体系的过程中，还有一个问题值得重视，那就是各项指标的权重，因为各个因素对于评价的贡献度是不同的，所以，比较重要的因素所占的权重要大些，而次要因素所占的比重相对要小些。同时，在不同的公共危机事件中各个要素的权重也是不同的。例如，在经常发生的公共危机事件中，保障因素中的资金指标的比重要大些，而设备的权重相对要小些。而在重大的自然灾害面前，则对特殊的设备需求较高，所以设备的权重要大一些。

（三）公共危机管理评价的原则

1. 实事求是原则

在公共危机管理的整个过程中，公共危机管理决策者做出什么样的决策，利用了哪些资源，都有什么人参与了整个公共危机管理的过程，他们的作用如何，公众对于公共危机管理的反应如何，实际的公共危机管理效果如何等问题都要如实地进行调查和评价。

2. 讲究实效原则

公共危机管理的成功与失败，要以在公共危机处理过程中受损失程度、公众的评价、危机不良影响的范围大小为公共危机管理成效的评价标准。

（四）公共危机管理评价的方法

在公共危机管理评价中，公共危机管理者经常使用数据分析统计法、实效调查法和个案研究等方法，具体如下所述。

1. 数据分析统计法

数据分析统计法就是在公共危机处理后，对在公共危机管理过程中所进行的一系列工作情况进行收集、整理，然后进行量化核算，将公共危机管理者行为和公众的认可及社会利益结合起来，通过统计和换算，寻求在公共危机管理实施中成功的经验和失败的教训。

2. 实效调查法

实效调查法就是要了解公共危机管理所呈现出的实际效果，通过走访各方当事人，如领导者、受害者、社会公众、相关的专家学者等，从不同的角度评价公共危机管理方法和措施的成败得失，从中找出成功的原因和不足之处，以便把握规律，积累经验，防患于未然。

3. 外部人员意见调查法

外部人员意见调查法就是从多角度来调查了解公共危机管理的外部人员对公共危机管理评价。一是公众意见评价法，通过对公众、公共危机中的利益相关者进行抽样访谈调查来评估公共危机管理方法和措施的合理性和有效性；二是专家小组评价法，通过组织专家小组采用德尔菲法等方法进行公共危机管理评价。

4. 内部组织自我评价法

内部组织作为公共危机管理的实施者，通过自我总结来发现公共危机管理过程中的不足和成功之处。一方面使得评价更有效，更有针对性，更实际；另一方面可以加强公共危机管理的内部人员对公共危机管理过程的了解。

5. 传媒评价法

传媒评价法可以从新闻媒体的报道是正面的还是负面的，以及媒体发表的评论是肯定的还是否定的这一角度来评估公共危机管理的成功之处和不足之处；也可以从进行报道的媒体的权威性和影响力，报道被公众的关注度，媒体的知名度、美誉度、视听率、信息传播速度等定量的方面进行评估，以此来看公共危机管理的整个过程是否被媒体及时、有效地报道，是否及时、准确地被公众了解；通过媒体评价法也可以评估政府的形象在公共危机管理中是否被很好地塑造，政府在公共危机管理中的行为和绩效是否得到公众的认可。

6. 召开听证会

召开听证会是最常用的公共危机管理评价方法。通常是由公共危机管理调查委员会的成员传唤公共危机管理的核心人员到听证会上介绍公共危机管理的实际情况，接受委员会成员或公众的质询。在通常情况下，这种方法主要是针对公共危机管理人员进行的。

7. 情景模拟

情景模拟法主要是尽力为公共危机管理评价者和被调查对象营造适宜的氛围，甚至恢复原始情景。情景构建主要包括：进行公共危机管理时运用视听设备；公共危机后环境和管理方面的视听设备；公共危机反应和重建管理实施，即让调查和评价者置身于危机情景中；让那些评价者参观现场，以便他们能对情景有切身的体会。

8. 调阅档案记录

在公共危机管理活动中，重大会议都有专人做会议记录，并由政府相关部门根据会议做出的决策形成档案，做出的指示也可能在档案中有所体现。这些档案记录是调查人员了解公共危机管理的重要资料。

9. 个案研究

个案研究法也是公共危机管理评价的一种重要方法。调查人员可以针对某一个公共危机管理人员或某一个公共危机管理措施进行详细研究，了解公共危机管理系统在某一方面的管理情况。只有对公共危机管理的点和面情况都了解，才能形成整体的公共危机管理认知。

（五）公共危机管理评价的程序

1. 确立评价目标

公共危机管理评价目标是评价公共危机管理过程中的得失，鼓励成功的管理经验，吸取失败的管理教训。

2. 明确评价内容

公共危机管理评价涉及公共危机管理的全部内容，主要包括三个方面。

（1）公共危机管理情景，包括公共危机事前、事中和事后的情景。事前的公共危机管理评价包括信息收集是否准确、沟通是否畅通、资源配置是否合理等；事中的公共危机管理评价包括措施是否得当、协调工作是否合理等；事后的公共危机管理评价包括哪些人受到影响、哪些部门受到影响、影响的程度如何，以及整个管理过程的人力、物力、财力分配是否合理等。

（2）公共危机管理的方式。这里是指在公共危机管理过程中主要采取的是什么样的管理方式，一种或几种管理方式的效果如何等。

（3）公共危机管理的组织机构。这里主要是指公共危机管理组织的结构是否合理、人员配备是否合理、系统与系统之间是否沟通协调畅通等。

3. 制作调查报告

公共危机管理评价结束后就要撰写公共危机管理评价报告，并将报告向其授权机构和上级进行报送。公共危机管理评价报告的内容包括公共危机管理的准备情况、实施情况、影响与结果、优缺点以及对未来公共危机管理的建议。在公共危机管理评价过程中要特别注意一个问题，就是评价人在评价公共危机管理过程中往往会倾向于过分关注管理人员责任与其在公共危机管理中所出现的错误。科学的公共危机管理评价不仅要发现公共危机管理的错误与过失，还应发现管理中的闪亮之处，并对其加以肯定。

（六）应用公共危机管理评价的结果

公共危机管理评价如果仅仅是为了评价是没有实际价值的，只有把评价的结果应用于以后的管理工作中，才能体现它的价值。公共危机管理评价的结果可以应用于以下四个方面。

①将公共危机管理评价结果作为经验教训，丰富管理者应对公共危机的知识储备。

②改进公共危机管理组织的机构设置、人员分配、管理方法，使组织蜕变成更适应公共危机管理的高效组织。

③改善资源储备与后勤工作，使公共危机管理者在物资储备与调集方面的能力加强。

④利用公共危机管理评价报告教育公众，提高公众的危机意识与应对危机的能力。

公共危机并不能等同于一个单纯的偶然事件，它是一个包括潜伏期、爆发期和恢复期等在内的动态过程，为此，公共危机管理评价就要在公共危机管理全生命周期中凸显其重要性。通过公共危机管理评价总结管理中出现的问题，不断地改进工作，这不仅可以随时解读复杂变迁的社会环境中所包含的各种不确定性因素，将各种潜在风险和可能的危机化解在萌芽状态，而且能够通过组织学习系统、对评价系统的动态跟进和适时反馈调控，使得危机状态下的公共危机管理框架与常规状态下的政府管理体系相融合，由此起到预期下一个危机、避免下一个危机、管理下一个危机的作用。

更值得重视的是，将公共危机管理评价作为公共危机管理的能力提升环节，与风险评价形成闭合回路，有助于降低潜在风险诱发危机的可能性，降低突发事故和紧急事件演化为公共危机的可能性，提高危机应对流程中各个环节上的应急能力和处置效率，随时根据公共危机管理的相关反馈信息不断进行决策与行动的调整，最终形成一个贯穿于公共危机整个生命周期、适时进行调整的、动态性、开放性的应对系统。这对公共危机管理来说是非常重要的贡献。

第三节 公共危机管理的调查评估与评价的流程

公共危机管理调查评估与评价是一项复杂的系统工程，必须遵循一定的流程。在通常情况下，公共危机管理调查评估与评价分为四个阶段，分别是准备阶段、实施阶段、总结阶段和改进阶段。

一、准备阶段

在公共危机管理调查评估与评价之前，人们需要进行周密的组织和准备工作。准备阶段既是调查评估与评价工作的基础和起点，也是调查评估与评价工作顺利进行的重要保障。充分的准备工作可以保证调查评估与评价工作有计划、有步骤地开展，避免主观随意性和盲目性。在准备阶段，公共危机管理调查评估与评价的具体工作主要有以下几点。

（一）成立调查评估与评价小组

调查评估与评价是一个理论与实际相结合的过程。它对调查评估与评价人员的专业素养要求很高。调查评估与评价人员的专业水平将直接影响调查评估与评价的质量。因此，我们必须选择适当的调查评估与评价人员，构建高水准的调查评估与评价队伍。调查评估与评价小组的成立可依以下程序来开展。

（1）选择组长。组长应该是公共危机相关领域的专家、研究者或评估专家，可由调查评估与评价组织责任主体从调查评估专家库中选择产生。组长的职责是全面领导、组织整个调查评估与评价的方案设计、方法选择、方案执行、报告撰写等工作。

（2）挑选组员。组员是调查评估与评价的执行者，其素质的高低直接影响最终调查评估与评价的质量。组员可由组长和调查评估与评价责任主体共同挑选产生，务必具有良好的专业素质和合作精神。组员既可以是相关领域专家、研究者或评估专家，也可以是有关地方政府、政府职能部门、相关事业单位人员、地方人大代表或社会公益组织人员等。在选择调查评估与评价小组成员时，要坚持独立、公正的原则，从源头上保证调查评估与评价的公信力。另外，调查评估与评价组组长和组员总数应为奇数，在出现分歧时有利于投票表决。

（二）制定调查评估与评价方案

方案是公共危机管理调查评估与评价的依据和内容。作为准备阶段最重要的工作，方案的设计是否科学合理，直接关系到公共危机管理调查评估与评价质量的高低和调查评估与评价活动的成败。公共危机管理调查评估与评价方案应该以书面形式系统详细地说明以下内容。

（1）调查评估与评价的对象。公共危机的涉及面很广，公共危机管理过程也包括很多环节。公共危机管理调查评估与评价很难面面俱到，需根据具体情况确定调查评估与评价对象。

（2）调查评估与评价的目的、意义和要求。它们决定着公共危机管理调查评估与评价的基本方向。

（3）调查评估与评价标准。事实分析、价值分析及其有机的结合是公共危机管理调查评估与评价标准的基本内容。公共危机管理调查评估与评价的标准通常体现为调查评估与评价的指标体系，它决定着调查评估与评价的类型和方法。

（4）调查评估与评价的基本设想。确定公共危机管理调查评估与评价的基本设想，就是根据调查评估与评价目标，确定调查评估与评价的内容、范围，制定出调查评估与评价方案。

此外，公共危机管理调查评估与评价方案还要说明调查评估与评价的场所、时间和工作进度，以及调查评估与评价经费的筹措与使用等问题。公共危机管理调查评估与评价主体、对象、目的、标准和方法，共同构成一个完整的调查评估与评价系统。

二、实施阶段

实施是整个公共危机管理调查评估与评价活动最为重要的阶段，其主要任务有以下三点。

（1）收集信息。利用各种手段，全面收集有关公共危机方面的信息。信息是调查评估与评价的基础。从本质上看，公共危机管理调查评估与评价就是收集信息、处理信息的过程。为了保证信息的全面性、系统性和准确性，公共危机管理调查评估与评价应综合采用各种科学方法来收集信息，如观察法、查阅资料法、调查法、个案法、实验法等。

（2）分析信息。在收集信息的基础上，公共危机管理调查评估与评价者对公共危机管理的原始数据和信息资料进行系统的整理、归类、统计和分析。

（3）得出结论。在分析信息的基础上，公共危机管理调查评估与评价者运用恰当的评估方法，得出公共危机管理调查评估与评价结论。在公共危机管理调查评估与评价过程中，公共危机管理调查评估与评价者应该坚持调查评估与评价材料的完整性，客观、公正地反映公共危机的前因后果和公共危机管理工作的实际效果。

三、总结阶段

总结阶段的主要工作是处理调查评估与评价的结果，撰写调查评估与评价报告。公共危机管理调查评估与评价必须力求客观，但不能缺少价值判断。公共危机管理调查评估与评价者的价值判断会受到客观条件和非理性因素的影响，可能出现疏漏。因此，在公共危机管理调查评估与评价之后，仍需进行必要的处理。具体来说，首先是自我检验、统计分析调查评估与评价信息所得出结果的可信度和有效度；其次是就调查评估与评价的结论向相关人士征求意见，如公共危机的亲历者、知情者、受害者及公共危机管理的决策者、执行者、参与者等，发挥他们对调查评估与评价的诊断、监督、反馈、完善作用，提高调查评估与评价的科学性。

在经过处理后，公共危机管理调查评估与评价小组需撰写书面调查评估与评价报告，对调查评估与评价工作进行总结。报告需要涵盖调查评估与评价方案的预设内容，主要包括阐释公共危机发生的经过，做出相关的判断，提出改善公共危机管理的政策建议，总结调查评估与评价工作。书面形式的公共危机管理调查评估与评价报告需提交给有关领导和主管部门，然后再决定是否公开报告，总之，要使相关部门和领导了解公共危机管理调查评估与评价的结果，供今后公共危机管理活动提供参考。

四、改进阶段

恩格斯说过：伟大的阶级，正如伟大的民族一样，无论从哪方面学习都不如从自己所犯错误的后果中学习来得快。在公共危机恢复过程中，如果一味文过饰非、敷衍舆论，转移公众视线，不认真反思，"虽多难而邦不兴"的现象就在所难免，因为历史的进步必须以人们对灾难的记忆与反思为基础。反思的结果须体现在强化与完善公共危机管理的行动中。所以，在公共危机事件发生之后要不断学习、深刻反思，以提高今后应对公共危机管理能力与水平。

本章小结

本章将公共危机管理调查评估与评价机制分成了调查评估与评价机制两部分进行阐述。首先，详细概述了调查评估的定义与类型，分别概述了公共危机调查的内容、方法以及公共危机调查评估的意义；其次，介绍了公共危机调查评估中应体现的五点原则和公共危机调查评估的方法；再次，介绍了公共危机管理评价的目的、三点应遵守的原则、四个标准、两种方法、六项评价内容、评价的作用；最后，从四个阶段入手对公共危机管理调查评估与评价的实施流程进行了总结。公共危机管理调查评估与评价过程如图12-3 所述。

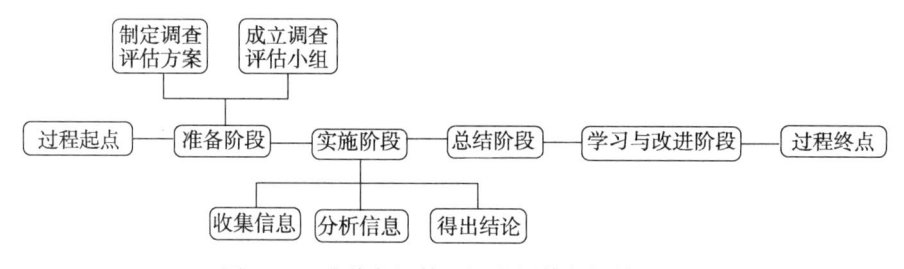

图 12-3 公共危机管理调查评估与评价过程

关键术语

公共危机调查评估　目标导向性原则　定性调查评估法　定量调查评估法
公共危机管理评价机制　危机评价的实效性原则　调查评估方案

复习思考题

1. 公共危机调查的内容有哪几个方面？
2. 公共危机调查评估的意义是什么？
3. 公共危机调查评估中应体现哪些原则？
4. 公共危机调查评估的方法有哪些？
5. 公共危机管理评价的标准是什么？
6. 公共危机管理评价的作用是什么？
7. 公共危机管理调查评估与评价的实施过程中共分为哪几个阶段？

案例分析　　　　即测即练

自学自测　　　扫描此码

第十三章　公共危机管理法治建设

课程引导

全球核危机管理与《核不扩散条约》的立法

《核不扩散条约》又称《防止核扩散条约》或《不扩散核武器条约》，是英国、美国和苏联等59个国家于1968年7月1日分别在伦敦、华盛顿和莫斯科签署的一项国际条约，旨在防止核扩散，推动核裁军，促进和平利用核能的国际合作。

《核不扩散条约》共有11条规定，主要内容包括：有核国家不得向任何无核国家直接或间接转让核武器或核爆炸装置，不帮助无核国家制造核武器；无核国家保证不研制、不接受和不谋求获取核武器；停止核军备竞赛，推动核裁军；把和平核设施置于国际原子能机构的国际保障之下，并在和平使用核能方面提供技术合作。

《核不扩散条约》于1970年3月正式生效。中国于1992年3月正式加入该条约组织。1995年4月，《核不扩散条约》缔约国在联合国总部召开的审议和延长该条约大会上，决定无限期延长这个条约。

作为目前最具普遍性和约束力的核不扩散条约，《核不扩散条约》自1970年正式生效以来，在防止核武器扩散、推动核裁军进程和促进和平利用核能方面，发挥了积极作用。《核不扩散条约》明确规定了有核武器国家和无核武器国家的核不扩散责任与义务，成为国际核裁军与核不扩散体系的基石，拥有191个缔约国。以《核不扩散条约》为基石的国际核裁军与核不扩散体系，包括有关核裁军、限制核武器空间部署、限制核武器发展和无核国家安全保障等内容，多项公约、协定以及核出口国委员会、核供应国集团和国际原子能机构等相关机构。正是有了这道安全屏障，近80年间，世界才避免了核战争。

资料来源：严瑜. 坚定维护国际核不扩散体系. 人民日报海外版，2022-08-04.

学习目标

掌握公共危机管理法治的内涵、必要性和主要特征等基本理论；了解我国公共危机管理法治的原则；明晰我国公共危机管理法治的基本构成；通晓国外公共危机管理法治化的经验。

第一节　公共危机管理法治的基本理论

现代危机管理与传统危机管理的最大区别之一，就是传统危机管理是建立在人治基础上，而现代危机管理则是建立在法治基础上。现代的法治政府是通过法律实施、公民参与、政府与公民良性互动，来维护公共秩序和公共安全。为此，公共危机管理必须要法治化。

一、公共危机管理法治的内涵

公共危机管理法治是指人们为了应对危机、战胜危机而制定的各种法律制度所形成的法律制度体系。公共危机管理法治的基本功能是在公共危机状态下，在整个国家生活与社会秩序受到巨大冲击，需要运用国家紧急权力来控制和消除危机时，调整非常状态下的国家权力之间、国家权力与公民权利之间、公民权利之间的各种社会关系，以保障全社会能够恢复正常的社会生活秩序和法律秩序，维护和平衡社会公共利益与公民合法权益。

发达国家对于重大突发公共事件（简称突发事件）危机管理法律机制的研究始终走在世界前列。发生于2001年震惊世界的美国"9·11"恐怖事件，在当时并没有引起太大恐慌，除了恐怖袭击造成的损害，之所以没有造成更为严重的社会危害，主要与美国有比较完善的应对重大突发事件的管理法治密切相关。美国比较重视应对突发事件的法律法规建设。美国早在1976年就由国会通过了《美国全国紧急状态法》（以下简称《紧急状态法》），对其国内应对重大突发事件的程序、方式、时间、政府财政支出和紧急状态下的权力运用等都做了严格的法律规范。除了发挥统一指挥效应的《紧急状态法》，美国还修订了一些应对紧急状态的法律法规，诸如《恐怖主义风险保险法》《美国全国防洪保险法》《安全爆炸物法》《美国国家地震减灾计划》《国家建筑物安全协作法》等，这些规定更具有可操作性和实践性，使得美国与紧急状态有关的法律也相继完善。另外，美国还专门制定了联邦应急计划预案，与《紧急状态法》相对应，美国的各州、市及地方的立法机关也都制定了处理重大突发事件的相关法律法规。在1979年美国又成立了联邦应急管理局，将原来各个分散的灾害处理部门重新整合，形成一整套的综合应急管理体系，把原来应对自然灾害的防御延伸到天灾人祸和战争等在内的各种程度的危机管理。在遭遇"9·11"恐怖袭击后，美国联邦应急管理局立即行动，将其机构更名为应急预防响应局，同时，与移民和归化局、海岸警卫队和海关总署等20余个政府机构合并为美国国土安全部，进一步提升了美国有效应对重大突发事件的能力。目前，除了美国，澳大利亚、加拿大和德国等发达国家都建立了相应的突发事件应急管理机构。

就我国而言，从2003年"非典"暴发开始，我国正式启动了突发事件应急管理法治化进程。2007年8月30日《中华人民共和国突发事件应对法》的通过是这一进程的阶段性标志成果。至此，我国基本告别了应急管理无法可依的局面。这对提高政府的执政能力和公信力，实现我国公共危机管理的法治化，以及构建社会主义和谐社会都具有极其重要的价值。

因此，作为预防、调控和处置公共危机的法律手段，公共危机管理法治是整个国家法律体系的重要组成部分，是一个国家或地区在非常规状态下政府运行的基本规则。公共危机法治化问题，本质上是关于突发事件引起的公共紧急情况下，如何处理国家权力之间、国家权力与公民权利之间、公民权利之间各种社会关系的法律规范和原则的总和。

二、公共危机管理法治的意义

由于重大自然灾害、流行性疾病、恐怖主义或者重大社会冲突与骚乱导致社会进入危机状态，公共危机管理者必须行使非常权力并采取特别应急措施，目的在于领导和组织社会与民众共度危机，尽快结束危机状态。在危机状态下，公共危机管理者的权力与措施将会突破平常法治框架，超越平时法治要求，甚至暂停某些法律乃至某些宪法条款的执行或效力。但非常时期和特别状态不能成为背离法治的理由，非常时期需要非常法治。危机状态法治或称非常法治的出发点，就是迎接各种社会危机对法治提出的挑战。

"危机"状态起源于中世纪法国三十年战争时的"围场状态"。但当时的学者并未对此有过多的论述。人类进入21世纪后，许多国家的宪法都对此作了规定。例如，印度宪法第十八编和巴基斯坦宪法第十编就专门规定了紧急状态制度；巴西宪法第五章也专门做了规定；1958年公布的法国宪法第十六条也涉及这一要求。我们知道资产阶级启蒙运动时期，学者们最感兴趣的是如何限制王权，反对封建专制，他们自然无法容忍封建主阶级借"紧急需要"为名压制民权，将目光更多地投向行政权的制约上了。因此，早期的宪法中难得见到危机状态制度。19世纪末20世纪初人类先后经历第一次世界大战、1918年大流感、经济危机和第二次世界大战，当时的政府在危急关头频频发布紧急措施令，采取紧急措施，行政干预越发普遍。这一时期的宪法在客观上顺应了行政权扩张的趋势，增添了危机状态制度。到了20世纪末，许多新独立国家的宪法都规定了这一制度，这在苏联和南太平洋岛国的宪法中表现得相当明显。

在宪法中规定危机状态的目的，是通过宪法对危机状态制度的确立，明确在危机状态下政府所享有的行政紧急权力，防止政府在危机状态时期随意行使行政紧急权力，从而给宪法所确立的公民权利造成不必要的侵犯。所以，在宪法中建立紧急状态制度是一个国家依法办事、崇尚法治原则的表现。也可以这样说，实施危机状态制度是为了更好更快地恢复社会正常状态。

在现代法治原则支配下，各国仍然注意制定法律来调整危机状态下的各种社会关系，防止危机状态的发生导致整个国家和社会秩序的全面失控。因此，各国制定了大量规定在危机状态时期如何处理国家权力与公民权利之间，以及公民权利与公民权利之间关系的法律法规，这些法律法规构成了危机状态法，是一个国家紧急状态时期实行法治的法律基础。

三、公共危机管理法治的主要特征

从政府应急行为和公共危机管理策略角度来看，有学者认为，公共危机管理法治主要具有以下特征。

（1）权力优先性，这是指在非常规状态下，与立法、司法等其他国家权力相比，与法定的公民权利相比，行政紧急权力具有某种优先性和更大的权威性。

（2）紧急处置性，这是指在非常规状态下，即便没有针对某种特殊情况的具体法律规定，行政机关也可进行紧急处置，防止公共利益和公民权利受到更大损失。

（3）程序特殊性，这是指在非常规状态下，行政紧急权力的行使过程中遵循一些特殊的行为程序。

（4）社会配合性，这是指在非常规状态下，有关组织和个人有义务配合行政紧急权力的行使，并提供各种必要帮助。

(5)救济有限性,这是指在非常规状态下,依法行使行政紧急权力造成行政相对人合法权益的损害后,如果损害是普遍而巨大的,政府可只提供有限的救济进行适当补偿。

然而,如果仅从这个角度来看,就会忽视公共危机管理法治的法律属性和社会公共属性,在此,本章将其作为一个法律规范从整体上进行辩证考察,将其特征概括为以下几个方面。

(一)调整对象的广泛性和专门性

公共危机管理法治旨在以法律手段调整危机事件的应对处置,其调控的对象是危机事件及其引发的公共危机。众所周知,危机事件的种类和形态复杂多样,其涉及的领域也十分复杂,根据不同的标准可以进行不同的分类。例如,以性质为标准可将危机事件分为自然灾害和社会事件;从政府管理职能及管理领域的角度,可将危机事件分为平时事件和战时事件等不同的类型。每一类危机事件所包含的具体形态是多种多样的,而且从总体上看,上述各种分类也都是一种开放性的结构,不能完全排除那些随时出现、难以预测的新危机事件形态与种类。

前述分类表明,公共危机管理法治适用的调整对象具有相当的广泛性,但是不管哪一类危机事件,也不管有多少种危机事件,它们作为公共危机的存在和性质却是相同的,在这一方面公共危机管理法治的调整对象又体现出一种专门性。这些危机事件在客观上具备非预期性乃至意外性、巨大的危险性和威胁性、不确定性和多样性等特征。专门性揭示了各种危机事件内在的相似性和外在的特殊性,是公共危机管理法治作为一类法律规范对危机事件予以调控的基础和前提。

(二)调整方法的事前预防、事中应对和事后恢复相结合

公共危机管理法治的架构并不单纯是针对已经发生的危机事件采取应急措施,而是采取预防与处置、善后并重的原则,将公共危机管理法治的规范和危机事件的发生与变化过程相对应,进行全方位、持续性、阶段式的调整。例如,我国《防洪法》《防震减灾法》《消防法》等都贯彻了以预防为主,预防、处置和恢复相结合的方针,把应对危机事件贯彻于公共危机管理的全过程,尤其强调危机前管理活动的重要性。危机管理过程论认为,危机管理可以分解为两个层面和两个阶段:危机前对策——预防和事前准备,危机后对策——快速处置和恢复正常。基于此,公共危机管理法治在纵向上将公共危机管理分为四个紧密相连的阶段:预防阶段、准备阶段、应急处置阶段和评估恢复阶段。这些阶段分别对应着内容不同的法律关系,公共危机管理法治对之提出的合法性要求也有不同的表现和侧重。例如,在预防和事前准备阶段,主要的法律关系是政府负有法定的义务以及与此相对应的积极责任,公民享有知情权、参与权利和配合义务;在快速处置阶段,法律关系的重心在于政府尤其是行政机关享有紧急处置权力并负有依法应急的义务,对方须履行服从管理指挥的义务,但有权获得最低限度的人权保障;在恢复阶段,公共危机管理法治主要调整的法律关系是行政紧急权力的确认、法律纠纷的解决、私人合法权利的救济等。一个完善的公共危机管理法治必须能够兼顾上述内容,才有可能将整个公共危机管理过程悉数纳入法治化的轨道,实现公共危机管理法治的根本目标。

（三）调整内容的倾向性和平衡性

从公共危机管理法治的内容看，它对危机事件法律关系的各方主体在权利义务配置上是不均衡的。这主要表现在政府权力的优先性和公民权利的受限性两个方面。政府权力的优先性有两层含义：在应对危机过程中，政府权力优先于公民权利，即在危机事件应对过程中，特别是紧急事态处置的过程中，政府可以限制、暂停某些公民基本权利的行使；政府权力在个别情况下优先于法律，即在某些特殊的紧急情况下，出于国家安全、社会秩序或公共利益的需要，行政机关可以采取没有法律依据的或与法律相抵触的措施。在这种享有优先性的权力内部格局中，与审议表决的立法权、被动居中的司法权相比较，积极主动、广泛而灵活的行政权力又具有天然优越性，因为行政权力本身肩负着社会管理的基本职能，而且在危机事件应对过程中拥有人力、资源、技术、信息和体制等方面的独特优势。公民权利的受限性不仅表现在前面提及的需要接受政府权力的依法限制，而且表现在公民、法人和其他组织根据公共危机管理法治的要求负有较平常时期更多、更严格的法律义务，来配合紧急权力的行使，诸如服从征用、征调、隔离和管制等，并有义务提供各种必要帮助，诸如科研、宣传和医疗等。法律救济的有限性是公民权利受限的另一特征，它是指对公民权利受到的合法侵害，在危机事件应对过程中由危机事件的紧迫性所决定，往往只能对此提供临时性的救济。在事后恢复阶段，基于紧急措施的公益性和损害行为及后果的普遍性、巨大性，许多情况下政府往往可依法提供有限的救济，诸如适当补偿等。

公共危机管理法治的平衡性主要表现在：通过一系列原则和规范，为前述权利义务配置的不均衡设置了一个针锋相对的矫正机制。对于政府权力的优先性，公共危机管理法治确立了法治原则，要求公共危机管理者应对危机事件的举措必须有法律依据，并严格按照法律规定实施，违反法律规定必须承担相应的法律责任；即使在紧急情况下可以采取没有法律依据或与法律冲突的行动，事后也必须征得有权机关的追认；公共危机管理者行为必须遵循法律对程序的基本要求，一旦法定程序要件缺失，公共危机管理部门行为都属于违法。可以说，合法性是公共危机管理者优先性得以成立的唯一条件。

公共危机管理法治在给公共危机管理者权力预设了法治原则的同时，还赋予行政相关人一项特别的法律保护，即突发事件处置过程中的紧急事态下人权保障的最低标准。虽然世界各国立法都从损失较小利益、保全更大利益出发，允许对宪法和法律中的基本人权加以限制，但是公民的基本权利不能被随意侵犯，一些最基本的人权即使在紧急事态下也应该保留，不能随便克减，于是大多数国家宪法和法律中，以及许多国际性公约都确立了紧急事态下人权保障的最低标准，对于究竟哪些权利属于最低限度的人权，各国危机管理法并不完全一致，但从世界范围看，基本权利克减底线通常包括人身自由和人格尊严不受侵犯、不受非法驱逐出境和流放、公民资格不得取消和宗教信仰自由受到尊重等。这些权利为保障公民和政府在法律地位上的平等，从而使公共危机管理法治呈现出一种与宪政和行政法治精神相吻合的平衡性。

第二节 我国公共危机管理法治建设的现状

1954年首次规定戒严制度至今，我国已经颁布了一系列与公共危机管理有关的法律、行政法规、部门规章。地方政府根据这些法律法规又颁布了适用于行政区域的地方立法，从而初步构建了一个从中央到地方的公共危机管理法律规范体系。

一、我国公共危机管理法治建设的基本构成

（一）战争与政治突发事件法律规范

在战争与政治突发事件方面，我国出台了一系列的法律规范。例如，《中华人民共和国宪法》《中华人民共和国香港特别行政区基本法》《中华人民共和国澳门特别行政区基本法》《中华人民共和国戒严法》《国防交通条例》《中华人民共和国兵役法》和《中华人民共和国人民防空法》等。

（二）社会突发群体事件法律规范

在应对社会突发群体事件方面，我国的法律规范较少，现阶段的主要法律规范是《中华人民共和国戒严法》，还有《公安机关人民警察内务条令》第十三条、《民兵战备工作规定》第三十九条等。

（三）灾害性危机法律规范

我国灾害性危机主要指的是自然灾害引发的公共危机，内容非常广泛，主要包括以下几个方面。

①地震灾害防治、减灾方面的法律法规。例如，《中华人民共和国防震减灾法》《破坏性地震应急条例》等。

②洪涝方面的法律法规。例如，《中华人民共和国防洪法》《中华人民共和国防汛条例》等。

③环境灾害方面的法律法规。例如，《中华人民共和国环境保护法》《中华人民共和国海洋环境保护法》《中华人民共和国水污染防治法》《中华人民共和国大气污染防治法》等。

④地质灾害方面的法律法规。例如，《地质灾害防治管理办法》《水土保持工作条例》等。

（四）各种安全事故引发的危机法律规范

我国针对各种安全事故制定了大量的应急法律规范，立法范围非常广泛，立法形式涉及法律、行政法规、地方性法规和规章等多个层级。主要的事故防治法律包括以下几方面。

①交通运输安全方面的法律法规。例如，《中华人民共和国民用航空法》《中华人民共和国道路交通安全法》《铁路行车事故处理规则》等。

②核事故、放射性污染防治方面的法律法规。例如，《核电厂核事故应急管理条例》《核事故医学应急管理规定》等。

③公共卫生事故、剧毒物品管理方面的法律法规。例如,《突发公共卫生事件应急条例》《中华人民共和国传染病防治法》《危险化学品安全管理条例》等。

④防止人为火灾事故方面的法律法规。例如,《中华人民共和国消防法》《仓库防火安全管理规则》等。

⑤生产安全事故方面的法律法规。例如,《中华人民共和国安全生产法》《中华人民共和国矿山安全法》《国务院关于特大安全事故行政责任追究的规定》等。

(五) 其他有关公共危机管理的法律规范

其他有关公共危机管理的法律规范主要包括以下几方面。

①公民权利救济法律规范,即涉及公民、法人和其他组织的合法权益由于公共危机应急措施受到损害之后的补救机制,包括行政复议、行政诉讼、国家赔偿和补偿等方面的法律规范。

②金融危机防治方面的法律规范。例如,《中华人民共和国中国人民银行法》《中华人民共和国商业银行法》《中华人民共和国证券法》等法律都含有稳定金融,防范金融危机的条款,以及外汇电子数据备份与电子系统故障等方面的应急制度。

二、我国公共危机管理法治的基本原则

(一) 合宪性和合法性原则

合宪性是指公共危机管理者采取管理措施必须有宪法上的授权。合法性是指公共危机管理者在进行危机管理时,必须有法律上的明确规定。合宪性和合法性原则是依法行政的前提,也是公共危机管理是否符合法治原则的重要标准。关于合宪性原则,《中华人民共和国立法法》第八十七条规定:宪法具有最高的法律效力,一切法律、行政法规、地方性法规、自治条例和单行条例、规章都不得同宪法相抵触。关于合法性原则,例如,《中华人民共和国突发事件应对法》第四十五条规定:发布一级、二级警报,宣布进入预警期后,县级以上地方各级人民政府除采取本法第四十四条规定的措施外,还应当针对即将发生的突发事件的特点和可能造成的危害,采取下列一项或者多项措施……(七)关闭或者限制使用易受突发事件危害的场所,控制或者限制容易导致危害扩大的公共场所的活动……很显然,上述规定都从合宪性和合法性两个不同角度强调了公共危机管理的合法原则。

(二) 合理性原则

所谓合理性原则,就是指公共危机管理者在进行危机管理时,必须针对所发生的危机状态的具体情况,采取相应的措施。为了避免公共危机管理者不必要地实施危机管理,许多国家对公共危机管理者危机管理的期限作了严格规定。例如,《中华人民共和国突发事件应对法》第十一条规定:有关人民政府及其部门采取的应对突发事件的措施,应当与突发事件可能造成的社会危害的性质、程度和范围相适应。此外,对于那些可以通过正常法律程序来处理的事务,也不应当通过实施危机管理的手段来进行。例如,《中华人民共和国突发事件应对法》第十一条规定:有多种措施可供选择的,应当选择有利于最大限度地保护公民、法人和其他组织权益的措施。合理性原则是防止公共危机管理者滥用公共危机管理权力破坏宪法和法律秩序的基本要求,是公共危机管理法治化的标志之一。

（三）保障公民权利原则

在进行危机管理期间，公共危机管理者通过宪法和法律所规定的行政紧急权可以采取各种危机管理措施来有效地对付紧急状态，特别是可以通过适当限制公民权利的方式来维护社会秩序。但是，为了保障公共危机管理者依法行使危机管理权力，公共危机管理部门在进行危机管理时，仍然具有保护公民权利的职责。这种法律上的义务表现在不应该对那些公民依据宪法和法律所享有的基本人权加以不必要的限制。此外，对于因采取应急措施的需要，给公民的财产和权益造成损失的，也应当在事后给予必要的补偿。例如，《中华人民共和国突发事件应对法》第四十九条规定：自然灾害、事故灾难或者公共卫生事件发生后，履行统一领导职责的人民政府可以采取下列一项或者多项应急处置措施……（三）立即抢修被损坏的交通、通信、供水、排水、供电、供气和供热等公共设施，向受到危害的人员提供避难场所和生活必需品，实施医疗救护和卫生防疫以及其他保障措施……

（四）责任原则

要保障公共危机管理者行使危机管理权力符合宪法和法律的要求，必须建立与行使危机管理权力相对应的责任制度，这是我国公共危机管理法律制度所确立的重要法律原则之一。例如，《中华人民共和国突发事件应对法》第七条规定：县级人民政府对本行政区域内突发事件的应对工作负责；涉及两个以上行政区域的，由有关行政区域共同的上一级人民政府负责，或者由各有关行政区域的上一级人民政府共同负责。这一规定可以说是比较清晰地表明了公共危机管理的责任制度。

（五）时效原则

危机管理往往会以限制公民权利为前提，所以，从保障公民权利的角度出发，我国对公共危机管理的期限作了必要的规定。一般来说，公共危机管理措施必须控制在一定期限内，过了一定期限仍需要采取公共危机管理措施的，必须通过法律规定的形式来进行延长。这一制度可以有效地防止公共危机管理者利用实施危机管理的便利，滥用或者超越职权，给公民权利保护造成危害。例如，《中华人民共和国戒严法》第十二条规定：根据本法第二条规定实行戒严的紧急状态消除后，应当及时解除戒严。

总之，在现代法治社会中，公共危机管理受到来自法治原则的各个方面的限制，其核心就是公共危机管理者不能随意行使危机管理权力，公共危机管理必须以依法行政原则为基础，做到既有效，又合法，特别是必须符合宪法所确立的保护公民权利的基本宗旨和要求。

三、我国公共危机管理法治的具体原则

公共危机管理法治的具体原则是公共危机管理法治基本原则的细化和延伸。它主要是根据公共危机管理的特征，从目的、方法、手段和后果等方面对公共危机管理法治提出的较为细致的要求，它不能违背公共危机管理基本原则的精神。因为基本原则来自宪政和行政法治的宏观要求，是公共危机管理法治的大原则，而公共危机管理法治的具体原则立足于公共危机管理的具体要求和法治的需要，既体现了对非常状态下应急权力的尊重、维护和必要制约，又体现了对公民权利的关注、保障和适当限制。从应然角度看，公共危机管

理措施和方法必须服从于危机管理法治的具体原则,这也正是将公共危机管理行为纳入法治轨道的初衷所在,同时也体现了公共危机管理法治的基本要求。根据以上分析,公共危机管理法治应当遵循以下具体原则。

(一)公共利益原则

公共危机是发生在公共领域的突发事件,危机威胁到的是全社会,或者局部社会的利益,可能给全体民众,或者部分民众的生命健康和财产造成巨大损失。因此,公共危机影响到的是公共利益,而公共危机管理的目的,就是要维护公共利益,维护公共安全,使公共利益和公共安全免受危机损害。这是公共危机管理者运用紧急权力对人们的部分权利进行限制的正当性基础。当然,这种由危机管理措施保障的公共利益,必须是正当的、现实的、客观的和重大的,而不能是过分的、虚构的、主观的和微小的。同时,由于公共利益是一个高度抽象、易生歧义和很容易被利用的概念,如果不严格限定和控制,极易出现权力滥用和以权谋私现象。因此,在理解和运用公共利益这个概念时应坚持六条判断标准。

(1)合法合理性。只有在法定条件下才可以出于公共利益的考虑依法对基本权利加以克减和限制,故须坚持法律保留和法律优先。

(2)公共受益性。公共利益的受益范围一般是不特定多数的受益人,而且该项利益需求无法通过市场选择机制满足,需要通过统一行动而有组织地提供。

(3)公平补偿性。运用公共权力追求公共利益必然会有代价,这就造成公民权利的普遍牺牲或特别牺牲;有损害必有救济,特别损害应予特别救济,这种救济主要表现为法定条件下的公平补偿和事先补偿。

(4)公开参与性。以公共利益为由采取紧急措施,必须做到决策和执行全过程的公开透明,依法保障利害相关人的知情权、听证权、陈述权、申辩权、参与决策权等程序权利和民主权利的有效行使。

(5)权力制约性。出现公共危机而行使行政紧急权力时易出现以公共利益之名越权和滥用公权力,故须进行有效的监督制约,以权力监督权力的机制和判断标准是建设有限政府、法治政府的要求。

(6)权责统一性。以公共利益为由克减和限制公民的基本权利之后,通过监督机制判定所谓公共利益之理由不成立,则应严格追究且能够追究有关机构和人员的责任,这是最有威慑效力和普遍适用、自动适用的控权机制与判断标准。

(二)比例原则

比例原则是指对人民基本权利的限制必须使目的与手段之间符合一定的比例,使限制和保护之间达到某种均衡。也就是说,即使国家机关行使的紧急权力是合法的,也应当保证紧急权的行使要有一个合理的限度,要与紧急危险和危害的性质、程度和时间相适应,尤其是限制公民权利的紧急措施,其性质、方式、强度和持续时间等必须以有效控制公共危机为必要,不能给公民带来不必要的损害,应尽可能将损失和侵害降到最低程度。

比例原则有广义和狭义两种解释,广义的比例原则包括三个具体原则:适当性原则、必要性原则和均衡原则;而狭义的比例原则专指均衡原则。所谓适当性原则,是指公共危机管理者所采取的限制人权的措施应当是控制公共危机潜在危险所必需的,因此,非必需地限制人权措施是不适当的。所谓必要性原则,是指国家紧急权力必须选择对人民权利限制最小的方式来行使，必须选择对公民权益损害最小的措施。因此，必要性原则又称为最小侵害原则。均衡原则是指国家紧急权力的行使虽然是维护国家生存所必需的，但是也不应当对人民的基本权利限制过多，即在两种不同利益之间取得平衡。但是，公共危机事件爆发时的情况非常紧急，非常复杂，瞬息万变，实践中不可机械地采用绝对等量的公式为标准，必须允许一定差别存在，以避免出现因担心超过必要的界限而放弃职责，从而造成更大危害后果；也应当赋予公共危机管理者一定的行政自由裁量权限，以适应危机事件应对过程中复杂多变的客观形势。

（三）主动性和防范性原则

主动性和防范性既是现代公共危机管理与传统危机应对的一个重要区别，也是公共危机管理法治的具体原则。人类自从诞生以来，就从来没有摆脱过危机，也就是说，危机伴随着人类的产生和发展的全过程。传统危机应对的重要特征是被动应对，但被动应对不可能真正解决问题，不可能真正战胜公共危机。而现代公共危机管理的一切思路和方法，都是建立在主动和防范的基础上。例如，危机预防、危机预警、危机预控和危机预案，危机爆发后按照事先准备好的各种方法去处理、去应对，以及危机过后如何去恢复正常生活，总结经验教训，改进危机管理的方法等，都是主动想办法去"管理"危机，战胜危机。因此，公共危机管理法治必须在制度上确保公共危机管理把重心放在主动性和防范性上，公共危机管理的一切措施、方法和手段，都必须遵循这一重要原则。因此，政府和全社会都必须树立预防为主，准备在先，主动管理的理念。公共危机管理强调主动防范，并非不重视危机处置，不重视危机恢复等重要环节。无论怎样主动防范，危机事件都不可能完全杜绝，危机处置和危机恢复是不可回避的。但是，公共危机管理理论和实践表明，如果没有主动管理，没有充分准备，没有危机预防、预警和预控，被动应对危机事件其结果只能是失败。2004年12月发生的印度洋地震海啸灾难酿成巨大惨剧，就是缺乏准备，缺乏危机预防、预警和预控的惨痛教训。

（四）积极责任原则

从责任性质来看，为履行一定义务而产生的负担就是积极责任，即份内应做之事，所谓"份"即社会角色，它内含职责之意。与常态法治一般比较注重政府的消极责任有所不同，公共危机管理法治更强调公共危机管理者科学、及时、有效应对危机的积极责任，要求公共危机管理者应履行与其权力相适应的职责与义务，即社会和法律规定的职责与义务。这种积极责任意味着公共危机管理者不仅要争取做事，即不做法律禁止的事；而且要做正确的事，即促使社会更美好，不做有损于社会的事。也就是说，公共危机管理者在公共危机管理中承担着主要责任，发挥着核心和领导作用，通过成功履行自己责任的正确方式解决危机事件。由此可以看出公共危机管理的成功与否在很大程度上取决于公共危机管理者履行职责的效果和效率，依赖于公共危机管理者对自己责任的认识和对自己行为的控制上。为此，危机管理法治应建立健全比常态法治更为积极，更为严厉的责任制，监督促进紧急权力的积极规范行使，有效防止玩忽职守、逃避责任、不恰当履行职责等现象的发生。例如，在2003年我国应对"非典"危机的过程中，中央政府和各级地方政府都广泛实施了"积极责任原则"。事实证明，积极责任原则是确保我们战胜各种公共危机的重要法宝之一。

（五）权益救济原则

公共危机管理法治的权益救济原则与行政法层面的权益救济原则有所不同。行政法层面的权益救济通常是指行政管理相对人的权利和利益，受到行政机关侵害时，依法通过行政救济方式和司法救济方式来纠正违法或不当的行政侵权行为，使受损害的权益得到恢复或补救。而公共危机管理法治的权益救济原则确有几层含义。一是当公共危机对群众的权利和利益造成侵害时，如果是企业的生产事故造成的危机，企业必须承担起对受害者的权利和利益进行赔偿的责任。二是当政府对公共危机爆发负有某种责任时，政府应当承担起对受害者的权利和利益进行赔偿的责任。三是当公共危机的引发是由于自然灾害，并没有特定的责任者主体时，政府应当尽其所能，并发动各种非政府组织和志愿者，甚至动员全社会力量对受害者进行各种救助，以减少危机受害者损失，减轻危机受害者痛苦。四是在危机应对的紧急情况下，人们为了控制危机蔓延，防止危机升级，往往需要牺牲一部分利益，来保护更大利益。在这种情况下，难免会给一些群众利益造成损失，为此，理应对受损群众进行合理补偿。至于补偿多少，则要视损失大小而定。总之，公共危机管理的各种法律法规，必须对公共危机的权益救济提供足够的制度性保障。

由于公共危机的种类繁多，因此，公共危机管理法治是一个较为复杂的制度体系。所有危机管理法治原则并非各自独立、互不相关。相反，它们在内涵、外延上是彼此相通的，所有的基本原则和具体原则有机地构成一个完整、统一的公共危机管理法治原则体系，从而为公共危机管理法治奠定科学而坚实的理论基础，为调节公共危机管理中的各种关系提供制度保障，为公共危机管理中的各种参与者提供行为规范。

第三节 国外公共危机管理的法治化

按照国际惯例，公共危机管理法治的核心是宪法中的紧急条款和统一的危机状态法、突发公共事件应急法。为了严格地规范在危机状态下政府行使紧急权力，大多数国家一是在宪法中规定了危机状态制度，给政府行使紧急权力划定明确的法律界限，诸如印度宪法、德国联邦基本法等；二是制定统一的危机状态法来详细规范在危机状态时期政府与公民之间的关系，以保障政府在危机状态下充分、有效地行使行政紧急权力，同时也很好地限制政府的行政紧急权力，保护公民的一些基本的宪法权利不因危机状态的发生而遭到侵害。例如，美国的《紧急状态法》和《国际经济紧急权力法》均授权总统行使危机状态宣布权；法国《紧急状态法》规定部长会议宣布危机状态，内政部长可以命令关闭危机状态区域的剧场、酒店和公共场所，还规定了军事法庭受理有关的重罪或轻罪案件。

紧急状态已经成为国际社会的一个普遍现象。在紧急状态下，各国必须承担和履行联合国的《公民权利和政治权利国际公约》所规定的在紧急状态下不可消减人权保障义务，并接受必要的国际监督。此外，欧洲各国也要遵循《欧洲社会宪章》和《欧洲人权公约》中有关紧急状态下的人权保障和义务性规定。各国的紧急状态立法均十分注意本国法律与国际公约、地区公约的衔接，将之作为本国实施紧急状态的外部安全装置。例如，英国《国内紧急状态法案》首页中附有内阁大臣道格拉斯·亚历山大先生所作的声明：总体看来，

《国内紧急状态法案》的条款符合公约规定的权利要求。1988年通过的加拿大《紧急状态法》开篇规定：兹因总督在采取特别临时措施时，理应受束于《加拿大权利与自由宪章》和《加拿大权利法案》，并须顾及《公民权利和政治权利国际公约》，特别是其中的基本权利，即使是在全国性紧急状态时期也不得受到限制或削减。

一、西方国家紧急状态的立法

通过对西方国家研究发现，西方国家紧急状态立法分为五种模式。

（1）在宪法中对紧急状态进行原则性规定，然后根据宪法治定全国统一的紧急状态法。紧急状态法是效力位阶低于宪法的实施性法律。这种模式主要是大陆法系国家采用得比较广泛，诸如法国的《紧急状态法》、俄罗斯的《联邦紧急状态法》。

（2）虽然国家没有成文宪法，但是在宪法性文件中却对紧急状态进行了规定，紧急状态法律体系较为完备，发展趋势是对现有法律进行整合，然后颁布统一的紧急状态法。这种模式主要是普通法系国家采用得比较多，诸如英国的《国内紧急状态法案》、美国的《国家紧急状态法》。

（3）虽然宪法没有对紧急状态做出明文规定，全国也没有统一的紧急状态法，但是各州已经根据宪法性文件制定了本地区的紧急状态法律，诸如澳大利亚各州的紧急状态法律。

（4）虽然宪法对紧急权作出了笼统规定，但是却没有制定统一的紧急状态法，诸如德国现行的紧急状态制度是按照《基本法》（第17次修改）（即所谓紧急状态宪法）的要求设立的。

（5）虽然宪法没有对紧急权作出规定，全国也没有统一的紧急状态法，但是紧急状态类法律规定却分散在自卫、防灾、治安、防止经济危机等单行法中，诸如日本。

虽然西方国家紧急状态立法模式不尽相同，但是在现代法治背景下，无论是成文法国家还是不成文法国家，普遍呈现出这样一种立法趋势，即在宪法对紧急状态进行原则性规定的基础上，对现有的紧急状态法律进行整合，然后制定一部统一的紧急状态法。

综观西方国家紧急状态立法五种模式，我们发现有一些规律可循。

（1）完善的紧急状态法律体系是由宪法、宪法性文件、紧急状态法或相关的法律文件构成的。由于紧急状态法为综合性法律，并且涉及一些新情况和新问题，因此，紧急状态法的制定意味着需要对相关法律进行修订和补充，以保持整个法律体系的连贯性和自洽性。

（2）基于紧急状态与正常状态的二分法，紧急状态法所涉及的内容与日常的紧急处理法规所涉及的内容存在着类似之处，但也存在着较大的差异。因此，应当明确日常的紧急处理工作和紧急状态下的紧急处置工作之间的联系与区别，避免紧急状态法适用扩大化。

（3）围绕紧急状态的预警、应急处置、恢复重建等工作，紧急状态法和相关法律的具体规定应当配套实施，保证紧急处置工作有序衔接。

（4）将处置机构和规划视为紧急状态处置工作的两个核心问题，纳入紧急状态法调整范畴。综观西方国家的紧急状态处置工作状况，不难发现，良好的紧急状态处置工作离不开各层面的紧急状态处置机构；同时，也离不开科学、合理的紧急状态处置规划。

三、西方国家紧急状态的界定

西方国家紧急状态立法中都对紧急状态进行了界定。

有些西方国家通过列举式说明方法，以事件或情况结果为依据界定紧急状态，明确紧急状态特定种类，最大限度地避免了对紧急状态权力的滥用。但是，这也存在着过于具体的规定可能会使紧急状态的适用范围受到限制的弊端。例如，英国《国内紧急状态法案》规定，紧急状态是指可能给以下事项带来严重损害的事件或情况。

（1）英联邦境内或各部分或特定区域内人民的福利。具体包括可能给居民福利带来的损害，失去性命，人类疾病或损伤，无家可归，对财产造成损害，对水源、能源、燃料的供应造成破坏，对电力或其他通信系统造成破坏，对交通设施造成破坏，对与卫生相关的设施造成损害的事项。

（2）英联邦境内或各部分或特定区域内的环境。具体包括可能给环境带来的损害；有害的生物、化学或放射性物质对土壤、水源或空气造成的污染；或者燃油、洪水，或对活体动植物造成破坏或毁灭。

（3）英联邦境内或各部分或特定区域内的安全。具体包括可能给安全带来的损害，有战争或武装冲突，以及《反恐法》第一节规定含义的恐怖主义。

有些西方国家在坚持总的标准基础上，根据具体情况的差异，特殊情况特殊处理，分别进行个别化界定。但是这也存在着简单分类可能无法适应多种情况并难以按新情况要求解决问题。例如，加拿大《紧急状态法》规定，全国性紧急状态是指一种临时性的紧急的和危急的局势。

（1）一种情况是当严重危及加拿大人的生命、健康和安全，且其所涉领土或形势超出一省的应对能力与权力时，就标志着进入紧急状态了。

（2）另外一种情况就是严重威胁到加拿大政府保持本国主权、安全和领土完整的能力时，就进入了紧急状态。

加拿大的全国性紧急状态又分为公共福利紧急状态、公共秩序紧急状态、国际紧急状态、战争紧急状态等四种情况。

四、西方国家紧急状态法中的行政紧急权问题

（一）行政紧急权的运作问题

行政紧急权的运用必然导致行政权的扩张，因此，法律应当明确行政紧急权行使的要件、方式和界限等。在紧急状态宣布和紧急状态解除方面都必须有严格的法律依据，特殊法律文件的颁布也要有非常严格的审批程序。由于行政紧急权本身具有的独特属性，规范行政紧急权运作的法律规定必须对其消极方面进行约束。因此，应当通过法律法规明确规定界定行政紧急权的应有属性，规范行政机关行使行政紧急权的程序，使得行政紧急权的运作步入法治轨道。例如，英国《国内紧急状态法案》对行政紧急权的运作进行了详细规定，具体包括：紧急状态确认问题（法案第18条）、制定紧急状态规章的权力主体（法案第19条）、制定紧急状态规章的条件（法案第20条）、紧急状态规章的限制因素（法案第

22条）和紧急状态规章失效的期限（法案第25条）等。

（二）中央与地方权力的整合问题

现代国家的权力越来越大，但它并未变得越来越高效。因此，控制国家权力只能是部分的解决办法。由于现代社会中的紧急状态常常超出常规的行政区划范围，因此，容易导致地方政府之间缺乏有效的沟通和配合，甚至可能出现相互推诿的情况。在紧急状态期间，应当坚持中央统领原则，保持中央的决策权力。同时，地方政府应当承担紧急状态处置工作的主要职责。各级处置机构在紧急状态的处置工作中要坚持分工协作原则，各个机构应当履行法定职责，同时进行信息沟通和工作配合，通过各机构间的分工协作、互相配合来实现对紧急状态的有效处置。例如，在美国，从应急机构的总指挥部到各分支部门，通过一整套的报告、共享、咨询、协商制度，强调整体协调，保证应对措施的及时、有效和资源的整合。中央和地方分权，统一领导和分级管理相结合。后果严重、波及范围广，必须由联邦政府组织领导协调减灾救援工作，属于国家级灾害行政管理。若事件虽严重但影响范围不大，而且地方可以承受与处理的，则属受灾地方政府管理。若后果严重需要联邦政府支援时，由总统判断和下令给予紧急援助。全国统一的行政管理部门为国土安全部，专门负责紧急应对的机构包括联邦紧急事务管理署和地方政府的相应机构。

（三）对行政紧急权的监督和制约问题

对行政紧急权的监督一般可以分为立法监督和司法监督。立法监督的实现有赖于立法机关在紧急状态期间能够正常履行其职能，否则立法监督不过是一句空话。司法监督则更多地扮演事后监督的角色，这是由司法权的被动性决定的。虽然紧急状态决定本身由于高度的政治性而不具有可诉性，但是，在决定进入紧急状态之后，国家所采取的紧急措施则属于法律行为，具有可诉性，行政相对人可以寻求司法救济。施密特指出：唯有在该项措施（紧急措施）是明显的权力滥用，同时也完全不符合目的性，方可受到法官审查。亦即在该项措施并非拯救国家于危机者，法官才能行使否认该项措施合宪性的权限。例如，英国《国内紧急状态法案》明确规定了对紧急状态规章进行审查的程序和方法，对紧急状态期限给予了充分的关注，同时规定了议会休会或延期情况下立法审查工作的补救措施（法案第26、第27条）。俄罗斯《联邦紧急状态法》对紧急权的监督主要是指紧急状态实行过程的立法机关监督。该法第4条规定，俄罗斯联邦总统发布进入紧急状态的命令后，应当立即将此情况向俄罗斯联邦委员会和国家杜马通报；同时，该命令要立即送俄罗斯联邦会议联邦委员会批准。与此同时，为了保证紧急状态期间立法机关的正常活动，该法第9条规定，在俄罗斯联邦全境实行紧急状态时，俄罗斯联邦会议联邦委员会和国家杜马在整个紧急状态期间内继续开展工作。

（四）紧急状态下的公民权利保障问题

由于行政紧急权的行使可能会给公民权利造成不必要的损害，所以，有些国家的紧急状态法也就紧急状态下的公民权利保障问题做出了明确规定。例如，俄罗斯《联邦紧急状态法》第六章专章规定了紧急状态条件下公民权利的保障问题，明确规定了：紧急状态下采取措施和临时限制的范围；公民和企业组织财产权和社会权利的保障；体力与专门器材的使用规定和条件；拘留违反戒严规定的公民的程序。同时，该法也规定了公民、主管领导人的责任问题。英国《国内紧急状态法案》规定了对处置机构和人员的失职问题可以向最高法院或判决法庭提起诉讼（法案第10、第11条）。此外，法案第22（4）条还规定，紧急状态规章不可以随意将相关的行为规定为犯罪行为；同时，明确了惩罚措施的最高限度。加拿大《紧急状态法》也对公民权利保障问题做出了规定，具体的救济制度包括三个部分：一是向大臣提起的赔偿申请（第48、第49条），二是具体损害的赔偿与补偿，赔偿是针对失误、不当或违法的行政行为提出的，补偿是针对为公共利益而作出牺牲的公民个人利益的弥补；三是对大臣裁决不服的上诉制度（第50～第56条）。

本章小结

本章首先详细论述了公共危机管理法治建设过程中的基本理论、内涵与意义；其次，从公共危机管理法治的基本原则和具体原则两个方面具体分析了我国危机管理法治的原则；再次，从我国公共危机管理法治建设的基本构成介绍了我国的现状；最后，从西方国家紧急状态的立法模式、西方国家紧急状态规定的模式及西方国家紧急状态法中的行政紧急权问题三个角度介绍了国外公共危机管理法治化情况。

关键术语

公共危机管理法治　权力优先性　救济有限性　基本权利克减底线
比例原则　积极责任原则　权益救济原则　公共紧急状态　行政紧急权

复习思考题

1. 公共危机管理法治建设的基本理论有哪些？
2. 为什么要加强公共危机管理法治建设？
3. 我国公共危机管理法律体系主要包括哪些主要内容？
4. 我国公共危机管理法治的基本原则有哪些？
5. 西方国家公共危机管理法治化有哪些值得我们借鉴的地方？
6. 试举例更多国家公共危机管理法治化的经验。

第十四章　公共危机管理的国际合作

📚 课程引导

　　根据《左传》记载，僖公十三年，晋国遭遇了一场严重的公共危机——饥荒，向秦国求助，表示希望从秦国购买大量的粮食。秦君问计于大夫百里奚。百里奚说，天灾流行，国家代有。救灾恤邻，道也。行道，有福。秦君采纳了这个建议，向晋国运粮。僖公十四年，秦国也发生了饥荒，向晋国求救。晋国却背信弃义，拒绝卖粮食给秦国。晋国大夫庆郑坚决反对这一决策，认为背施无亲，幸灾不仁。贪爱不祥，怒邻不义。四德皆失，何以守国？大意是说，晋国的行为有四个失误：没有感恩回报意识，对别国的灾害幸灾乐祸，小气、吝啬，激怒了邻国，是无亲、不仁、不祥、不义之举。原因是弃信背邻，患孰恤之？无信患作，失援必毙。庆郑以政治家的高瞻远瞩看到，对邻国背信弃义的结果是，自己有了危机时就会失去援助，遭遇灭亡的下场。他还尖锐地指出，背施幸灾，民所弃也。近犹仇之，况怨敌乎？

　　在经济全球化背景下，世界各国经济、社会联系密切，人员往来、流动频繁。整个世界已经形成一个全球化的网络。任何一个国家发生公共危机后，其影响都有可能沿着全球网络的经络大面积扩散、蔓延。古人主要从道义角度来解读、认识危机中互助的重要性。在今天的经济全球化时代，我们应对公共危机需要更加密切的国际合作。因而，国际合作是公共危机管理部门在经济全球化背景下必须重点研究的一个新课题。

本章学习目标

　　了解促成公共危机管理国际合作的契机及公共危机管理的国际合作力量；理解公共危机管理的国际合作原则与方式；掌握我国公共危机管理的国际合作的具体内容。

第一节　公共危机管理的国际合作概况

　　随着全球经济与政治的不断发展，更多、更严重的国际共同问题向各个国家乃至全人类提出了严峻挑战，若处理不当就会对多个国家甚至是全人类的利益造成损害，但是又由于对其采取的措施超出了主权范围，所以单个国家或地区根本无法应付。这就要求世界上不同区域的国家在一定程度上互相协作，整合资源，提高公共危机管理的综合能力，以便更为高效地处置危机事件。

一、公共危机管理的国际合作契机

　　目前，人类社会发展正处于一个变动不居、风险常在、危机频发的时期。世界已经进入了一个充满巨大不确定性、混乱性变动，以及各种、各级重大危机的新时期，使得公共危机管理必须在全球范围内开展。似乎，世界步入了一个非理性时代，所有秩序都被颠覆了。在经济全球化背景下，传统安全因素与非传统安全因素导致了许多危机事件发生，共同挑战着人类社会的生存与发展。

在经济全球化时代，国内外学者对安全研究的重心已经发生了变化。国际社会行为主体多元化成为现实，安全研究的领域逐渐扩展。从纵向来看，如果我们把安全问题看作从个人到国家、国际社会的立体结构，就会发现安全对象出现向垂直两端发展的趋势，更加强调位于最上端的全球（国际体系和国际社会）安全和最下端的人（国家和国际社会最基本的单位）的安全。从横向来看，如果我们把传统的安全问题仅局限于主权完整和军事安全的话，现在出现了向众多领域蔓延的明显趋向。无论是公共安全、国家安全还是国际安全，其核心都是人类的生存安全。这是安全研究以人为本的体现，也使得公共危机管理成为一门显学。

在经济全球化时代，风险和危机也被全球化，并对人类生存构成了前所未有的威胁。资本全球化的兴起给发展中国家和西方工业化发达国家带来了许多忧患，涉及生态、劳工、文化、传统、治理、管理和政治等各个方面。以技术创新为动力，全球化产生了一些积极影响。但是，它也导致了许多毁灭性的负面结果。如图 14-1 所示为现代国际风险与公共危机。

图 14-1 新时代风险与公共危机

（一）贫富分化

当前的经济全球化是西方发达国家主导的，按照西方游戏规则运行，导致世界范围内的贫富两极分化。富国掌控着世界绝大部分的经济资源，而穷国则为经济债务所累。在许多国家内部，阶层收入不平等现象严重，基尼系数居高不下。

世界体系中出现了穷者越来越穷，富者越来越富的马太效应，弱势群体受到的相对剥夺日趋严重。这导致穷国与富国、穷人与富人之间的对立更加尖锐，成为公共危机发生的引信。不仅如此，中心还在不断地向外围释放风险。例如，发达国家将高污染、高能耗的企业转移到发展中国家，使这些国家面临着削减贫困与减轻灾害的双重挑战。

有国外学者认为：中心和外围的冲突是不可避免的，常常以革命和反革命的形式表现出来（处于中心地区的美国及其他帝国主义大国支持反革命，有时甚至采取直接的军事干预形式）。屈辱的相对剥夺感会使穷国的弱势群体失衡，进而采取激进手段反抗，诸如发动对强者的恐怖主义袭击等。

在许多发展中国家内部，由于新自由主义经济政策的影响和向市场经济转轨过程中的偏差，加之社会保障体系不健全，致使贫富分化现象也非常严重。这在拉美等实行新自由主义经济政策的发展中国家尤其明显。这些国家必须关注社会公平正义，为弱势群体编织社会保障的安全网。否则，仇富心理和反社会情绪的滋长将引发更多的公共危机，破坏社会和谐、稳定。

（二）金融不稳定

在经济全球化时代，国际范围内的金融立法滞后，世界融资结构不合理，国际金融市场上存在着大量的投机性短期游资。1971年，大约90%的外汇交易为贸易和长期投资融资，只有10%是属于投机性的；今天，这个比例被颠倒过来，90%以上的外汇交易是投机性的。此外，一些国际金融机构受西方大国的操纵，盲目地推行新自由主义经济政策，又加重了金融资本的投机性。这很容易造成泡沫经济，并酿成金融危机。

20世纪90年代以来，墨西哥、东亚、俄罗斯和阿根廷等国家和地区相继爆发了金融危机。2008年，美国的次贷危机又引发了全球金融危机。国际经济中的倒金字塔结构是金融危机频发的主要原因：与国际金融相比，国际贸易的发展速度是缓慢的；与国际贸易相比，国际生产的发展速度也是缓慢的。

一旦金融危机爆发，国际货币基金组织将立即进行干预，强力推行紧缩政策，以拯救外国投资者。同时，西方公司会趁机疯狂收购危机爆发国因资本逃逸而贬值的财产。这又会造成严重的失业问题，进而引发政治动荡和社会冲突，甚至导致成千上万人为之殒命。2011年年初，中东和北非发生的街头骚乱就是在全球金融危机背景下，矛盾超出经济领域、扩展到社会领域的结果。

（三）生态恶化

在当今世界范围内，由于生态恶化，公众的生态危机意识变得日益强烈。美国前副总统戈尔指出，我们和地球的关系从根本上改变了，我们必须看到这种转变，理解它将会带来什么。环境破坏的种种惊人图景引起我们警觉的程度也许各不相同，但这些在世界各地都出现的图景却有一点是共同的——我们必须鼓起勇气来承认：它们都是同一个深层问题的症状，而这个深层问题比人类任何时候面临的问题都更加广泛更加严厉。

事实上，全球正面临资源约束趋紧、环境污染严重、生态系统退化的严峻形势，生态系统正在经历重重考验，生态恶化已成为人类面临的最大敌人。同时，生态恶化正在变成严重的社会问题，并且很可能演化为有损社会和谐的政治危机。全面颠覆人类目前相对平衡的全球稳定格局，进而成为一个全球性的政治问题。生态危机正在挑战人类一切的现代性哲学观念、伦理道德、政治模式乃至基本的生存方式。毫不夸张地说，人类未来的冲突绝不仅仅是政治、经济和文明的冲突，有可能会发展到为争夺生态空间而大动干戈。

（四）全球气候变化

全球气候变化使人类的生存条件发生重大改变，极端天气现象频繁出现，重大自然灾害频发，并引起一系列的连锁反应。在过去的十年中，与天气相关的自然危险要素导致了 90%的自然灾害，死亡人数占自然灾害中丧生者总数的 60%，影响人数占受灾总人口的 98%，其中大部分来自发展中国家。联合国安理会已经将全球气候变化问题提到议事日程。

自 1990 年以来，联合国政府间气候变化专门委员会（IPCC）发布了四份全球气候评估报告。在 1990 年的第一份评估报告中，IPCC 向人类展示了气温升高所带来的严重危险，并推动联合国环境与发展大会于 1992 年通过了《联合国气候变化框架公约》。这是世界上第一个全面控制温室气体排放的国际公约，目的是应对全球气候变化给人类经济和社会带来的不利影响。1995 年的第二份报告论证了人类活动对全球气候产生的重大影响，并推动了《京都议定书》于 1997 年顺利通过。《京都议定书》要求主要工业发达国家在 2008 年到 2012 年将温室气体排放量在 1990 年的基础上平均减少 5.2%。2001 年的第三份报告认为，有新的、更坚实的证据表明人类活动与全球气候变化有关，全球变暖可能由人类活动导致。2007 年 2 月，IPCC 在巴黎发表了第四份全球气候变化评估报告摘要。它综合了全世界科学家六年来的科学研究成果，称全球气候变化已是毫无争议的事实。过去 50 年全球平均气温的上升极可能与人类大量排放的温室气体增加有关。

可见，全球气候变化对人类生存的挑战既是全方位的，也是深远的。对于全球气候变化，人类应该大力推行可持续发展战略，从根本上减少自然灾害发生的可能性。同时，世界各国应该密切合作，共同应对危机。但是，在应对全球气候变化方面，世界各国存在着矛盾和分歧。

2015 年 12 月 12 日，《联合国气候变化框架公约》近 200 个缔约方一致同意通过了《巴黎协定》。根据该协定，各方将加强对气候变化威胁的全球应对，把全球平均气温较工业化前水平升高控制在 2℃之内，并为把升温控制在 1.5℃之内而努力。各方以自主贡献的方式参与全球应对气候变化行动。发达国家将继续带头减排，并加强对发展中国家的资金、技术和能力建设支持，帮助后者减缓和适应气候变化，这是人类共同应对气候变化所迈出的重要一步。

（五）城市化

在未来社会中，世界人口将出现极大增长，挑战着地球承载力。食品、水、能源等供给需求的激增导致冲突与危机的风险增大。不仅如此，高歌猛进的城市化进程使得矛盾与问题愈发集中在世界各国的城市，特别是大城市。城市的正常运行依靠关键性基础设施，而关键性基础设施科技含量非常高，且彼此相互依赖，形成了一个精致、复杂的系统。这个精致、复杂的系统是由至少三个子系统组成的，并且子系统间是多重反馈的，它们之间形成闭环复杂互动。城市中的子系统之间的互动是非线性的，也就是说一个子系统的变化不一定会导致另一个子系统同样的输出变化。同时，由于城市中的子系统本身是不完善的，所以城市也就存在着很多先天性不足。在一个较长运行期间内，城市必然会产生系统性事故，系统内同时发生灾难性的多个失灵，从而造成全盘瘫痪，更容易爆发严重的公共危机事件。

（六）安全问题的新变化

1. 传统安全问题与非传统安全问题并存，非传统安全问题突出

由于经济全球化的飞速发展，传统安全威胁与非传统安全威胁共同对人类社会的生存构成了严重挑战：一方面，局部战争和武装冲突接连不断；另一方面，生态安全、经济安全、能源安全、信息安全、食品安全和公共卫生安全等问题引起国际社会和各国政府的广泛关注。

由于社会经济的不断发展和科技进步，人类所面临的各种风险越来越具有复杂性、系统性、不确定性和人为性。世界各国频繁遭受自然、人为和技术风险所导致的公共危机侵袭，对各国公众的生命、健康与财产构成了严重威胁。

2. 安全问题具有超越国界的扩散性

传统安全与非传统安全、国内安全与国际安全相互交织、转化。在经济全球化背景下，人类经济联系空前密切，社会交往日益频繁。传统安全与非传统安全、国际安全与国内安全的关联十分密切，并有可能相互转化。传统安全问题可能会引发非传统安全威胁。高技术局部战争往往以打击敌人的关键性基础设施为主要手段，使其丧失抵抗意志，所导致的后果与公共危机趋同。例如，北约轰炸南斯拉夫联盟的化工厂造成了严重的环境危机。同时，非传统安全问题也可能引发传统安全威胁。

在经济全球化背景下，安全问题具有很强的国际传染性，不受国界限制，易产生多米诺骨牌效应。而且，一国国内的安全问题往往会由于别国干预，演变为国际安全问题。例如，前南斯拉夫所推行的"大塞尔维亚主义"引起阿族人的强烈不满，后因北约以"人道主义"为名进行干涉导致了一场高技术局部战争。此外，国际安全问题也可以演变为国内安全问题。

3. 公共安全、国家安全与国际安全问题界限模糊，难以区分

在经济全球化时代，公共安全、国家安全和国际安全形成一个很大的"交集"，难分彼此，具有一定的可转化性。例如，中国援外工人受到武装分子绑架、袭击的事件时有发生。对于中国而言，这既是一个公共安全问题，也是一个国家安全问题。同时，国际不安全因素也可能对国家安全构成威胁，并影响社会公众的生命、健康与财产安全。无论是国际安全、国家安全还是公共安全，其最终关注的核心都是人的安全。

二、公共危机管理的国际合作力量

（一）国际组织在公共危机管理中的重要作用

公共危机的原因和结果往往是世界性的。随着全球经济一体化趋势和信息技术的发展，世界成为一个"地球村"，国际交往日益增强，这也对现有的各国独立的公共危机管理职能提出严峻挑战，因此，加强全球合作、利用国际力量应对各种全球危机也就显得极为必要了。

当前各国政府面对的很多公共危机，其起因和后果往往都具有国际性，诸如区域冲突和战争，偷渡、国际性的贩毒乃至劫机等跨国界危机，以及如沙尘暴、酸雨等威胁各国安全的自然灾害，这些危机事件的有效应对需要各国合作。实际上，2001年"9·11"恐怖

袭击事件中，美国政府也正是在其他国家的通力协作下，才迅速确认恐怖分子并立即开展搜索恐怖分子的行动。

另外，在一国发生重大灾难时，通过国际人道主义救援，输送大批灾区急需的医疗、食品、技术人员及其他重要物资，可以有效地缓解灾害发生国的危机应对压力。特别是在一些国家应对重大的洪灾、地震、火灾等活动中，这种国际性的应急救援力量显得更为明显。例如，2008年我国四川省汶川大地震后，收到了大量国际性的紧急救助资金和物资，这些资金和物资对抗灾减灾、渡过难关和灾后的恢复重建工作都起到了极为重要的推动作用。

因此，在公共危机应对过程中，通过全球合作，收到了明显效果：一方面，各国之间可以获得更多的谅解，有效消除公共危机，恢复社会秩序，重建文明世界；另一方面，通过各国的共同努力，可以提高公共危机救治效率、降低公共危机救治成本。

（二）公共危机管理中的国际组织

1. 联合国

当今国际社会中，具有一定历史和权威地位的联合国在国际危机中扮演着重要的角色，也就是说，全球危机应对合作是在联合国框架内展开的。

（1）联合国作为一个全球性国际组织，成立时间较早，致力于全球和平与安全、经济与社会发展，获得绝大多数国家的认同。它的决策在全球范围内具有较强的权威性，而其他区域组织，或者不具备全球性，或者难以获得绝大多数国家的认同。

（2）联合国及其下属机构（诸如世界粮食计划署、联合国国际原子能总署、粮食及农业组织、联合国开发计划署、联合国难民事务高级专员办事处和人道主义事务协调厅等）曾经在各种公共危机处理中发挥过积极作用。例如，20世纪80年代末，联合国将1990—1999年定为"国际减灾十年"，并成立了联合国国际减灾委员会，有效地加强了全球范围内开展防灾救灾的对外交流与合作，推动了世界各国的防灾救灾行动的开展；联合国粮农组织目前实施了几项紧急情况和早期恢复计划，目前正在65个国家和地区开展210个紧急项目，加强了对自然灾害和人为紧急情况做出的反应，极大地缓解了这些危机对各国民众生计的威胁。2001年"9·11"事件发生后，美国也是通过联合国与全球绝大多数国家共同开展反对恐怖主义行动的。

（3）联合国与其他国际组织保持着牢固的伙伴关系，其危机应对模式已经形成并日趋完善。例如，联合国维持和平行动、联合国救援行动和贝雷帽行动等均开展得卓有成效。其他全球性国际组织也已经适应联合国的各种危机应对模式，积极参与联合国的各种危机救援行动。国际红十字会、世界银行、世界卫生组织和国际农业开发基金等国际组织的救援行动，往往与联合国的救援行动密切配合。

2. 环境保护组织

国际上著名的环保组织有国际绿色和平组织、善待动物组织和热带雨林行动网络等。这些组织一致认为：随着全球工业化和城市化进程的推进，特别是随着美国模式的全球化进展，很多国家在很大程度上忽视了生态环境保护。同时，唯利是图的跨国公司为了追求利润而破坏生态环境,并对自然资源进行掠夺性开发。因此,它们倡议可持续发展,主张全球贸易谈判应包括环保条款,反对跨国公司向环保标准低的第三世界国家转移,并提出了"安全食品第一""健康第一""地球第一"等口号。更为重要的是,环境保护组织积极干预了一些国家发生的生态灾难。

3. 劳工组织

发达国家的工人认为市场经济的发展和全球化降低了他们的生活质量,削弱了工会作用。发展中国家的工人因受到跨国公司裁员的影响,大量失业。劳工参与反全球化的目标主要是反对资本主义剥削、反对血汗工厂及降低劳动保障条件。他们要求提高工作待遇,制定全球最低工资标准,组织全球工会,要求在多边贸易谈判中添加劳动权利和社会保障等条款。国际劳工组织的介入,对平息一些国家,特别是部分发展中国家由于侵犯工人权益、镇压独立工会运动而引起的罢工潮起到了抑制作用,有效地化解了这些国家由于劳资对立、贫富差距等问题引起的社会危机。

4. 人权组织

人权组织反对剥夺劳动权利、反对雇用童工、反对与独裁国家或违反人权的政府进行交易等。它们为保护少数民族权利、土著权利而呼吁。人权组织提出,世界银行和国际货币基金组织的贷款不能违背现存的国际人权条约和社会福利。人权组织的介入,特别是世界银行等机构发放援助贷款时加入人权条款的做法尽管干预了部分国家的内政,但是对部分发展中国家政府不当的种族、民族和宗教政策也起到了一定的纠正作用,对缓解和解决这些发展中国家由于种族、民族和宗教因素引起的社会危机起到了积极作用。

第二节 公共危机管理的国际合作形式

从某种意义上来说,国际社会处于一种无政府状态。各国在共同应对公共危机事件过程中,虽无一个世界政府来约束,但需要有一套游戏规则。

一、公共危机管理的国际合作原则

公共危机管理的国际合作应遵循以下原则(图 14-2)。

(一)预防为主

公共危机管理的国际合作不仅要注重灾后的救援援助,也要注重灾前的防范合作。例如,开展关于重大传染病防控知识的普及与宣传,推行巨灾保险,建立海啸、地震等灾害的联合预警及信息共享系统,进行打击恐怖主义的跨国军事演习等。也就是说,公共危机管理的国际合作要体现于公共危机管理的全过程。在 20 世纪 90 年代,联合国提出的国际减灾 10 年计划,推动了公共危机管理从灾害响应导向型向灾害减缓导向型的转变。

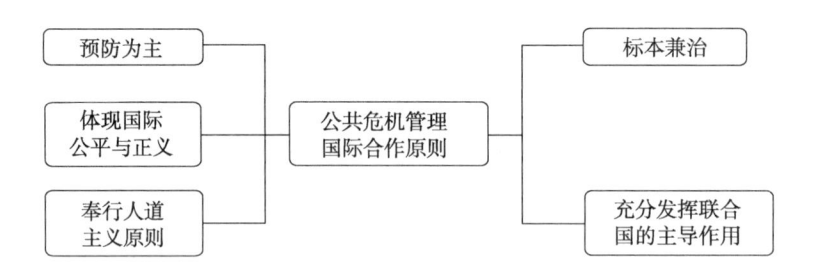

```
                ┌──预防为主──┐                    ┌──标本兼治──┐
                ├体现国际    ┤  公共危机管理       │            │
                │公平与正义  ├──国际合作原则──────┤            │
                ├奉行人道    ┤                    │充分发挥联合│
                └主义原则────┘                    └国的主导作用┘
```

图 14-2　公共危机管理国际合作原则

（二）体现国际公平与正义

在经济全球化进程中，发达国家是主导者和主要受益者。从某种意义上讲，它们的发展是以牺牲发展中国家的利益为代价的。在公共危机管理的国际合作中，发达国家应该比发展中国家承担更多的义务。这体现了国际公平与正义的原则。

由于经济发展水平所限，许多发展中国家对公共危机减缓与准备的投入严重不足。这就导致了贫困与灾害之间的恶性循环：因为贫困而脆弱性强，因为脆弱性强而频发灾害，因为灾害频发而更加贫困。对此，发达国家应给予发展中国家更多的经济援助，帮助其提高重大危机事件的抗逆能力。

（三）奉行人道主义原则

公共危机管理的国际合作应该体现人道主义原则，避免某些国家借国际合作之机，或附加政治条件，干涉别国内政，或扩大势力范围，彰显战略意图。这是公共危机管理中开展国际合作的大忌。例如，2004 年，印度洋发生特大海啸，沿岸国家损失惨重。美国提供了价值 3.5 亿美元的对外援助，其目的之一是向伊斯兰国家示好，以期消除反美主义情绪；日本同时向印度洋地区派出了海上、陆上和航空自卫队，进一步突破了和平宪法的限制，凸显了日本争做政治大国的野心。印度为了防止美日向南亚地区的势力扩张，拒绝了国际援助。可见，一旦公共危机管理的国际合作背离人道主义的原则，就会难以为继。

（四）标本兼治

在经济全球化背景下，增强国际合作、确保人类的共同安全是世界各国的共同心愿。所以，各国合作、共同应对公共危机必须坚持既治标又治本的原则。以打击核恐怖主义为例，国际社会必须加强国际合作。这是因为打击核恐怖主义事关国际安全，提供的是一种全球公共产品，世界各国均有义务参与、支持此项事业；只有增强全球合作，才能真正控制核技术与核材料的扩散，从源头上遏制核恐怖主义。

在加强反核恐国际合作的过程中，相关国际组织及有关国家奉行标本兼治的原则，增强发展中国家和平利用核能的能力，以此来促进经济社会的可持续发展、消除贫困、改善人民的生存条件，从根本上铲除恐怖主义滋生的根源。2014 年 3 月 24 日，第三届核安全峰会在荷兰海牙举行。习近平主席出席并发表重要讲话，提出了中国的核安全观，即发展和安全并重、权利和义务并重、自主和协作并重、治标和治本并重。他呼吁国际社会携手合作，实现核能持久安全和发展。

（五）充分发挥联合国的主导作用

联合国既是世界各国政府间进行集体合作的唯一机构，也是促进全球和平与安全、推动全球发展、保护人权并贯彻国际法的重要组织。它是由主权国家组成的最大国际组织，有"世界议会"之称。联合国在推动世界经济发展、维护人类社会的稳定和保护人权方面作出了不可磨灭的贡献。例如，印度洋海啸的受灾国家大多是发展中国家，再加上印度洋地区在历史上很少发生海啸，所以各国海啸预防体系十分薄弱。在印度洋海啸的救援过程中，很多行为体希望能够承担国际救援协调的任务。但是，只有联合国能够把不同利益的各方组织在一个框架下进行救援。

当灾害发生时，联合国立即作出响应，并动态地提供食品、住宅、医疗救助和后勤支持等援助。联合国紧急救助协调员通过人道主义机构委员会对危机事件作出国际响应，其中包括联合国儿童基金会、联合国发展署、世界粮食署、联合国难民署高级专员，以及其他与事件相关的必要机构。这些机构会各司其职，负责消除自然灾害、人为灾难及人道主义紧急事件所引发的严重后果。所以在公共危机管理过程中，国际社会应充分发挥联合国的主导作用。

此外，联合国还将减灾纳入全球可持续发展战略的框架下，通过项目开发来推动灾害的预防与减缓，诸如鼓励建立预警系统，进行日常监测与预报，提高地方和地区的公共危机管理预防和预警水平。联合国通过的《国际减灾战略》中，将减灾和风险减缓作为自身的核心任务，以提高全球弹性，并通过一系列的机制来减少人、经济与社会损失：增强公众意识；获得当局的承诺；促进多学科、部门间建立伙伴关系，构筑不同层次的风险监测网络；加强对自然灾害原因、自然危险要素影响，以及有关技术、环境灾难对社会影响的研究，联合国已成为各国在危机应对中开展国际合作的平台与纽带。

二、公共危机管理的国际合作形式

从层次和范围上看，公共危机管理的国际合作可以分为三种形式：全球合作、区域合作、双边合作。例如，1998年6月，在俄罗斯建议下，北约总部在和平伙伴关系框架下成立了欧洲—大西洋灾害响应协调中心。该中心负责协调欧洲-大西洋地区的北约及其伙伴国家之间的灾害响应行动。从2001年起，它开始协调各国反恐行动，进行恐怖袭击的结果管理。此外，该中心还起到灾害援助信息共享平台的作用，开展有关自然、人为灾害的国际演习，与联合国人道主义救援办公室、国际原子能机构、世界卫生组织等国际机构进行密切合作，鼓励各国以双边或多边协议的形式解决跨境往来签证等可能影响救援效率的问题。多年来，该中心参与了全球30多场针对危机的跨国救援行动，包括对美国卡特里娜飓风和巴基斯坦地震的救援。

从合作伙伴的性质来说，公共危机管理的国际合作分为三种形式（图14-3）：一是非政府组织合作；二是救援企业合作；三是政府间合作，包括军事合作。通过这些合作，各国密切联系、协同管理，抵御共同面临的威胁。

图 14-3　公共危机管理国际合作形式

（一）非政府组织合作

在公共危机管理中，国际合作既需要发挥以联合国为主的国际组织的作用，也需要借助规模不断壮大的非政府组织的力量。在过去的几十年里，关注国际人道主义救援的非政府组织的数量呈指数级增长。这些组织拥有不同的技能和设备，在灾害响应与恢复中发挥重要作用，既填补了国家组织与多边组织留下的空白，也满足了灾民需求，提升了国际救援能力。

具体来说，在公共危机管理中，非政府组织可以提供几种不同资源：一是信息资源，非政府组织可以收集信息，准确描述灾害损失和援助需求情况；二是人力资源，非政府组织可以在短时间内调集具有各种技能的救援人员；三是财政资源，非政府组织具有很强的筹资能力，能够迅速地在国内外筹措大笔公共危机管理资金。以红十字会与红新月会国际联合会为例，该组织在全球拥有众多的成员机构，是各国应对危机、开展国际合作可依托的重要组织。红十字会与红新月会国际联合会的全球重要合作行动包括：降低灾害易发地带社区及家庭的脆弱性，提高其承受灾害影响的能力；增强各国的灾害准备与灾后响应能力等。

这些非政府组织一方面具有国际组织的特征，拥有遍及全球的网络，可以与地方政府结成公共危机管理伙伴关系，在重大危机事件中发挥重大作用；另一方面具有草根组织的特点，组织结构分散化，反应灵活，处置效率高，且具有独立、中立和人道主义特色，能在一些重大危机事件的谈判中发挥独特作用。不仅如此，它们的成员还都接受过正规培训，实践经验丰富，具有很强的敬业精神，可以从事灾害救助及恢复重建等各种工作。

（二）救援企业合作

在重大危机事件应对过程中，一个国家既可以与国际非政府组织合作，也可以与其他国家的救援企业合作。在国外，紧急救援已经成为一个仅次于银行、邮电和保险业的重要服务性产业，是政府救援的有益与必要补充。例如，法国的亚洲国际紧急救助中心（AEA）成立于1984年，总部设在新加坡，目前已在欧洲、美洲、亚洲、大洋洲和非洲等五大洲建立了22个分支机构。仅在亚洲，AEA就有12个报警中心，主要分布在新加坡、日本、韩国、泰国、越南、缅甸、印度尼西亚、菲律宾和中国等地，是亚洲最大的紧急救援网络。

为此，在公共危机管理过程中，一国政府可以按照商业化模式，调用国外的紧急救援公司。但是，国外紧急救援公司的行为必须受到严格的法律规范约束和委托人的有效监管，公司内部必须实行严格的行业自律。目前，西方国家政府官员、学者也在积极探讨如何使紧急救援公司成为可以信赖的公共危机管理的国际伙伴。

（三）政府间合作

在当前国际形势下，民族国家是国际关系的主要行为体。公共危机管理的国际合作离不开民族国家，其形式可以是国家与国家之间的双边合作，国家参与地区或国际合作等。例如，中国政府高度重视区域间救灾互助关系，积极推动上海合作组织成员国在救灾领域的合作。各国签署了《上海合作组织成员国政府间救灾互助协定》，通过了上海合作组织成员国救灾合作行动方案。

军事合作是政府间合作的特殊表现形式。近年来，世界主要国家的军队都将更多的目光锁定在非传统安全问题上，实现了承担职责向多样化的转变，遂反恐救灾等非战斗军事任务明显增多。军队之间在国际维和、人道主义救援、打击跨国犯罪和铲除国际恐怖主义等方面开展了一系列的合作与交流。不仅如此，随着国际交往的日益密切，军队还承担着救助重大危机事件发生地侨民、保卫驻外机构人员安全的职责。这些职责的成功履行均离不开当地政府的合作与支持。

第三节　我国公共危机管理的国际合作

近年来，随着国内外重大危机事件的不断发生，我国与世界其他国家的国际合作关系变得更加密切，主要表现在以下几方面。

（一）随着改革开放进程的不断深入，中国更加自信、成熟、开放，在重大公共危机中广纳外援

2008 年 5 月四川汶川特大地震发生后，中国得到国际社会的大力援助，先后有 170 多个国家和地区、20 多个国际组织向中国提供了资金或物资援助，国际社会向中国地震灾区提供了 44 亿多元人民币及大批救灾物资。俄罗斯、日本、韩国、新加坡还派出专业救援队伍，参与地震灾区的紧急救援工作；英国、日本、俄罗斯、意大利、法国、古巴、印度尼西亚、巴基斯坦政府和德国红十字会的九支医疗队共 223 名医疗技术人员参与四川和甘肃两省地震灾区的伤员救治工作。在重灾区之一的四川省北川县，美国、英国和墨西哥等国家的 16 名志愿者立即投入救援行动。10 名英国搜救小组的志愿者到震区开展救灾活动。日本 ALOS、意大利 COSMO-SkyMed、美国 LandSat 等多颗卫星向中国提供了灾区遥感影像。

（二）中国积极参与国际重大危机救援，向受灾国提供大量的援助，展示了中国作为负责任大国的形象

2004 年 12 月印度洋海啸发生后，中国向各有关受灾国政府及联合国有关机构提供了中国有史以来最大规模的紧急救援，救灾援助总额达 68763 万元人民币，并在第一时间派出中国国际救援队和医疗救援队赴印度尼西亚开展紧急救援。2005 年 8 月 29 日，美国南部地区遭受卡特里娜飓风袭击，中国政府向美国提供 500 万美元救灾援助款，并另提供一批救灾急需物资。2005 年 10 月 8 日，巴基斯坦发生 7.8 级大地震后，中国政府先后四次

向巴提供总价值2673万美元的紧急人道主义援助，并在10月9日至11月29日期间，共向巴空运26批次救灾物资，派出中国国际救援队、医疗救援队深入灾区一线，帮助巴方开展救灾行动。2008年，缅甸发生纳吉斯热带风暴，中国政府先后提供价值100万美元的紧急援助物资、3000万元人民币援助款和1000万美元援助款，并派出医疗救援队救治伤员。2020年后暴发的新冠疫情全球大流行，中国向国际社会提供力所能及的支持和帮助，对外抗疫援助已惠及150多个国家。中国对外提供的抗疫支持和帮助，包括医疗物资援助、疫苗援助、派遣医疗专家组、加快公共卫生基础设施建设、支持国际多边平台和机构应对疫情、帮助困难国家应对债务挑战等。其中，向34个国家派出了37支医疗专家组，为受援国带去防疫经验、方案和物资，常驻非洲各国的46支医疗队也在第一时间投入了当地的抗疫行动；对于一些发展中国家，中国除了提供抗疫援助，还为他们恢复经济社会发展能力提供了力所能及的支持和帮助等。

（三）中国积极参与减灾领域的双边及多边合作，建立和完善国际减灾合作机制

为了打击核恐怖主义，2005年4月，第59届联合国大会通过了《制止核恐怖行为国际公约》。此项公约既是联合国制定的第13项反恐公约，也是首项打击核恐怖犯罪的专项公约。它要求各国为打击核恐怖行为加强情报交流，加强对本国放射性物质的监管。这为国际社会加强核反恐合作提供了法律框架。同年9月14日，外交部部长李肇星代表中国政府签署了该公约。2006年10月，"打击核恐怖主义全球倡议"首次会议在摩洛哥拉巴特召开，中国作为该倡议的12个创始国之一参加会议。会议通过《原则声明》，强调：必须制止恐怖分子拥有、运输或使用核材料和放射性材料，防止其对核设施采取任何破坏行为。2006年11月，为防范核恐怖主义、促进和平利用核能的国际合作，我国修改《中华人民共和国核出口管制条例》。2007年1月，我国公布《国务院关于修改〈中华人民共和国核两用品及相关技术出口管制条例〉的决定》，在原条例中增加了"防范核恐怖主义行为"的内容。

2008年11月22—23日，亚太经济合作组织第十六次领导人非正式会议在利马举行。气候变化与防灾减灾成为会议的两个重要主题。作为一个负责任的大国，中国积极奉行可持续发展方针，推动全球应对气候变化国际合作，努力寻求国际社会在人才、智力与技术方面的支持，降低温室气体的"生存性排放"。一方面，中国政府成立了以温家宝同志为组长的国家应对气候变化领导小组，发布了《中国应对气候变化国家方案》；另一方面，中国政府提出：各国应该在可持续发展的前提下，坚持《联合国气候变化框架公约》和《京都议定书》的核心机制和主渠道作用，遵循共同但有区别的责任原则，通过广泛开展国际合作，积极加以应对，保护全球环境。

在新时代，加强公共危机管理的国际合作是构建人类命运共同体的必然要求。2011年9月6日，国务院新闻办发布《中国的和平发展》白皮书，首次提到"利益共同体"、两次提到"命运共同体"。党的十八大明确指出，要倡导人类命运共同体意识。2013年3月23日，习近平同志在莫斯科国际关系学院发表演讲提到：这个世界，各国相互联系、相互依存的程度空前加深，人类生活在同一个地球村里，生活在历史和现实交汇的同一个时空里,越来越成为你中有我、我中有你的命运共同体。这是习近平首次提出"命运共同体"。此后,他在许多重要场合都讲到"命运共同体"。除了全球命运共同体,他还提到"周边命运共同体""核安全命运共同体""网络空间命运共同体"等。

2015年9月28日,习近平在纽约联合国总部举行的第七十届联合国大会一般性辩论时发表讲话,系统阐述了人类命运共同体的五大核心理念:一是要建立平等相待、互商互谅的伙伴关系;二是要营造公道正义、共建共享的安全格局;三是要谋求开放创新、包容互惠的发展前景;四是要促进和而不同、兼收并蓄的文明交流;五是要构筑尊崇自然、绿色发展的生态系统。

不难看出,人类命运共同体作为一种价值观,其所强调的思想包括:在经济全球化时代,世界体系具有开放性与包容性,不同的国家与各异的文明形态可以和平共存、取长补短;国际关系具有平等性,国际合作具有互惠性,平等、互惠是实现各国利益最大化的基础;各国的命运具有相互依存性,只有坚持合作的原则,才能取得共赢的效果、应对全球安全风险的挑战;从人类社会可持续发展的角度看,人与自然应该是和谐共生的关系。因此,强化公共危机管理的国际合作势在必行。我国组建的应急管理部也设立了专门司局,以加强防灾减灾救灾和安全生产方面的国际交流与合作。

本章小结

本章首先从贫富分化、金融不稳定、生态恶化、全球气候变化、城市化、安全问题的新变化等六个方面概述了公共危机管理的国际合作产生的原因。其次,详细介绍了公共危机应对中国际合作应遵守的原则。再次,通过非政府组织合作、救援企业合作、政府间合作三个角度论述了公共危机管理中常采用的国际合作形式。最后,介绍了自新中国成立以来我国在公共危机管理中对于国际合作所采取的行动及态度的变化。

关键术语

国际合作　危机管理国际化　马太效应　人道主义原则　联合国的主导作用
非政府组织合作　救援企业合作　政府间合作　构建人类命运共同体

复习思考题

1. 公共危机管理为何要加强国际合作?
2. 公共危机管理的国际合作力量有哪些?
3. 公共危机管理国际合作应遵循哪些原则?
4. 公共危机管理国际合作可以采取哪些形式?
5. 我国加强公共危机管理国际合作的主要表现有哪些?
6. 我国为公共危机管理的国际合作作出了哪些贡献?
7. 新时代背景下我国在公共危机管理的国际合作中应具备哪些方面的改变?

案例分析　　　　即测即练

自学自测　　　扫描此码

参考文献

[1] Rosenthal U, Charles MT, Hart PT. Coping with Crises: The Management of Disasters, Riots and Terrrism[M]. Springfield: Charles C Thomas, 1989.

[2] James E Grunig. How to measure your results in a crisis[J]. Guideline For Measuring Relationship in Public Relations. The Insititute for Public Relation Commision On PR Measurement And Evaluation, 2002, 2-3.

[3] Steven Fink. Crisis Management[M]. New York: American Management Association, 1986.

[4] Russ Johnson. GIS Technology for Disasters and Emergency Management[J]. Environmental Systems Research Institute White Paper, 2000.

[5] Sara Morge Alarm Inform: Public Warning System in Four Countries[M]. National Board of Psychological Defence, 2000.

[6] Shaw R, Goda K..From disaster to sustainable civil society: The Kobe experience[J]. Disasters, 2004, 28(1): 16-40.

[7] Sullivan M. Integrated emergency management: A new way of looking at a delicate process[J]. Australian Journal of Emergency Management, 2003, 18(2): 4-27.

[8] United Nations International Strategy for Disaster Reduction. Living with risk: A global review of disaster reduction initiatives[J]. New York: United Nations, 2002.

[9] Ridge T. Department of Homeland Security: National response plan[J]. Retrieved July, 2005. 23: 2005.

[10] World Health Organization. Public health response to biological and chemical weapons: WHO guidance[M]. Geneva. World Health Organization, 2004.

[11] Jane A. Bullock, George D. Haddow, Damon P. Coppola, Sarp Yeletaysi. Introduction to Homeland Security-Principles of All-Hazards Response[M]. 3rd ed. Elsevier Inc, 2009.

[12] 薛澜, 张强, 钟开斌. 危机管理: 转型期中国面临的挑战[M]. 北京: 清华大学出版社, 2003: 25-49.

[13] 闪淳昌, 薛澜. 应急管理概论: 理论与实践[M]. 北京: 高等教育出版社, 2012.

[14] 张小明. 公共部门危机管理[M]. 北京: 中国人民大学出版社, 2006.

[15] 张成福, 等. 公共危机管理: 理论与实务[M]. 北京: 中国人民大学出版社, 2009.

[16] 沙勇忠. 公共危机信息管理[M]. 北京: 中国社会科学出版社, 2014.

[17] 王宏伟. 公共危机管理[M]. 北京: 中国人民大学出版社, 2012.

[18] 张成福, 唐钧, 谢一帆. 公共危机管理[M]. 北京: 中国人民大学出版社, 2019.

[19] 谢起慧. 公共危机管理教学案例[M]. 北京: 应急管理出版社, 2022.

[20] 肖鹏军. 公共危机管理导论[M]. 北京: 中国人民大学出版社, 2006.

[21] 冯广刚. 公共危机管理[M]. 北京: 北京大学出版社, 2017.

[22] 张永理. 公共危机管理[M]. 武汉: 武汉大学出版社, 2015.

[23] 蔺雪春, 李希红, 朱婧. 公共危机管理[M]. 成都: 西南交通大学出版社, 2018.

[24] 张小明. 公共部门危机管理[M]. 北京: 中国人民大学出版社, 2017.

[25] 汪大海. 公共危机管理[M]. 北京: 北京师范大学出版社, 2012.

[26] 陈世瑞. 公共危机管理中的沟通研究[M]. 上海: 上海人民出版社, 2011.

[27] 林存华. 公共危机管理典型案例2013[M]. 北京: 人民出版社, 2017.

[28] 全国干部培训教材编审指导委员会组织. 突发事件应急管理[M]. 北京: 人民出版社, 党建读物

出版社, 2011.

[29] 任生德, 解冰, 王智猛, 等. 危机处理手册[M]. 北京: 新世界出版社, 2003.

[30] 闪淳昌, 薛澜. 应急管理的理论与实践[M]. 北京: 高等教育出版社, 2012.

[31] 王宏伟. 应急管理理论与实践[M]. 北京: 社会科学文献出版社, 2010.

[32] 魏礼群. 中国应急管理报告(2010)[M]. 北京: 红旗出版社, 2011.

[33] 姚国章. 日本灾害管理体系[M]. 北京: 北京大学出版社, 2009.

[34] 姚国章. 应急管理信息化建设[M]. 北京: 北京大学出版社, 2009.

[35] 张欢. 应急管理评估[M]. 北京: 中国劳动社会保障出版社, 2010.

[36] 张小明. 当代中国公共政策输入过程研究:应急管理长效机制的治本之道北京[M]. 北京: 国家行政学院出版社, 2010.

[37] 张玉波. 危机管理智囊[M]. 北京: 机械工业出版社, 2003.

[38] 赵成根. 国外大城市危机管理模式研究[M]. 北京: 北京大学出版社, 2006.

[39] 赵平则, 安宝善. 危机管理[M]. 太原: 山西人民出版社, 2005.

[40] 赵志立. 危机传播概论[M]. 北京: 清华大学出版社, 2009.

[41] 钟开斌. 风险治理与政府应急管理流程优化[M]. 北京: 北京大学出版社, 2011.

[42] 钟开斌. 中外政府应急管理比较[M]. 北京: 国家行政学院出版社, 2012.

[43] 劳伦斯·巴顿. 组织危机管理[M]. 符彩霞, 译. 北京: 清华大学出版社, 2002.

[44] 罗伯特·希斯. 危机管理[M]. 王成, 译. 北京: 中信出版社, 2004.

[45] 哈岛, 布洛克, 科波拉. 应急管理概论 [M]. 3 版. 龚晶, 译. 北京: 知识产权出版社, 2012.

[46] 班克斯. 危机传播: 基于经典案例的观点[M]. 4 版. 陈虹, 等, 译. 上海: 复旦大学出版社, 2013.

[47] 希特, 等. 战略管理: 竞争与全球化(概念)[M]. 吕巍, 等, 译. 北京: 机械工业出版社, 2010.

[48] 西泰尔. 公共关系实务[M]. 陈险峰, 译. 北京: 机械工业出版社, 2008.

[49] 科特勒, 等. 营销管理[M]. 王虹, 等, 译. 北京: 清华大学出版社, 2008.

[50] 粟路军, 冯姗. 公共危机信息响应模式对公众应对行为的影响机制[J]. 管理评论, 2023, 35(1): 324-338.

[51] 张辉, 刘远立, 陈春花, 等. 全球性公共卫生危机治理: 趋势与重点[J].管理科学学报, 2021, 24(8): 133-146.

[52] 孙悦, 王磊. 危机管理与中国智慧: 管理学在中国 2020 年会(第 13 届)评述[J]. 管理学报, 2021, 18(4): 497-501.

[53] 舒放. 农村突发公共事件与危机的管理沟通[J]. 农业经济问题, 2020(9): 144.

[54] 田庆锋, 苗朵朵. 重大疫情公共危机背景下的军民协同治理机制[J]. 科学学研究, 2020, 38(8): 1358-1366.

[55] 张天泽. 境外应对公共卫生危机的模式和经验[J]. 科学学研究, 2020, 38(8): 1367-1373, 1380.

[56] 王博, 朱玉春.2019-nCoV 疫情: 论中国突发公共卫生危机治理[J]. 科学学研究, 2020, 38(7): 1161-1166.

[57] 孟凡蓉. 科技社会组织应在公共危机治理中发挥更大作用[J]. 科学学研究, 2020, 38(3): 398-399.

[58] 裴瑞敏, 陈光. 全球治理视角下的疫情危机与大国责任[J]. 科学学研究, 2020, 38(3): 391-393.

[59] 白长虹. 疫情中反思危机管理[J]. 南开管理评论, 2020, 23(1): 2-3.

[60] 徐宪平, 鞠雪楠. 互联网时代的危机管理: 演变趋势、模型构建与基本规则[J]. 管理世界, 2019, 35(12): 181-189.

[61] 高恩新, 赵继娣. 公共危机管理研究的图景与解释: 基于国际文献的分析[J]. 公共管理学报, 2017, 14(4): 141-152, 160.

[62] 李燕凌, 丁莹. 网络舆情公共危机治理中社会信任修复研究:基于动物疫情危机演化博弈的实证分析[J]. 公共管理学报, 2017, 14(4): 91-101, 157.

[63] 李燕凌, 苏青松, 王珺. 多方博弈视角下动物疫情公共危机的社会信任修复策略[J]. 管理评论, 2016, 28(8): 250-259.

[64] 朱晓霞, 刘萌萌, 陆君安. 公共危机中伪信息的多层网络扩散机制研究[J]. 情报学报, 2016, 35(3): 265-274.

[65] 王光辉, 刘怡君. 网络舆论危机事件的蔓延扩散效应研究[J]. 中国管理科学, 2015, 23(7): 119-126.

[66] 康伟, 陈茜, 陈波. 基于 SNA 的政府与非政府组织在公共危机应对中的合作网络研究: 以 4·20 雅安地震为例[J]. 中国软科学, 2014(5): 141-150.

[67] 徐彪. 公共危机事件后政府信任受损及修复机理:基于归因理论的分析和情景实验[J]. 公共管理学报, 2014, 11(2): 27-38, 140.

[68] 林琳. 社会管理创新视域下危机应急管理探索[J]. 管理世界, 2014(3): 176-177.

[69] 非传统安全视角下的城市信息安全研究课题组, 严立新, 尹晨. 行为经济学理论在危机管理中的应用研究[J]. 管理世界, 2013(11): 180-181.

[70] 康伟, 陈波. 公共危机管理领域中的社会网络分析: 现状、问题与研究方向[J]. 公共管理学报, 2013, 10(4): 114-124, 142-143.

[71] 崔晓明, 姚凯, 胡君辰. 基于利益相关者的危机管理理论研究: 来自 2008—2012 年危机管理成败案例的证据[J]. 中国工业经济, 2013(4): 120-132.

[72] 钟伟军. 公共舆论危机中的地方政府微博回应与网络沟通: 基于深圳 5.26 飙车事件的个案分析[J]. 公共管理学报, 2013, 10(1): 31-42, 139.

[73] 夏一雪, 郭其云. 公共危机应急救援力量管理体系研究[J]. 中国软科学, 2012(11): 1-10.

[74] 吕孝礼, 张海波, 钟开斌. 公共管理视角下的中国危机管理研究: 现状、趋势和未来方向[J]. 公共管理学报, 2012, 9(3): 112-121, 128.

[75] 钟琪, 戚巍, 张乐. Lotka-Volterra 系统下的社会型危机信息扩散模型[J]. 系统工程理论与实践, 2012, 32(1): 104-110.

[76] 吴建勋, 徐晓迪. 公共危机管理中我国政府与非营利组织关系的实证研究: 以汶川地震为例[J]. 中国软科学, 2010(增刊 2): 347-362.

[77] 郭占锋, 李小云. 关于农村公共危机管理的若干问题[J]. 农业经济问题, 2010, 32(8): 81-88, 111-112.

[78] 黄瑞刚. 危机管理中媒体"拟态执政"的复杂性研究[J]. 管理世界, 2010(1): 171-172.

[79] 陈晓剑, 刘智, 熊宇. 基于危机信息的公共危机决策治理结构安排[J]. 科学学研究, 2008(2): 318-321, 293.

[80] 梁木生, 胡俊. 论政府对危机管理的应对机制建构[J]. 中国软科学, 2007(12): 11-15.

[81] 刘茜, 王高. 国外企业危机管理理论研究综述[J]. 科学学研究, 2006(增刊 1): 255-260.

[82] 马琳. 我国危机管理研究述评[J]. 公共管理学报, 2005(1): 84-90, 95.

[83] 高鹏程. 行政危机管理: 来自可能性的挑战[J]. 中国软科学, 2004(11): 152-155.

[84] 曹广文. 突发公共卫生事件应急反应基础建设及其应急管理[J]. 公共管理学报, 2004(2): 68-73, 96.

[85] 张国清. 公共危机管理和政府责任: 以 SARS 疫情治理为例[J]. 管理世界, 2003(12): 42-50.

[86] 沙勇忠. 迈向学科交叉的新领域: 公共危机信息管理[J]. 图书与情报, 2020(1): 1-5.

[87] 谢俊贵. 社会组织公共关系危机预防管理研究[J]. 中国软科学, 1998(8): 118-122.

教师服务

感谢您选用清华大学出版社的教材！为了更好地服务教学，我们为授课教师提供本书的教学辅助资源，以及本学科重点教材信息。请您扫码获取。

❯❯ 教辅获取

本书教辅资源，授课教师扫码获取

❯❯ 样书赠送

公共管理类重点教材，教师扫码获取样书

清华大学出版社

E-mail: tupfuwu@163.com
电话：010-83470332 / 83470142
地址：北京市海淀区双清路学研大厦 B 座 509

网址：https://www.tup.com.cn/
传真：8610-83470107
邮编：100084